할리우드 에이전트

엔터테인먼트 제국 막후 주역들의 비즈니스 구조와 지략

이 도서의 국립중앙도서관 출판예정도서목록(CIP)은 서지정보유통지원시스템 홈페이지(http://seoji.nl.go.kr)와
국가자료공동목록시스템(http://www.nl.go.kr/kolisnet)에서 이용하실 수 있습니다.
CIP제어번호: CIP2019019489(양장), CIP2019019492(무선)

엔터테인먼트 제국 막후 주역들의 비즈니스 구조와 지략

할리우드 에이전트

비올렌 루셀 지음 • 김정섭 옮김

REPRESENTING TALENT: Hollywood Agents and the Making of Movies
by Violaine Roussel

Licensed by The University of Chicago Press, Chicago, Illinois, U.S.A.
Copyright © 2017 by The University of Chicago. All rights reserved.
Korean translation copyright © 2019 by HanulMPlus Inc.

차 례

머리말

할 리 우 드 현 장 의 에 이 전 트

1장

할 리 우 드 에 이 전 트 탐 구 하 기

2장

할 리 우 드 의   비 즈 니 스   지 형 도   읽 기

3장

탤 런 트   에 이 전 시 에 서   전 문 가   만 들 기

4장

관계 업무로서의 에이전트 비즈니스

5장

에 이 전 트 와 아 티 스 트 : 마 법 같 은 유 대 와 권 력 관 계

6장

평판의 품질과 가격 설정 메커니즘

7장

변화하는 에이전트들 : 새로운 평가공동체의 형성

맺음말

옮긴이의 글

　걸출한 스타 아티스트들로 화려하게 빛나는 미국의 '할리우드 제국'을 세운 주인공들은 다양한 부류가 있겠지만 무엇보다도 '에이전트agents'라는 존재를 빼놓을 수 없다. 이들은 이 제국을 설계하는 큰 그림을 그리고 제국을 발전시킨 다양한 거래와 이벤트를 주도해 온 막후 실세이자 해결사이다. 이 책은 바로 이 할리우드 제국을 만든 숨은 주역인 에이전트들의 세계를 정밀 탐사·해부하기 위한 목적으로 출간되었다. 할리우드 엔터테인먼트 산업을 에이전트들의 업무 입문·수련·발전·확장, 엔터테인먼트 비즈니스 구조와 역학, 관계 맺기, 지속하기, 강화하기 등 관계역학이라는 구조적 관점에서 접근하고 있다.

　에이전트는 우리나라에 빗댄다면 카카오엠, SM엔터테인먼트, YG엔터테인먼트, JYP엔터테인먼트, FNC엔터테인먼트, 빅히트엔터테인먼트,

웰메이드스타이엔티, IHQ(싸이더스), 이매진아시아, 셀트리온엔터테인먼트, 미스틱엔터테인먼트, 호두엔터테인먼트와 같은 종합 엔터테인먼트 회사나 아티스트 매니지먼트 위주의 연예 기획사 또는 가수와 음원 기획 중심의 음반 기획사의 '매니저'라 할 수 있다.

에이전트들은 할리우드 엔터테인먼트 산업의 가장 밑바닥이자 진입 경로에서 첫 문턱에 해당되는 각 에이전시의 우편물 수발실인 '메일 룸mail room'에서 수습하는 방식으로 업계에 입문했다. 그리하여 업무를 숙달시켜 점차 능숙한 매니지먼트 전문가로 성장했고, 그중 상당수는 많은 별들을 탄생시켜 명예와 부를 쌓고 입지를 확대하며 무한한 자부심 속에 살고 있다.

출발과 성장의 방식은 우리나라 매니저들이 대체로 로드 매니저(현장 수행) → 스케줄 매니저(팀장) → 부서장 → 본부장 → 대표이사로 단계를 거치는 것과 매우 유사하다. 할리우드의 에이전트들은 탤런트 에이전트, 대본 에이전트, 대본이 있는 또는 대본이 없는 TV 쇼 에이전트, 독립 영화 에이전트, 세일즈 에이전트 등 다양한 분야에서 일을 시작해 전문성을 갖춘 뒤 거의 모든 연관 사업을 아우르는 엔터테인먼트 기업의 CEO나 비즈니스 코디네이터로 성장하거나 그런 과정을 걷는다.

특히 할리우드 에이전트들의 세계와 성장 과정은 전설적인 할리우드 에이전트 몇 명을 인터뷰해 펴낸 책 『메일룸: 바닥에서 정상까지의 할리우드 역사(The Mailroom: Hollywood history from the bottom up)』(2013, 한국어판은 2014년 출간)을 통해 얼마간 알려지기도 했다. 에이전트들은 로스앤젤레스에만 20만 명에 이르는 현업 배우와 감독, 작가 등 유망 아티스트는 물론이고, 아티스트 지망생들을 고객으로 발굴해 선별한 뒤 아티스트 에이전트, 대본 에이전트 등으로서 그들의 권리와 업무를 대행해 의뢰인들을 더욱 높은 위상에 올려놓음으로써 해당 매니지먼트 분야에서 숨은 실력자로 자리를 잡은 후 쇼 비즈니스에서 더 높은 성장과 도약을 모색하는 과정을 밟아왔다.

엔터테인먼트 산업에서 매니지먼트, 기획·투자, 제작, 배급 등 각 영역이 하나로 결합되어 수평적·수직적 통합이 나타나고 관련 산업의 문화적 영향력, 수익성·투기성 등 기회 요인에 매력을 느낀 외부 금융 자본의 투자가 활발해지자, 에이전트들은 할리우드 엔터테인먼트 제국을 호령할 원대한 꿈을 구체화하며 아티스트 대행인에서 프로젝트의 총괄 기획자나 책임자로 역할을 크게 확대했다.

이렇게 하여 각국 극장가에서 관객의 마음을 뒤흔드는 블록버스터를 탄생시키거나 여타 의미 있는 예술 작품들을 성공시키면서 '글로벌 체제 할리우드'에서 작품의 흥행도나 출연 배우의 영향력에 버금갈 정도로 막강한 실력자가 되었다. 사업적으로도 크게 성공해 막대한 부와 명예를 쌓아 명사의 반열에 오른 이가 적지 않다. 이미 구축한 매니지먼트 분야의 우월한 지위를 활용해 각각의 영화, TV 프로그램 등을 기획·제작·배급하거나 사전에 패키징해 제작을 완수한 뒤 전 세계로 유통시키는 주체가 된 것이다.

MCA의 루 와서먼Lew Wasserman, CAA의 마이클 오비츠Michael Ovitz, ICM의 제프 버그Jeff Berg, WME의 아리 이매뉴얼Ari Emanuel, 아스널Arsenal의 존 탁John Ptak과 같은 '할리우드의 거물'이 바로 그들이다. 이런 많은 사람들의 헌신, 창의력, 노력, 투지, 배포, 수완이 결합되어 오늘날 빅 할리우드를 주도하는 WME, CAA, UTA, ICM와 같은 대형 에이전시가 탄생했으며, 리틀 할리우드에서 니치 플레이어niche player로 자리를 잡은 많은 중소 에이전시와 1인 에이전시가 군락을 형성하는 데 기여했다.

이 책은 단지 화려한 할리우드 엔터테인먼트 산업의 단면을 살펴보는 접근법을 취하지 않았다. 좀 더 구조적이고 입체적인 측면에서 깊이 있는 사회학적 통찰력을 가미해 '경계'와 '비밀'의 장막이 두텁게 쳐진 할리우드의 심장부에 전격 침투해 에이전트들을 일일이 인터뷰하고, 성공한 에이전시 대표들을 비롯한 유력 관계자들과 접촉해 거둔 민속지학적 탐사 연구의 결과물이다. 민속지학이란 인간 사회와 생활, 문화 부문의 다양한 현상을 정성적·정량적 조사 기법을 사용해 현장 조사한 뒤 기술하는 연구 방법을 말한다.

프랑스 파리 제8대학 정치학과의 사회학 전공 교수인 저자 비올렌 루셀은 스스로 현장 조사에 숙달된 민속지학자임을 강조하며, 미국 엔터테인먼트 산업에 관한 깊은 호기심과 학문적 열정, 입체적 분석을 위한 다층적 접근, 정교한 자료 수집과 섬세한 분석, 현학적인 지식과 이론의 적용, 고역스러운 발품 연구 등을 가미해 엔터테인먼트 산업의 키 플레이어인 에이전트에 대한 연구 수준을 높였다. 특히 그녀는 엔터테인먼트 비즈니스에서 시장 참여자들 간의 신뢰 형성의 바탕이며 거래 성사의 핵심 고리인 '관계relationship, 關係'에 중점을 두고 할리우드를 구축한 막후 주역들을 해부했다.

각주를 통해 제공한 다양한 데이터와 근거 문헌도 산업적·학술적 가치가 높다고 평가할 수 있다. 이 책을 우리말로 옮기는 데 예상한 시간보다 훨씬 더 많은 시간이 걸린 것도 저자의 이런 특성과 개성이 원인이었다는 것을 부인할 수 없다. 현학적 문장술과 분석을 추구해 내용이 다소 난해했던 이유도 있었지만, 저자가 쏟은 연구적 열정과 통찰력, 해박한 이론적 틀과 지식을 작은 부분이라도 놓치고 싶지 않았기 때문이다.

저자는 미국 뉴욕의 연기 예술계에서 흔히 문화의 주도성과 상업성의 강도에 따라 그 층위를 '브로드웨이broadway', '오프 브로드웨이off broadway', '오프오프 브로드웨이off-off broadway'로 구분하듯이, 미국 엔터테인먼트 산업의 본산인 할리우드 전체를 대형 프로젝트와 톱스타들을 다루는 '빅 할리우드Big Hollywood'와 여타 작은 사이즈의 프로젝트와 성장세에 있거나 유망주인 아티스트들을 취급하는 '리틀 할리우드Little Hollywood'로 구분했다. 포크너(Faulkner, 1983)의 관점을 적용해 산업의 층위를 분할한 것이다. 미국 프로야구에 빗대면 빅 할리우드는 '메이저 리그the Major League', 리틀 할리우드는 '마이너 리그the Minor League'인 셈이다.

파리 제10대학에서 「프랑스 정치 스캔들 속의 사법부」라는 논문으로 정치학 박사 학위를 받은 저자가 무엇 때문에 주 전공 분야와 다른 영역인 엔터테인먼트 산업에 '필이 꽂혀' 오랜 기간 지난한 연구에 뛰어들었는지 궁금했다. 번역 작업을 마친 시점까지는 직접 만나보지 않아 알 수는 없지만, 이력을 살펴보면 할리우드가 안겨준 치명적 매력과 흡인력 때문인 것만은 분명해 보인다.

저자는 2005년 처음으로 미국 캘리포니아 대학에 방문교수로 건너가면서 할리우드를 직접 체험했다. 이때 집념이 강한 학자로서 무언가 간과할 수 없는 지적 호기심과 매력을 느낀 것으로 보인다. 무려 5차례 이상 미국 캘리포니아 대학과 서던캘리포니아(USC) 대학으로 달려갔을 정도였다. 나아가 2016~2018에도 '국제과학협력 프로젝트: 초국가적 할리우드. 스크린 미디어 산업에서 프랑스와 미국의 관계와 유통'이라는 연구를 실시함으로써 이제는 할리우드의 엔터테인먼트 산업이 그녀의 친근한 공간이자 핵심 연구 분야로 자리 잡은 것으로 보인다.

이 책은 그녀가 2013~2015년 USC의 카르시울프 센터Carsey-Wolf Center와 공동으로 진행한 '미국 영화산업의 탤런트 에이전트들'이라는 연구의 총체적인 결과물이다. 세부 주제로 묶어 여러 편의 연구 논문을 먼저 학술지에 게재한 뒤 모든 결과물을 모아 2017년 시카고 대학 출판부에서 책으로 출간했다. 이후 2017년 프랑크푸르트 국제도서전에 출품되어 명민한 한울엠플러스(주) 기획자의 눈에 띄어 엔터테인먼트와 문화 산업·경영 분야에서 전문성을 축적하고자 노력해 온 필자와 인연을 맺게 되었다.

무엇보다도 이 책은 최근 할리우드 엔터테인먼트 산업의 구조와 시장 참여자들의 동향을 한눈에 간파할 수 있게 해준다는 점에서 매우 유용하며 상세히 탐독할 가치가 있다고 본다. 특히 각국으로부터 많은 도전을 받고 있어 진화를 거듭 중인 할리우드 제국의 현주소를 깊이 있게 탐구하고 이해하는 데 큰 보탬이 될 것이다.

아울러 이 책을 탐독할 경우 한류 열풍을 계기로 국제화 추세를 강화하고 있는 우리나라 엔터테인먼트 산업의 미래와 지속 가능한 발전을 이루기 위해 필요한 시사점을 얻을 수 있을 것이다. 미국이나 우리나라나 모두 허드렛일을 하던 문서 수발원이나 매니저에서 출발해 슈퍼스타급 아티스트와 동등하거나 우월한 지위에 오른 엔터테인먼트 기업 경영자들이 즐비하다. 이 책은 이런 성공담도 적잖이 포함하고 있기 때문에 엔터테인먼트 경영 분야에서 꿈을 이루고자 하는 젊은이들에게도 미래 전략을 그려갈 널찍한 캔버스가 될 것이라 믿는다. 일반 독자들에게는, 이제 누구에게나 일상의 대화 주제이자 관심사가 된 엔터테인먼트 분야를 좀 더 심층적·체계적으로 이해할 수 있는 지식과 교양의 보고寶庫가 될 것이다. 나아가 연구자들에게는 할리우드의 핵심 주역인 에이전트들의 세계와 산업의 구조 및 역학을 좀 더 입체적인 시각에서 탐구할 수 있도록 해줄 것이다.

필자는 '사람이 사람을 바꾸기는 힘들어도 한 권의 책은 사람을 송두리째 바꿀 수 있다'는 작은 믿음 하나로 2018년 여름부터 겨울까지 여느 해보다 요란했던 폭염과 싸우며 번역을 마칠 수 있었다. 그만큼 누군가에게는 인생을 바꾸게 할 만큼 의미 있는 책의 가치를 중시해 소중한 시간과 집중력을 투입했다. 필자는 저자의 고유 표현인 원문장의 의미와 맥락에 충실하면서도 우리나라 독자들이 이해하기 쉽도록, 엔터테인먼트 분야의 전문 용어 선택과 표현에 신중을 기하는 것을 원칙으로 삼았다. 또한 각 장마다 '옮긴이의 도움말'을 덧붙여 친절한 독서 길잡이로서 역할을 하도록 했다.

책을 준비하는 동안 함께해 준 한울엠플러스(주), 그리고 기획·홍보·유통 전문가님들께 감사의 말씀을 드린다. 고역스러운 번역 작업을 하는 동안 일터에 찾아와 차를 나누며 아낌없이 격려를 해준 소중한 친구, 제자, 지인들에게도 고마운 마음을 전한다. 번역자로서 겸허한 마음을 담아, 모쪼록 독자들에게 한 줄 한 줄이 의미 있는 책으로 남길 소망한다.

2019년 7월
김정섭

대한민국 독자들께 인사드립니다

　한국에서 제 책이 출간된다니 매우 기쁘고 영광스럽습니다. 한국 사람들은 영화를 좋아해 다른 나라 사람들보다 훨씬 더 자주 영화를 즐기고, 영화산업도 호황을 누리며 활기차게 성장하고 있는 나라이기에 더욱 그렇습니다. 저는 오늘날까지 세계적인 수준에서 가장 강력한 엔터테인먼트 산업을 구축하고, 새로운 시장으로서 아시아 정복을 추구하는 할리우드에서 탤런트 에이전시와 에이전트들이 핵심적 역할을 하고 있는 구조적 특성을 한국 독자들이 이해하는 데 이 책이 도움을 주길 희망합니다.
　감사합니다.

2019년 7월 1일
비올렌 루셀

할리우드 현장의 에이전트

　미국 캘리포니아주 남서부 로스앤젤레스시의 '엔터테인먼트 제국' 할리우드 현장에서 일하는 에이전시의 에이전트들은 영화와는 다른 엔터테인먼트 상품의 제작에 어떻게 기여하고 있는가? 아직 외부에 잘 알려지지 않은, 역할이 매우 다양해진 할리우드 에이전트들의 세계를 독자들에게 상세히 소개하는 데 여러 에이전트 가운데 한 명이 직접 제작에 관여했던 영화 이야기를 들려주는 것보다 더 좋은 방법이 있을까?

　영화의 역사를 새로 썼던 몇 안 되는 영화 가운데 하나인 〈양들의 침묵 The Silence of the Lambs〉은 오늘날까지도 '오스카상(미국 아카데미상)의 5개 주요 부문에서 수상한 단 3편의 영화 가운데 하나이자, 최우수작품상을 수상한 유일한 스릴러 영화'이다(<표 1> 참조).[1] 하지만 이 영화도 다른 히트작처럼 하마터면 제작되지 못할 뻔했던 비화秘話가 있다.

그림 1　영화 〈양들의 침묵〉(1991) 결산표

감독	조너선 뎀(Jonathan Demme)
제작	케네스 우트(Kenneth Utt) 에드워드 색슨(Edward Saxon) 론 보즈먼(Ron Bozman)
각본	테드 탤리(Ted Tally)
출연	조디 포스터(Jodie Foster) 앤서니 홉킨스(Anthony Hopkins) 스콧 글렌(Scott Glenn) 테드 러빈(Ted Levine)
배급사	오리온 픽처스(Orion Pictures)
제작 국가	미국
제작비(박스 오피스 모조)	1900만 달러
수익, 국내+국외(박스 오피스 모조)	2억 7270만 달러
수상 및 후보	**아카데미상 수상** 최우수 작품상: 에드워드 색슨, 케네스 우트, 론 보즈먼 감독상: 조너선 뎀 남우주연상: 앤서니 홉킨스 여우주연상: 조디 포스터 각본상: 테드 탤리 **아카데미상 후보** 편집상: 크레이그 매케이(Craig McKay) 음향상: 톰 플라이시먼(Tom Fleischman), 크리스토퍼 뉴 먼(Christopher Newman)

에이전트들은 문화 상품 생산에 어떻게 기여하고 있는가?

저자인 나는 2014년 로스앤젤레스 베벌리힐스에 있는 한 레스토랑에서 영화로 만들어진 시나리오의 판권을 판매하는 영화 **대본 에이전트** literary agents 로버트 밥 북먼Robert Bob Bookman을 만났다. 이 레스토랑은 할리우드 전문가들이 점심 식사를 하거나 음료를 마시면서 영화 프로젝트를 논의하거나 거래나 협상을 하는 장소로 유명했다. 나는 그곳에서 베테랑 에이전트이자 할리우드 시스템과 관행을 속속들이 꿰뚫고 있는 북먼과 토머스 해리스Thomas Harris의 소설 『양들의 침묵』을 영화로 만들게 된 방대한 이야기를 함께 나누었다. 화제는 주로 영화를 제작하면서 극복해야 했던 장애물들, 다양한 요소를 조합해 전례 없는 성공으로 이끈 길고 혼란스러운 과정에 관한 것이었다.

북먼은 곧바로 "대본 판권을 판매하는 일은 결국 나중에는 성공했지만, 그런 성공에 이르기까지는 매우 어려운 과정이었어요"라며 그가 겪은 웃지 못할 기이한 사실들을 강조했다. 하지만 이것이 유별난 사례는 아니었다. '모든 성공 작품들은 요행수僥倖數'라는 생각은 엔터테인먼트 산업에서는 이미 익숙하다(D. Bielby and C. Bielby, 1994). 즉 '성공은 운발運發'이라는 생각은 고위험, 고수익high risk, high return이 기본 원리로 작용하기에 도박성과 투기성이 매우 강한 쇼 비즈니스에서는 거의 정설이다.

북먼은 "콘크리트 길에서 풀이 자라나는 것처럼 이런 기적 같은 일들이 일어난 것은 정말 놀랍죠"라고 말했다. 소설 『양들의 침묵』의 영화화 과정은 하나의 사례에 불과하지만 도무지 일어날 것 같지 않은 일을 현실이 되도록 해주는 어떤 요소들을 전형적인 방법으로 보여줌으로써 미국 할리우드 영화계에서 간헐적으로, 불규칙하게 탄생하는 히트작의 특성을 조명해 준다.

이 책은 영화 대본 에이전트의 관점에서 전개된다. 즉, 작가와 감독을 대신해 영화의 '재료'를 판매하는 에이전트로서, 책, 영화 시나리오screenplay, 스펙 대본spec script 등에 대한 권리를 제작 전문가들에게 판매하는 사람의 시각에서 접근한다. 우리가 이야기를 나누기 시작한 그때 북먼은 이미 크리에이티브 아티스트 에이전시CAA(Creative Artists Agency)에서 근무하는, 엔터테인먼트 업계에서 존경받고 영향력을 발휘하는 '시장 참여자player'의 지위에 올라 있었다.

CAA는 마이클 오비츠가 운영하는 회사로, 에이전시 업계에서 막강한 영향력을 행사한다는 점에서 논쟁의 여지가 없는 최고의 엔터테인먼트 기획사이다. 북먼은 유력한 영화 시나리오 판권 대행사인 인터내셔널 크리에이티브 매니지먼트ICM(International Creative Management, 현재 회사명은 'ICM Parteners')의 숙련된 에이전트인 데다 제작을 책임지는 영화제작 담당 이사였다. 그가 6년 전 영화제작 분야를 떠나 에이전트로 복귀하면서 CAA에 합류했지만, 그런 제작 부문의 경험 때문에 그는 귀중한 인맥을 확보하고 스튜디오 역학에 대해 깊이 이해를 할 수 있었다.

1980년대 후반, 유명한 소설 『한니발 렉터Hanibal Lecter』 시리즈의 저자 토머스 해리스의 책들에 대한 판권의 대행은 많은 베스트셀러 작가들을 의뢰인으로 확보하고 있는 뉴욕의 유력 에이전트 모턴 장클로Morton Janklow가 맡았다. 『양들의 침묵』은 이 시리즈의 두 번째 소설이었다. 북먼은 장클로와 이미 유대가 있었기에 이 책의 판권을 영화 스튜디오에 팔 수 있었다. 이로 인해 그는 해리스 작품의 판권 대행자 가운데 한 명이 되었다.

책 시리즈 가운데 첫 번째 소설 『레드 드래곤Red Dragon』은 1986년 스릴러 영화 〈맨헌터Manhunter〉로 제작되었다. '범인 추적자' 또는 '탈주범 수색자'라는 뜻이다. 이 작품은 마이클 만Michael Mann이 감독을 하고 브라이언 콕스Brian Cox가 한니발 렉터 역할로 주연했다. 『레드 드래곤』의 판권은 처음에는 할리우드 영화 스튜디오인 워너브라더스Warner Bros.가 샀다.

그러나 할리우드에서 흔히 일어나는 일이듯이 숱한 우여곡절을 겪으면서 결국 워너브라더스가 『레드 드래곤』을 영화로 만들지 않기로 결정했다. 그래서 이 영화의 제작 계획은 판권을 확보하고 시나리오를 개발했던 원래의 스튜디오가 아닌 다른 스튜디오로 이전된다. 이로써 이 계약은 오히려 새로운 국면을 맞게 되었다. 이 작품을 이번에는 디노 데라우렌티스Dino De Laurentiis가 선택했다.

물론 워너브라더스에 제시했던 최초의 계약 조건을 그대로 물려받았다. 그렇게 해서 〈맨헌터〉는 디노 데라우렌티스 엔터테인먼트 그룹에 의해 배급되었고, 리처드 로스Richard Roth가 제작을 맡았지만 박스 오피스에서 성공을 거두지는 못했다. 이와 같은 첫 번째 실패는 나중에 해리스의 소설을 각색할 때 난관으로 작용했다. 또 다른 장애물은 당시 영화사들이 볼 때 스릴러와 공포·범죄 장르는 인기가 없었다는 것이다. 이것은 매우 중요한 요소이다. 우리가 **'영화를 만드는 데 필요한 것'**을 이해하는 데 명심해야 할 점이다.[2] 이러한 사례는 글로 쓰인 작품이 영상물인 영화로 만들어지기까지 일어나는 복잡한 과정을 우리에게 잘 설명해 준다.

비유하자면 이때는 소설 〈양들의 침묵〉의 판권을 판매하는 영화 대본 에이전트의 마라톤이 시작되는 출발선상의 순간이다. 이 마라톤에는 복잡한 게임에 얽혀 있는 다양한 층위의 전문가들이 참여한다. 북먼은 데라우렌티스와 워너브라더스 간의 계약이 **'우선협상권/우선매수권**(선취권) first negotiation/ last refusal right'을 명시하고 있기 때문에 먼저 데라우렌티스에게 가야 한다고 보았다. 그 권리는 그 책의 시리즈에서 소설을 선택한 제작자들이 영화 속편sequel의 판권을 구매할 첫 번째 기회를 가진다는 것을 포함한다.[3] 데라우렌티스는 그 공식과는 달리 속편을 제작하지 않았다. 에이전트는 그래서 **'시장과 거래'**를 해야만 했다.

시장과 거래한다는 것은 영화제작의 측면에서 책의 판권을 유통시키고 잠재적인 구매자들이 보낸 제안을 검토하는 것을 의미한다. 이는 다시 말해 다른 구매자들의 관심을 불러일으키고, 인기 없는 장르의 책이었던 〈맨헌터〉의 흥행 실패와 정반대의 지점에서 [『양들의 침묵』은 현재 ≪뉴욕 타임스(New York Times)≫에서 뽑은 베스트셀러이다] 모순되는 요소들을 조합하는 것을 고려해 재료의 가치와 **'적정 가격'**을 평가하는 것을 총칭한다. 이 평가 과정은 여러 사람들이 개입해 만들어내는 협업 그 자체이다. 북먼, 해리스,

해리스 책의 뉴욕 지역 대본 에이전트인 장클로는 독립 제작사들이 보낸 몇몇 제안을 재정적으로 '너무 낮게' 책정했다고 판단해 수용하지 않았다.

잠재적으로 관심이 있는 '**구매자**buyer'에게 영화 프로젝트를 사게 하려는 노력은 현재와 같이 작가·감독이 영화제작 패키지의 핵심 요소일 때는 판권 대리인에 의해 충분히 조정될 수 있다. 그뿐만이 아니라 각각의 특별한 상황에 따라 스타 배우를 대표하는 탤런트 에이전트, 스타의 매니저, 이런 여러 명의 시장 참여자로 꾸려진 팀에 의해서도 조정될 수 있다. 우리가 제시한 사례연구에서 볼 수 있듯이, 한 프로젝트가 비로소 궁합이 맞는 제작사와 짝짓기를 하는 과정은 제작이 수년간 보류되거나 결국 스튜디오나 자본가의 이익을 맞추기 위해 형식을 변경해야 하는 경우도 있기에 때로는 길고 험난한 마라톤이라는 것을 알게 된다.

영화 프로젝트를 제안받는 구매자는 마구잡이로 선택되지 않는다. 즉, 판권 소유자가 지역 내 모든 스튜디오와 제작자들을 쫓아다니는 것이 아니다. 따라서 에이전트의 역할 가운데 하나는 판권 판매 대행자로서 프로젝트가 의도하는 영화의 **유형**type을 평가하고 그 영화의 장르, 예산 범위, 목표로 하는 관객의 유형을 현재 스튜디오의 전문 분야 및 선호도와 일치시키는 것이다. 이것은 에이전트가 하는 초기 작업의 일부로서 앞으로 구체화될 예술 작품의 모습을 상상하고, 분류하고, 가격을 책정하는 것인데, 이것은 이어질 장들에서 상세히 살펴볼 것이다.

그렇다면 소설 『양들의 침묵』으로 거슬러 올라가 보자. 에이전트들의 이런 줄기찬 노력에도 불구하고 어느 스튜디오도 이 책의 판권을 구매할 반응을 전혀 보이지 않았다. 그다음 단계에서는 에이전트가 자신의 사업 파트너들과 함께 키워나가는 유대가 얼마나 중요한지를 보여주었다. 북 먼은 스튜디오들과 접촉해 사업계획 등에 관해 귀중한 정보를 얻었다. 스튜디오 최고위층과의 관계를 이용하기도 했는데, 『양들의 침묵』의 경우에는 메이저 스튜디오인 파라마운트Paramount와 접촉해 이 책에 대한 스튜디오의 부정적인 인식을 간파해 이를 불식시키려 노력했다. 일련의 재료들이 스튜디오에 제출되면, 단지 이에 대한 평가는 통상적으로 의사결정권이 없는 독자에게 넘겨진다. 이런 평가를 '커버리지coverage'라고 한다.

저는 파라마운트가 매우 부정적인 커버리지(평가 의견)를 가지고 있다고 들었어요. …… 그래서 저는 그 당시 파라마운트사의 네드 테넌Ned Tanen 사장에게 전화해 "저는 당신에게 이전에 이런 부탁을 한 적이 없어요. 그러나 당신이 『양들의 침묵』에 대해 매우 안 좋은 커버리지를 가지고 있다는 것을 이해해요. 당신에게 그것을 읽어보라고 부탁하진 않을게요. 그러나 당신이 정말 신뢰하는 사람들 가운데 당신과 다른 감성을 가진 독자에게 그것을 전해달라고 부탁할게요. 그냥 다른 반응이 나올지 한번 보세요, 알겠어요?"라고 말했죠. 3일 뒤 사장에게서 전화가 걸려왔어요. "당신은 무슨 일이 일어났는지 상상 못 할걸요! 두 번째 독자가 그것을 너무 맘에 들어 하면서 [그것에] '적극 추천' 평가를 내렸죠. 하지만 우리는 아직 판권을 사지는 않을 거예요." 이것은 이런 평가 과정이 얼마나 까다로운지를 나타냅니다.

다음 국면은 에이전트들이 함께 연결된 상호 관계에서 일어난다. 특히 파라마운트 내와 CAA라는 에이전시에서 그러하다. CAA는 '팀 단위 대행team agenting'을 선호하는 마이클 오비츠가 만들었다. 팀 단위 대행은 현재 모든 대형 탤런트 회사에서 실행되고 있다. 스타가 에이전트와 내적으로 가질 수 있는 연계성을 증대시키기 위해 스타들을 중심으로 팀을 형성하는 것은 아티스트들의 충성도를 확보하고 업무의 연계성을 유지할 수 있는 전략이다. 고객과 계속 채널 역할을 해온 에이전시의 창구인 '포인트 에이전트point agent'가 회사를 떠나더라도 큰 문제가 없기 때문이다.

게다가 팀 단위 대행은 더 낮고 더 광범위한 서비스를 제공하는 것으로 평가된다. 더우이 팀 단위 대행은 하나의 영화에서 여러 에이전시 고객을 '패키징packaging'하는 일을 촉진한다. 우리의 사례연구에서 북먼의 동료이자 CAA에서 오랫동안 일한 에이전트 프레드 스펙터Fred Spector는 그의 스타 고객 가운데 한 명인 진 해크먼Gene Hackman의 제안을 가지고 북먼과 접촉한다.

> 프레드 스펙터는 저한테 전화를 걸어 "『양들의 침묵』의 판권이 아직 안 팔려 여전히 유효한가요?"라고 물었어요. 제가 "그렇다"고 답하자 프레드 스텍터는 "해크먼이 그 판권을 구매하기를 원해요. 해크먼은 그것을 영화로 제작하고, 이전에 영화를 감독한 적은 없지만, 감독을 맡아 그 작품을 연출하고 싶어 해요. …… 나아가 그는 한니발 렉터 역도 맡고 싶어 하지요. 그는 그 당시 제작 회사로서 최고의 위치에 있던 오리온(Orion)으로 갔죠. 사랑을 받던 비범한 오리온의 회장 아서 크림(Arthur Krim)이 그의 파트너가 되기로 동의했기 때문이죠"라고 말했어요. 그렇게 해서 우리는 정말이지 아주 큰 거래를 협상했습니다.

진 해크먼과 같은 스타가 영화제작 프로젝트에 투입되었다는 응집효과cohering effect는 곧 자본과 인력이 모이는 추가적인 집적集積의 메커니즘을 생성한다. 해크먼의 이전 에이전트인 프로듀서 로버트 서먼Robert Sherman은 영화제작사인 스튜디오 임원과 제작자producer로 변신했다. 서먼은 북먼과 오랫동안 사업적인 파트너 관계를 맺어왔던 인물로 이 프로젝트 참여에 동의했다. 연쇄 반응이 나타나 테드 탤리Ted Tally도 대본 작가로 참여하기로 했다. 여기에서 다시 에이전트는 핵심 참여자들을 연결시킴으로써 프로젝트 진행에서 윤활유 같은 역할을 수행한다.

저는 1970년대에 ICM에서 함께 일했던 출중한 사람인 알린 도너번(Arlene Donavan)에게서 전화를 받았어요. 도너번은 "저는 테드 탤리의 업무를 대행하고 있어요"라고 말했죠. 테드 탤리는 당시 매우 성공적인 극작가였지만, 영화 시나리오를 이제 막 쓰기 시작한 신참 작가이기도 했어요. 도너번은 "테드 탤리가 『양들의 침묵』에 쏙 빠져 있는데, 어떻게 하면 그가 그 일을 할 수 있을까요?"라고 물었죠. 저는 셔면에게 전화해 보라고 말해주었어요. 그 말을 듣고 도너번은 셔면에게 전화했고, 셔면은 탤리를 고용했죠. 그 후 저는 스펙터의 전화를 받았어요. 스펙터는 "당신은 무슨 일이 일어났었는지 믿지 못할 거야!"라고 말했죠. "대체 무슨 일이길래?"라고 물었더니 그는 해크먼이 『양들의 침묵』 제작 프로젝트에서 빠질 거라는 사실을 알려줬어요. "왜 그러지?" 하고 이유를 물었더니 그는 "해크먼의 딸이 책을 읽고 난 뒤 전화를 걸어 '아빠, 이거 영화로 만들지 마세요'라고 얘기했기 때문"이라고 이유를 알려주었어요.

우리는 제시된 프로젝트를 놓고 스타 주위에 형성되어 원심력을 발휘하는 '중력장gravitational field'의 생성과 붕괴 가능성을 여기에서 엿볼 수 있다. 이것은 또한 '영화 패키징film packaging'이 이뤄지는 방법이기도 하다. 오로지 '스타 파워'나 '스타 카리스마'에서 나오는 것과는 달리, 이와 같은 집적 역학aggregation dynamics은 기존에 구축된 유대 관계가 활성화됐다는 것을 의미한다. 그리고 이런 집적 역학은 특히 에이전트들이 스튜디오 경영진이나 제작자로 변신했듯이 때로는 매니지먼트 대행과 제작 분야를 오가는 직업 이동의 궤적 효과effects of trajectories와 결합되기도 한다.

다양한 조직, 지위, 산업 분야에서 모여들어 순환된 전문가들 사이의 오래된 관계는 거미줄처럼 탄탄하게 짜여 얽히고설킨 유대 관계를 형성한다. 영화제작 과정 초기에 시작된 에이전트의 활동은 그런 유대의 연결망에 의존하고 있을 뿐만 아니라 실로 옷감을 짜듯이 향후의 유대 관계 형성에도 기여한다. 여기에서 재개되거나 시작된 공동 작업들의 일부는 나중에도 반복되거나 강화될 것이다.

프로젝트 주변에 형성된 응집체가 튼튼해 보이지만, 그것은 항상 깨지기 쉬울 정도로 취약하다. 어떤 핵심적인 부분이 아무 때나 빠져나갈 수 있고, 전체 프로젝트가 살아남아 성공하거나 반대로 실패할 수도 있다. 해크먼의 탈퇴는 큰 타격이다. 남아 있는 사람들이 프로젝트에 참여할 수 있도록 충분한 '**인력**attraction force'을 확보하고 '**중력장**'을 제 위치에 있도록 유지하는 것은 쉬운 일이 아니다. '이 영화가 진짜로 제작이 가능할까?', '이런 일이 정말로 일어날까?' 따위의 성가신 질문들은 참여자들의 마음을 흔든다. 이런 맥락에서 에이전트는 그의 고객과 그가 속한 에이전시의 이익이 모두 최선이 되도록 참여자들을 설득하며 이탈을 막고 낙관적인 기대를 강화하는 데 몰두한다.4)

우리의 사례연구에서는 해크먼이 철수했음에도 오리온의 아서 크림이 전체 프로젝트를 떠맡아 수행하기로 동의해 다행히도 제작 계획은 무산되지 않았다. 북먼과 크림은 에이전트의 또 다른 고객이자 영화감독인 조너선 뎀에게 자기들 팀에 합류하라고 설득해, 마침내 성사시켰다. 깨지기 쉬운 상상력을 발휘하는 노력을 통해 힘을 되찾았고 캐스팅도 시작할 수 있었다. 뎀과 크림은 에이전트들이 행하는 전형적인 캐스팅 과정으로 묘사되는 거래에서 주요 배역을 맡을 최적의 배우가 누구인지를 놓고 열띤 논쟁을 벌였고, 결국 그들은 오리온이 요구한 조디 포스터Jodie Foster와 뎀이 선택한 앤서니 홉킨스Anthony Hopkins를 받아들이는 것으로 타협했다.5) 이제 대부분의 요소들이 제자리에 속속 배치되었다. 영화는 제작이 가능할 것 같았고, 그것은 '**현실**'처럼 여겨졌다.

이 영화 시리즈의 역사에서 내려오는 까다로운 질문이 하나 남아 있다. 첫 작품인 〈맨헌터〉의 제작 계약에 포함된 '**우선협상권/우선매수권**(선취권)'이 의미하는 바는 이 영화의 제작사인 데라우렌티스가 〈양들의 침묵〉에 대한 영화 저작권 확보를 거절하면 속편은 첫 번째 영화에 등장한 모든 캐릭터들과 배치들을 변경해야만 제작이 가능했다. 이렇게 되면 특히 한니발 렉터라는 이름과 다른 모든 배역이 수정되어야 한다. 이런 이유를 고려해 데라우렌티스는 그 협상 과정의 현재 단계에서 속편 제작이 중요하다는 결론을 내린다.

뎀 감독은 그의 에이전트에 자신의 영화에서 원작에 있는 캐릭터 이름을 그대로 사용할 수 있도록 데라우렌티스의 허락을 받아오라고 요청한다. 북먼은 데라우렌티스와 협상해 워너브라더스가 설정한 엄격한 정책에 반대하도록 설득했는데,[6] 협상은 성공적이었다. 이렇게 계약을 보완함으로써 나중에 데라우렌티스가 〈양들의 침묵〉의 속편인 두 편의 작품 〈한니발〉(2001)과 〈레드 드래곤〉(2002)을 각각 제작할 수 있게 되었다.[7] 북먼은 "**꼬리에 꼬리를 물고,** 연속적으로 진행되는 한니발 렉터 영화와 텔레비전 프로젝트는 모두 디노 데라우렌티스의 권리이기에 그의 재산으로 귀속된다. 협상이 잘되지 않아 이 〈양들의 침묵〉 시리즈가 각기 다른 이름이 되었다면 그는 결코 이 작품들을 만들지 않았을 것이다"라고 말했다.

두뇌 싸움이 고도화된 집단 게임에서 중심적인 위치를 잡고, 사전 제작preproduction을 조율하며, 지휘하는 것은 영화 판권 대행 에이전트의 업무 영역이다. 비로소 제작이 시작되면 그의 역할은 끝난다. 판권은 팔렸고 다음 단계를 시작할 수 있도록 핵심 요소들이 제자리에 준비되어 있다. 감독과 제작팀은 출연진 캐스팅과 기술팀 구성을 마치는데, 이 단계에서 비중이 적은 역할을 맡을 남녀 배우들의 캐스팅 지원을 대행하는 '**부티크** boutique' 회사(부티크 에이전시)의 에이전트들이 제한된 시간과 범위에서 게임에 참여한다.

북먼과 같은 에이전트들은 영화 세트장을 거의 방문하지 않는다. 그들은 "제작 과정에 전혀 개입하지 않는다. 에이전트의 관점에서 보면 역할이 끝난 것이다". 영화제작production(영화 촬영 자체)과 후반 작업postproduction(음악, 음향 및 시각 효과 추가와 촬영 마지막 날 이후에 발생하는 모든 단계)을 모두 마치고 나서 영화의 개봉에 맞춰 마케팅과 홍보 전략을 펼친다.

영화가 개봉되어 비평가들의 평론이 이어지고 박스 오피스에서 관객 수를 비롯한 스코어가 집계되면 곧 시상식 시즌이 다가온다. 〈양들의 침묵〉의 기여는 영화제작에 뛰어든 여러 참가자들의 직업적 궤도를 이동시킬 만큼 전례가 없었다. 그러나 북먼의 눈으로 볼 때 에이전트의 자원, 경로, 신뢰성이 이 작업에 미친 영향이나 효과를 파악하기는 어려웠다.

재료의 가치 면에서 **이 작품은** 토머스 해리스에게 큰 영향을 미쳤어요. 그것은 조너선 뎀에게도 큰 영향을 미쳤죠. 뎀의 차기작 〈필라델피아(Philadelphia)〉는 이런 영향을 받지 않았다면 만들기 어려웠을 거예요. 그분만 아니라 집필 요청이 쇄도하는 시나리오 작가가 된 탤리에게도 큰 영향을 미쳤죠. 그것은 확실히 작품에 출연한 배우들에게도 큰 영향을 미쳤다고 보는데, 맞지요? 제가 추측하건데, 제게 유일하게 영향을 미친 것은 …… 일종의 손에 잡히지 않는 무형의 것입니다.

제 말은 분명히 그 효과를 긍정적으로 보지만, 저는 당신이 다른 것들을 평가하는 방식으로 그것을 평가할 수 있다고 생각하지 않아요. 그것 때문에 어떤 고객이 저에게 왔는지 또는 떠났는지 누가 알겠어요? 어떤 일에는 100% 작용할 수 있겠지만 그와 반대로 다른 일들에는 얼마나 많은 영향을 미치는 요소였는가 말이죠. 그것은 에이전트의 관점에서 볼 때 사업의 흥망성쇠의 일부일 뿐이죠. …… 에이전시 내에서, 모든 사람들은 누가 무엇을 했는지 항상 알고 있죠. 그러나 우리는 앤서니 홉킨스를 대행했기 때문에, 당신은 정확히 무슨 일이 발생했는지 모를 수 있어요. 너무나 많은 요인들이 있었기에 저도 정확히 모르겠어요.

무슨 일이 일어났는지를 참여자들이 아는 것은 영화의 성공과 기여에 의해 확인되는 관련자들에 대한 한 가지 평가 요소, 즉 그들의 신뢰성과 '취향taste'을 측정하는 요소가 된다. 이런 평가 요소들은 참여자들의 평판뿐만이 아니라 실행력, 그리고 다른 참여자들의 행동을 일깨우는 동력을 형성하고 강화하는 데 기여한다. 이것은 다음 장에서 자세히 다룰 것이다. 이러한 공유된 경험들은 참여자들의 유대와 네트워크를 새롭게 구축할 뿐만 아니라 이미 형성된 상호 연결interconnections을 좀 더 확고히 **만들어준다.**

이런 상호 연결 가운데 일부만이 계약이라는 법적 형태나 어떤 공식적인 방식으로 구체화된다. 비공식적 관계는 특정인이 속한 에이전시(여기서는 업계 최상위인 CAA)의 규모와 영향력 또는 이 조직이 가지고 있는 지위만큼 중요하다. 나중에 설명하겠지만, 사실 비공식적 관계와 그것의 역사는 어느 정도 조직의 직위에 부여된 공식 타이틀의 유효한 의미와 영향력을 규정한다.

〈양들의 침묵〉을 만드는 과정의 '**에피소드**'는 할리우드의 숱한 역사를 구성하는 작은 사건들의 연속체이자 일부이다. 이 영화와 관련된 이야기를 영화 프로젝트라는 특정 시스템에서 작동하는 시장 행위자들과 조직들의 관점에서 확대경으로 보듯이 상세히 살펴보면, 영화 대본 에이전트가 제작 과정 초기에 '**조정자**coordinators'로서 중심 역할을 하고 있다는 것을 알 수 있다.

이런 점에서 에이전트 가운데 다른 영역에 있는 사람들은 영화 프로젝트에서 조정자 역할을 할 수 있는 위치에 있다. 빅 할리우드란 큰 무대에서 활동하며 유명 고객을 보유한 탤런트 에이전트들의 전형적인 사례이다. 그뿐만 아니라 대형 에이전시에 고용된 '**독립 영화 에이전트**'도 그 사례에 해당된다. 독립 영화 에이전트는 스튜디오처럼 영화 패키징을 하고 투자 자금을 찾고, 특히 국제적으로 공동 제작을 하기 어려운 작은 영화들의 제작 프로젝트를 대행하기 위해 대형 에이전시에 고용된 에이전트들이다.

탤런트 에이전트들은 우리가 이 직업에 대해 생각할 때 일반적으로 떠올리는 사람들이다. 이들은 독보적인 명성을 갖고 있기 때문에 영화를 제작할 수 있게 해주는 대형 영화 스타부터 하나의 배역이라도 따내기 위해 애쓰는 무명 배우들까지 모든 수준의 배우들의 매니지먼트를 대행한다. 윌리엄 모리스 인데버WME(William Morris Endeavor)의 벤 스틸러Ben Stiller, CAA의 윌 스미스Will Smith,* 또는 유나이티드 탤런트 에이전시UTA(United Talent Agency)의 귀네스 팰트로Gwyneth Paltrow와 같이 '돈벌이가 되는' 스타들을 다루는 대형 회사의 손꼽히는 탤런트 에이전트는 영화를 만드는 초기 단계에 스타를 대행하거나 스타와 협력함으로써 조정자로서 핵심적인 역할을 수행한다.

영화제작이 시작되면 역할이 끝나버리는 대본 에이전트와 달리, 최고 수준의 탤런트 에이전트는 제작 과정 내내, 후반 작업, 영화 개봉과 관련된 판촉 활동에 이르기까지 전 과정에 걸쳐 의뢰인과 함께하는 경우가 많다. 이런 대형사의 탤런트 에이전트는 그 일에 대한 경험이 있기 때문에, 일단 캐스팅이 시작되면 무명 배우들에게 단순히 일자리를 알선하는 역할에 머무는 소규모 에이전시의 에이전트와 비교되는 일을 한다. 다음 장에서는 그런 전문가들을 영화제작을 하는 각기 다른 단계에서 하나로 혼합되도록 이끄는 전문 에이전트들의 다양한 역할에 관해 다룰 것이다.

좀 더 일반적으로 말하면, 〈양들의 침묵〉의 사례는 영화제작 과정에서 나타나는 상호 관계의 심층적인 구조를 설명해 주고 있다. 그것은 재정적·법적·창의적인 차원의 것들이 서로 얽혀 있는 모습이다. 탤런트 에이전트, 아티스트, 제작 전문가들 간의 수직적 분업은 영화산업에서 다른 기능적 영역에 있는 개인과 조직을 이어주는 수평적 유대와 결합된다. 그러한 관계는 공식적 또는 비공식적일 수 있다. 구체적으로 그런 관계에는 정보 교환, 다른 형태의 적극적이고 능동적 협력·호의가 오가며, 오랫동안 유지되는 주고받기 전략, 심지어 더 느슨한 형태의 (상징적인) 연합이나 서로 훼손해서는 안 되는 불가침 협약들이 포함된다.

이와 같은 상호 연결체에서 일부만이 작품 프로젝트를 추진하는 논리나 이해에 반응해 행동한다. 그리하여 영화가 제작되는 한정된 기간만큼은 제작에 동조하는 다양한 참가자가 모이지만, 매번 작품을 추진할 때마다 이러한 유대가 계속 되풀이될 것이라고 장담할 수는 없다. 이와는 대조적으로 〈양들의 침묵〉의 제작이 정교하게 준비되는 동안에 밥 북먼과 다른 에이전트들은 마치 곡예를 하듯이 다른 여러 개의 프로젝트와 고객의 일을 동시에 맡고 있었으며, 현재의 사업 파트너들과의 지속적인 관계를 관리하고 그들과 좀 더 안정적인 직업적 관계를 형성했다.

게다가 영화를 완성하는 일련의 제작 단계들을 반드시 전통적인 구분 방식인 사전 제작, 제작, 제작 후 단계로 나눠 잘 설명할 수 있는 것은 아니다. 에이전트들은 사전 제작 단계라고 불리는 시기에 대부분 존재한다. 동시에 우리가 수행한 사례연구는 타임 라인이 사실상 더 복잡하다는 것을 보여준다(<그림 1> 참조). 북먼의 일은 해리스의 책을 영화로 제작하는 계약을 마쳤다고 해서 끝나지 않았다. 우리는 이 거래의 과정에 몇 가지 에피소드가 더 있다는 걸 알고 있다.

참여자들의 시각으로 볼 때 그 영화는 현실화될 가능성이 크게 높아졌기 때문에, 그 계약은 제작 과정에서 다른 단계로 넘어가는 전환점이자 과도기였던 것이다. 그러나 우리가 알고 있듯이, 진 해크먼이 물러난 후에야 에이전트와 제작자들은 스태프들을 라인업하고 감독과 주연배우를 추가로 선정함으로써 가까스로 영화 프로젝트를 제작할 수 있는 네트워크의 결속력[8]을 '복원'할 수 있었다. 비로소 영화제작 준비가 끝난 것이다. 오직 그 일을 마친 후에야 영화는 '**현실**'이 되어 세상에 나오게 되었다.

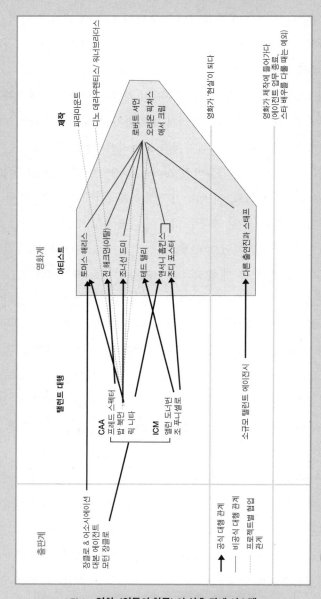

그림1 영화 〈양들의 침묵〉의 상호 관계 시스템

▶ 옮긴이의 도움말

● 이 책의 주요 등장인물(할리우드의 전설적 에이전트들)

마이클 오비츠　　루 와서먼　　브라이언 로드　　케빈 휴베인　　제프 버그

아리 이매뉴얼　　패트릭 화이트셀　　존 탁　　제러미 지머　　크리스 실버먼

주디 호플런드　　데이비드 게펀　　모턴 장클로　　로버트 밥 북먼　　프레드 스펙터

● 이해를 돕기 위한 용어

대본 에이전트 literary agents
　　할리우드에서 활동하는 에이전트 가운데 작가와 감독을 대신해 영화의 소재가 되는 책, 영화 시나리오, 신인 작가 등이 자발적으로 쓴 스펙 대본(spec script) 등을 검토해 이에 대한 권리를 제작 분야 전문가들에게 판매하는 에이전트들을 말한다.

스펙 대본 speculative script, spec script

원고료를 받고 스튜디오나 제작사의 의뢰나 위탁을 받아 쓴 영화 시나리오와 달리, 주로 신예 작가가 미리 집필해 공개된 시장(제작자, 스튜디오, 영화사)에 판매용으로 내놓는, 완성된 대본을 말한다. 스펙 대본은 시나리오의 기본 틀과 요소를 갖춘 상태에서 새로운 이야기와 인물을 창작해야 한다.

우선협상권/우선매수권(선취권) first negotiation/last refusal right

자산이나 자원 소유자(owner)가 자신이 소유한 자산이나 자원을 팔고자 할 때 미리 조건부로 계약한 특정 매수인(buyer)에게 먼저 제안하거나 협상해 구매 의사를 물어본 뒤 산다고 하면 특정 매수인에게만 팔아야 하며, 거절하거나 협상이 결렬될 경우에만 제3의 매수인에게 팔 수 있는 권리를 말한다. 팔려는 자산 소유자 입장에서는 '우선협상권'이나 '우선제안권'으로, 사려는 매수인 입장에서는 '우선매수권' 또는 '선취권(先取權)'이 된다. 'refusal'은 '거절', '거부'란 뜻이지만, 법률 용어로는 '우선 선택할 권리나 지위(option)'를 의미한다. 따라서 'refusal right'은 진정한 제안이 오면 계약에 따라 우선권을 행사해 자산 등을 매입할 권리를 뜻한다. 'last refusal right(right of last refusal)'은 종종 'first refusal right(right of first refusal)'으로도 부르는데, 둘 다 같은 의미다. 'first'라는 어휘를 쓴 이유는 제삼자에게 계약 제안을 하기 전에 먼저 매수 옵션을 주는 상황 때문이고, 'last'를 사용한 것은 제삼자와 계약 협상이 마무리된 후 계약 실행 바로 직전에 매수 행사를 할 수 있게 하는 상황 때문이다.

속편 sequel

시퀄(sequel)은 시리즈물 가운데 두 번째 작품부터 이에 해당되는데, 후속 작품 즉 '속편'을 뜻한다. 시퀄과 유사한 용어는 '스핀오프(spin-off)', '리부트(reboot)', '프리퀄(prequel)'이 있는데 정확히 구분하면 다음 표와 같다.

시퀄 (sequel)	오리지널 제목을 그대로 쓰되 2, 3, 4 등의 숫자를 붙이며, 기존의 캐릭터를 유지하거나 변화를 주면서 스토리를 확장시켜 나가는 방식을 취한다. 최초 작품의 검증된 스토리와 흥행 실적을 바탕으로 고정 팬들의 암묵적 지원(재관람)을 기대하며, 흥행의 안정성과 투자의 효율성을 기대하고 제작된다. 영화 〈쥬라기 공원〉, 〈터미네이터〉, 〈트와일라잇〉, 〈스타워즈〉, 〈미션 임파서블〉, 〈다이하드〉, 〈택시〉, 〈투캅스〉, 〈공공의 적〉, 〈신과 함께〉 시리즈 등이 해당된다.
프리퀄 (prequel)	시리즈가 종료된 데 대한 관객의 아쉬움을 달래거나 여운 효과를 흥행으로 연결시키기 위해 원작 시리즈 앞(원작 이전의 상황)에 전개되는 가상의 에피소드나 스토리, 주인공의 선행(先行) 이야기를 토대로 새로 만든 영화를 말한다. 영화 〈스타트렉: 더 비기닝〉, 〈혹성탈출: 진화의 시작〉, 〈엑스맨: 퍼스트 클래스〉, 〈미생 프리퀄〉 등이 여기에 해당된다.
스핀오프 (spin-off)	영화, 드라마 등에서 기존 작품의 등장인물이나 설정을 끌어와 전혀 다른, 새로운 이야기로 구성한 후속 작품을 의미한다. 영화 〈미니언즈〉 〈엑스맨 탄생: 울버린〉, 〈여고괴담〉, 〈가문의 영광〉 등이 해당된다.

리부트 (reboot)	영화 〈매드맥스: 분노의 도로〉, 〈배트맨 비긴즈〉, 〈어메이징 스파이더맨〉, 〈판타스틱 4〉, 〈후드〉(〈로빈후드〉의 리부트 버전), 〈신의 퀴즈: 리부트〉처럼 시리즈물의 연속성을 포기하고 기존 작품의 골격과 등장인물만을 차용해 최초 작품의 내용 및 구성과는 전혀 다른 새로운 이야기를 만드는 방식이다.

포인트 에이전트 point agent

에이전시 에이전트 팀의 구성원(에이전트) 가운데 배우 등 특정 고객(의뢰인)이 요청한 초기의 모든 문의 사항을 접수해 신속하게 처리하고, 고객이 서비스 대행에 관심이 있을 경우 가장 먼저 전화를 걸어 상대하는 주요 담당자를 지칭한다. 의뢰인과 만나는 창구이자 고객 채널의 최전방에 있는 에이전트다. 특정 고객의 입장에서나 에이전시의 입장에서 고객과 접점(point) 역할을 하는 핵심 에이전트이기 때문에 매우 중요하다.

영화 패키징 movie packaging, film packaging

영화산업에서 좋은 시나리오, 좋은 배우, 좋은 감독, 믿을 만한 투자자, 시장 상황, 사회적 상황 등 영화의 요소를 모두 결합해 영화제작 프로젝트의 매력을 극대화하는 상품화 과정을 통칭한다. 영화제작 과정에 필요한 모든 요소를 결합해 실제 작품으로 만드는 일련의 과정이다.

영화제작 과정 process of film production

영화제작 과정은 보통 사전 제작(preproduction), 제작(production), 후반 작업(사후 제작, postproduction)의 3단계로 구분한다. 이를 세분화할 경우 개발 단계(development), 사전 제작, 제작, 후반 작업, 배급과 상영(distribution and exhibition)의 5단계로 나눌 수 있다. 첫째, 개발 단계는 시놉시스(synopsis), 트리트먼트(treatment), 시나리오(script) 등의 공정을 거쳐 시나리오를 완성하는 단계이며, 둘째, 사전 제작은 투자비(제작 예산)를 확보해 감독, 제작진, 출연 배우, 촬영용 대본을 구성해 모든 촬영 준비를 완료하는 과정이다. 셋째, 제작은 크랭크인부터 촬영 종료까지 실제로 촬영하는 전 과정이며, 넷째, 후반 작업은 촬영 후 작품의 완성도를 높이기 위해 편집, 음향, 녹음, 음악(OST), 자막, 영상 보정, 컴퓨터그래픽, 특수효과, 스타팅/엔딩 크레디트 등, 다듬는 작업을 마무리하는 과정이다. 마지막으로 배급 및 상영은 기술시사회 등을 거쳐 최종 보완 후 마케팅 및 홍보 전략을 가미해 계획한 수량만큼 상영용 프린트(release print)로 만들어 전국 각지의 극장에 유통해 개봉(release) 준비를 마치고 관객을 상대로 상영하는 과정이다.

HOLLYWOOD

1장

할리우드 에이전트 탐구하기

미국 로스앤젤레스에서는 수천 명의 에이전트들이 일을 하고 있다. 유명한 WME나 CAA와 같이 이니셜만 봐도 '할리우드 드림'의 일부라 느껴지는 슈퍼스타급 영화배우들을 대표하는 큰 회사도 있고, 소수의 에이전트들만 고용하는 수백 개의 작은 양품점 같은 **부티크 에이전시**boutique agency도 있다.1) 이렇게 서로 다른 환경에서 일하는 에이전트들은 업무 경험, 급여·보너스와 보상 구조의 수준, 고객과 잠재적인 고용주의 형태와 신분 면에서 폭넓고 다양한 경험을 한다. 소규모 에이전시는 관련 시장을 전문 영역별로 세분화하거나 틈새시장niche(예를 들면 특정 연령 그룹 또는 인종적 특색을 지닌 배우를 대행하거나 영화·TV 기술자를 대행하는 역할)을 전문적으로 공략함으로써 사업을 영위할 수 있다. 반면 큰 조직을 갖춘 회사는 에이전트 영역의 모든 부분을 내부적으로, 부서별로 나눠 이를 동시에 수행하는 독립체이다. 이와 같은 사업 가능성의 범위는, 큰 회사에서 일한 에이전트들의 업무 경험이 작은 회사와 일한 에이전트와 크게 차이날 수밖에 없다는 것을 뜻한다.

동시에 몇 가지 메커니즘은 대행 업무를 하는 에이전트라는 직업을 하나로 묶어주는 기능을 한다. 에이전트의 직업 세계에서는 에이전트라는 직업적 이미지를 서로 공유할 뿐만 아니라 대행 업무에서도 공통된 관행을 준수한다. 이와 같은 직업적 활동은 비공식적으로 조직화된 개인 매니저의 역할과 달리 상대적으로 좀 더 엄격히 규제된다. 에이전시는 그들이 소재한 주정부에서 엄격한 심사를 거쳐 사업 면허를 받는다. 예를 들어 로스앤젤레스에 기반을 둔 에이전시는 캘리포니아주 노동위원회California State Labor Commissioner의 승인을 받아야 한다.

두 번째 차원의 규제는 탤런트에이전트협회ATA(Association of Talent

Agents)와의 관계에서 발생한다. 이 협회는 로스앤젤레스와 뉴욕에 있는 많은 에이전시로 조직되어 있으며, 이 에이전시들을 대신해 산업별 조합과 직업별 조합guilds에 목소리를 낸다. 이런 조합에는 미국 영화배우조합 및 텔레비전·라디오 아티스트 연맹SAG-AFTRA(Screen Actors Guild and American Federation of Television and Radio Artists),[2] 미국 감독 조합DGA(Directors Guild of America)과 미국 작가 협회WGA(Writers Guild of America) 등이 있는데, 매우 강력한 힘을 행사한다.

에이전시는 대개 배우, 감독 등 고객들의 계약서에 명시된 전체 협상 금액의 10%를 수수료로 받는다. 현재 에이전트가 영화제작업을 영위하는 것은 금지되고 있지만, 점차 제작업과 유사한 활동에 참여하고 있다. 계약에 따라 에이전트들은 고객을 대신해 공식적으로 독점권을 갖고 일거리를 찾아주고, 거래를 협상하며, 이런 활동의 결과로 보수를 받고 있다.

에이전트 업무의 기원

에이전트와 에이전시의 직업적 정의는 역사적 과정의 결과물이다. 1920년대와 1930년대 탤런트 에이전시의 출현에 대한 켐퍼Kemper의 연구는 에이전트들이 자신들의 활동을 지칭하는 용어인 '에이전팅agenting(에이전트의 업무)'의 탄생을 이해하기 위한 요소를 우리에게 제공한다(Kemper, 2010; 2015). 그의 연구는 에이전트가 1920년대 스튜디오(영화사) 시스템을 지탱하는 하부 조직의 일부로 생겨났다는 것을 보여주었다. 이는 다음과 같이 두 가지가 결합된 방식으로 나타났다. 첫째, '1세대 에이전트'는 영화사업 자체의 영역 대부분에서 불쑥 나타났다. 당시 에이전트가 된 많은 사람들이 전직 제작자 또는 영화사 직원이었다. 둘째, 스튜디오 인프라와 운영

시스템이 안정되면서 스튜디오와 독립된 에이전트들이 생겨나기 시작했다. 스튜디오의 감독으로부터 자율성을 확보해 전문적인 활동을 할 수 있는 에이전트의 활동 여건이 형성되었기 때문이다.

스튜디오들은 제작과 유통 활동에서 이미 급격한 성장세를 이룬 독립적인 조직들이었다. 탤런트들을 대행하는 일을 '**독립 에이전트들**independent agents'에 위임하는 것은 스튜디오와 긴밀히 연관되어 있다. 영화를 만들고 유통하는 스튜디오 입장에서도 에이전트들과 이런 관계를 맺어야 사업적인 이익을 기대할 수 있어 그런 관계에 의존했다. 이런 시스템은 명백하고 상호 협의된 계약서를 통해 탤런트 스카우트와 매니지먼트 업무를 내재화했기 때문에, 스튜디오들이 고객들인 아티스트들의 이익보다는 자신의 이익을 위해 일할 것이라는 의심에서 벗어나 보호받을 수 있게 해주었다.

그러나 독립 에이전시의 발전이 단순히 '상법'에 규정된 **효용함수**utility function에 반응해 나타난 것이라는 생각은 잘못된 설명이다. 이 과정은 당시로서는 결코 분명하지도 자연스럽지도 않았다. 영화사업에서 에이전트는 합법적인 중개인으로 즉각적으로 또는 쉽게 받아들여지지 않았다. 이것은 예를 들면 1930년대 언론에 정기적으로 보도된 스튜디오들 간의 갈등과 에이전트가 취한 과도한 권력과 이익에 대한 공격에서 명백히 드러난다.

당시에 에이전트들은 입지에 위협을 받자 미국 엔터테인먼트 사업 구조에서 자신들이 대행 업무를 해야만 하는 정당성과 장점을 확보하기 위해 투쟁해야 했다. 에이전트들은 스튜디오 임원과의 관계를 발전시키고 막후에서 체계적으로 존재감을 주장하며 홍보전을 전개했다. 이와 동시에 업계 저널(**전문지**)에 존재 이유를 알리는 광고를 게재하고 스타 및 다른 주요 탤런트와의 관계를 강조하는 에이전시 팸플릿을 배포함으로써 전략적 역할을 사회에 공식으로 알렸다. 그렇게 함으로써, 에이전트들은 조직체로서 아티스트, 제작 전문가, 스튜디오와의 관계에 대한 **통찰력**perception'을 시장에서 당당히 팔 수 있게 되었다. 이 과정에서 에이전트들은 그간 일하면서 축적한 인적·물적 관계를 충분히 활용했다.

그리하여 에이전트들은 점차 '**판매자**sellers'로서의 지위를 구축했다. 그것은 자유시장체제에서 '**구매자**buyers'가 회피할 수 없는 사업 파트너가 되었다는 것을 의미한다. 정당한 교섭 상대의 지위를 확보한 것이다. 1930년대 후반에 탤런트 노조(특히 SAG)와 협상을 성공시켜 조합들과 에이전시 사이에 프랜차이즈 계약 서명을 이끌어냄으로써 할리우드에서 에이전트들은 개인적 또는 집단적으로 아티스트 고객들을 대행하는 **직업적인 참여자** 자격을 부여받았다.

한편 같은 10년 동안 에이전트와 스튜디오 임원을 하나로 묶는 데 기여한 거래 협상은 에이전트의 직업적 규범이 확립될 때까지 점점 더 잦아져 일상화되었다. 스튜디오 임원들은 함께 일한 적이 있는 에이전트들에게 매니지먼트 대행 의뢰 경험이 없는 탤런트를 추천했다. 에이전트들은 그런 과정에서 독립 에이전트를 통해 탤런트의 매니지먼트를 대행하도록 하는 것이 엔터테인먼트 시장에서 '**공정한 협상**'이라는 새로운 비전을 굳혀나갔다.

이런 노력 끝에 1930년대 말에 이르러 사회의 집단적 인식이 바뀌었다. 따라서 에이전트들은 통상 합법적인 중개인으로 자리를 잡았다. 그들은 '**유효한 경제 서비스**'를 제공하는 역할을 수행하고 엔터테인먼트 업계에서 필요로 하는 기능을 충족시켰다.[3] 이러한 인식은 "할리우드는 탤런트라는 상품의 공급과 수요에서는 '중개' 역할이 필요한, 분리되고 불투명한 시장"이라는 정의와 일치한다. 이렇듯 '**할리우드 시장**Hollywood market'에 대한 사회적 인식은 에이전트를 대표하는 직업 단체가 형성되고 그들이 인정받기 위해 투쟁을 지속하면서 점차 확고해졌다.

시장에서 역할을 하는 산업의 주요 동력을 뜻하는 직업군의 형성(대형 스튜디오와 소규모 경쟁사, 에이전시, 탤런트 조합 등)은 에이전트들이 하고 있는 일을 명명하고 해석하는 정신적 레퍼토리(목록)의 형성과 불가분의 관계에 있다. 따라서 '시장의 중개자'라는 에이전트에 대한 정의는 역사적인 과정의 결과물이지 본래 내재하는 시장 법칙들의 불가피한 효과가 아니다. 그것은 1920년대에서 1940년대까지 계속해서 엔터테인먼트 산업이라는 구체적인 전문 직업 세계로 모여든 다양한 그룹 간의 상호 의존성, 동맹, 경쟁의 결과이다. 오늘날 할리우드는 여러 변화에도 이 시기에 형성되었던 상호 의존 구조에 여전히 의지하고 있다.

그 이후 일어난 변화는 이 책에서 상세히 기술한 것처럼 조직으로서의 에이전시의 성장과 할리우드에서의 에이전트 역할의 강화이다. 그것은 오늘날 에이전트 업무에 대한 연구 필요성을 더욱 높여주고 있다. 에이전트는 할리우드에서 일어나는 일과 제작 과정의 중심적인 참가자이다. 그들은 탤런트를 '계약하고sign, 팔고sell, 탤런트들에게 서비스를 제공한다service' 고 할 수 있다. 그러나 탤런트와 같은 고객들에게 일자리를 제공하고 관련 거래를 협상하는 것을 넘어 그들은 심오한 방법으로 아티스트들의 경력과 인지도를 형성하는 일을 해주고 프로젝트의 초기 조정 과정에도 참여한다. 큰 회사에서 일하며 영화, 텔레비전, 또는 디지털 '패키지package'의 다양한 요소를 조합할 수 있는 경우 더욱 그런 모습이 뚜렷하다.

'패키징packaging'은 제작 프로젝트의 핵심 요소들을 하나로 묶어 그 전체를 하나의 상품으로 스튜디오나 네트워크에 파는 핵심적인 활동을 뜻한다.[4] 따라서 에이전트가 하는 일은 게이트 키핑gate keeping 기능을 수행하는 것과 장차 아티스트가 되려는 엄청난 열망을 갖고 로스앤젤레스에 모여드는 지망생들을 풍부한 경험과 예리한 눈으로 걸러내는 것 이상의 의미가 있다. 사실 주요 에이전시에서 일하는 대다수 에이전트들에게 에이전트 업무라는 것은 게이트 키핑에 관한 것이 전혀 아니다. 다음 장에서 밝히겠지만 그것은 훨씬 더 복잡하고 결정적인 역할이다.

'할리우드 사회학'의 빈틈 메우기

방금 언급한 내용에도 불구하고 영화제작은 보통 눈에 보이는 적은 수의 참여자들 덕분에 이뤄진다고 생각한다. 스타 배우, 감독, 때로는 유명 제작자가 곧 영화 상품으로 바뀌는 아이디어를 떠올리기 때문에 이들이 영화제작 과정의 추진력이라 할 수 있다. 이러한 단순한 이야기 속에서 에이전트는 완전히 잊히거나 오로지 상업적인 위치에서 거래를 중개하는 사소한 참가자로 다뤄진다. 할리우드에 대한 사회학적인 연구들은 대부분 이런 인식을 반영하고 있다.

명사celebrity와 스타덤stardom의 문제 외에도,[5] 아티스트의 경력은 할리우드를 프로젝트 기반 조직으로 보는 관점이 더해지면서 학술적 관심을 끌었다(Faulkner and Anderson, 1987; Jones, 1996; Rossman, Esparza and Bonacich, 2010). 할리우드에서 제작되는 문화 상품들, 특히 영화와 텔레비전 쇼들은 합법적인 '하이 아트High Art(밀도나 품질이 높은 예술품)'(Baumann, 2007)이거나 세계화의 역학에 의해 탄생하거나 변형된 것(Bielbyn and Harrington, 2008)으로 인식되는 관점에 초점을 맞춰 사회학적 관심을 끌어왔다. 그에 비해 '막후에서' 일어나는 일에 대한 연구는 드물고, 설령 있다 하더라도 주로 제작에 집중해 스튜디오 시스템의 역사나(Schatz, 2010) 독립 영화의 세계(Mann, 2008; Ortner, 2013; De Verdalle and Rot, 2013)를 밝히는 데 국한된다.

최근 연구들은 텔레비전의 리얼리티 프로그램 편성과(Grindstaff, 2002),

영화 및 텔레비전의 '역할과 비중이 적은below-the-line' 노동자(Caldwell, 2008; Mayer, 2011)라는 주제와 같이 엔터테인먼트 제작에서 정통성이 덜한 영역을 탐구하기 시작했다. 그러나 탤런트 대행인과 에이전트에 관한 연구는 일관되게 외면함으로써 영화와 텔레비전 세계의 역학을 간파하고 이 시장의 참가자들을 규명하려는 시도를 하지 못했다.

에이전트 업계 종사자들은 예술사학자와 연구자들로부터 대체로 무시당해 왔다. 그것은 예술사학자와 연구자들이 제작 과정을 이끄는 다양한 직업들의 배열보다 영화의 내용을 분석하는 데 치중하는 경향이 있었기 때문이다. 에이전시 세계에 대해 특별히 초점을 맞춘 선구적인 연구가 몇 편의 논문으로 제시되기는 했으나(D. Bielby and C. Bielby, 1999; Zafirau, 2008),[6] 오늘날 할리우드 에이전트 활동에 대해 사회과학적 시각을 반영한 체계적 분석은 여전히 시도되지 못했다.[7] 이 책은 그런 체계적 분석을 하려는 열망을 담고 있다.

에이전트가 아티스트를 키워내고 작품을 제작하는 데 기여하는 것을 이해하는 것은 '할리우드'에 모여 있는 이 에이전트 집단들과 다른 직업 집단들과의 관계를 고려하는 것임을 암시한다. 이 책은 할리우드를 총체적으로 엔터테인먼트 상품을 만드는 활동에 참여하는 다양한 참여자들을 한데 모아놓은 직업 공간으로 보고 접근한다. 그 중심지는 로스앤젤레스와 다른 특정 지역에 있다. 가장 영향력 있는 에이전시들은 모두 베벌리힐스나 센추리 시티Century City 인근에 본사를 두고 있다.

뉴욕에서 일하는 에이전트와 제작 전문가들은 'LA 주변에'(에이전트 인터뷰 중에서) 살아야 할 이유와 그곳에서 일어나는 일에 적응해야 할 필요성을 종종 언급한다. 런던, 파리, 두바이, 베이징, 밴쿠버와 같은 '미디어 수도들 media capitals'(Curtin, 2010)에서도 뉴욕의 에이전트들과 같은 생각을 한다. 이 도시들의 시장 참여자들은 할리우드를 부러워하며 그들이 할리우드를 생각하는 것처럼 적응하고 반응한다.

　반면 할리우드에서 일하는 사람들은 그들과 입장이 달라 외국의 영토와 관객을 정복하려고 애쓸지 모른다. 현지에서 문화 상품을 생산하는 것이 문화적 헤게모니 모델model of cultural hegemony에서 제시한 것보다 많은 자율성을 가지고 있음에도 불구하고 할리우드는 이러한 다양한 미디어 중심지가 만들어내는 상호 의존 시스템의 중심을 이루는 **지배 극점**dominant pole이 된다.8)

　영화제작과 엔터테인먼트 제작 활동이 이와 같은 규모로 제도화, 전문화된 곳은 세상 그 어디에도 없다는 점에서 '**할리우드**'는 또한 독특한 직업적 배열의 대명사이다. 할리우드는 그 안에 수천 명의 사람들을 고용하고 있다. 또 엔터테인먼트의 다양한 분야(영화, 텔레비전, 연극, 음악, 출판, 디지털 미디어 등)에서 일하는 에이전시들이 제작과 세계적인 유통을 할 수 있으면서 강력한 미디어 재벌의 일부인 몇몇 대형 스튜디오와 대면한다는 점에서 실제로 '**산업**industry'이다.

　이러한 대기업 외에도 중간 규모의 '**부티크**' 에이전시, 매니지먼트 회사, 법률 및 홍보 회사, 좀 더 작은 소규모의 스튜디오, 독립 제작사 및 배급사들이 이 직업 공간을 채운다. 그들은 할리우드에서 전문화를 열망하면서 작품 제작 프로젝트와 수십만 명의 아티스트들과 관련된 거래를 위해 경쟁하고 협력한다. 작은 규모의 시장 참여자들로 구성된 이 두 번째 그룹은 '**빅 할리우드**'와 대조되는 것으로 이 책의 두 번째 장에서 분석하는 '**리틀 할리우드**'이다.

　이런 할리우드 게임의 구성과 구조에 관한 세부 내용은 나중에 더 자세히 설명하겠다. 여기에서 이슈는 할리우드 게임이 '**차별화된 활동 영역**'을 형성한다는 점이다. 다시 말해 차별화된 활동 영역은 우리와 같은 현대사회를 구성하는 특정한 역학과 '**게임의 법칙**'에 대한 상대적 자율성을 특징으로 하는 특수한 활동 영역 가운데 하나라는 것이다(Bourdieu, 1976; Luhmann, 1982; Alexander and Colomy, 1990). '할리우드'는 전문 직업의 세계로서 일련의 일반적 규범과 제도, 특정한 용어, 시장 참여자들에게 알려진 경험과 참조 사항을 공유하고 있다는 특징이 있다.

동시에 이 직업 세계는 내부적으로 세분화되고 계층화된 것으로 보이며, 할리우드 내에 있는 에이전시 시스템 또한 그런 것으로 보인다. 첫째, 특정한 종류의 미디어(영화, 텔레비전, 디지털 등) 사이의 경계가 몇몇 시장 참여자들에 의해 일정 기간을 단위로, 점점 더 자주 교차되지만 이 직업 세계의 활동들은 부분적으로 이 미디어들을 중심으로 이루어진다. 둘째, 아티스트, 탤런트 대행인, 캐스팅 담당자, 제작자, 배급자, 자본가(또는 마지막 세 종류의 활동에 전념하는 스튜디오)와 같이 노동이 기능별로 구분되어 있는 것은 할리우드의 전문적인 체계를 형성하는 다양한 직업군들을 상세히 설명해 준다. 이 직업군들은 서로 협력하고 경쟁하며 그들 활동의 경계를 규정짓고 때로는 법적 관할권 다툼에 참여한다(Abbott, 1988).

셋째, 탤런트 대리인, 에이전트, 매니저, 변호사는 서로 협력하거나 경쟁하는 방식으로 서로 거래를 하거나 상호 의존적 메커니즘에 따라 단결한다.[9] 넷째, 에이전시의 세계는 자체적으로 내부적 구조와 분과를 갖추고 있다. 작은 에이전시는 대형 에이전시와 대조를 이룬다. 반면에 대형 에이전시는 그것의 공식적 위계 구조가 높은 수준의 활동 구획화와 연계되어 있다. 대형 에이전시의 내부 부서는 영화(탤런트 또는 시나리오 등 문학작품)를 텔레비전('대본이 있는 픽션 프로그램' 대 '리얼리티 프로그램')과 구분시켜 놓았을 뿐만 아니라 디지털, 음악, 극장, 브랜딩, 게임, 스포츠, 독립 영화 투자·패키징, 출판, 광고 등과도 분리해 놓고 있다.

에이전트의 고객인 아티스트들은 다양한 매체나 창의적인 장르에 교차 출연할 필요가 있다. 그러나 '숙련된 에이전트expert agents'는 직업적 경력으로 볼 때 특수한 영역에서 일하는 사람으로 한정되는 경향이 있다. 따라서 직업 배열 면에서 에이전트와 에이전트 업무의 위치가 어디에 있어야 하느냐의 문제는 앞으로도 계속 제기될 것이다.

나는 예술은 공동 작업의 산물이며, 직업적 역학이 문화 상품을 만드는 참여자들의 다양한 기여를 직접 규정하는 것으로 생각한다. 할리우드를 직업적으로 접근할 경우 그곳에서 일하는 사람을 창의적인 사람과 그렇지 않은 사람으로 구별할 수 있다. 베커Becker는 저서 『예술 세계Art Worlds』(1982)에 제시한 예술 세계에 대한 유명한 접근법에서 예술 분야의 인력을 '창조 인력' 대 '지원 인력'으로 범주를 나누었는데, 결론부터 말하자면 에이전트들은 두 번째 범주인 지원 인력에 해당한다.

이와 유사하게 현재 존재하는 문화 산업의 중개인과 중재인에 대한 몇 편의 연구는 복잡하게 얽혀 있는 그들 간의 관계를 탐구하는 노력을 하면서도 종종 분석적으로 접근해 창의력을 경제적 힘과 활동 영역에서 분리하려 하고 있다. 문화는 생산 방식에 의해 결정되고 전수받은 이데올로기를 주입해 만들어진다고 보기 때문에 그런 구분을 하는 것이다(Crane, 1992; Ohmann, 1996; Du Gray, 1997; Peterson, 2004). 이런 시각에서는 문화 생산이 경제적 메커니즘의 일부이기 때문에 궁극적으로 문화 생산은 경제적 과정으로 규정된다.

최근 유럽과 미국에서 개발된 문화 중개인 접근법은 제작, 배급, 매니지먼트 대행 전문가들을 포함한 중재인과 중재인들이 역할을 하는 암묵적 시장 모델을 동반한다. 그러나 이러한 연구들은 사회적·문화적 과정들이 문화 산업에서 행해지는 경제적 활동을 규정한다고 주장한다(Faulkner, 1984; Nixon and Du Gray, 2002; Negus, 2002). 그러나 에이전트들은 그들의 관심 대상이 아니며,[10] 에이전트가 우연히 언급된다 해도 에이전트를 여전히 경제적 제약이나 창의적인 활동을 하는 엔터테인먼트 기업의 영향력의

화신으로 여긴다.[11)

문화 생산의 영역을 구성하는 '**상업적인 극점**commercial pole'과 '**예술적인 극점**artistic pole' 사이의 긴장감이라는 개념은 피에르 부르디외Pierre Bourdieu 의 접근법에서 핵심이다(Bourdieu, 1996). 이러한 관점에서 문화 중재자인 에이전트는 가장 채산성이 높은 할리우드의 사업 분야에서 일할 때 특히 상업적인 목표의 정점과 쉽게 결부된다. 나는 할리우드를 구조화되고 전 문화된 활동 영역으로 접근했지만 이것은 부르디외의 '**장이론**theory of field, 場理論'과 일치한다. 그러나 부르디외는 이런 장의 이중구조는 '**대량생산**mass production'과 '**예술을 위한 예술**art for art's sake' 사이의 긴장, 그리고 경제 자본 의 소유와 상징 자본의 소유 사이의 긴장으로 형성되었다고 결론지었다 는 점에서 그의 결론은 나와 차이가 있다.

이어지는 장에서는 그리 특별히 획기적이지 않은 사실이지만 에이전 트 활동이 상업적이고 창조적인 차원에서 밀접하게 얽혀 있다는 것을 보 여줄 것이다. 더 중요한 것은 '상업성'과 '창조성'이라는 전혀 상반된 개념 을 내세워 문화 산업의 구조를 개념화하는 작업이 사실은 기만적이라는 점을 제시할 것이다. 오히려 상호 의존적인 할리우드 전문가들의 활동에 서 예술적 품질과 경제적 가치가 **얼마나** 밀접한지를 설명하고자 할 것이 다. 따라서 나는 이 책에서 비비애나 젤라이저(Zelizer, 2005)가 '시장'과 '예 술'을 동시에 만들어내는 사회적 관계와 관행에 관해 명시한 사회학적 의 제를 참고해 구체적인 접근을 하고 적용할 것이다.

결과적으로 '**쇼 비즈니스**show business'에서 에이전트를 연구하는 것은 '**비즈니스**business'와 '**쇼**show'를 상반된 개념으로 생각하는 것을 뜻하진 않 는다. 그것은 창조적인 과정이 어떻게 경제적인 관계를 창출하면서 작동 하는지를 이해하는 데 초점을 둔다. 에이전트들이 만들고 참여하는 관계 는 처음부터 끝까지 상업적이면서도 동시에 모든 방면에서 창조적이다.

이 책에서는 '쇼 비즈니스'에서의 쇼와 비즈니스를 본질적으로 분리할 수 없는 특징이라 엄중하게 받아들이고, 할리우드의 경제적 힘과 상징적 힘의 교차점에서 에이전트의 핵심적인 역할을 탐구하려 한다.

고정관념에 직면하기

영화와 텔레비전 쇼를 포함한 예술은 우리가 에이전트가 무엇인지 파악하는 데 도움을 준다.[12] 에이전트 스스로도 이 고정관념에 직면한다. 특히 영화와 TV에서 '에이전트'는 할리우드 파워의 규모 면에서 정반대에 있는 2개의 전형적인 캐릭터 사이를 오락가락한다. 한편으로 영화 〈브로드웨이의 대니 로즈Broadway Danny Rose〉(1984)에서 우디 앨런Woody Allen이 구현한 캐릭터는 다소 터무니없고 우스꽝스럽고, 로즈 역시 1인 에이전시로 아직은 유망하지 않은 무수한 고객을 대행하지만 갱스터가 연루된 삼각관계의 사랑에 빠지고 만다.

영화 〈더 매니저Trust Me〉(2014)에서 클라크 그레그Clark Gregg가 맡은 하워드 홀러웨이 역은 또 다른 면에서 여전히 코믹한 톤으로, 아역 배우 매니저로서 운이 다한 캐릭터로 그려진다. 하워드 홀러웨이는 영재 배우를 발굴하고 '**교활한 사람들과 공존**'을 하기 위해 경쟁자들이 하는 비열한 행동을 하기보다는 윤리를 지키려는 의지를 보여 희생자가 된다.[13] 대조적으로 그런 캐릭터들은 탤런트를 대행하는 관행을 통해서 알 수 있듯이 할리우드에서 맺어지는 관계의 무자비하고(물리적이기보다는 상징적이고 경제적으로) 폭력적인 특성을 상기시켜 준다. 에이전트들은 또한 할리우드 스펙트럼에서 점유할 목표(시장)를 만들고 수요가 많은 탤런트를 필사적으로 찾는 일을 본격화한다.

할리우드 스펙트럼의 다른 한쪽에서 볼 때 에이전트 업무의 성공 이미지는 산업 내 몇몇 거물들의 이야기와 자신만의 '제국'[14]을 구축한 스타를 다루는 사람들의 이야기를 중심으로 만들어진다. 이는 과거 제작자들의 특징과 항상 다르지만은 않는 영향력이 큰 기획자의 역사적 특징을 담은 확장판이다.

HBO 텔레비전 시리즈 〈안투라지Entourage〉(2004~2011)에서 제러미 피번Jeremy Piven이 맡은 아리 골드 역은 정신없이 바쁜 '슈퍼 에이전트super-agent'이다. 이 배역은 부분적으로 실제 WME의 CEO, 아리 이매뉴얼Ari Emanuel을 모델로 하고 있다. 그는 대기업 에이전시 시대의 엘리트 에이전트이자 최고 경영자를 상징한다. 에이전트에 대한 상투적인 특징들로 여겨지는 많은 것들이 여기에 집약되어 있다. 골드의 지나치게 활동적이고 생동감 넘치는 성격, 자신의 직업적 이익에 대한 무자비한 추구(고객한테는 겉으로는 따뜻하고 배려심이 있는 모습을 보이면서), 에이전시 직원들에 대한 악랄한 행동이 바로 이에 해당된다.

이 모든 것들이 에이전트의 사회적 이미지를 나타내고 형성한다. 캐릭터를 통해 드러낸 이런 가상의 표현처럼 에이전트의 사회적인 얼굴은 의심스럽고, 피상적이며, 진실하지 못하고, 무자비하고, 무감각하고, 예술에 무관심하고, 경제적으로 이기적이다(그런 목적을 달성하기 위해 교묘하게 사람들을 조종한다).[15] 에이전트를 '다른 사람의 고통을 이해하지 못하는 사람'이나 '상어shark'로, '아무것도 하지 않으면서' 무전취식하듯 종종 영화제작에서 나온 매출에서 상당한 이익을 취하는 '기생충parasite'으로 묘사한 사람들은 실제 이 책을 위해 인터뷰했던 몇몇 제작자다.

앞서 묘사된 에이전트의 모습은 고정관념을 형성하는 요소들이다. 고정관념들은 완전한 사실도 거짓도 아니다. 토머스 정리Thomas theorem와 같이, 이런 고정관념은 개인이 믿는 대로 받아들여지기에 '결과적으로 현실

real in their consequence'이다. 사회에서 고정관념을 실재로 접한 에이전트는 그것에 반응하고 그것과 함께 일하는 것 외에 다른 선택의 여지가 없다. 에이전트들은 할리우드의 상업적 측면만을 유독 부각시킴으로써 형성된 이미지가 불명예스럽다는 것을 알고 있다.[16]

이러한 묘사는 에이전트들이 결코 회피할 수 없는 '**타락한 정체성**spoiled identity'이자 '**낙인**stigma'(Goffman, 1963)의 한 단면이다. 그러기에 에이전트들은 우리가 논의를 하는 맥락에서 이렇게 잘못 유포된 이미지와 실제 자신들의 이미지를 자발적으로 구별하는 반응을 나타낸다.

> 저는 자라면서 에이전트를 비열하고 거만하며, 단지 부를 얻고 싶다는 생각 혹은 그런 종류의 생각만 하는 끔찍한 사람들이라며 변호사 같은 부류로 묘사되는 것을 듣곤 했죠. 전 그런 에이전트가 있을 것이라 확신하죠. 하지만 결국 가장 중요한 것은 이 일이 힘든 직업이며 특정한 몇 가지 기술이 필요하다는 것이죠. 그것은 어울리기 좋아하는 사람이 되는 것, 다른 사람들에게 연민의 정을 느끼는 것, 단지 고객만이 아니라 그 분야에서 함께 일하는 모든 사람들을 이해해야 하는 것 그리고 많은 다른 유형의 사람들과 일할 수 있어야 하는 것이죠(표준 규모 이하 에이전트의 프리랜서, 2010년 10월).

상호 작용의 맥락에서 에이전트는 자신을 위협하는 낙인에 대해 반박하며 자신의 직업 정체성을 재협상하는 작업을 한다. 예를 들어 한 전직 변호사는 '**자신의 남은 생애 동안 바보가 되는 것**'을 피하기 위해 자신의 처음 직업을 확실하게 그만두고 BTL 에이전시의 소유주로 변신했다.[17] 가장 큰 에이전시 가운데 한 곳에서 일하는 또 다른 에이전트는 에이전트가 "매우 훌륭한 수준의 신뢰성을 갖고 있지 않다"는 생각은 "에이전트에 대한 가장 큰 오명"이라고 주장했다. 그는 "내가 대단한 수준의 신뢰성을 가질 수 있다면 그것이 내가 참석할 어떤 저녁 식사보다 더 중요해요"라고 결론을 맺는다(2010.10).

에이전트는 '쇼 비즈니스'에서 오직 쇼가 아닌 비즈니스 측면에만 배치된다는 것이 예술과 상업 간의 근본적인 대립에서 핵심 요소를 이룬다. 그들의 사업 활동과 관련된 도덕적인 의혹을 제외하면 이것이 그들이 가장 격렬하게 거부하는 것이다. 물론 그들은 상거래와 연관성이 전혀 없다고 하지는 않는다. 직업적 맥락에서 이와 같은 포지셔닝을 거부한다는 것은 사실 할리우드에서 '가치worth'를 만드는 상징적 위계 구조를 나타내는 것이다.

에이전트 업무가 문화 생산에서 상업적 중추 역할과 결부되어 모두 똑같아지면서 에이전트들은 다른 참가자들, 특히 에이전트가 대행하는 예술가들이 이끌어내는 심미적이고 예술적인 논리에 맞선다. 에이전트와 예술가들 간의 이러한 노동의 상징적 분업은 에이전트들로 하여금 상업적 관행에 물들게 하고 창의적인 차원과 멀어지게 할 뿐만 아니라 그러한 관점에서 이들을 상반된 위치에 놓이게 한다.

따라서 에이전트들은 불가피하게 영화나 미학에 충실하려는 노력의 '순수성'에서 탈피해 '저속한 판매원'으로 여겨진다. "예술품 판매상이나 출판업자, 예술과 비즈니스가 실제로 만나는 곳의 '문화적 은행가'"라는 부르디외와 니스의 언급(Bourdieu and Nice, 1980: 262)을 빌리면, 나는 할리우드에서 에이전트의 위치가 '희생양' 역할과 비슷하다고 말할 수 있겠다.

창조적 인력과 비창조적 인력, 예술과 상업을 구분하는 상징적 경계는 에이전트들에게 내재되어 있지만, 에이전트들은 어느 정도 상업성이 결부된 정체성을 받아들이고 있다는 점에서 포지셔닝의 복잡성을 더욱더 보여준다. 대본 에이전트는 끊임없이 이루어내야 하는 예술성과 상업성 사이의 어려운 균형 잡기를 강조하면서 반복적으로 양자의 영역을 넘나

들어야 하는 점을 빗대 '가교架橋'라는 은유를 사용한다. 동시에 사회적 개념 정의를 고려할 때 예술과 상업은 서로 매우 동떨어진 데다 상반된 개념이라는 점을 강조한다.

> 제가 한 일에 대해 제가 할 수 있었던 최고의 묘사는 이거예요. 여기에는 창조적 세계의 현실이 있고 사업이라는 현실도 있죠. 저는 그 교차점인 가교 위에서 인생을 보내요. 저는 하루 종일 밤낮으로 그 가교를 오가며 창조적 현실과 사업적 현실을 조화시키려고 노력하고 있어요. 그것이 시나리오를 영화로 이끄는 거래일 것이기 때문이죠(중규모 에이전시, 2013년 3월).

예술과 사업 '**양쪽**'을 모두 마스터하는 것이 에이전트에 의해 가치가 있고 심지어 업계의 기능적 측면에서 필수적인 솜씨로 묘사되는 경우, 에이전트는 일반적으로 비즈니스와 대행 기술 간에 명확한 위계 구조를 설정하고, 선두에 서서 창의적인 기여를 한다. 이것은 그들이 탤런트에 대한 믿음과 예술에 대한 관심을 고집함으로써 이루어질 수 있다. 이는 에이전트를 단순한 거래자나 일반 영업 사원과 구별해 주는 특성이다. 탤런트는 일반적인 제품이 아니다. 따라서 탤런트를 판 사람은 다른 사람처럼 일반적인 영업 사원으로 치부될 수 없다.

에이전트 가운데 많은 인터뷰 대상자들은 거래 과정 자체에 대한 개인적 관심은 적었지만 예술 제작과 직접적으로 관련되어 있는 것에는 열정이 넘친다고 고백했다. 그들이 엔터테인먼트 분야에서 일하도록 이끈 것은 바로 열정이라는 뜻이다. 반면 그들은 덜 중요하지만 부수적인 기술인 상업적이고 합법적인 '**거래의 술수**'는 나중에 익혔다. 그러나 실제로 '**창의적인 요소**creative element'는 선임 에이전트가 '**거래**'라 부르는 에이전트의 비즈니스와 완전히 분리될 수 없다. 따라서 에이전트의 업무는 양자를 동시에 고려해야 하는 극도의 긴장감을 느끼며 수행되어야 한다.

거래는 우리가 하는 일 가운데 가장 단순한 일입니다. 특히 선임 에이전트, 경험이 풍부한 에이전트와 도처에서 변호사의 지원을 받고 있기에 그건 정말 쉬운 일입니다. 어려우면서도 흥미로운 점은 거래를 창출해 내는 창의적인 협력과 스토리텔링입니다(대형 에이전시, 2013년 12월).

따라서 이 책은 할리우드 에이전트의 이런 양면적 활동을 탐구하고자 한다.

할리우드 에이전트와 함께하는 현장

나는 이 연구와 관련해 기초 작업을 시작했을 때 에이전트의 활동에 대한 선행 학술 연구가 없었다. 그래서 관련 정보와 데이터를 거의 확보하지 못하는 상황에 곧바로 직면했다. 언론에 보도된 자료(특히 산업 통상 분야 언론)와 할리우드 전문가가 출간한 서적이나 기사와 같은 2차 자료를 분석하는 것도 모자라 현장에 나가 에이전트 업무의 현실을 직접 확인해야만 했다. 나는 관행은 지각(경험을 통해 끊임없이 재구성된다)에 의해 결정된다는 분석적 관점에서 에이전트 업무에 접근했다. 그렇기에 나에게는 할리우드의 전문가들이 공유하는 의미와 관습의 틀을 이해하고 에이전트가 되는 것이 뭘 의미하는지를 파악하는 것이 중요했다.

이를 위해 나는 인터뷰와 현장 상황 관찰과 같은 질적 연구 방법을 선택했다. 에이전시 세계를 조사하려는 의도는 초기에 회의적으로 받아들여졌다. 탤런트를 대행하는 일은 매우 비밀스러운 문화인 데다 실제 에이전트가 보유한 금융 정보, 직업 정보 및 개인 정보와 같은 '기밀성'과 숨겨진 권력의 '신비성'이 혼합된 것으로 알려져 있기 때문이다. 그러나 나는 결국 그런 어려움을 극복하며 연구 주제를 관통할 수 있었다.

나는 다양한 전문 분야와 유형의 에이전시에서 일하는 에이전트 122명을 상대로 개방형 인터뷰open-focused interviews를 실시했다. 전직 에이전트와 수습사원으로 일했던 사람들을 포함했으며, 에이전트 업무에 대한 개인별 인식을 수집하기 위해 스튜디오 중역, 독립 제작자, 매니저, 변호사, 홍보 담당자, 배우, 감독, 작가를 포함한 몇몇 사업 파트너를 추가했다. 인터뷰를 보완하기 위해 에이전시에서 에이전트들과 함께하는 다섯 가지의 현장 상황 관찰을 실시했다. 세 가지 행태의 관찰은 회사 소유주의 허락을 받은 후 여러 유형의 회사의 조직을 설정한 상태에서 진행했다.

첫 관찰은 2012년 5월에 3주에 걸쳐 베벌리힐스의 매니지먼트 회사에서 진행했는데, 대행 에이전시 가운데 한 곳에서 일했던 전직 에이전트가 주도했다. 두 번째 관찰은 2013년 4월 베벌리힐스의 경계에 설립된 부티크 에이전시에서 수일간 진행했는데, 남자 배우와 여자 배우를 대행하는 여자 에이전트가 이끌었다. 세 번째 관찰은 2013년 3월과 2014년 2월에 로스앤젤레스 다운타운에 있는 BTL 에이전시에서 며칠간 진행했다. 이곳에는 3명의 에이전트가 소속되어 있고, 영화사와 TV 방송사 직원들을 고객으로 두고 있다.

이와 함께 나는 2명의 에이전트가 관찰 대상 에이전트들이 일상적인 업무를 하는 동안 매일 반복해서 그들을 따라다니게 했다. 2명 가운데 한 사람은 메이저 에이전시에서 일했던 선임 에이전트로서 2012년부터 2013년까지 고객과 에이전트의 동료 및 스튜디오의 사업 파트너와 다양하게 상호 작용하는 장면을 목격할 수 있도록 해주었다. 다른 경우는, 2012년 봄 5명의 에이전트가 소속된 소규모 에이전시의 탤런트 에이전트가 캐스팅 디렉터와 탤런트 대행자를 확보하기 위해 개최한 '배우들을 위한 워크숍'이라는 쇼 케이스를 내가 볼 수 있게 해주었다. 이 과정을 통해 잠재적인 새 고객을 찾는 과정을 관찰할 수 있었다.

이러한 경험은 에이전트의 일상을 가장 세부적으로 파악할 수 있는 대체 불가한 절호의 기회였기 때문에 인터뷰로 잘 설명하기 어려운 차원까지 접근할 수 있었다. 이 현장 연구는 모두 2010년에서 2015년 사이에 로스앤젤레스에서 실시했다.

이런 맥락에서 반복적인 사례연구를 통해 나는 앞에서 언급한 신뢰감이 없는(물론 에이전시 세계의 외부에서 바라본 평가다) 에이전트에 대한 고정관념에 의심을 품게 되었다. 그런 의심은 인터뷰에서 에이전트가 말한 것에 대한 신뢰도와, 더 일반적으로 말해 그들을 얼마나 믿을 수 있는지에 관한 것이다. 의심할 여지없이 에이전트들은 언어와 스토리텔링의 사용에 능숙한 스피치의 달인이다. 이런 자질들은 다양한 유형의 지식인과 예술인뿐만 아니라 정치인과 저널리스트들이 갖고 있는 것이기도 하다.

그러나 이 말은 에이전트들의 인터뷰가 흥미로운 사실들을 드러내지 않는다거나 그들의 시각에서 진실하지 않다는 것을 뜻하지는 않는다. 사람들의 인식과 표현을 이해하는 것이 에이전트들의 행동을 분석하는 데 핵심적인 관점이다. 이런 측면에서 에이전트들이 어떤 존재이고 어떤 일을 하는지에 관해 스스로 말하는 데 주의를 기울이는 것은 절대적으로 필요하다.

또한 나는 인터뷰에 응한 사람의 수가 충분한 데다 그 사례가 다양해 에이전트들을 서로 비교할 수 있었다. 내가 아티스트 및 제작 전문가와 인터뷰를 할 때 그들이 에이전트와 에이전시에 대해 목가적인 이미지를 그리는 경향이 없도록 위치 설정을 객관적으로 할 수 있게 해주었다. 그뿐만 아니라 내가 몇몇 에이전트들을 따라다니며 직접 관찰한 것과 인터뷰를 비교할 수 있는 그런 분석은 에이전트의 활동을 이상적인 모습으로 그리지 못하게 제어했다.

나는 현장 연구를 통해 에이전트의 일상생활을 관찰하는 데 몰입함으로써 에이전트의 활동과 공식적인 사업 구획의 법적 정의 이상의 것까지 파악할 수 있었다. 그것은 제작에서 매니지먼트 대행을 분리하고, **'창조적인'** 활동으로부터 **'상업적인'** 활동을 구분하고, 매니저와 에이전트를 분리하고, 영화제작을 사전 제작, 제작, 후반 작업이라는 연속적인 단계로 구분하는 것처럼 아마도 관련 산업의 범위를 구분하도록 분명한 선을 그리는 것을 말한다. 현실을 들여다보면 이 선들은 더욱 흐릿하며, 움직이고 교차하기까지 한다. 그리고 전반적으로 시장 참여자들에 의해 집합적으로 그려진다. 이 책은 그런 선을 구획하는 방법을 보여준다.

게다가 이렇게 명확히 구분하기 힘든 일들은 에이전트에 관한 상투적인 이미지에서보다 실제 에이전트의 업무에서 훨씬 더 많이 나타난다. 우리는 보통 에이전트라고 하면 남녀 배우를 대행하지만 약간의 고객만을 다루면서 독립적으로 일하는 공격적인 백인 남성이나 화려하고 바빠서 정신없는 모습을 보여주는 양복 입은 할리우드 회사의 최고 경영자를 떠올린다.

그러나 에이전트 업무의 실제 모습은 더욱 다양하다. 에이전트는 많은 할리우드 전문가들을 대행한다. 즉, 배우, 감독, 작가['비중이 높은 핵심적인(above-the-line)' 창작자]부터 영화 전문가들과 텔레비전 방송 요원들[영화 촬영기사에서 메이크업 아티스트를 포함한 '비중이 낮은 주변적인(below-the-line)' 인력들], 제작자, 텔레비전과 디지털 미디어에서 일하는 **'현실 세계'**의 인물들이 포함된다.

에이전트들은 각각의 탤런트를 넘어 사업 프로젝트와 회사들을 대행할지도 모른다. 그뿐만 아니라 이 책의 관심사가 아닌 스포츠계의 운동선

수, 모델, 비디오게임 제작자 등과 같은 할리우드와 관련된 영역 밖의 '탤런트'도 관리한다. 따라서 그들은 분업화되고 전문화된 직업군을 형성한다. 전문화 메커니즘은 소규모 회사들의 경우 에이전트 업무와 같은 구체적인 차원의 일이나 '비주류 사업fringe business'에 집중하고 있다는 것을 의미한다. 대형 에이전시의 경우 부서별·개인별로 업무를 나누는 노동 분업이 진전되고 사업의 구획화가 분명하게 이뤄진 모습을 보여준다. 이런 대형 회사들은 가장 유망한 탤런트의 대행을 핵심 사업 영역으로 영위하면서 시종일관 '부수적인 사업들ancillary business'을 개발하며 '모든 서비스full-service'를 제공하고 있다.

그럼에도 각 에이전트는 보통 수십에서 100명 또는 150명 이상의 긴 고객 명부를 다룬다. 그리고 그들은 실제로 단순히 거래를 협상하는 것보다 더 많은 일을 한다. 나는 민족지학적 연구를 함으로써 에이전트의 일상 경험과 함께 그들이 일하는 에이전시 조직의 환경은 어떠한지, 그리고 에이전트들이 할리우드의 다른 전문가들과 지속적으로 형성해야 하는 개인적 유대에 얼마나 의존하며 일하는지를 정확히 파악할 수 있었다. 에이전트의 관점에서, 그리고 그들의 눈을 통해 할리우드에서 행동을 체계화하고 조직화하는 보이지 않는 관계의 구조가 밝혀진 것이다.

이상의 언급은 외부인이 어떻게 비밀의 장막으로 둘러싸인 에이전시 세계에 접근하고 침투할 수 있는지 말하려고 하는 것이다. 나는 이전에 할리우드와 전혀 접촉이 없었지만 프랑스 학자라는 신분의 특성상 외부인이라는 자격으로 몇 가지 복합된 층위로 그들의 세계에 접근하기 시작했다. 내가 현장 연구를 할 수 있게 그 문을 열어준 것은 몇 가지 요소였다. 할리우드의 에이전트들은 학문의 권위자와 대화를 하고, 그간 학문적으로 주목을 끌지 못한 자신들의 활동을 진지하게 다루는 모습을 의미 있게 여겨 연구에 협조하기 시작했다.

특히 연구 참여자의 신분이 익명으로 보호되는 등 정보 공개의 위험에 노출되지 않는 연구 방법을 채택한 것도 에이전트들의 태도 변화에 일조했다. 또한 내가 파리에서 왔다는 사실은 에이전트들에 대한 인터뷰 요청이 이국적인 신비로움이나 세련미를 가진 행위로 보이는 데다 자신들의 활동 무대인 할리우드의 가십과 일상에서 충분히 멀리 떨어져 있는 사람으로 보이도록 해 더욱 안전한 느낌이 들게 해주었다.

이 책을 쓰는 것과 같이 탐험가들처럼 미지의 영역에 도전한다는 생각은 정작 할리우드 전문가들이 비즈니스를 할 때 일반적으로 사용하는 셀링 포인트이기 때문에 내가 취한 전략은 에이전트들의 관심을 사로잡는 데 효과적이었다. 초기 인터뷰 대상자를 누구로 할 것인지 빨리 추천받은 일은 할리우드의 이너 서클에 깊숙이 들어가 심층 탐구를 하는 데 교두보 역할을 하기 때문에 나의 연구에서 결정적이었다.

확고하게 자리를 잡은 몇몇 에이전트들로부터 직간접적으로 추천을 받은 것도 연구의 문호를 더 열게 하는 수단이었다. 신뢰감이 형성된 그런 에이전트의 이름을 언급하는 것 자체만으로 문이 종종 열렸기 때문이다. 사람들을 알고 있고 그들이 당신을 알고 있다는 것을 보여주는 능력은 전략적이다. 게다가 실제로 누가 누구에게 접근할 수 있는가, 그리고 이러한 연계가 연상시키는 비공식적인 위계 구조가 무엇인가를 이해하는 능력도 전략적이다.

이러한 현장 연구 경험은 이 책에서 설명하는 할리우드를 구성하는 하위 그룹과 비즈니스 게임의 범위를 획정할 수 있게 해주었다. 아울러 소규모 에이전시와 메이저 에이전시 업계 사이의 구분을 더 명확하게 할 수 있게 해주었고, 각각의 수준에서 그 에이전트들과 격이 맞는 사업 파트너가 구체적으로 누구인지 규명하면서 에이전시 세계의 구조를 파악하는 데 살을 붙일 수 있게 해주었다. 또한 모든 수준의 에이전트들이 자신의 고객들을 상위 고객, 나머지 고객과 같이 분류하듯 위계 구조를 규정하는 방식을 파악할 수 있었다. 에이전트들은 '파레토 법칙Pareto's Law'과 같이 통상적으로 **"고객 가운데 20%가 전체 청구서 금액의 80%를 지불한다**20% percent of the clients pay 80 percent of the bills"고 인정하고 있지만 실제로는 이보다 더 작은 백분율로 나타날 수 있을 것이다. 에이전시에서 슈퍼스타, 톱스타를 비롯한 20%의 상위(VIP) 고객이 전체 매출액의 80%를 올리기 때문에 스타급 아티스트들이 좀 더 중요하다는 이야기이지만, 실제로는 그렇게 비율이 명확히 구분되지는 않는다는 뜻이다.

연구자인 나는 스타를 대행하지 않으면서 매우 채산성이 높은 계약을 협상하는 소규모 에이전시에서 일하는 에이전트에서부터 대형 스타를 다루는 **'슈퍼 에이전트**super-agent'와 거대 에이전시 소유자 몇몇에게까지 모두 접근했다. 이렇듯 내가 에이전트에 접근하기 위해 거쳐 온 경로는 에이전시 조수agency assistants가 지나온 과정을 빠르게 달려온 것과 유사했다. 에이전트들은 에이전시 조수란 자격으로 입문해 에이전시의 밑바닥에서 일을 배우기 시작해 점차 할리우드의 지도를 그리는 법을 익히고 내부 부서를 기능, 조직, 권위, 경력별로 인식하기에 이르렀다.

또 에이전트들은 그들만의 직업적 언어(이런 특수한 분야의 용어를 'jargon'이라 칭한다)와 다양한 영역의 사업 관행을 특징적으로 나타내는 구체인 용어를 사용하며, 관련된 인맥을 쌓아가고 이를 분별 있게 적절한 시기에 사용했다. 아울러 이들은 상호작용의 특정 맥락에서 예측한 대로 행동하고, 시간 경과에 따라 일시적인 수익 추구보다는 장기적으로 안정된 관계를 구축하는 것이 더 중요하다는 것을 안다. 이러한 모든 것은 신뢰할 만한 사업 파트너로 인정받는 데 필요한 특징들이다.

또한 이것은 일부 인터뷰 대상자에게 신뢰를 확보해 얻게 된 현장 상황 관찰 연구의 결과물이다. 내 연구 결과물은 어떤 면에서 초보 에이전트가 하는 것을 그대로 따라해 얻어내고서는 내 방식이라 여기는 것이라 할 수 있다. 즉, 그들이 하는 것처럼 연결하고 소통하며, 그들의 걸음대로 걷고 비공식적 규범과 할리우드 일터에서 에이전트 업무를 배우는 사람들이라면 누구나 자신을 드러내는 데 쓰는 비공식적 규범과 행태를 이용하는 것이라 할 수 있다. 오직 여기에서부터 **이런 특정 영역의 행동에서 '관계가 있다는 것'**이 무엇을 의미하고, 이 할리우드 세계에서 일어나는 최근의 변화가 실제 무엇을 함의하는지 이해하는 것이 가능하다.

이 책에서 규명하고자 하는 것: 에이전트와 평가공동체

이 연구에서는 할리우드에서 결정적인 역할과 기여를 하면서도 상대적으로 알려지지 않은 직업군에 대해 새로이 밝히고자 한다. 이 책의 내용은 오늘날 탤런트 에이전트가 활동하는 구체적인 직업 시스템에 국한된 것이지만, 이 책에 담긴 연구 결과물은 이보다 더 일반적이고 분석적인 영향을 미칠 것이다. 에이전트들은 사람들과 프로젝트의 '**품질**quality'이 평가되고 동시에 그들의 '**가치**value'가 규정되는 직업적 배열의 관점에서 할리우드에 접근하고 있기에 **직업적인 가치 사회학**의 범주에 속해 있다. 에이전트들은 이런 집단적 평가 과정에 참여하고 있는 사람들이다.

이러한 직업 배열은 관계 메커니즘과 제도적 역학 관계가 합치되는 수준에서 형성된다. 한편 에이전트 업무의 논리는 에이전시 조직 내에서 참가자를 어떻게 배치하느냐에 달려 있다. 에이전트는 불평등한 자원들과 계급화한 정체성을 이끌어내는 조직 내에 있고, 에이전시 자체는 문화 생산의 두 가지 별개 시스템 내에 있다. 소규모 에이전시의 세계는 특히 제작 측면과 비교할 때 몇몇 대형 에이전시에 속한 핵심 시장 참여자들의 영역과는 매우 다르다.

다른 한편으로 에이전트 업무는 범조직적으로 이뤄진다. 에이전트에게 중요한 일은 에이전시라는 회사의 경계를 뛰어넘어 스튜디오 또는 네트워크 경영진, 제작자, 캐스팅 전문가, 배급·유통 업체와 같은 잠재적인 '탤런트 구매자'인 사업 파트너들과 강력한 유대를 형성해 그것을 유지하는 것이다. 그런 유대뿐만 아니라 실제적이고 잠재적인 고객인 탤런트와 프로젝트 책임자(매니저, 변호사, 투자자 등을 포함해서)와의 거래에서 협력 관계를 만들고 유지한다.

이러한 다양한 영역의 할리우드 전문가들은 그들의 활동을 통해 어떤 예술 프로젝트와 직업을 만들지를 결정하는 특정한 '평가공동체[(e)valuation communities]'를 구성한다. 이런 커뮤니티의 참여자들은 미적 가치가 있는 프로젝트에 대한 평가뿐만이 아니라 예술 노동과 예술 상품의 가격 결정에 참여하고 있다. '평가공동체'는 프로젝트에 대한 예술성 평가와 가격 결정의 핵심을 이루는 개념이다. 그러나 평가공동체는 알고 보면 에이전트라는 시장 참여자들 자신에 관한 것이기도 하기에 할리우드에서 관계의 이해와 결부되어 있는 상호 연계성을 의미한다. 이 때문에 평가공동체는 이 책이 제안하는 분석 틀로 적용할 수 있다.

이 접근법은 할리우드에 적합한 '직업 문화'에 대한 분석, 즉 명성과 직업적 정당성이 어떻게 형성되는지, 전문 직업의 영향력이 어떻게 기능하고 함께 작동하는지, 이런 맥락에서 '신뢰'란 무엇인지, 그리고 여기서 '문화를 만드는 일'이 실제로는 어떻게 이뤄지는지에 대한 분석을 다음 페이지에서 함께 결합한 것이다. 즉, 그간 연구된 활동들이 예술과 창작자를 만드는 데 결정적인 영향을 미친다. 지금 중요한 것은 우리가 어떤 아티스트를 알게 되고 존경하게 되는지, 어떤 엔터테인먼트 상품이 관객에게 제공되는지 또는 그 상품이 단 하루라도 빛을 볼 수 있을지에 영향을 미치는 에이전트의 영향력을 파악하는 것이다.

그러므로 에이전트가 무엇을 하는지를 탐구하면 단지 에이전트 업무나 할리우드 범위 이상을 연상시키는 '**카리스마**charisma', '**취향**taste', 심지어 '**재능**talent' 등이 어떻게 집단적으로 정의되고 만들어지는지, 카리스마, 취향, 재능이 어떻게 아티스트들뿐만 아니라 에이전트와 같은 '**비창조적**'인 참가자들에게 부여되는지, 할리우드에 관여하는 최상위 참여자의 '**영향력**'이 정확히 무엇을 의미하는지와 같은 질문에 직면하게 된다. 이 질문들은 내가 여기에서 경험적으로 심층 탐구할 전문화된 세계를 뛰어넘는 것들이다. 이런 맥락에서 만들어지는 분석 도구들은 내 생각으로는 엔터테인먼트 산업의 범주를 넘어 다른 사회적 분야에 대한 연구에 적용하는 것이 적절하다고 생각한다.[18]

이 책은 다음과 같이 전개된다. 2장은 상황을 설정하고 조직 시스템의 관점에서 '**할리우드**'의 의미와 어떤 에이전트와 에이전시가 할리우드 내부에 걸맞은지를 명확하게 밝힐 것이다. 나는 할리우드가 상호 의존적이지만 '**리틀 할리우드**'와 '**빅 할리우드**'[19]라는 2개의 다른 직업 영역으로 구성되어 있다는 생각에 대해 자세히 설명하겠다. 한편으로는 많은 부티크 에이전시와 그들이 거래하는 특정 사업 파트너가 있고, 다른 한편으로는 메이저 에이전시, 대형 스튜디오, 다른 할리우드 시장의 독점적 참여자가 있다.

이 장에서는 빅 할리우드의 최근 변화를 살펴본다. 그런 변화는 조직화의 수평적 과정, 집중화, 에이전시와 스튜디오의 다각화가 탤런트 대행 업무를 하는 데 어떤 함의를 갖는지 측정한다. 도입부와 함께 이 장에서는 다음에 서술할 내용을 이해할 수 있는 기본 토대를 제공하고자 한다.

이 책의 핵심 내용은 3장에서 6장까지에 들어 있다. 3장에서는 에이전트가 어떻게 훈련되어 길러지고 탤런트 에이전시에서 어떻게 '**전문성이 갖**

쳐지는지'를 보여준다. 에이전트가 자신의 업무를 수행하고 예술적 경력과 프로젝트를 만들어내는 방법을 이해하기 위해 필요한 사회화 메커니즘도 알 수 있다. 그 외에도 전문화 과정을 면밀하게 살펴볼 때 할리우드에서 각 '**세대**generation'를 형성하는 탤런트 에이전트들과 제작 전문가가 처음 일을 시작할 때부터 맺게 되는 유대에 관한 관계 역학도 파악할 수 있다.

또한 3장에서는 이 전문 직업의 세계에서 그들의 행위를 구조화하는 두 가지 논리를 소개한다. 각 에이전트는 에이전시 조직 시스템에 배치되지만, 장기간에 걸쳐 탤런트 매니지먼트 대행인, 아티스트, 제작 전문가를 하나로 묶어주는 범조직적 세계에 속한다. 고객 및 제작 파트너와 긴밀한 유대 관계를 구축하고 유지하는 법을 배우는 것은 에이전트의 존재와 성공에 결정적인 요소이다.

4장과 5장은 할리우드에서 '**관계**'의 의미를 정확히 탐구하고 관계 업무로서 에이전트의 직무에 접근한다. 성실하고 전략적인 관계 업무는 에이전트 활동의 핵심이다. 4장은 에이전트가 거래하는 핵심적인 '**탤런트 구매자**'인 제작자, 배역 담당자, 스튜디오 임원과 함께 구축하는 유대의 유형에 초점을 둔다. 제작 전문가의 신뢰를 얻는 것은 에이전트의 존재와 성공을 좌우하므로 결정적인 것이다.

5장에서는 에이전트가 아티스트와 친밀한 유대를 형성하고, 함께 감정 노동emotion work을 하며, 고객과의 '**친해지는 것**'과 '**친구가 되는 것**' 사이의 경계를 그려내는 데 끊임없이 노력하는 방식을 탐구한다. 5장에서는 에이전트가 자신이 대행하고 아티스트들로부터 직업적 정당성을 이끌어낼 수 있는 아티스트에 대한 의존 양태와 심지어 가장 성공한 스타를 다루는 것을 포함해 고객들을 장악하는 권력의 형태에 대해 조명한다. 이 두 장에서는 관계 작업이 매우 개인화한 모습을 취하더라도 일 대 일 관계의 구축이라고 하기에는 그 이상의 뭔가가 있다는 것을 보여준다. 그것은 할리우드에 속한 에이전트들이 그룹을 형성하는 데 필요한 상호 신뢰라는 좀 더 큰 메커니즘을 포함하고 있다.

6장은 탤런트 대행인, 아티스트, 제작 전문가를 하나로 결집시킨 범조직적 차원의 활동을 통해 무엇이 만들어지는지에 초점을 둔다. 이렇게 만들어지는 할리우드 평가 커뮤니티는 품질 평가, 사람과 프로젝트의 가치 규정과 온전히 연계되어 있다. 나는 두 가지 측면에서 평가 작업이 **어떻게** 일어나는지를 보여주려 한다. 첫째, 에이전트가 영화제작에 이르게 하는 '유망한' 또는 '좋은' 창의적 콘텐츠를 집단적으로 인정하고 형성하는 데 어떻게 참여하는지를 살펴볼 것이다. 둘째, 측정이 불가능한 것이지만 에이전트들이 공유하고 있는 탤런트에 가격을 매기는 방법과 에이전트들이 경제적 기준을 만드는 데 기여하는 방법에 대해서 살펴볼 것이다. 6장은 할리우드에서 가치를 창출하는 경제적인 차원과 상징적인 차원들을 설명해 주고 있는데, 이 두 가지 차원은 서로에게 영향을 주는 모습으로 구성되어 있다. 두 가지 차원은 문화 생산 분야를 분석할 때 상업적 축과 예술적 축 사이에 대립 구도를 부여하는 접근법과 다르다.

7장은 독립 영화 에이전트의 사례연구를 통해 새로운 에이전트의 역할이 생성되는 과정과 평가 커뮤니티가 형성되고 변환되는 과정을 밝힌다. 그리고 그러한 변화가 연관 시장의 구성과 새로운 예술 장르 및 대중적 관심이 나타나는 데 어떻게 관련되어 있는지를 보여줄 것이다. 이와 같은 에이전트 업무의 변화가 전체적으로 어떻게 나타났는지를 이해할 수 있다면 할리우드의 모든 참여자들이 경험하고 현실로 만드는 데 기여하는 쇼 비즈니스의 지속적인 변화를 파악하는 데 도움이 될 것이다.

⏵ 옮긴이의 도움말

부티크 에이전시 boutique agency
할리우드에서 특정 영역을 전문화해 활동하는 중소 규모의 에이전시를 지칭한다. 규모는 작지만 멋지고 개성적인 의류나 액세서리 따위를 취급하는 양품점이나 가게를 나타내는 '부티크'라는 어휘를 차용했듯이 전문성과 틈새 전략이 이 부티크 에이전시 비즈니스의 특징이다.

효용함수 utility function
'효용함수'는 투자자의 위험에 대해 어떤 취향과 선호도를 갖고 있는지를 나타내는 함수로 소비나 소득에 대한 만족도를 의미한다. '효용(效用)'은 재화에 대한 개인적 평가치로서 인간의 욕망을 만족시키는 재화의 능력이나 재화를 소비해 얻는 주관적 만족도를 뜻한다.

영화제작과 라인 the line
영화제작에서 '라인(line)'은 영화 창작에 영향력(creative influence)을 가진 사람과 그렇지 못한 사람을 구분하는 가상의 선이다. 영화 한 편의 제작비가 얼마나 들지를 결정하기 위해 제작사들이 사용하는 영화 예산계획서의 상단 시트(line)에서 유래한 용어다. 영화제작사들은 사다리 같은 위계 구조를 지닌 제작 스태프의 명단을 모두 작성하고 그들의 임금이 얼마인지 예산계획서에 적어놓는다. 감독, 시나리오 작가, 제작자, 주연배우들은 영화제작에 필수적인 중요한 인물로 이들의 보수를 고정비용으로 잡아 예산 계획서의 상단에 적어놓기에 '라인 위에 있는 노동자(above the line worker: 역할과 비중이 높은 스태프)'로 부른다. 이들은 촬영 계획이 변경되거나 장면이 편집되어도 미리 계약한 대로 임금이나 보수를 받는다. 반대로 이들을 제외한 스태프들은 예산 계획서 하단에 적어놓기에 '라인 아래에 있는 노동자(below the line worker: 역할과 비중이 낮은 스태프)'로 칭해지며 언제든지 교체 가능한 존재로 간주된다. 오랜 시간 동안 고된 노동을 하고서도 라인 위의 노동자보다 임금을 많이 받지 못하거나 아예 전혀 받지 못하는 경우가 많다. 따라서 예술인들의 생계와 복지, 그리고 사회안전망을 논할 때 가장 이슈가 되는 대상이 된다. 같은 구조로 '라인 위에 있는 배우(above the line actor)'는 주·조연이나 카메오, 특별출연, 우정출연과 같이 의미가 특별한 단역 배우를, '라인 아래에 있는 배우(below the line actor)'는 비중이 약한 단역 배우나 엑스트라를 말한다.

간접제작비 below—the—line cost
영화의 순제작비는 직접제작비와 간접제작비로 구성된다. '간접제작비(below-the-line cost)'는 영화제작비에서 프로덕션 스태프 인건비, 세트비, 장비 임대료, 필름 대금, 사운드 및 특수 효과 비용, 편집비 등 제작에 소요되는 모든 비고정 비용을 지칭한다. 영화제작 예산 계획서 아래(하단)에 작성하기 때문에 이렇게 지칭한다. 반대로 '직접제작비(above-the-line-cost)'는 사전 계약에 의해 이미 확정된 원작 및 시나리오 고료, 각색료, 감독 연출비, 프로듀서 인건비, 주연 연기자 캐스팅 비용 등 고정비를 말한다. 예산표의 위쪽에 적어두기 때문에 그런 이름으로 불린다. 한편 영화의 '총제작비'는 순제작비(production budget)와 마케팅 비용(P&A, prints and advertising budget)을 합한 것을 말한다.

라인 프로듀서 line producer
프로덕션 매니저 위에서 영화 조감독과 협의해 상급자인 프로듀서에 의해 결제된 제작 예산을 집행하고 제작 기간 및 공정을 관리하는 스태프를 말한다. 바로 그 예산 계획표상의 라인의 위치에서 직접제작비와 간접제작비를 구분하고 제작 과정에서 양쪽에 해당되는 사항을 지원하기 때문에 '라인 프로듀서'라 불린다. 특히 라인 프로듀서는 제작 과정에서 '라인 이하의 비용'을 평가하기 위해 개발 단계에 스크립트를 제공한다. 현행 영화제작 시스템에서 일반적으로 통용되는 영화 프로듀서의 조직과 위계, 영화 프로듀서와 영화감독의 업무 차이는 다음 표와 같다.

영화 프로듀서	구분		영화감독
영화 기획안 발굴, 기획서/예산안 작성, 투자 확보, 예산 집행, 캐스팅 및 계약, 촬영, 후반 작업, 배급 마케팅, 개봉 행사 등 지휘	역할과 책무		정해진 예산과 기한 내에서 배우에 대한 디렉션과 소통, 카메라, 조명 등 촬영 스태프를 통제, 완성도 높은 영화를 만드는 권한을 행사
제작 총지휘, 파이낸싱(투자 유치) 책임, 캐스팅, 배급 계약, 마케팅 총괄 등	총괄 프로듀서	감독	제작 과정에서 영화 연출과 완성 총괄, 주로 주연배우 연기 지도, 조감독 지휘
영화제작의 모든 과정과 살림살이 관여, 감독/제작사/배우/스태프 선정 등	프로듀서	제1 조감독,	프로덕션 매니저와 연계해 연출부 통솔, 제작 사무 처리, 조·단역, 특수효과 지휘
프로듀서의 지휘를 받아 계획된 예산과 스케줄에 맞춰 제작 스케줄 진행	라인 프로듀서	제2 조감독	제1조 감독 보좌. 제1조 감독보다 낮은 단계의 연출 소화(엑스트라 지휘 등)
제작 예산과 스케줄 계획, 지출 승인 및 일일 정산, 제작관련 사항 관리 감독, 감독과 프로듀서의 지시를 현장 유닛에 전달	프로덕션 매니저	보조 연출가	대사 연출가(특정 직업어, 사투리 지도), 액팅 디렉터(신인 연기 지원), 캐스팅 디렉터(조·단역 수급), 스크립 클럭(대본 일관성 유지)

조직 구조 (세로 병합 칸: 감독, 제1 조감독, 제2 조감독, 보조 연출가 열 앞)

지배 극점 dominant pole
물리학과 제어계측학에서 가장 영향력이 큰 극점(pole), 즉 시스템의 특성에 가장 큰 영향을 주거나 시스템의 특성을 좌우하는 극점을 말한다. 다른 말로 '주극점(主極點)'이라고도 한다. 시스템의 안정성 분석(stability analysis)에 필요한 개념이다. 공학에서는 시스템 극점 가운데 과도 상태의 응답을 이끄는 극점을 말한다.

장 이론 theory of field

프랑스의 사회학자 피에르 부르디외는 사회적 실재의 본질이 실천(practice)에 있다고 보고 그 사회적 실천이 전개되는 다양한 영역을 '장(field)'이라 규정했다. 그 장 내에는 투쟁·경쟁·경합의 목표, 정당성을 인정받는 관념과 규범 등이 존재하며, 내부 행위 주체들(agents)이 일정한 룰에 따라 경합이나 게임을 벌인다고 보았다. 그가 말한 장이란 구체적으로 경제, 정치, 사회, 노동, 법조, 교육, 학문, 문화예술, 체육 등 사회 각 분야를 말한다. 심리학의 '장이론'과 개념이 다르다. 심리학에서 말하는 '장이론(field theory)'은 독일 심리학자 쿠르트 레빈(Kurt Lewin) 등이 창안해 발전시킨 것으로 인간 개인이 상황별로 나타내는 행동은 개인의 심리적 장 안에서 내면적인 힘(태도·기대·감정·욕구 등)과 외면적인 힘이 동시에 작용하는 힘의 합성과 상호작용에 의해서 결정된다고 보고 있는 이론이다.

토머스 정리 Thomas Theorem

인간이 상황과 기대치를 해석할 때 복잡한 계산을 통해 현실을 어떻게 주관적으로 이해하는지를 설명해 주는 이론이다. 미국 사회학자 윌리엄 아이작 토머스(William Isaac Thomas)와 도러시 스웨인 토머스(Dorothy Swaine Thomas)는 "사람들은 자신이 처한 상황을 현실로 정의하면, 그 결과가 현실로 나타난다"는 '상황의 정의(definition of situation)'를 강조했다. 그래서 사람들은 주어진 상황을 객관적으로 파악하기보다 주관적 해석을 통해 자기중심적으로 파악하며 그들의 행동도 주관적 이해의 영향을 받는다고 보았다. 만약 사람이 현실이 아닌 특정 상황을 현실로 규정하면 실제 그것이 현실화된다는 것이다. 개인들은 자신의 그 해석이 옳든 그르든, 정확하든지 그렇지 않든지 간에 상황에 대한 자신만의 고유한 해석을 바탕으로 그 상황에서 결정을 내려 옳은 것처럼 행동한다는 주장이다. 이것이 '토머스 정리'(1928)다. 본문의 'real in their consequence'는 토머스의 언급(상황의 정의)인 "If men define situations as real, they are real in their consequences"에서 따온 표현이다.

고객 20%가 전체 청구액의 80%를 지불한다

'파레토 법칙(Pareto's Law)'에서 따온 말로 '선택과 집중' 전략을 추구하는 비즈니스 관행을 표현한 말이다. 이탈리아 경제학자 빌프레도 파레토(Vilfredo Federico Damaso Pareto)는 유럽 국가들의 소득 분포를 조사하다가 영국 인구의 20%가 영국 전체 부(富)의 80%를 가지고 있다는 사실을 발견했다(V. Pareto, *Cours d'économie politique*, 2, 1896~1897). 파레토 법칙은 상위 20%가 전체 부의 80%를 갖고 있거나, 20%의 상위 고객(VIP)이 80%의 매출을 올리거나, 전체 성과의 대부분이 소수의 요소에 의존한다는 의미로 쓰이고 있다. 비즈니스를 할 때는 결국 매출의 80%가 20%의 고객에서 나오는 것이므로, 상위 20%의 고객을 대상으로 선택과 집중을 하자는 전략이다. 이와 반대되는 개념은 '꼬리의 반란'으로 비유되는 '롱테일 법칙(Long Tail Theory)'이다. 롱테일 법칙은 꼬리에 해당하는 80%의 사소한 다수가 머리나 몸통에 해당하는 20%의 핵심적 소수보다 뛰어난 가치를 창출한다는 이론으로 인터넷 경제, 이비즈니스(e-business) 시대에 영향력을 발휘하고 있는 핵심 개념이다.

HOLLYWOOD

2장

할리우드의
비즈니스 지형도 읽기

에이전트는 에이전시 시스템과 할리우드 전체 구조에서 어떤 위치에 있고 어디에 배치되어 있느냐에 따라 그들이 행사하는 창조적이고 경제적인 영향력은 크게 달라진다. 할리우드는 하나가 아니라 둘이며, 완전히 단절된 것이 아니라 명확하게 구별되는 문화 생산 시스템들이다. 이 장에서는 문화 생산 시스템을 설명하고 그 안에 있는 에이전트의 위치와 역할을 확인하고자 한다. 문화 생산 시스템은 에이전시와 스튜디오의 유대 관계, 즉 참가자들이 현재 경험하고 있는 새로운 권력을 만들어내는 최근의 상호 의존적 변화를 상세히 설명해 준다. 아울러 오늘날 에이전트 업무의 형성과 의미를 설명해 주는 대목이다.

빅 할리우드와 리틀 할리우드의 에이전트 업무 비교

할리우드는 하나의 직업만이 존재하지 않는 곳으로 탤런트의 대리인, 제작·배급 전문가와 다양한 유형의 '탤런트'를 하나로 묶어주는 전문 직업의 세계이다.[1] 할리우드는 영화와 영화배우가 대단한 주목을 받는 곳이지만 특정 미디어를 대표하는 것은 아니다. 할리우드에서의 탤런트 에이전트들의 활동을 이해하려는 것은 매우 인위적일 수 있다. 가령 탤런트 에이전트들(배우들의 에이전트들, 그들의 이름은 그 직업 전체를 비유하는 말로 사용된다)의 활동은 작가와 감독을 대행하는 대본 에이전트들의 활동과 별개로 분리되어 있고, 영화 에이전트가 하는 일은 텔레비전 에이전트가 하는 일과 독립적인 위치에 있기에 구조가 복잡하기 때문이다. 만약 그러한 전문 직업 분야들이 존재하고 에이전트와 사업 파트너의 활동이 구조적으로 잘 짜인다면 에이전트들 사이에는 경력과 프로젝트를 만드는 다양한 관계가 작동하고 있는 것이다.

따라서 에이전시의 세계는 복잡하게 얽혀 있는 공간이며, 개인 에이전트, 에이전시와 같은 조직체, 할리우드를 구성하는 다른 영역의 전문가들(매니저, 변호사, 제작사, 배역 담당자, 탤런트)을 에이전트와 연결시켜 주는 비공식적 집단들과 같은 몇 개의 분과들이 서로 얽혀 조직되어 있다. 이른바 '**탤런트 에이전시들**talent agencies'은 실제로 요즘에 노동 분업화와 전문성이 높은 수준으로 확립되었다는 특징이 있어 앞의 조직들과 대조적인 유형의 조직을 가리킨다.

경험적으로 관찰을 해보면 우리는 시장 참여자들처럼 에이전시가 두 가지의 독특한 문화 생산 시스템 가운데 하나라는 사실을 알 수 있다. 나는 포크너(Faulkner, 1983)가 '리틀 할리우드'와 '빅 할리우드'를 정의한 분류 기준에 따라 문화 생산 시스템들의 이름을 명명했다. 그렇다고 그 시스템들을 포크너가 특징에 따라 정의한 대로 엄격하게 따른 것은 아니다.

이 책에서 '빅 할리우드'는 문화 생산 시스템들 간에 벌어지는 게임을 지배하는 개인적 또는 집단적 독립체를 나타낸다. 빅 할리우드는 에이전시의 측면에서 보면 WME와 CAA, 그리고 그 경쟁사 UTA와 ICM과 같이 홀로 수천 명의 직원들을 거느리고 사업을 하는 거대 에이전시와 거시 Gersh나 패러다임Paradigm과 같은 중소 에이전시가 포함된다. 이런 규모가 큰 에이전시는 다양한 층위의 지명도를 지닌 '**스타 고객**Star client'을 대행하고 독립 에이전시 영역의 주요 시장 참여자는 물론 (주요 로펌과 가장 평판이 뛰어난 매니저들과 함께) 스튜디오의 임원들 및 대표 이사들과 함께 사업을 시작한다. 규모가 큰 에이전시들은 예술적 권위자로부터 전문적으로 인정을 받을 수 있는 프로젝트뿐만 아니라 가장 수익성 높은 프로젝트를 거래하는 수완가들이다.

이에 비해 '리틀 할리우드'는 좀 더 적은 인원의 시장 참여자가 속해 있다. 로스앤젤레스에는 오직 몇 명의 직원만이 일하는 에이전시가 수백 개가 있는데, 이런 곳은 단지 1명 또는 2명의 에이전트가 직원으로 속해 있는 에이전시와 공존하고 있다. 이들 가운데는 지속적으로 영업을 하는 곳도 있지만 사업의 부침浮沈에 따라, 또는 하나의 프로젝트나 고객에 불운이 생겨 빨리 문을 닫는 곳도 있다.

이러한 에이전트들은 업계에서 인기를 잃었으나 아동, 노인, 비중이 높은 일을 하지 않는 스태프들 등과 같이 특정 영역에 재능을 가진 고객들과 향후 발전 가능성이 있는 탤런트와 아티스트들을 대행한다. 이 에이전트들은 주로 TV의 캐스팅 담당자와 같은 캐스팅 전문가와, 또는 때로는 독립 프로듀서들과 교류하며 일한다. 아울러 적절한 수준의 영화 프로젝트를 담당하는 감독들을 캐스팅하고 좀 더 큰 규모의 제작을 해야 하는 데 필요한 부수 인력들을 고용한다.

따라서 빅 할리우드와 리틀 할리우드라는 2개의 시장은 외형상 하나로 연결되어 있지만 엄연히 서로 다른 두 가지의 관련 시스템이라 할 수 있다. 이 두 곳은 문화 상품을 제작하는 참여 과정에서 상호 보완적 역할을 한다. 대부분의 텔레비전 프로그램과 영화는 빅 할리우드 전문가와 리틀 할리우드 전문가가 서로 다른 시간에, 서로 다른 방식으로 개입해야만 만들어질 수 있다. 아티스트, 에이전트, 제작자 간에 삼각관계가 형성되어 있기에 이 두 시장의 전문가들은 각 부문의 개별적 행위자들을 서로 모아야 일을 할 수 있다. 따라서 탤런트, 매니지먼트 대행 전문가, 제작 전문가는 서로 동등한 위계 구조에 놓여 있다.

리틀 할리우드와 빅 할리우드 모두 프로들이 일하는 전문 영역이다. 그러나 그들은 비디오, 쇼, 영화를 만들 수 있는 창조적 활동의 통합에 대해서는 관심이 없다. 새로운 기술과 디지털 플랫폼 덕분에 리틀 할리우드의 주변에서는 아마추어(또는 반아마추어)의 활동 영역이 더 넓어졌다. 왜냐하면 바로 이 '아주 작은 할리우드'에서 예술을 만드는 사람들은 대개 예술만으로 생계를 꾸려나가지 않으며, 에이전트들은 이런 작은 활동 영역까지는 손을 대지 않기 때문이다. 따라서 이들 아마추어들이 일하는 '아주 작은 할리우드'는 현재 우리가 연구하는 분야의 밖에 있다.

이것은 에이전트가 '독립 영화indie films'와 같은 특정 유형의 영화제작에는 관여하지 않는다는 것을 의미한다. 그러나 '스튜디오 영화studio films'와 '독립 영화'의 구분은 영화계에서 에이전트 활동의 한계를 설명하는 명확한 경계는 아니다. 에이전트 업무는 대형 스튜디오 영화와 독립 영화의 영역을 모두 포함하고 있다. 실제로 독립 영화라는 것은 스튜디오가 제작에서 판매(유통)까지 전적으로 떠맡지 않은 작품을 뜻한다. 따라서 오늘날 스튜디오의 수익을 창출해 내는 주요 원천인 프랜차이즈franchise, 속편 sequels 등과 같은 대작 영화는 독립 영화의 범주에서 제외된다.

반면에 2014년에 아카데미 작품상을 수상한 폭스 서치라이트Fox Searchlight의 〈노예 12년12 Years a Slave〉처럼 스튜디오 시스템 내에서 제작된 특별한 영화, 민간 및 공적 투자를 통해 만들어진 영화, 국내외 배급업자들에 의해 만들어진 영화, 국제적인 영화 창작 전문가들이 참여한 영화 등은 독립 영화에 포함된다. 제작 예산의 규모로 볼 때 이런 '중간 수준 midlevel'의 영화(제작비 1500만~4000만 달러 수준)는 에이전트와 에이전시 등 로스앤젤레스에 근거지를 둔 핵심적인 시장 참여자들과 깊은 관계가 있다.

이에 반해 중간 수준 이하의 세 번째 범주의 '독립 영화들indies'은 단 몇백만 달러, 때로는 100만 달러 미만의 극히 제한된 예산을 가지고 만든 훨씬 더 작은 영화를 지칭한다. 이런 독립 영화들은 항상 아마추어 제작이라는 한계에 처할 위험에 직면해 있다. 우리 연구에서 논외로 하는 영역이 바로 이러한 작품들이다. 셰리 오트너(Ortner, 2013)가 말한 것처럼 이런 독립 영화들은 엄밀한 의미에서 '할리우드가 아니다'. 나 역시 이런 독립 영화들이 우리가 여기에서 탐구하는 **직업** 시스템 내에서 제작되지 않으며, 설령 그랬다고 해도 에이전트들은 그런 프로젝트에 거의 관련되어 있지 않다고 말하고 싶다.

좀 더 일반적으로 말하면 리틀 할리우드의 경계는 전문성의 한계를 규정한다. 매우 작은 할리우드의 아마추어들 가운데 대다수가 전문화된 엔터테인먼트 산업에 들어가 주류 집단에 편입되길 갈망한다. 그런 주류 집단은 인터넷이나 웹 시리즈로 게시되는 비디오가 아닌 TV 쇼 프로그램을 만드는 사람들이다.

에이전시와 계약에 '**사인하는 것**signing'은 산업적인 전문화를 상징하는 하나의 신호이자 메커니즘이다. 리틀 할리우드 에이전트가 보유한 노하우의 일부는 아마추어 공간에서 이전에 성취한 업적으로 인해 충분한 신용과 위상을 얻은 사람들을 찾아내는 것과 그들을 잘 팔려나가는 탤런트가 되도록 만들어주는 능력이다.

이렇게 전문성을 구축하는 작업은 분명하게 똑 떨어지는 일도 아니며, 쉬운 일도 아니다. 순전히 통계적 근거에 따르면 전문가가 되기 위한 시도에서 성공할 확률은 그리 높지 않다. 여기에서 전문가가 되기 위한 시도는, 베버(Weber, 1958)의 표현을 빌리면 직업을 얻고 직장 생활을 하기 위한 시도를 말한다. 실례로 매년 미국에서 약 6000개의 영화가 만들어지는데, 그 가운데 10%만(2013년의 경우 659편)이 개봉된다.[2] 그리고 개봉 작품 가운데 단 1%만 흑자를 내는 것으로 대략 추산할 수 있다.[3]

순수한 통계적 확률로 볼 때 배우가 일자리를 얻을 수 있는 평균적 기회가 매우 희박한 경우를 가정해 보자.[4] 이는 탤런트를 대행하는 사람이 캐스팅과 제작 전문가에 대한 접근을 독점하고 있는 상황임을 고려할 때, 그 배우들은 일의 시작 단계에서 에이전트가 대행해 주지 않으면 실제로 업계에 존재할 수 없기에 에이전트들은 배역 캐스팅 중개 사이트인 '브레이크다운 서비스Breakdown Services'의 온라인 인터페이스를 통해 공개 영역에 배우를 실제 제시할 수 있다.[5]

리틀 할리우드의 에이전트는 결과적으로 많은 전문적 재능을 가진 사람들을 상대로 낙점하고 선택할 위치에 있다. 아울러 제작 분야 사업 파트너를 동원하는 일을 하면서 캐스팅 디렉터나 고용할 후보자들을 '그 방안에in the room' 데려가려고 애쓴다. 비유하자면 소규모 에이전시는 사람들 사이에서 '발신 전화 사업outgoing-call business'으로 알려져 있다. 이런 에이전시의 직원들은 고객을 '팔기' 위해 끊임없이 이곳저곳에 전화를 하기 때문이다. 즉, 그들은 캐스팅 담당자에게 고객들의 이력서나 비디오에 대해 더 좋은 인상을 갖게 하거나 고객들과 만나도록 설득한다.

반대로 소규모 에이전시보다 좀 더 큰 규모의 에이전시는 '수신 전화 사업incoming-call business'으로 알려져 있다. 이미 알려져 있고 성공한 고객에 관심이 있는 구매자로부터 간청 전화를 받기 때문이다. 물론 가장 큰 회사의 에이전트도 일할 때 선도적으로 상황을 주도하며 그들의 직업적 사업 파트너에게 연락을 취한다.

그러나 빅 할리우드의 에이전트들은 에이전트 활동의 일반적인 직무 구분인 '계약하기, 판매하기, 서비스하기' 가운데 서비스하기에 가장 관심을 둔다. 그 이유는 빅 할리우드에서 에이전트들의 직무나 활동은 탤런트의 판매를 전제로 하고 있기 때문이다. 고객에게 서비스하기 전에 먼저 고객에게 일자리를 제공하는 것은 문제가 될 수 있다.

빅 할리우드와 리틀 할리우드의 에이전트는 서로 다른 범주에 있는 직업적 상대이기 때문에 상반된 조직적 맥락에서 활동하기 때문에 실제로는 서로 다른 직업을 수행한다고 말할 수 있다. CAA 또는 WME와 같은 크고 강력한 회사는 수천 명의 직원을 고용하고 있으며, 최고 수준의 국제적 탤런트를 대행하고 메이저 스튜디오들과 거래를 한다. 이것은 할리우드만의 독특함이다.

좀 더 일반화하면 주요 에이전시 가운데 어느 한 곳에서 일하는 에이전트는, 이미 일정한 반열에 오른 고객 목록을 같은 전문화된 부서의 동료들과 공유하며 고객들에게 서비스를 제공하는 분업화되고 관료화된 환경에서 일하는 수백 명의 직원 가운데 한 명에 불과하다. 주요 에이전시의 에이전트들은 발전 도상에 있는 고객들의 모든 활동을 독자적으로 관리하는 소규모 부티크 에이전시의 업무와 비교할 경우, 본래 '에이전트라는 존재'가 의미하는 것과는 전혀 다른 제한된 수준의 일상 경험을 한다. 따라서 주요 에이전시에서는 서로 다른 형태의 직업적 자아 개념이 공존하고 있으며, 이 때문에 리틀 할리우드 에이전트와 빅 할리우드 에이전트는 차별화된다.

이러한 대조적인 직업적 정의는 에이전트가 예술 경력과 창작 과정에서 수행하는 상이한 역할들과 일치한다. 탤런트 에이전트의 사례를 들어 그 역할을 살펴보도록 하자. 탤런트 에이전트는 소규모 부티크 에이전시에서부터 WME 및 CAA와 같은 대기업에 이르기까지 에이전시 비즈니스의 전체를 영위한다. 그러나 그들의 일상적인 활동의 양상과 영화 창작에 대한 기여도는 에이전시 시스템에 포지셔닝된 그들의 위상과 상대적인 고객의 전문성과 상업적 성공 수준에 따라 크게 다르다. 'A 등급 아티스트 A-list artists'를 대표하는 영화 탤런트 에이전트는 그렇지 않은 에이전트들보다 더 광범위하고 중요한 역할을 한다.

가장 큰 회사에 속한 에이전트는 프로젝트를 진행할 때 스타를 패키지화할 수 있는 위치에 있으므로 영화가 만들어질 때 맡은 역할에 대한 '고객 홍보'와는 다른 '프로젝트 홍보'도 할 수 있다. 그들은 프로젝트의 전체 기간에 걸쳐 참여한다. 여러 면에서 대형사 에이전트들은 에이전시 업무를 하는 직업적 계층 구조에서 최상위에 위치하고 있다. 그들 가운데 한 인터뷰 대상자가 말했듯이, 그들은 '더 높은 수준에서' 에이전트 업무를 실행할 수 있다.[6] 감독뿐만 아니라 캐스팅 디렉터와 긴밀한 유대 관계를 구축해 유지하는 것은 탤런트 에이전트의 업무 중에서도 핵심인데, 제작 과정의 초기 단계가 아니라 캐스팅 단계에서 고객인 탤런트가 배역에 지원을 한다면 캐스팅될 가능성이 높다. 반대로 스타를 다루는 에이전트들은 가장 중요한 인맥 관계를 신속히 의사 결정을 할 수 있는 스튜디오의 수장이나 최고 경영진과 자주 만나 구축한다.

큰 에이전시는 직원 수가 수백 명이거나 더 많지 않을 경우라도 직업적인 전문화와 분업화가 높은 수준으로 이뤄져 있다. 이러한 분업 시스템은 '팀 단위 에이전트 업무team agenting'를 더욱더 강화하게 만든다. 일일 회의는 에이전시의 일상에 포함되듯이 협력은 조직적인 모습을 띤다. 일부 사업 미팅에는 영화 탤런트 에이전트가 참여하고 다른 미팅에는 대본 에이전트, 탤런트 에이전트, 때로는 독립 영화의 재정 전문가와 같은 모든 영화 전문가가 동참한다. 팀은 코미디 등과 같이 장르를 중심으로 구성될 수 있다. 이러한 미팅이 이루어지는 와중에는 '커버 에이전트covering agents'가 코디네이터처럼 핵심적인 역할을 한다.

실제로 대형 에이전시에서는 최근에 승진한 에이전트들이 스튜디오 '커버리지coverage' 역할을 수행한다. 커버리지란 에이전트들이 몇몇 지정된 회사의 임원들과 좋은 관계를 유지하고 그 회사들이 개발한 프로젝트에 대한 정보를 수집하는 일을 뜻한다. 이 귀중한 정보는 에이전시에서 부서 또는 부서 간 회의 도중에 다른 에이전트들과 공유된다. 에이전트들은 어떤 스튜디오가 특정 프로젝트(작품)의 제작을 고려하고 있는지, 어떤 에이전시의 고객들이 이미 '패키징되어' 스튜디오에 팔렸는지, 또는 프로젝트가 이미 배역 캐스팅 단계에 도달한 경우에는 기존의 프로젝트 '패키지'에 추가할 수 있는 것들이 뭐가 있는지와 같은 것들을 '그 회의실에서'에서 에이전트들만의 직업적 전문 용어들을 써가면서 진지하게 논의한다.

소규모 에이전시들은 프로젝트를 찾기 위해 스튜디오들과 같은 방식으로 접촉하지 않는다. 소규모 에이전시들은 캐스팅 정보 및 중개 사이트인 브레이크다운 서비스의 전자 시스템을 통해 캐스팅 디렉터가 공개적으로 제안하는 배우의 일자리에 의존해야 하며, 같은 채널을 통해 고객의 이력서와 자료를 제출해야 한다. 이런 시스템이 제공된 동일한 정보를 전체 에이전시 시스템에 즉시 전달한다.

소규모 에이전시들은 배우의 일자리 가운데 작은 배역들에 관심을 둔다. 이들은 정보를 먼저 얻는 것이 아닌, 전화나 다른 수단을 이용해 일부 캐스팅 전문가와의 기존 관계를 되살림으로써 차별화를 꾀한다. 소규모 에이전시에서 전문화된 에이전트(영화 기술자, 시각 효과 전문가 등)와 탤런트 에이전트들은 짧은 시간 동안 출연진과 제작진을 구성하는 벽돌 쌓기 게임을 한다. 그것이 성공하면 그들은 고객을 위해 이에 상응하는 거래를 협상한다. 이 거래가 끝나면 스타를 제공하지 않은 탤런트 에이전트의 업무는 대부분 끝이 난다.

요약하면 소규모 에이전시는 스타 탤런트를 한데 모으고 다루는 프로젝트 설계자로 활동할 수 있는 빅 할리우드 에이전트와 달리, 영화제작이 확정되고 캐스팅이 시작될 때 그 싸움판에 가세한다. 그다음엔 그들이 종종 개인적으로 '**발견**'했거나 탤런트라는 직업을 갖도록 이끈 덜 유명하거나 아예 무명인 고객을 위해 일자리를 찾아 제공하려고 애쓴다.

대형 에이전시의 에이전트와 소규모 에이전시의 에이전트, 즉 이 두 가지 유형의 에이전트는 결과적으로 서로 다른 방식으로 에이전트 업무의 관련성과 중요성을 상징적으로 만든다. 에이전트의 전체적인 모습은, 리틀 할리우드의 탤런트 스카우트를 한 축으로 하고 빅 할리우드의 슈퍼 에이전트를 다른 한 축으로 하는, 이 두 가지 형태의 대행 업무의 교차점에서 '**실재할 것이라 상상된다**'.

에이전트의 관행과 인식 측면에서 보면 리틀 할리우드와 빅 할리우드의 직업 세계는 서로에 대해 상대적으로 자율성을 갖고 있다. 이 두 세계의 주역들 사이에 나타나는 특징은 경쟁이나 관계에 대한 자기규정을 하기보다는 서로 모른 체하거나 어느 정도 서로 무관심한 모습을 보인다는 점이다.

그 이유는 첫째, 그 주역들의 한 축이 빅 할리우드의 최고 실력자인 아리 이매뉴얼Ari Emanuel, 브라이언 로드Bryan Lourd, 제러미 지머Jeremy Zimmer, 제프 버그Jeff Berg, 크리스 실버먼Chris Silbermann[7])과 같이 조직을 창설한 유명 인사이기 때문이다. 둘째, 언론에 의한 취재 보도가 엔터테인먼트 산업 전체에 관한 **거대 서사**master narrative를 만드는 데 기여하면서도 그 주역들의 진로와 향후 계획에 대한 공적 담론public narrative을 형성해 내기 때문이다. 셋째, 주역 가운데 한 축인 리틀 할리우드 에이전트가 자신이 다루지 않는 스타 고객들에 대해 알고 있는 것처럼 다른 한 축인 빅 할리우드의 주역들을 피상적으로 알고 있기 때문이다.

이 동떨어진 친숙함은 에이전트들이 일원인 게임에 있는 내부자의 친밀감과 비교할 수 없다. 나는 리틀 할리우드 에이전트를 그림자처럼 따라다니며 인터뷰를 함으로써 빅 할리우드 활동가들의 활동과 같은 매력적인 미지의 것들을 관찰할 수 있었다. 나는 조사를 통해 리틀 할리우드 전문가들이 갖고 있지 못한 세계에 접근할 수 있었기에 조사에 참여한 리틀 할리우드 에이전트들은 재차 메이저 에이전시에서 일하는 에이전트의 생활에 대해 알려달라고 부탁했다. 그러나 이런 요구가 빅 할리우드에서 일어난 일과 리틀 할리우드 에이전트들의 비즈니스 활동이 직접 관련이 있어서 나타났다는 것을 뜻하진 않는다.

반면 빅 할리우드 참여자들에게 리틀 할리우드는 대부분 눈에 보이지도 않는 존재였다. 이러한 불가시성은 바로 문자 그대로 이해되어야 한다. 실제 리틀 할리우드의 존재가 빅 할리우드 참여자들의 활동과 무관하고 자신들의 참조 영역으로서 무의미했기 때문에 이런 규정을 한 것이다. 이 말은 빅 할리우드 참여자들의 머릿속에 형성된 특별한 상호 의존 시스템이 작동하여 취하는 전략의 의미가 정해지면서 활동으로 나타난다는 뜻이다.

가장 큰 회사의 에이전트는 50명에서 150명[8]의 에이전트를 거느린 패러다임, 거시와 같은 중견 에이전시에게 해당 분야의 작은 역할을 하도록 차례로 위탁을 한다. 그들은 리틀 할리우드의 존재를 대부분 또는 전부 무시하면서 프로젝트를 구성하고 '**유명 탤런트**name talent' 대행 능력과 직접 관련된 비즈니스에서 그들만의 상징적인 경계를 구축한다.

'**빅**Big'과 '**리틀**Little'은 그렇게 관계가 설정되며, 시장 참여자들이 두 곳을 분리하는 경계를 전략적으로 바꿀 수는 없다. 할리우드 전문가들은 리틀 할리우드나 빅 할리우드에 상관없이 자신이 속한 권력 구조에 대해 똑같이 이해하고 그 안에서 자신의 위치가 어딘지 파악하고 있다. 하지만 그들은 시장 내 위치를 다투는 분류 분쟁classification struggles에 참여하고 자신의 지위와 관심사에 맞춰 부분적으로 비즈니스에서 차별화된 가치를 실현하라는 사명을 수행하기 위해 노력하기도 한다.

패러다임이나 거시와 같은 중간 규모의 에이전시에서 일하는 에이전트는 가령 자신들의 회사를 더 큰 데서 사업을 영위하는 '**대형 에이전시**' 그룹에 포함시켜 상징적 위계 구조를 높여 재배치하려는 경향이 있다. 그들은 할리우드 조직 구도를 좀 더 단순하게 규정하기 위해 여러 대형 에이전시를 조금 더 넓은 범위로 묶어 '**빅 6**Big Six'나 '**빅 5**Big Five'라 칭한다.

이에 비해 대형사들이 모인 최상위 게임의 수준에서 WME나 CAA의 에이전트는 자신의 회사 경영도 잘해야 하는 것은 물론 에이전트 업무 세계에서도 통상적으로 선도적 역할을 해야 하는 '이중 리더십'을 앞세운다. UTA 직원은 자신의 회사가 포함된 '3대 주요 에이전시'의 일원임을 강조한다. 최근 단기간에 에이전시 내부자들이 갖는 조직의 무게감과 가치에 대한 인식은 다양해졌다. 모든 시장 참여자들은 2000년대 후반까지 상대적으로 위상이 비슷한 몇몇 에이전트들이 모여 최상위 게임을 구성했다. 그러나 참여자들 모두는 이제는 집합체인 조직의 숫자는 적어지고, 조직 규모는 커지고, 조직의 양태는 더 기업화되었다는 데 동의한다.

빅 할리우드와 리틀 할리우드에 대한 나의 접근 방식과 에이전트들이 참여해 함께 만든 관계형 구조는 '할리우드의 동심원'이라 표현되는, '핵심 core'을 구성하는 빅 할리우드와 거리가 있다. 그러한 표현은 엔터테인먼트 산업의 네트워크 연구에서 찾을 수 있으며, 다른 곳에서 더 자세히 논의된 바 있다(Roussel, 2015a). 할리우드의 네트워크에 대한 분석의 보편적인 특징 가운데 하나는 실제 이 공간에 중심 지점이 있느냐에 관한 문제를 제기한다.

네트워크는 중심에 초점을 둔 모델center-focused model이기 때문이다. 좀 더 일반적으로 '중심성centrality'과 '중요성importance'을 동일시하는 것이 네트워크 이론에 본질적으로 맞지 않다 하더라도 특히 정보 네트워크(가장 높은 수준의 관련성을 갖춰야 이런 중심성을 구축할 수 있다)에서는 가장 중심적인 행위자가 좀 더 강력한 영향력을 발휘하는 것으로 여겨진다.

결과적으로 누가 또는 무엇이 중심적 위치를 차지하는가를 구명하는 것이 네트워크가 형성한 관계 구조를 해석하는 데 영향을 미치는 주요 선입견이 된다. 핵심이라는 것은 가장 중요한 연관성을 가진 가장 지배적인 실체인 것처럼 보인다. 이 말은 빅 할리우드와 그 안의 많은 핵심적인 탤런트 에이전시가 리틀 할리우드와 주변의 무수한 부티크들로 구성된 동심원의 중심에 위치해 있다는 것을 뜻한다(Faulkner, 1983; D. Bielby and C. Bielby, 1999의 개념을 빌려왔다).

실제 포크너는 빅 할리우드가 사다리꼴 편대와 같은 위계 구조를 갖춘 시장에서 핵심적인 활동을 하면서 그곳의 전문가들을 반복적이고 지속적으로 연결해 주는 역할을 한다고 보았다. 반면 리틀 할리우드의 특징은 대개 영화제작을 할 때 단 한번 정도 참여하는 사람들 사이에 형성된 일련의 '비반복적 유대'라는 점이다. 두 분야 모두 동심형 구조로 이뤄져 있다. 이런 동심형 구조는 빅 할리우드가 게임을 안정화하고 게임 내의 불확실성을 줄이는 일반적인 기능을 수행한다.

비록 이러한 해석이 상상이라 해도 빅 할리우드를 통합된 시스템의 핵심으로 묘사하는 것은 사실 기만적인 비유이다. 그런 표현이 암시하는 것은 민족지학적 관찰에 의해 검증되지 않았다. 에이전트에 관한 한 직업 집단의 구성이 빅 할리우드와 리틀 할리우드에서 다르더라도 공간에서 나타나는 이후의 활동은 응집성이 약하다거나 느슨하며 불규칙하고 고립된 관계를 나타내지 않는다. 오히려 두드러진 특징은 이런 사업 영역이 반복적 상호작용을 핵심으로 하는 다른 영역과 무관하게 작동하는 상대적인 자율성을 갖추고 있다는 점이다. 리틀 할리우드와 빅 할리우드 사이의 순환과 경력직 일자리의 이동은 중개자나 브로커의 경우에는 매우 뜸하다.

또한 할리우드 시스템의 중심적 위치에 서서 할리우드를 통치하는 문제는 "스튜디오들이 한때 할리우드 영화산업을 점유해 그 중심지였다가 점차 그 지위를 상실했다"는 우리에게 친숙한 역사적인 사실과 크게 관련이 있다(Schatz, 2010). 적어도 스튜디오의 융성기였던 1980년대와 1990년대까지, 초기에 두드러졌던 스튜디오 독점monopoly의 해체와 활동의 **파편화**fragmentation가 에이전시로 하여금 그 산업에서 중심성과 권력을 갖게 했다는 것은 영화와 텔레비전 산업 자체의 보편적인 인식이다.

그러나 오늘날의 현실은 더욱 복잡하게 나타난다. 최근에는 미국 국내 시장을 넘어서 거대 기업체들이 엔터테인먼트 업계의 여러 분야에서 활발하게 활동하면서 미국 에이전시 사업을 이끌게 되었다. 이와 함께 제작 전문가들도 이 업계에서 일어나는 결정적인 변화들을 두 눈으로 확인하게 되었다. 나는 이제 에이전시 및 스튜디오 사업을 새롭게 구성하고 탤런트 대행이라는 사업을 재규정한 산업 구조 변화의 주요 특징에 대해 간략히 설명하겠다.

또 다른 측면: 상호 의존적으로 변한 스튜디오와 에이전시

영화와 TV 프로젝트를 제작하는 것은 활동하는 행위자와 관찰자 모두에게 두 가지 측면의 게임과 같다. 즉, 탤런트 대행자와 제작 전문가가 적대적인 입장에 묶여 있는 구조적으로 적대적인 시스템이라는 뜻이다. 에이전트는 인터뷰하는 동안 자신이 제작자, 스튜디오 임원, 캐스팅 전문가와는 반대 **'측면'**에 있다고 설명한다. 캐스팅 전문가는 가장 큰 에이전시 가운데 하나인 최고 탤런트 에이전트로서 **'동반자가 아니라'** 그들의 영원한 사업 상대라고 우리의 인터뷰에서 지적되었다. 에이전트와 제작 전문가 사이에 구조적으로 나타나는 긴장은 경제적이고 창조적인 수준 모두에서 탤런트를 통제하기 위한 경쟁에서 파생된다. 이 스튜디오의 수장은 아티스트와 직접적인 관계를 발전시키는 것이 왜 **'매우 중요한지'**를 설명했다.

그것은 제 입장에 처해 있는 누군가에게는 가장 중요한 것들 가운데 하나죠. 그렇지 않으면 에이전트는 항상 당신의 **'접근'**을 통제할 거예요. 당신의 접근을 통제하는 것이 그들의 일이며, 제 일은 정중하게 제가 그들에게 접근하는 것을 통제하지 못하게 하는 것이죠. 그렇게 해서 저는 그의 에이전트와 직접 이야기하지 않고도 '거장인 감독 아무개'와 직접 이야기할 수 있죠. 아마도 세월이 지난 후에 사람들이 왜 나를 좋아했는지가 가치 있는 거죠. 그것이 제가 가치 있게 여기는 것들 중 하나인데, 저는 탤런트와 직접 관계를 맺을 수 있죠. 저는 그들을 부를 수 있으며 그들에게 다가설 수 있는데, 그렇기 때문에 접근은 매우 중요하죠. 접근은 제작 측면에서 발전시켜 나가야 할 가장 중요한 것들 가운데 하나예요. **'정확히'** 그 이유 때문에 당신은 자신들만의 의제들을 가지고 있는 에이전트들을 **'살펴볼'** 수 있죠(2014년 2월, 볼드체는 면담자 강조).

탤런트를 둘러싼 쟁탈전에서 가장 중요한 것은 창조적인 통제이다. 즉 제작자의 관점에서 **프로젝트**의 가치를 창출하는 것을 통제하는 것이다. 한 에이전트가 인터뷰 도중에 말했듯이 스튜디오는 **'콘텐츠 거래'**를 하는 반면에 에이전시는 **'아티스트 거래'**를 하는 곳이다. 결국 아티스트의 가치는 이들을 담당하는 에이전트의 가치를 만든다. 제작 분야에서 거래를 할 때 에이전트의 의제는 하나의 프로젝트와 그것의 예상되는 (박스오피스나 평론의) 성공에 초점이 맞추어져 있지 않다. 반면 제작 전문가들에게는 프로젝트 초기부터 영화 소재를 보유하거나 영화 흥행의 보증 수표인 유명 배우의 협력을 얻는 형태와 같이 영화 프로젝트에 대한 영향력을 가지고 유지하는 것이 중요하다. 스튜디오의 한 회장은 이러한 이중 전략을 다음과 같이 표현했다.

지렛대 싸움은 누군가 만들고 싶어 하는 프로젝트를 성사시키는 탤런트를 누가 통제하느냐에 관한 것이다. 에이전시는 탤런트를 대행하기 때문에 통제권을 얻죠. 외부 투자자는 돈을 갖고 있고 아무런 제약 없이 자금을 제공하기 때문에 역시 통제권을 갖죠. 스튜디오들은 투자금을 두 가지 방식으로 회수하죠. 첫째, 스튜디오들은 자산에 투자하기 때문에 어느 누구보다도 훨씬 더 많은 정도의 재료를 [소유합니다]. 각 스튜디오에서 수백 건의 프로젝트가 진행되는데, 그것들이 그들이 투자하는 것이죠. 둘째, 에이전시와 스튜디오 양쪽 모두가 탤런트와 관계를 맺기 위해 그들은 관계 설정을 위한 싸움을 하는 거죠(2014년 3월).

제작사와 에이전시의 적대적인 위치도 탤런트 거래에 관한 경제적 역학에 정확하게 반응한다. 인터뷰한 탤런트 에이전트 가운데 한 명은, 제작 전문가가 **우리의 파트너가 아닌 이유는** 에이전트-구매자와 생산자-구매자가 구조적으로 반대편에 서 있는 **시장이기 때문**이라고 지적했다. 에이전트는 '**아티스트의 비즈니스 측면**'의 수호자이며 스튜디오의 관점에서 보면 '**아티스트의 나쁜 측면을 악화**'[9]시킨다. 즉, 에이전트들은 스튜디오의 제작팀이 고려하는 최대의 상업적 이익에 맞서 아티스트에게 가장 유리한 협상을 하는 사람들이다. 에이전트들의 기술적·법적 관점에 따른 직업의 정의에 따르면 에이전시는 고객의 계약 수익 가운데 10%를 받기 때문에 에이전트는 아티스트와 공유하는 경제적 이익을 기준으로 탤런트를 판매한다. 따라서 탤런트 대행이라는 에이전트들의 사명은 기계적으로 작동되는 결과로서 아티스트와 제작 전문가 사이의 구조적인 경제적 긴장은 에이전트에 의해 구현된다.

에이전트와 제작자 사이의 긴장은 또한 더 직접적이다. 또 이런 긴장은 이러한 전문가들이 '**다른 쪽**'의 상대와 비교해 자신의 고유한 가치를 평가하는 방식 때문에 초래된다. 에이전트는 처음에는 자신의 직업 커리어라고 여겼던 역할을 수행하면서 제작 전문가들을 좀 더 창조적인 등가체等價體로 여긴다. 제작자와 스튜디오 직원은 몇몇 성공한 에이전트가 차지하고 있는 좀 더 안정적이고 유리한 위치를 부러워할 수 있다. 이 구조적

대항 구조는 다양한 방식으로 그 자체를 명확히 보여주고, 또 주어진 상황에서 두 '측면들' 간의 세력 균형에 따라 다르게 예술 경력과 작품을 만드는 것에 영향을 미친다. 많은 에이전트들이 설명했듯이 2000년대 후반 이후로 제작 분야에서 나온 채산성이 있는 거래나 제안은 매우 적었기 때문에 '구매자가 판매자보다 우위에 위치'하고 '판매자가 곤경에 처해' 있다. 이런 맥락에서 에이전트들은 그들이 과거 수십 년간 경험한 것과 달리 더 이상 우월적인 위치에 있다고 생각하지 않는다. 그들에게는 한때 톱스타를 두고 2000만 달러짜리 거래를 하는 게 보통이던 호시절이 있었다. 이와는 대조적으로 인터뷰 도중에 일부 제작 전문가가 에이전트에 대해 공개적으로 의혹과 경멸을 표출한 것은 자신들이 지배적 지위를 유지하고 있다는 인식을 드러내는 것이다.

이 새로운 질서는 제작 전문가가 지적한 바와 같이 2000년대의 스튜디오 정책의 변경에서 비롯되었다. 예를 들어 성공한 제작자 린다 옵스트Lynda Obst는 그녀의 저서 『할리우드의 잠 못 이루는 밤Sleepless in Hollywood』(2013)에서 칭한 대로 '새로운 비표준the new abnormal'의 출현을 설명한다. 그녀는 영화제작업을 하던 초기에 할리우드가 이상한 세계라고 느꼈으나 점차 익숙해졌으며 이 '오래된 비표준old abnormal'이 밀레니엄의 첫 10년에 급속히 혁신되어 근본적으로 변하게 되었다고 말했다. 이 '오래된 비표준'은 제작사와 스튜디오의 기능이 실제로는 경제적으로 결코 합리적이지 않다는 생각을 담고 있다. 스튜디오의 표준 관행은 가까운 미래에 개발할 특정 프로젝트가 없는 경우를 포함해 광범위하게 재료를 사들이는 것이었다. 이는 나중에 특정 시점에 경쟁자에게 이익이 될지도 모르기에, 경쟁자가 이를 소유하지 못하도록 위험 방지 차원의 행위들이었다. 영화산업에 활력이 넘쳤기에 제작 주체들은 그러한 재고 보유 정책을 택할 수 있었다. 사들여 축적한 재료들의 대부분은 대개 작품 개발로 이어지지 않으며, 작품으로 개발되어도 반드시 성공할 것이라 장담할 수 없다. 따라서 그들은 박스 오피스 성공이 매우 불확실하다는 것을 알면서 '**양질의 영화**quality movies'는 극히 드물다는 위험을 매년 감수하고 있기에 사들인 재료들이 향후 어떤 결과를 낳고 '**무엇**'이 될지 지켜볼 수밖에 없다.

재료를 많이 사서 축적해 두는 이런 잉여 정책은 2007~2008년 금융위기 이전의 유리한 경제 상황 때문에 가능했을 뿐만 아니라 그간 통용되어 왔던 영화산업의 관행과 실용주의적 직업 규범에 강하게 뿌리를 두고 있다. 눈에 보이는 실패를 가장 먼저 피해야 하는 세계에서는[10] 대중 앞에서 난처해지는 상황을 방지해야 하며, 무엇보다도 '**체면을 지키는 일**'(Goffman, 1955)이 우선시된다.

이 책의 서문에서 제기한 〈양들의 침묵〉 사례연구에 따르면 워너브라더스와의 계약에는 스튜디오가 워너브라더스 보유한 자료를 바탕으로 속편을 창작할 때 필요한 핵심 요소들을 통제할 수 있는 권한을 명시한 조항이 담겨져 있다. 이 조항은 심지어 워너브라더스가 그 속편을 제작해 넘겨준 이후에도 적용된다. 이는 사전 예방 전략에 속한다. 워너브라더스가 실패했던 해당 영화의 속편을 추후에 경쟁자가 제작해 성공하더라도 체면을 잃지 않게 보호해 주는 장치이다.

2000년대 초반 영화사들이 적용했던 '낡은 모델'이 여전히 존재하고 있다. 그 모델은 관객이 몰리는 휴일에는 블록버스터 영화 몇 편을 제작해 상영하고, 영화 상영관 수익을 고려할 때 흥행에 불리한 날에는 다수의 (대형) 독립 영화를 제작해 그 사이에 배치하는 방식이었다. 이로써 조지 클루니George Clooney나 스티븐 스필버그Steven Spielberg와 같은 스타 배우나 스타 감독들은 자신의 이름을 걸고 영화를 제작할 수 있었으며, 영화는 관객의 관심을 충분히 끌 것으로 예상되었다. 비록 그런 스타가 항상 부족하고 멀리 있다 해도 할리우드에서 독보적인 스튜디오와 관계하는 그들의 힘과 존재감이 2000년대 중반까지 가장 주목할 만하고 기억에 남을 만한 영화들을 만들어내게 했다.

최근에는 이러한 '스타 기반형 영화star-driven film'가 사라지고 스튜디오 제작을 겨냥한 다른 모델로 전환되고 있다. 새로운 모델은 연간 제작 편수를 줄이고 이전에 박스 오피스에서 성공을 거둔 시리즈물이나 리메이크와 같은 프랜차이즈물franchises, 후속편sequels, 사전편prequels을 제작하는 것이다. 이 모든 작품들은 수익성이 높은 핵심 작품으로 제작될 가능성이 더 높다고 여겨진다.

새로운 프랜차이즈 기반 모델은 스튜디오가 지적 재산권IP(intellectual property)을 사들이는 데 집중하고 있다는 것을 암시한다. 이미 인기를 누린 책, 만화, 스토리를 토대로 관객에게 주목받고 친숙한 영화를 만들 값비싼 A급 탤런트들한테 돈을 지불하지 않고도 일련의 영화를 개발할 수 있다는 뜻이다. 결과적으로 스튜디오에게 독창적인 작품을 제작하는 것은 〈양들의 침묵〉과 같은 일회성 영화의 제작이 점점 어려워지면서, 2013년 12월 일시적으로 업무가 중단된 적이 있는 폭스 서치라이트Fox Searchlight, 소니 픽처스 클래식스Sony Pictures Classics, 파라마운트 밴티지Paramount Vantage와 같은 스튜디오의 '독립 제작 자회사'로 제작이 위임된 것이거나 보기 드문 '첫인상' 거래의 결과이다.11) 일반적으로 스튜디오는 '네거티브 픽업negative pickups'이나 유사한 배급 계약을 통해 파트너 제작사나 독립 제작자에게 손색이 없는 영화 프로젝트 개발을 외부에 위탁하는 경향이 있다. 심지어 배급 계약이 스튜디오에 의해 이뤄진다 해도 그렇다.

스토리와 등장인물에 대해 '관객이 사전 인지하는 것'은 영화의 운명을 예측 가능하게 만들 뿐만 아니라 스튜디오에 대한 거대한 재정 투자를 덜 위험하게 만드는 것으로 간주된다. 스튜디오의 수장은 그러한 영화에 들어간 1억 달러 이상의 투자와12) 그에 따른 잠재적 손실에 대해 실제 책임을 져야 하는 존재라고 묘사된다(Rothman, 2004). 스튜디오는 책, 대본, 실생활 이야기 등 영화의 기초를 이루는 재료를 갖게 됨으로써 영화제작 과정을 좀 더 효율적으로 제어할 수 있고, 작가, 스타, 이들을 대행하고 판매하는 에이전시에 대한 의존도를 낮출 수 있다. 스튜디오들이 영화 프랜차이즈에 중점을 두는 것은 제작 비용을 줄이면서 최대한 창의적이고 재무적인 측면의 통제를 유지하는 것을 의미한다.

〈배트맨(Batman)〉, 〈엑스맨(X-Men)〉, 〈스파이더 맨(Spider-Man)〉과 같은 대작 영화는 잠재적인 자산이 되기 때문에 스튜디오가 혼자 개발하죠. 그리고 그런 작품들은 스튜디오가 소유권을 갖게 된 거죠. …… 당신이 올해 박스 오피스 상위 10개 영화를 본다면, 기본적으로 그 가운데 어느 것도 외부에서 오는 패키지 영화가 아닙니다. 마블의 영화들은 디즈니가 소유하고 있고, 〈반지의 제왕(Lord of Rings)〉은 워너브라더스가 소유하고 있죠. 그들이 소유하고 개발한 것들은 모두 마치 애니메이션 같아요.

당신은 가끔 〈제로 다크 서티(Zero Dark Thirty)〉나 〈더 울프 오브 월스트리트(The Wolf of Wall Street)〉 같은 패키지 영화를 볼 거예요. 그러나 제작비가 많이 들기 때문에 어떤 스튜디오도 그 영화에 그러한 돈을 쓰지 않았을 것이죠. 그런 종류의 돈을 쓰는 것은 어리석은 일이었죠. …… 스튜디오가 구매할 수 있는 어떤 큰 자산도 남아 있지 않아요.

하지만 당신도 알다시피 영화 스튜디오는 유명한 책과 그런 류의 것들, 실제 스토리를 **사야만 해요**. 그들은 **그래야만 했죠**. 그렇지 않으면 에이전시에 전적으로 의존하는 신세가 되니까요. …… 그래야 당신은 모든 경우는 아니지만 몇몇 경우에 입찰 전쟁에서 살아남을 수 있으니까요(탑 스튜디오 임원, 2014년 3월, 볼드체는 면담자 강조).

이 새로운 스튜디오 제작 전략은 2000년대 중반에 수익성이 있는 비즈니스에 대한 갑작스러운 열망이나(수익성에 대한 열망은 항상 있어왔다) 온전히 합리적인 새로운 경제적 계산에서 등장하지 않았다. 제작 전략은 다양하게 뒤얽힌 요소들에 대한 점진적인 인식 변화의 결과이다. 아울러 메이저 스튜디오의 선도적인 행위자는 시장이 되돌릴 수 없을 만큼 변했기 때문에 프랜차이즈가 새로운 경제적 도전기에 대한 해답이라고 믿게끔 이끌었다. 이 과정에서 참여자들에게 2007~2008년의 작가들의 장기적인 파업은 '게임을 바꾸는 사람game changer'로 보였다(Obst, 2013).[13] 스튜디오가 재료를 창작 및 개발하기 위해 작가에게 크게 의존했던 시기에 나타난 이러한 강력한 권력 투쟁은 메이저 스튜디오의 논리에 도전하는 신경전이었다.

작가들의 파업으로 한동안 스튜디오들의 활동은 마비되었다. 그러나 이로 인해 스튜디오들은 일을 함께해 온 작가들에 대한 의존도를 낮추는 다른 방식을 강구해야만 했다. 최종적으로 파업이 끝났을 때 스튜디오는 이런 새로운 운영 방법을 성공적으로 적용하는 실험을 시작했다. 파업 때 작가의 빈자리를 대신했던 업계의 기자, 칼럼니스트, 블로거는 참여자들이 시장 상황을 정의하고 활동 계획을 세우는 데 참조가 되는 해석의 틀을 제공함으로써 결정적인 역할을 수행했다.

가령 니키 핑크Nikki Finke의 온라인 출판물 〈데드라인 할리우드Deadline Hollywood〉는 이미 필수적인 랜드 마크가 되었고 훨씬 더 중요한 의미를 갖게 되었다.[14] 스튜디오의 거물들은 작가에서 비롯된 외부 재료보다는 스튜디오가 갖고 있는 재료를 가급적 사용하여 국제적으로 채산성이 있는 영화 프랜차이즈를 만드는 것이 자기네 회사의 사명이라고 공개적으로 밝히고 있다. 국내 시장의 영화 수익이 급감하고 반대로 해외 시장에 대한 의존도가 증가하는 상황에서 국제적으로 인기가 높지 않은 스타들이나 잘 팔려나가지 않는 장르보다는 세계적으로 유명한 슈퍼 히어로에

베팅해 투자하는 것이[15] 수익성 있는 선택으로 나타났다.

이런 전략은 또한 DVD 판매의 붕괴와 디지털 제작·배급의 증가라는 도전에 직면했지만 안전한 선택인 것으로 보였다. 이러한 상호 연결 인식의 변화는 스튜디오 수장 측에서 자행한 음모성 계획에서 나온 것이라기보다는 경쟁 상황에서의 암묵적 협조에서 비롯되었다.[16] 이와 함께 2007~2008년의 금융위기 사건은 점차 이런 인식의 변화를 만들어갔다. 참여자들은 자신들의 예측을 상호 의존하는 방식으로 재정립하고 결국 **'시장 현실'**에 대해 새롭게 집단 해석하는 안정화를 이루어내면서 영화제작 사업이라는 시험대에 올랐다고 느꼈다.

새로운 스튜디오 관행은 다양한 효과를 야기했다. 지적재산권 소유에 역점을 두면서 자동적으로 작가들은 보조적인 수단으로 전락했다. 스타 탤런트를 끌어들여야 한다는 생각을 목표로 두는 것도 덜 중요해졌다. 이 과정은 기술, 최선의 시간 활용, 가치 있는 행동 등 무엇을 가치 있는 것으로 봐야 하느냐와 같은 인식 변화와 함께 지속되었기 때문에 스튜디오 임원과 수장들 가운데 **'누가'** 자산으로 여겨지는지의 문제를 야기했다. 창의적인 기업가의 모델은 유망한 독창적 프로젝트에 대한 안목, 스타 탤런트와 긴밀한 관계 맺기, 그들의 성공이 위험한 베팅의 성공에서 비롯되었다는 점으로 인해 기업의 최고 경영자의 모습으로 점차 대체되었다. 기업의 최고 경영자들은 영화 프랜차이즈와 **'후속 작품을 만들 수 있는**sequelizable' 제작 권리를 확보하는 방식으로 위험한 투자 전략을 수행하는 전문가이며, 그들의 관행은 금융계의 특정 전문가들의 관행과 비슷하다.[17]

2000년대 이전부터 그 업계에서 일하기 시작한 제작 전문가들은 일할 당시 위험을 통제하는 태도보다는 위험을 감수하는 태도를 확인했다. 제작 전문가들은 대인 관계 형성에 덜 집중되어 있는 탤런트 중심의 관계 형성이 '보다 더 간소한' 관행이라 묘사되는 것을 보고 종종 개탄했다(Obst,

2013). 스튜디오가 영화제작을 활동의 중심에 두지 않는 미디어 재벌의 일부가 되어감에 따라[18] '**대형 프로젝트**', '**수익성 있는 영화**', '**감당할 만한 위험**', '**스튜디오 영화**studio movie'란 무엇인지에 대한 정의도 바뀌었다. '시장'이라는 것은 새로운 차원을 갖는 것으로 여겨졌다. 이 전직 CAA 에이전트는 그러한 변화에 관련된 경험을 회상하며 다음과 같이 이야기했다.

스튜디오들은 …… 모두 개인이 소유하고 있었지만 지금은 모두 대기업의 일부죠. 제작된 스튜디오 영화를 보면 두 가지 일이 발생했다는 것을 알 수 있어요. 1975년 유니버설 스튜디오의 〈죠스Jaws〉가 개봉되었을 때 유니버설의 주식은 이 한 영화로 7퍼센트 포인트나 올랐는데, 이는 엄청난 일이었죠.

워너브라더스는 거의 틀림없이 영화산업 역사상 가장 넓고 큰 프랜차이즈를 소유하고 있어요. 그들은 〈배트맨〉, 〈반지의 제왕〉, 〈슈퍼맨(Superman)〉, 〈해리 포터(Harry Potter)〉의 시리즈들을 보유하고 있으며, 그들의 주식은 지난 5~6년간 거의 250~300퍼센트 포인트 떨어졌죠. 이러한 기업의 산하에 있는 프랜차이즈들의 순수익은 아마도 모회사의 2, 3, 4%일 거예요. 그 수치는 레이더로 탐지할 때 바늘을 움직이지도 못할 만큼 너무 적어요. …… 1억 달러(1124억 원)의 손익으로는 그들의 사업을 바꾸지 못해요.

스튜디오는 영화 한 편당 7억 달러(7868억 원)부터 수익이 나기 때문에 10억 달러(1조 1240억 원)는 벌어들여야 해요. 스튜디오는 너무 사이즈가 작은 영화, …… 독립 영화, 혹은 그런 종류의 영화를 더 이상 만들지 않죠. 스튜디오는 만약 당신이 작가라면 당신의 영화를 구매하지 않을 겁니다. 왜냐하면 그들이 제작하는 영화는 〈해리 포터〉, 〈스파이더 맨〉, 〈배트맨〉, 〈슈퍼맨〉, 〈어벤저스(The Avengers)〉, 〈반지의 제왕〉과 같이 사람들에게 친숙한 원천 재료를 바탕으로 만들기 때문이죠(2013년 4월).

메이저 스튜디오의 지배적인 위치는 업계에서 '맨 먼저 춤을 출' 수 있게 해주고 준메이저나 소규모 제작사와 같은 다른 제작 주체들에게 남은 과제가 무엇인지를 명확하게 해주었다. 스튜디오 관행의 변화는 전체 제작 시스템에서 나타나는 활동이 상호 의존적인 모습이 되도록 이끌었다. 스튜디오가 일회성 영화에 투자하는 일이 점차 적어지면서 최고 수준의 탤런트를 포함해 이미 상당히 많은 예산으로 만들어진 '대형' 독립 영화들은 다른 경로들을 통해 자금을 조달했다. 이때 스튜디오는 기껏해야 선호도가 낮은 배급망을 종종 채우기 위해 배급 단계에나 개입한다. 이런 일들은 또한 스튜디오 제작과 비평적·직업적 기여 사이의 관계를 재조정하는데, 그것은 수상 후보로 지명되고 미학적인 측면에서 찬사를 받는 영화가 이런 탤런트 중심의 독립 영화 후보군에서 나타나는 경향성을 띨 때 이뤄진다.

작품 제작 분야와 탤런트 대행 분야의 재구성도 불가분의 관계이다. 2008년 이후 업계 참여자들이 '빡빡한 시장'이라고 묘사한 곳에서는 아티스트들에게 프로젝트와 일자리 기회가 더 적게 제공되었기 때문에 탤런트를 파는 사람들에 대한 구매자의 영향력이 높아졌다. 스튜디오와 제작자로부터 계속 제안을 받는 대형 에이전시의 '수신 전화 사업'과 소규모 에이전시의 '발신 전화 사업' 사이의 전통적인 구분은 이제 더 능동적일 필요가 있다. 이런 구분은 한때 스타들에게 제공되었던 매우 수익성이 높은 거래가 현재는 거의 일어나지 않고 스타덤의 정도도 그에 따라 변하게 되면서 의미가 축소되고 있다. 일류 탤런트 에이전트의 말을 인용하면 어떤 제작사의 문도 열 수 있을 것 같았던 1990년대 영화배우의 명성이 이제는 '사라졌기' 때문에 "에이전트를 위한 그에 상응하는 돈도 사라졌다"고 한다.[19]

대형 에이전시들이 자신들의 영향력을 이끌어내는 데 사용했던 스타 파워의 쇠퇴는 스튜디오와 에이전시 사이의 힘의 균형에 영향을 미치지만, 스타를 파는 사람들이 새로운 사업 영역에 투자하고 자신들의 지위를 회복하기 위한 새로운 에이전트 업무의 전략을 마련하게 했다.

패키징의 개발은 여러 가지 면에서 에이전트 업무를 제작 관행에 더욱 밀착시켰으며 다양한 분야에서 문화 생산을 통합하는 데 점점 더 결정적인 역할을 했다. 이제 에이전트들은 다양한 매체(영화·TV·디지털)를 위한 다채로운 프로젝트(스튜디오 영화, TV쇼, 짧은 형식의 프로젝트나 독립적인 특집)를 패키징하면서, 총제적인 창작 작업에 참여한다.

국내외의 아티스트, 자본가, 제작자, 유통사들과 함께 독립 영화를 패키징하는 것은 다음에 인용한 에이전트의 순수한 판매 활동과는 반대 위치에 있다. 그것은 또 에이전트를 창작 과정의 시작일 뿐만 아니라 중심에 두는, 진행 중인 작업 과정의 신호로 인식된다. 에이전트는 법적으로 미국에서 제작을 할 수 없기 때문에 제작자라는 지위는 공식적으로 인정될 수 없다. 그러나 인터뷰 대상자는 이러한 유사 제작이라는 에이전트 업무의 관점에서 에이전트들이 보유한 자부심을 한껏 표현하면서 반복적으로 그런 제작자의 역할을 주장했다.

우리, 에이전트들은 영화 패키징 작업의 뒤편에서 심지어 그 어느 때보다도, 지금 **엔진**과 창조력, …… 생산적인 힘이 되려고 노력하고 있어요. 전통적으로, 당신이 판매업에 종사하고 있다면, 비유하자면 당신의 빵과 버터를 이미 존재하는 직업의 위치에서 고객에게 판매하죠. 그래서 개입보다는 판매가 더 중요하죠. …… 스튜디오의 영화제작 횟수가 점점 더 줄어들면서 고객을 위한 일자리가 줄어들고 그나마 있는 일자리도 받는 돈이 줄어들면서 욕망이 더 커지고 있죠. 이 때문에 일하기를 원하지만 일거리가 적어 불안에 떠는 고객들이 많아지면서 당신은 고객들을 위해 일을 만들어내야 하는 거죠(대형 에이전시의 탤런트 에이전트, 2014년 11월, 볼드체는 면담자 강조).

에이전시는 수익성이 좋은 무대본 TV 프로그램과 브랜드 대행 비즈니스에서 디지털 미디어의 수익 창출이라는 도전에 이르기까지 다른 방식과 분야로 활동을 다각화하고 있다. 영화를 사들이는 사람이 시간이 지날수록 감소하고[20] 그런 것이 더 '위험을 회피하는' 일이라는[21] 생각은 산업 변화에 대한 공통된 인식이다. 그것은 또한 수석 에이전트가 말한 좀 더 개인적인 이야기에 나타나 있는데, 그는 상대적으로 짧은 기간 동안 경험이 가능한 프로젝트와 경력이 무엇인지에 대한 중대한 생각의 전환을 일깨워 주었다. 개인적 차원에서 게임의 새로운 상태는 젊은 세대의 에이전트들이 선배 세대들과 달리 자신의 경력 축적과 전문화를 어떻게 이끌어 갈지를 달리 상상할 수 있게 했다.

실례로 주요 에이전시 가운데 한 곳에서 새로 승진한 대본 에이전트는 인터뷰를 통해 그의 직업 전략을 다음과 같이 설명했다. 독립 영화 패키지의 핵심 요소가 될 만한(그래서 꼭 필요할 수 있는) 유력 작가-감독들의 목록을 강력하게 구축하는 일은 무엇보다도 에이전시와 독립 영화와 국제 제작물의 패키징을 담당하는 부서 내에서 궁극적으로는 시장에서 그가 기대한 대로 계속 개발될 것이다. 그러므로 상호 의존적인 시스템의 변화는 모든 주인공들의 운명을 하나로 묶어준다. 이제는 에이전시 시스템과 떼려야 뗄 수 없는 변화에 대해 좀 더 자세히 살펴볼 것이다.

빅 할리우드 에이전트 업무의 새로운 현실

빅 할리우드 에이전트 업무의 최근 변화상은 종종 CAA가 1970년대 후반부터 전형이 되었던 새로운 에이전시 모델과 CAA 시대에서 '오비츠 이후post-Ovitz' 시대까지의 변화를 통해 설명될 수 있다. 마이클 오비츠는

CAA를 1980년대와 1990년대에 가장 강력한 에이전시로 구축하는 데 성공함으로써 그는 주요 에이전시들과 주요 스튜디오들을 연결하는 시스템의 구조를 변경하고 이끄는 책무를 다한 데미우르고스demiurge(물질적 세계를 지배하는 존재)로 묘사된다.

다섯 명의 젊은 반골 그룹은[22] 1975년 CAA를 창설하기 위해 평판이 좋았던 WMA를 떠나 에이전트 업무 스타일을 조직의 '문화culture'로 변화시킴으로써 탤런트 대행 사업에도 새로운 관행을 도입했다. 새로운 업무 목록이 기존의 조직 모델에 덧붙여졌는데, 그것은 권력과 중요성을 뜻하는 외적인 신호의 과시를 동원해 특히, 다른 핵심 참여자들과의 관계를 통해 이미 최고 수준인 탤런트들을 끌어오는 에이전트 팀을 만드는 것이었다.

조직 차원에서 이런 전략은 자원과 자산을 내부적으로 공유하도록 권장하는 좀 더 협업적인 유형의 구조를 창출하는 데 방향성을 두었다.[23] 이와 대조적으로 다른 에이전시에서는 개인주의적이며 내부적으로 경쟁적인 모델이 만들어졌는데, 그 사례로는 **제프 버그**Jeff Berg가 이끈 ICM이 특히 잘 알려져 있다. 오비츠와 그의 동료들의 노력에서 비롯된 성공 덕분에 업계에서 패키징 관행이 체계화되고 회사의 위상도 경쟁자들이 갖고 있던 가장 성공적인 고객을 끌어올 수 있게 변했다. 종종 스튜디오들이 대행하기를 원하는 스타들의 대다수를 CAA가 대행하고 있기 때문에 CAA는 그들의 조건을 스타들을 사려는 구매자들에게 당당하게 내세울 수 있게 되었다.

그러나 CAA가 어떻게 업계를 변화시켰는가에 대한 이야기는 퍼즐의 한 조각에 지나지 않는다. 사실 더 집단적이고 체계적인 과정이 작용했다. CAA를 성공적으로 이끈 활동과 조직의 방식은 에이전시 세계에 널리 유포되었고, 다른 분야의 사람들에 의해 도용되면서 혼종화하는 모습이 나타났다. 모든 일류 에이전시들은 관계형 조직으로 바뀌었다. 패키징,

경쟁자들의 고객 '가로채기porching' 등에 초점을 맞춘 CAA 모델의 유포와 적용으로 생겨난 새로운 방식의 에이전트 업무가 점차 빅 할리우드에서 직업적 규범으로 자리를 잡게 되었다.

베테랑 에이전트들은 새로 신입한 에이전트들이 전형적인 것으로 인식한 새로운 방식의 업무 스타일로 전환해야만 했다. 1990년대에 새로운 에이전시를 만든 사람들, 특히 UTA(1991)와 인데버Endeavor(1995)는 CAA의 선례를 염두에 두고 있었지만 이미 이 모델과 거리를 두고 있었다.

스튜디오가 스타를 고용하고 프로젝트를 만들 돈을 가지고 있는 유리한 경제 상황에서 에이전트 사업이 집단적으로 재편됨으로써 패키징 업무를 하는 데 필수적인 다수의 핵심 고객들과 에이전트들을 보유한 대형 에이전시 그룹들이 설립되었다. 2000년대가 시작할 무렵 에이전트들은 그들의 스타 고객을 위해 전례 없는 급여 협상을 했고 스타 파워는 곧 에이전시의 힘을 의미했다. 그러나 방금 언급했듯이 당시에는 에이전시에 유리했던 스튜디오와 에이전시 간의 힘의 균형이 막 흔들리고 있었다.

동시에 에이전시 내부적으로 성장은 구획화와 전문화 측면에서 노동 분업의 증가라는 변화를 야기했다(<그림 2>, <그림 3> 참조). 새로운 역할과 전문 분야가 마련되면서 에이전시들 내에서 제도적인 경계가 생겨났다. 영화, TV, 음악, 연극, 광고, 서적 등 전통적으로 에이전시를 구성하는 부서들은 세분화되었으며, 미지의 영역을 담당하는 새로운 부서들도 보완되었다. 이 새로운 에이전트 업무 역할들은 무대본 텔레비전 프로그램, 게임, 브랜딩, 스포츠, 디지털 매체와 같은 신규 영역들로 **할리우드의 활동 영역이 확장되는 것**을 분명하게 나타낸다. 신규 영역들은 미디어 경제의 변화, 특히 케이블 TV의 개발과 디지털 송출 창구로 DVD(Digital Versatile Disc)를 대체하는 것에서 나타났다.

에이전트의 새로운 활동 영역들은 내가 앞에서 설명한 대로 스튜디오

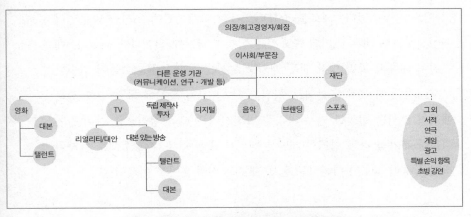

그림 2 대형 탤런트 에이전시의 기능별 부서 구분 사례

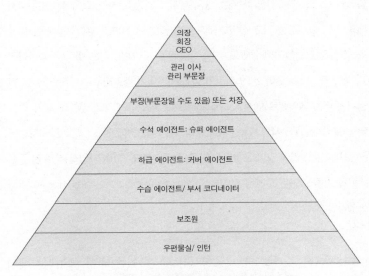

그림 3 대형 탤런트 에이전시 내 직책의 위계 구조 사례

와 제작 분야에 영향을 미치는 변화를 상호 의존적으로 형성했다. 철지난 일시적 유행으로 여겨졌던 TV쇼 형태가 시간이 지나서도 인기가 지속되면서 이에 대한 반응으로 '대안 TValternative TV' 에이전트가 분리되어 별도

의 팀으로 생겨났다. 새로운 스튜디오가 지적재산권에 초점을 맞추면서 에이전시들도 대본 권리의 중요성을 이전과 다르게 인식하게 되었다. 에이전시 내에서 독립 영화 전문 패키징 부서는 한때 스튜디오들이 철수한 부서이지만 이제 유망 분야로 훨씬 앞서 나갔다. 동시에 독립 영화 전문 패키징 부서는 변화한 업무 과정을 발전시키는 데 결정적으로 기여했다. 이러한 추가적 활동 영역의 개발은 탤런트 대행 업무 내에서 새로운 하위 직업과 경력 경로가 나타나는 등[24] 새로운 직업 분야를 이끌어냈다.

> 1960년대와 1970년대에 (에이전트 업무의) 전문화는 높은 수준이었죠. 제가 윌리엄 모리스에서 일할 때 저는 음악 부서에 있었죠. 저는 그곳에서 벗어나서 배우 사업 부서로 옮기고 싶었어요. ……그들은 안 된다고 말했으나 저는 떠났죠. 그들은 전문화되어 있었죠. 그때 그들은 "그건 바보 같은 짓이다! 왜냐하면 TV 배우가 영화배우이고 TV 작가가 영화 작가이기 때문이다! 우리는 그들을 연결시켜 주는 에이전트들(hyphening agents)이 필요하다!"라고 말했죠. 이제 당신은 [바로 그] 현실적 사업 또는 [바로 그] 디지털 사업 안에 있죠. 그리고 이 사업들은 실제로는 그렇게 많이 교차되지 않죠. 참 흥미롭죠. 그런 사업들은 더 많은 전문화를 창출하지만, 오래된 것[전문화의 방법]은 아녜요(2012년 9월, 대형 에이전시의 탤런트 에이전트).

이러한 변화는 사설 관료 조직이라 할 수 있는 대형 에이전시에서 조직적 딜레마의 모습으로 나타난다. 성장과 전문화의 가속은 에이전시의 구획화를 진전시키는 것으로 이어진다. 대형 에이전시들의 조직적인 기능은 각 부서 간의 업무 차별화를 강화하는데, 에이전트를 일반적으로 평가하고 보상하는 방식도 마찬가지로 작동한다. 동시에 에이전시의 리더들은 상호 보완적인 분야들 사이에서뿐만 아니라 가장 유망하다고 보는 새로운 분야에서도 필요한 배우들의 유통을 제도화해야 한다는 것을 알고 있다. 가령 영화와 텔레비전의 경계는 침투할 수 있게 되었다. 영화와 텔레비전 사이의 상징적인 위계 구조도 텔레비전에 유리하게 변해왔다.

그러나 이 에이전트가 말했듯이, 개인 에이전트가 아티스트를 관련 부서의 동료에게 맡기지 않고 다른 미디어나 사업 분야에 교차 출연시키는 것은 조직의 질서에 반하는 위험한 행위가 된다. '크로스오버 에이전트 crossover agent'는 예외다. "저는 [작가와 감독을 대행하는] 대본 에이전트로 일을 시작했고, 그러고 나서 [배우들을 대행하는] 탤런트 에이전트로 확장했어요. 저는 항상 영화 사업에 몸담고 있었죠. 제가 작가나 감독들 외에도 배우들을 대행하기 시작했을 때 사람들은 '둘 다 한다고?!'라고 말하며 충격적이고 불경스럽다는 듯 반응했어요. 이젠 그것이 그렇게 특이하지 않아요. 저는 '하이브리드 에이전트'라고 불리고, 그것이 좋죠. 단지 [대본만] 하거나 탤런트만 했다면 행복하지 않았을 거예요. 나는 둘 다 좋아합니다. 그 둘은 매우 다르지만 함께할 수 있어요"(대형 에이전시의 에이전트, 2013년 3월).

결과적으로 2000년대부터 그 후에 이르기까지 빅 할리우드의 '에이전트가 되는 것being an agent'은 다른 의미를 갖는다. 그것은 고도로 전문화된 일을 하는 것이며, 급변하는 환경에서뿐만 아니라 엄격한 분업을 실시해온 대기업에서 특정한 종류의 제품이나 고객의 프로필과 관련해 미리 정해진 구매자들이 있는 작은 세계와 관계를 유지하는 것을 포함한다. 그것은 또한 종종 150명 이상의 많은 고객들을 다루는 것을 의미한다.

오직 최상위 에이전트만이 스튜디오로부터 여전히 매우 채산성이 있는 계약을 이끌어내는 소수의 희귀한 스타들을 대행함으로써 좀 더 경영 관리 방식에 충실한 에이전트 업무를 유지할 수 있다. 빅 할리우드에서 나타난 에이전트 업무와 에이전시의 이런 변화는 1990년대 후반 이래로 매니지먼트 회사에서 나타난 주목할 만한 발전상과 직접 연관되어 있다.

오늘날 남자 배우, 여자 배우들은 대개 에이전트와 매니저를 둘 다 갖고 있으며, 이런 경향은 감독과 작가의 경우에서도 점점 더 빈번해지고 있다.

이런 집중의 메커니즘으로 인해 매니저는 할리우드에서 점점 더 중요한 전문가 집단으로 위상이 변모했다. 첫째, 에이전트는 '**숫자 게임**numbers game'이다. 에이전트는 매우 긴 고객 목록을 관리해야 한다. 아티스트는 다루는 고객이 매우 적은 매니저의 개인적 주목을 받기를 희망하지만 에이전시에게 충분한 수익을 창출하지 못하는 경우 잊히거나 더 좋지 않은 서비스를 받을 가능성이 높다.

둘째, 매니저라는 직업은 다양한 직책에서 대행 업무를 하는 에이전트를 대리하는 매력적인 대안으로 나타난다. 대기업 소속 에이전트들은 1~2명의 스타 고객들과 그에 딸린 매니저를 영입하여 그들이 곁에서 제작을 할 수 있게 하면서 좀 더 조용한 업무 관행을 확립하게 될 것이다. 또 다른 경우는 에이전시에서 해고된 사원들인데, 이들은 분명하게 직업 복귀를 위한 경력을 관리하고 있는 사람이다.

대규모 탤런트 에이전시가 이와 같이 복잡한 조직으로 발전하면서 새로운 계층의 에이전시 리더를 만들어냈다. 이들은 에이전트 업무 자체에서는 더욱 멀어져 있고, 다른 형태의 강력한 비즈니스 리더에 더 가깝다. 이들의 직업적 가치는 더 이상 독점적이지도 않고 주로 이들의 고객 명부에서 나오지도 않는다. 이와 관련해 대형 에이전시 리더는 다음과 같이 설명했다.

> 메이저 회사들은 각각 비슷한 사업을 영위하고 각각은 다른 것에 종사해요. 제 생각에 우리의 핵심 사업은 유사하지만 강조하는 바는 다르죠. 규모도 달라요. 돈을 버는 방법도 다르고요. 우리는 회사에 사모 펀드 투자 파트너가 있죠. ……그러나 비즈니스는 20년 넘게 이 산업에 종사한 전문가들에 의해 경영, 관리, 운

영되고 있죠. 그래서 이 회사에는 회사를 경영하는 경험 많은 전문가 수준의 임원들이 있지만 에이전트도 있어요(2011년 4월).

요컨대 조직으로서의 에이전시는 좀 더 일반적인 할리우드의 기업화와 세계화 과정의 일부의 모습으로 급격히 변해왔다(Curtin and Sanson, 2016). 스튜디오와 마찬가지로 대형 에이전시 업계는 과점이 축소되고 있다. '5대 에이전시'에는 CAA, WMA, ICM, UTA, 인데버가 속해 있었지만 2009년 WMA와 인데버가 합병하면서 이제 '4대 에이전시'로 축소되었다. CAA와 합병으로 인해 생겨난 WME는 사업 집중과 다각화 전략을 통해 업계의 거물로 발돋움했다.

2013년 12월 발표에 따르면 WME는 스포츠 마케팅 분야의 거대 기업인 IMG 월드와이드IMG Worldwide를 24억 달러(2조 6976억 원)에 인수함으로써 규모 면에서 경쟁 업체를 압도한다. WME와 IMG의 결합으로 이제 직원은 전 세계 도시에서 3000명이 넘어섰다. 나중에 추가적인 기업 인수로 인해 WME의 직원은 5000명 이상으로 늘어났다. 이에 비해 CAA는 절반 수준인 1500명의 직원이 있다. 1990년대 중반에 CAA의 직원 수가 약 500명에 불과했다는 것을 생각해 볼 때, 이러한 회사의 성장은 매우 놀랍기만 하다. 1980년대 중반에 CAA에 일한 전직 영화 에이전트는 그의 경력 시작과 회사의 과감한 변화를 다음과 같이 기억했다.

스튜디오들 역시 변했죠. 매우 큰 회사가 그들 모두를 소유하고 있어요. 1년에 영화 30~40편을 만들다가 이제는 감소해 4~6편을 만들고 있죠. 그리고 에이전시도 대기업이 사들였죠. 제가 CAA에서 일하기 시작했을 때, 센추리 시티(Century City)에 50명의 직원이 있었어요. 지금은 아마도 전 세계적으로 7~8개의 지사와 3000명의 직원이 있으며, 여기 센추리 시티에는 1600명의 직원이 있죠. 그들은 다른 회사도 갖고 있어요. 지분을 인수하거나 매입한 것이죠. 그래서 이제는 회사 전반에 걸쳐 책임성을 요구받고 있는데, 이는 이전에는 없던 일이죠. 그들은 돈 벌기 사업에 종사하고 있어요(2013년 4월).

CAA와 WME는 비교적 최근에 외부 회사에 각각 투자했을 뿐만 아니라 **사모펀드 투자자**private equity investor와 파트너가 되었다.[25] 그들은 곧 주식시장에 시장 공개IPO를 해 공개 기업(상장사)이 될 것으로 예상된다. 반대로 여전히 개인 소유의 에이전시인 UTA와 ICM은 '**아티스트 친화적인**artist-friendly' 회사로 자사 이미지를 재배치하고 있다. 업계의 보도에 따르면 2013년 WME 매출의 14%만이 고객 대행 업무에서 나왔고 이후에는 그 비율이 확실히 줄어들었다(Waxman and Shaw, 2014). 빅 할리우드와 리틀 할리우드 간의 격차는 더 큰 기업들이 아티스트를 대행하는 것에만 덜 집중하는 경향이 있기 때문에 더욱 커진다. 사실 탤런트 대행 업무 그 자체의 의미가 변하고 있다. 에이전트 업무는 관행의 핵심이었던 것 이상으로 발전한다. 즉, 에이전시는 신원이 확인된 영화와 TV의 구매자들과 아티스트 및 프로젝트를 중개해 협상된 계약액의 10%를 받는데, 이 때문에 에이전트는 '**10퍼센터**tenpercenters'라는 별명을 얻게 되었다. 에이전시는 개개인의 탤런트를 대행하는 일에서 거리가 멀어지고, 심지어 '**쇼 비즈니스**show business'란 문자 그대로의 의미에서도 멀어지는 새로운 분야를 찾아 모험을 한다. 요즘 에이전트들은 배우, 감독, 작가, 비중이 낮은 고객보다 종종 훨씬 수익성이 좋은 기업과 브랜드뿐만이 아니라 리얼리티 TV 연기자, 요리사, 운동선수, 그리고 인터넷 유명인의 매니지먼트를 대행한다.

'**탤런트**Talent'의 개념도 또한 바로 이 과정에서 재규정된다.[26] 게다가 에이전시가 기술 회사와 신생 회사에 투자를 해나감으로써, 성공한 아티스트와의 관계를 중심에 두고 그에 따라 에이전시의 우선순위인 경제활동의 형태를 규정하는 에이전트 업무의 본래적 의미는 점점 멀어지고 있다. 그러한 변화는 영화와 스타를 추천해 주는 일과 그들의 주변에서 일어나고 있는 활동을 완전히 무관한 것으로 만들지는 않았다. 할리우드 스타 영화배우들의 아우라와 '섹시함sexiness',[27] 그리고 이 영화배우들에게 따라 붙은 상징 자본은 투자자들이 더 예측 가능하고 안정적인 사업보다는 할리우드에 투자하기로 결정했을 때 정확히 얻을 수 있는 것들이다.

그러나 '10%에 의존한 사업의 끝'은, 대형 회사의 탤런트 에이전트가 말했듯이, 에이전트와 아티스트 간의 관계는 물론 에이전트 업무와 '예술 세계에 있는 것' 간의 연관성의 중요도를 바꾸기 때문에 경제 모델의 변화라는 점에서 에이전트의 직업적 정체성에 영향을 준다.

스튜디오와 대형 에이전시가 조직에서 제도화·합리화되고 탤런트 대행과 제작을 넘어 복합 기업체로 진화하는 것은 에이전트 업무 경험에 직접적인 영향을 미친다. 1990년대 이전에 이 직업에 입문한 에이전트는, 비록 동질적인 그룹을 형성하지는 않았지만 에이전트란 무엇인가에 대한 개념이 다른 맥락에서 형성되어 온 젊은 세대의 것과 다른 자신들의 직업 사명에 대한 비전을 분명하게 제시하는 경향이 있다.

시니어(상급) 에이전트들이 직업 세계에서 사회화되고 직업 훈련을 받았을 때는 가장 힘이 있는 에이전시조차도 오늘날과 같은 대기업의 모습이 아니었다. 스튜디오는 오늘날의 미디어 재벌에 포함되지만 그것에 걸맞은 변화를 완전히 수행하지 못했다. 따라서 제작 분야와 '관계를 맺는 것'은 상당히 다른 것을 의미했다. 시니어 에이전트가 구체적으로 설명했듯이, 그 동안의 에이전트 업무는 직접적으로 스튜디오에 가서 실제적으로 경영진이 하던 방식으로 행세를 하고 그들에게서 받은 대본, 아티스트의 얼굴 사진, 종이로 된 이력서를 취급하고, 면대면 방식의 상호 작용을 지지하는 것이었다. 시니어 에이전트는 에이전트 업무가 새로운 기술 장치와 직업적인 배열에 의해 부분적으로 퇴색되고 있다고 덧붙였다.

시니어 에이전트들은, 에이전시가 사업별로 구획화되고 스튜디오는 익명 위원회가 지배하며 경영진은 높은 이직률을 보이는 점을 제시하며 점점 더 관료화된 구조에 대해 느끼는 거리감을 표현한다. 스타덤의 사회적 정의에서 언급된 변화는 탤런트와의 관계와 에이전트의 위상에 미치는 효과에 영향을 준다. 주요 구매자가 기꺼이 사려는 영화의 유형과 장르의 변화는 에이전트의 경력과 자아 개념에 대한 반향을 불러일으킨다. 빅 할리우드 에이전시가 개별적인 탤런트 대행 업무 영역 밖에서의 활동에 점점 더 관여하고 있다는 사실도 그렇다.

이런 변화들은 에이전트들이 예상할 수 있는 결과들을 초래하고, 에이전트들의 직업적 관점에 의문을 갖게 하며, 에이전트들의 직업적 정체성의 창조적인 차원마저 위협하는 것으로 묘사된다(Roussel, 2016). "만약 당신이 부분적으로 외부의 비非엔터테인먼트 회사에 소속되어 있다면, 그곳의 에이전트들은 투자 수익을 얻기 위해 빠르게 대략 점검kicking the tires을 할 겁니다. 그리고 에이전트들은 최종 결산 결과bottom line가 무엇인지를 제외하고는 실제로 무슨 일이 일어나는지 항상 알고 있는 게 아니에요. 그래서 WEE와 CAA는 모두 회사가 실제로 '관리'해야 하는 손익계산서를 가지고 있죠. 이것은 반드시 아티스트적 기교에 근거해서가 아니라 최종 결산 결과에 근거해서 고객과 에이전트를 잘라내는 것을 뜻해요(대형 에이전시의 탤런트 에이전트, 2013년 3월, 고딕체는 면담자 강조)."

에이전시가 영화, 텔레비전, 서적, 음악, 연극 등 전통적인 영역에서 좀 더 독점적으로 아티스트를 대행하는 데 집중했던 시기에 훈련을 받은 에이전트들은 그런 변화를 처음으로 지적했던 사람들이다. 대형 에이전시의 고위직을 맡았던 한 전직 에이전트는 훗날 매니지먼트 쪽으로 옮겨 갔다. 그는 에이전트 업무가 주요 에이전시의 성장으로 인해 "예전만큼 재미있지 않으며", 에이전시의 리더들은 이제 **"세계를 지배하기를 원하며"**, 에이전시 리더들은 자신들의 일에 **"그다지 신경 쓰지 않는데"**, 이는 "더 많은 이익을 위해서 업계에서의 관계를 희생시키는 일을" 하지 않았던 때와는 반대되는 것이다(2014년 4월).

실제로 다음에 인용된 에이전트가 제시했듯이 대기업을 운영하고 그들의 주주들에게 보고해야 하는 에이전시의 소유주와 매니저들은 이 탤런트 에이전트가 말하는 **'잃어버린 에이전트 업무 기술'**을 가치 있게 여기지 못한다.

> 저는 아티스트인 것 같아요. 저의 예술은 논쟁을 만들고 다른 아티스트들에게 영향을 주고 효과적인 협업 프로젝트를 찾는 것이죠. 그리고 돈도 벌어요. 그게 저의 직업이고, 제가 생각하기에 저의 특유한 예술 형태죠. 저는 오늘날의 임원들이 이성적이라고 생각하지 않아요. 그들이 교양 있다고도 생각하지 않죠. 그들이 그런 방식으로 생각하도록 훈련받았다고도 생각하지 않아요. 그리고 솔직히 말해 예술은 반드시 장사를 의미하지 않는다고 봅니다. 저는 에이전시 소유주들의 목표는 예술을 하는 탤런트에 관련되는 것보다 돈을 버는 데 더 관심이 있는 기업의 임원과 에이전트를 더 많이 만들어내는 것이라 생각해요(2012년 4월, 빅 할리우드).

실제로 에이전트들은 정도의 차이는 있지만 에이전시의 매니저들이 공언한 대로 할리우드의 확장을 충족하는 방식으로 에이전트들의 일상 업무를 바꾸도록 명시적으로 권유받는다.[28] 그런 권유 시점에서 에이전트들은 에이전트 업무의 재창조가 정확히 무엇을 의미하는지, 또는 그것이 정확이 어떻게 일어날지 아무도 완전하게 알지 못한다.

주요 에이전시 가운데 한 곳에 근무하는 이 직원은 그것을 이렇게 설명했다. "당신은 젊은 에이전트로 인해 진화하고 적응해야 한다는 위협을 느끼죠. 당신은 마치 우리가 더는 그 업계에 있지 않다 해도 우리 고객 가운데 한 명에게 계약하자고 밤낮으로 전화 연락을 하는 경쟁자들로부터 압력을 느낄 겁니다. 당신은 지금 이 회사의 경영이 불확실하기에 다른 에이전시가 전시가 일자리를 제공하면서 에이전트들을 자기네 회사로 빼내가려고 하는 새로운 기회를 감지하죠. 그것은 정말 감정과 구조의 격변이죠"(2014년 1월).

이러한 맥락에서 최고 수준의 할리우드 참여자들은 소수의 전문가들이 한 것만큼 무엇이든지 일을 잘 처리하고 시행착오를 거치면서 자신들이 갈 길을 닦고, 점진적이고 상호 연결된 인식의 변화에 따라 자신들의 길을 의식한다. 가장 숙련된 에이전트가 예전의 에이전트 업무에 대해 향수를 느낄지 모르지만, 옛 것이 완전히 사라진 것은 아니다. 왜냐하면 이러한 인식을 구체화하고 에이전트 업무에 대한 정의를 내리는 사람들이 아직도 일하고 있기 때문이다. 이러한 사람들은 어느 정도까지 버텨내고 오래된 것과 새로운 것을 땜질해 섞으며, 자신들의 정체성과 경험에서 연속성을 구축함으로써 현재의 직업 모델에 적용한다. 이제는 이러한 일들이 모두 일어나는 구체적인 조건으로 넘어가 전문적인 에이전트가 조직 내에서 만들어지는 과정을 살펴보자.

옮긴이의 도움말

빅 할리우드 Big Hollywood

할리우드에서 대형 프로젝트나 스타 고객을 확보해 엔터테인먼트 사업이라는 게임을 지배하는 개인과 집단을 뜻한다. 구체적으로는 에이전시 가운데 직원을 수천 명 두고 있는 대형사 WME, CAA, UTA, ICM와 중소기업 거시, 패러다임 등이 해당된다.

리틀 할리우드 Little Hollywood

빅 할리우드에 비해 적은 인원의 시장 참여자가 속해 있는 소형 에이전시나 구멍가게 같은 부티크 에이전시들이 속한 그룹을 지칭한다. 한두 명의 에이전트가 일하는 수백 개의 에이전시가 이에 해당한다. 이들은 규모가 아주 작은 소형 프로젝트를 맡거나 주로 인기가 시들거나 비중이 덜한 아티스트나 스태프들에 대한 매니지먼트를 담당한다.

탤런트 에이전시 talent agency

배우, 감독, 작가, 코미디언, MC, 각 분야의 명사급 지도자 등 다양한 분야에서 재능을 발휘하는 고객들의 사업과 권리를 대행한다는 의미에서 이런 탤런트들을 대행하는 에이전시를 탤런트 에이전시라 부른다.

거대 서사 master narrative

모든 역사적 사건들이 쉽게 이해되도록 설명해 주는 커다란 이야기의 틀을 뜻한다. 프랑스의 포스트모던 사회학자 장프랑수아 리오타르(Jean-François Lyotard)가 처음 사용한 용어로, 프랑스어로는 '그랑 레시(grand récit)'이다.

브레이크다운 서비스 Breakdown Services

미국캐스팅협회(CSA: Casting Society of America)의 독점 인증을 받아 운용되고 있는 온라인 캐스팅 정보 사이트(www.breakdownservices.com)로 캐스팅 정보를 탤런트 에이전시에 제공해 에이전트들이 자신이 대행하는 배우들의 이력서, 사진, 비디오를 등록된 캐스팅 디렉터에게 제출해 캐스팅이 되도록 연결해 주는 역할을 한다. 인터넷이 없어 수작업으로 배역 알선을 하던 1971년에 게리 마시(Gary Marsh)가 만들었다. 그는 현재 회장 겸 CEO이다. 뉴욕(1979), 밴쿠버(1986), 토론토(1988) 등에 지사를 개설했다. 1996년 인터넷 웹사이트를 처음으로 만들고 2014년 CSA로부터 인증을 받았다. 2008년 호주의 쇼캐스트(Showcast)와 협력관계를 구축했으며 국제탤런트명부협회(International Association of Talent Directories)와 활발하게 캐스팅 정보를 교류하고 있다. 미국 엔터테인먼트 산업의 캐스팅 유통 분야에서 핵심적인 역할을 하고 있다.

커버 에이전트 covering agents
에이전시 업무의 일선에서 관련 기업의 임원들과 관계를 형성·유지하고, 그들이 개발한 프로젝트에 대한 투자와 제작 정보를 수집해 사내에 공유하며 검토하게 하는 일을 하는 에이전트를 뜻한다.

뉴 노멀 new-normal
2008년 글로벌 금융위기 이후 새롭게 나타난 세계 경제의 특징을 통칭하는 말로 저성장, 저금리, 저물가, 규제 강화, 소비 위축, 미국 시장의 영향력 감소 등을 주요 흐름으로 꼽어 표준이 되고 있다는 뜻이다. 핌코의 CEO 모하메드 엘에리언(Mohamed El-Erian)이 저서 『새로운 부의 탄생』에서 처음 사용하면서 널리 퍼졌다. 저자인 비올렌 루셀은 이 책의 이 용어를 빗대 영화시장의 오래된 비정상적 관행을 설명하기 위해 '올드 애브노멀(old-abnomal)'이라는 용어를 사용했다.

3대 주요 에이전시 top three major agencies
전통적으로 미국 할리우드 엔터테인먼트 산업에 지배적인 영향력을 미치는 대규모 에이전시인 WME, CAA, UTA를 지칭한다. 이와 별도로 CAA, WMA, ICM, UTA, 인데버를 '5대 에이전시'로 부르다가 2009년 WMA와 인데버가 합병하면서 '4대 에이전시'라는 명칭이 생겨났다.

파편화 fragmentation
총의 머리 부분인 탄두의 충돌로 표적의 재료가 미세한 파편으로 분리되면서 관통구를 형성하는 현상을 해체, 분산, 탈중심, 탈전체주의 등의 의미로 다른 분야에 적용해 쓰는 말이다. 사회학, 정치학, 철학, 문학, 커뮤니케이션학, 종교학 등 다양한 분야에서 쓰이고 있다. 탈중앙집권이나 탈산업적 흐름을 중시하는 면에서 포스트모더니즘과 맥이 닿는다.

마이클 오비츠 Michael Ovitz
미국 할리우드에서 가장 큰 에이전시를 경영한 전설적인 에이전트다. WMA 에이전트를 거쳐 CAA에 합류했으며, 특히 영화와 음악 분야를 쥐락펴락했다. 월트디즈니컴퍼니에서 CEO로 22년간 군림한 마이클 아이스너(Michael Eisner)가 퇴임하면서 거액(연봉 2360만 달러, 퇴직 보상금 1억 4000만 달러)을 들여 영입한 인물로, CEO 취임 1년 2개월 만에 퇴임했다. 이 천문학적인 퇴직금으로 인해 주주들이 소송을 제기해 8년간 다퉜지만, 결국 마이클 오비츠가 승소했다.

제프 버그 Jeff Berg
미국 할리우드의 영향력 있는 베테랑 에이전트로 메이저 에이전시인 ICM(International Creative Management) 파트너스의 회장 겸 CEO를 지냈으며, 지적재산권 회사인 라이츠라인(RightsLine)의 고문을 지내기도 했다. 그는 ICM을 떠난 후 2013년 1월 탤런트 에이전시이자 대본 에이전시인 리솔루션(Resolution)을 오픈하고 린제이 로한(Lindsay Lohan), 로만 폴란스키(Roman Polanski), 몰리 링왈드(Molly Ringwald) 등의 배우를 대행해 10대 에이전시 가운데 하나로 성장시켰다.

대안 TV alternative TV
이 책에서는 전통적인 TV 프로그램의 인기가 시들면서 생겨난 짧은 쇼나 클립형 프로그램, 리얼리티 프로그램 등 새로운 형태의 프로그램을 지칭한다. 미디어 환경에서는 인터넷 TV나 IPTV처럼 지상파 방송이나 케이블TV의 대안으로 떠오른 TV를 의미하기도 한다. 아울러 고유명사로 사용할 때는 1977년 영국에서 생겨난 레게리듬이 가미된 펑크 뮤직을 개척한 'ATV(Alternative TV)'를 뜻한다.

사모펀드 private equity fund
소수의 투자자로부터 모은 자금을 운용하는 펀드로 헤지펀드가 대표적이다. 일반적으로 사모펀드의 운용 방식은 비공개로 투자자들을 모집해 자산가치가 저평가된 기업에 투자(자본 참여)를 하게 해 기업가치를 높인 다음 기업 주식을 되파는 전략을 취한다.

3장

탤런트 에이전시에서
전문가 만들기

에이전트들은 누구인가?[1] 에이전시에서 시간을 보내기만 해도 에이전트가 주로 백인-남성의 직업군으로 형성되어 있다는 것을 쉽게 관찰할 수 있다.[2] 이런 에이전트 집단이 최근 급격하게 여성화되고 있는 현상은 **주디 호플런드**Judy Hofflund의 사례를 통해 잘 설명될 수 있다. 그녀는 1982년 대형 에이전시인 CAA의 입구에 마련된 우편물실mailroom에 고용된 첫 여성이다.[3] 지난 30년간 여성들의 전문직 진출이 점점 늘어나면서 그들은 에이전시의 하위와 중간 단계를 점점 채우기 시작했다. 큰 조직의 하위층은 남성과 여성 에이전트의 수가 점점 균등해지고 있지만, 작은 에이전시에서는 여성이 이따금씩 관리직에 진출했다. 부서장, 파트너, 그리고 큰 기업의 오너를 맡은 여성 에이전트들의 수는 적게 나타났다.[4]

메이저급 에이전시를 운영할 때 에이전트가 되는 사람들의 사회경제적 배경을 살펴보면 대다수가 중산층 이상의 집안 출신이다. 아버지가 종종 의사나 변호사 등 전형적인 자유 직업인이고 어머니는 주부이다. 그리고 작은 회사에서 일하는 에이전트들은 종종 중산층 출신이다. 그들의 부모는 중소기업 오너이거나 가게 주인, 종종 선생님, 그리고 지적이고 문화적인 분야의 직업에 종사하는 사람들이다. 그래서 그들은 다양한 부문에서 문화적 자원과 경제적 자원을 축적하고 보유한 가족 출신들인 경향이 있다.

인터뷰에 응한 에이전트들은 부모로부터 예술에 대한 관심과 친숙성을 물려받았다고 주장했다. 하지만 이런 '**할리우드 가족**'의 영향력과 달리 저자와 초기에 대화를 나눈 대다수 에이전트들은 할리우드 영화산업과 지극히 느슨하게 관련되어 있거나, 아니면 종종 아예 관련이 없는 사람들이었다.

그런 사회적 배경을 고려할 때 에이전트들이 군이 높은 수준의 학위까지는 아니더라도 평판이 좋은 학교나, 가끔은 아이비리그(미국 동부의 8개 대학, 즉 하버드, 예일, 펜실베이니아, 프린스턴, 컬럼비아, 브라운, 다트머스, 코넬을 지칭한다) 출신의 학사 학위를 가지고 있다는 것은 그리 놀랄 만한 일이 아니다. 큰 에이전시에서 일을 하는 사람의 경우 특히 그러하다. 그런 프로필을 갖춘 에이전트들은 1980년대 에이전시에 들어왔기에 지금은 나이가 50대 또는 그보다 조금 젊은 수준이다.

내가 인터뷰한 사람들 가운데 전체의 38%가 예술 프로그램과 예술 대학(전공은 대부분 영화학이나 제작학이었고, 가령 극장 혹은 댄스 같은 다른 분야들도 있었다)의 학위를 가지고 있었다. 전체의 24%는 인문학이나 사회과학 같은 다른 학문을 전공했으며 33%는 로스쿨이나 비즈니스 스쿨 출신이었다. 로스쿨이나 비즈니스 스쿨 출신들은 산업 내부에 있는 사람들로 자신들을 '**하버드 키즈**Harvard kids'라고 불렀는데, 이들은 MBA나 법학 학위를 지닌 명문 대학의 졸업생들이다.

이들은 1980년대와 1990년대 에이전시 사업에 뛰어들었던 사람들이다. 이 시대는 엔터테인먼트 분야의 사람들이 '**황금기**'로 여긴 시기이며, 이때는 영화를 만드는 스튜디오의 활동이 번성했고 돈이 넘쳐났다. 엔터테인먼트 산업도 금융이나 은행업처럼 유망 분야로 인식되었다. 이런 사업이 채산성이 있었기에 자신도 미래에 최고 경영자가 될 수 있을 것이란 직업 전망을 사람들에게 제공했기 때문이다.

그러한 기대를 품고 에이전트 업무를 받아들인 사람들은 특별한 유형의 예술 상품artistic product이나 관행practice을 만들고 거래하는 전문가로서 그런 기업 환경에서 일한다는 생각에 편안함을 느꼈다.[5] 많은 경우 에이전시들이 큰 이익을 창출할 수 있기 때문에 텔레비전도 전문 사업 분야가 되었다. 에이전트들의 일부는 메이저 에이전시를 이끌며 자신의 길을 개척해 나갔고, 그 시대의 게임 재편에 관여하는 위치에 올랐으며, 에이전트 업무를 **기업가 정신**corporate entrepreneurship으로 격상시켰다.

1980년대와 1990년대와 그 이후 동안 '**예술에 초점을 둔**' 교육을 받은 경력과 배경을 갖춘 에이전트들이 엔터테인먼트 사업 분야에 뛰어들었다. 그들은 수적으로 다수를 차지했다. 더욱이 오늘날 할리우드는 더 이상 '**또 하나의 월스트리트**'로 여겨지지 않고 있으며, 에이전시의 우편물실과 보조원 자리에 있는 후보들 가운데 '**하버드 키즈**'는 보기 드물게 되었다. 이 후보들 자리는 예술, 사회과학, 인문학, 심리학과 같은 다양한 배경을 갖춘 졸업생들로 대폭 채워지게 되었다.

예술을 공부한 에이전트들은 종종 처음에 '**창의적인 분야**'에서 일하고 싶은 희망에 휩싸여 배우, 영화제작자, 프로듀서가 되려고 꿈을 꾼다. 그럼에도 불구하고 에이전트로 직종 전환을 하기 전에 아티스트가 되려고 시도한 사례는 사실 매우 드물었다. 하지만 그들은 스스로를 '예술 분야 내'에서 역할과 기능을 하고 작품을 만드는 창조적인 과정에 참여하기를 열망하는 영화 감정가film connoisseur로 정의하는 경향이 있다.

이러한 에이전트들 가운데 일부는 에이전시들 간의 치열한 비즈니스 게임을 통과하고 최고의 자리까지 올랐다. 그렇게 되면 그들은 할리우드와 관련된 강력한 탤런트 목록을 만드는 힘을 갖게 된다. 이것은 물론 그런 목록을 가진 에이전트가 매출을 완전히 간과하거나 일을 하지 않았다는 뜻은 아니다. 좀 더 사업에 치중하는 에이전트는 자신이 창조하려는 야망이나 확보한 탤런트가 없다는 언급도 없다. 나는 에이전트 세계에는 '예술'과 '비즈니스'라는 동전의 양면 같은 측면이 지속적으로 존재하며 이것이 에이전트의 직업을 정의하는 구성 요소라는 것을 다음에서 보여주고자 한다.

에이전시 입사자들이 갖춰야 할 공식 요건에는 적어도 학사 학위가 포함되어 있다. 실제로 입사자들이 그 이상의 학위를 갖추었다는 사실은 에이전트 조직을 성장시키고 활동을 다양화하는 데 필요한 전문성과 교양을 갖췄다는 것을 보여준다. 대조적으로 1980년대 이전에 입직해 일하기 시작했던 에이전트들은 에이전시 내의 맨 아래 단계에 고용되어 더 높은 데로 길을 닦아 가는 데 학위가 필요하지 않았다. 그러한 '**자수성가한 에이전트들**'은 급속히 이 직업군에서 사라지고 있다. 그들은 에이전시와 스튜디오 세계가 더 젊은 에이전트들의 인식 체계로 구조화된 복잡하거나 제도화된 공간인 때와는 거리가 먼 시기에 훈련을 받았다. 이런 변화는 이 직업군의 형태를 변화시켰다.

에이전트 업무는 점차 전문화되고 기업화된 활동 양태로 변하고 있지만 에이전시들은 다른 사업 분야처럼 '**할리우드 커뮤니티**'가 암시하는 상투적인 생각보다는 더욱 다양한 프로필을 가진 새로운 사람들을 끌어모으고 있다. 이러한 관찰은 비록 보통 할리우드 내부에서는 아니었지만 내가 이 책을 쓰는 동안 반복적으로 직면했던 선입견과 모순된다. 할리우드 커뮤니티라는 종교적 연대는 할리우드의 유대인 네트워크에 대한 구체적인 언급과 함께 직접적으로 에이전트와 에이전트의 직업적 참여를 이해하는 데 중요하다.[6]

실제로 에이전트가 대기업에서 전문화된 활동을 수행하는 임원인 경우에는 채용을 할 때 종종 대인관계, 같은 종교 공동체, 그리고 확장되거나 유지될 수 없는 지역 상호 연결 네트워크에 소속된 연대와 같은 것을 기준으로 하기보다는 일류 대학 졸업생들 가운데 뽑는다. 그러나 일단 직업적 역할을 보면 에이전트들은 직업적 네트워크에 통합되거나 유지하려는 일을 하는데, 이런 일은 특히 빅 할리우드에서는 에이전트들이 공유하는 생활방식과 사교성이 있는 공통 공간에 있다는 존재감을 기초로 이루어진다.

가령 에이전트들은 브렌트우드Brentwood, 베벌리힐스, 말리부Malibu와 같은 특정 동네에 모여 살고 같은 레스토랑과 휴양지를 이용하며, 특정 골프클럽에 함께 소속되고, 자녀들을 몇 안 되는 '엘리트' 학교에 다니게 한다. 할리우드와 같은 세속적인 직업 세계가 항상 그런 것은 아니지만, 내가 인터뷰한 에이전트 가운데 한 명이 말한 대로, 같은 유대교 교회당에 가거나 종교 행사를 주최하는 것은 '동료애'가 형성되고 유지되는 과정 가운데 하나일 수 있다.

그렇긴 하지만 우리는 프로테스탄트의 윤리Protestant ethic[1905(2002)]를 바라본 베버Weber의 정신에 비추어, 이 경우 종교가 중시한 **방식**이 무엇인지 자문自問해 볼 필요가 있다.[7] 내가 관찰해 온 것과는 대부분 반대지만, 직업을 형성하는 종교적인 정신 구조나 문화적 결정 방식에 의해 유대교처럼 구축된 에이전트 업무와 달리 직업 역학professional dynamics은 다른 유형의 친밀감이나 가까움을 활성화하는 것뿐만 아니라 이런 활성화를 촉발하는 방법이나 상황과도 관련이 되어 있다.

다시 말해서 직업 규범occupational logics은 사회 집단의 형성을 관장한다. 예를 들어 부티크 에이전시의 전직 에이전트는 경력 초기에 할리우드 전문가들과 연대를 구축하고 그 방향의 문을 열어가기 위해 여성으로서 또는 유대인으로서 다양한 정체성을 나타내는 메커니즘을 어떻게 사용했는지를 설명했다. 비록 그녀가 지원을 얻어내는 데 다소 성공했다고 설명했지만, 그녀는 자신을 전문가로 만드는 결정 요인으로서 산업의 언어를 배우고 업계의 핵심 인물을 알아차리고 누가 신뢰할 만한 중개인인지 간파해 내는 능력을 강조했다.

다양한 사회적 소속이나 정체성을 갖고 활동하는 것은 다른 사람들 사이에서 직업적 관계를 형성하는 수단이 되었다. 그런 정체성은 상호 지원이나 연결의 내재적 원천이라기보다 직업적 노력에 유리한 유대를 만들어내고 폭넓은 경계선을 그리는 것을 목표로 하는 전략의 실체였다. 다음

절sections에서 상세히 설명하겠지만, 또 다른 사례는 에이전트 보조원들이 저녁 시간과 주말에 업계 전문가들과 사교하기 위해 술을 마시고 행사에 참여하는 데 쏟는 무한한 시간에서 발견할 수 있다.

어떤 차원의 것이든 '**정체성**identity'이 그러한 사교의 맥락에서 다른 사람을 끌어들이기 위한 수단으로 사용되거나 나타나고 있다. 그렇기 때문에 이런 형태의 사교적인 일을 해야만 **그 업계에 속하는 것**이라 할 수 있다. 이 과정에서 할리우드 외부자들로부터 내부자들을 분리해 내는 경계선이 강화됨과 동시에 그 과정에서 개인적인 삶 및 정체성, 직업적인 삶 및 정체성 사이의 경계가 모호해진다.

사실 엔터테인먼트 산업 분야에 많은 인구가 종사하는 로스앤젤레스에서, 할리우드는 내부자와 외부자를 분리시키는 '**두터운 경계**'를 가진 직업 세계로 봐야 한다. 에이전트들은 종종 어린 나이에 시작해 자신의 직무와 역할에 직접 관련된 활동을 하는 데 대부분의 에너지를 투자했다. 에이전트의 직업 세계의 활동은 '**사생활**'과 사적인 특정 장면 및 시간과는 분명히 분리될 수 있는 '**직업적**' 공간에 대한 일상적 정의를 초월하는 경향이 있다.

실제 에이전트가 되는 것은 일반적으로 '**사적인**' 또는 '**가정적인**' 시간으로 쉽게 여겨지는 밤, 주말, 휴가 시간 등 누군가의 삶 전체에 거의 걸쳐 있는 소중한 시간을 바로 흡수해 버리는 활동이므로 '**직업 생활**'은 '**사적 영역**personal sphere'과는 별개로 정의된다. 따라서 할리우드 내부와 외부의 경계가 두터운 반면 직업인과 개인(사인) 간의 경계는 흐릿해 보인다. 에이전트 업무의 성공도 이러한 희생의 대가이다.

저는 잠자리에 들기 전 이메일을 확인하면서 죄의식을 느껴요. …… 이 비즈니스에서는 모든 사람이 쉽게 접근하는 것을 원하기 때문에 끊임없이 전화를 걸죠. 사무실을 떠날 경우 사무실 전화를 우리의 휴대전화로 돌려놓으므로, 당신이 우리 사무실로 전화를 하면 내 휴대 전화가 울려요. 저는 전화를 놓치고 싶지 않아요. 그건 슬픈 일이죠. 저는 심지어 영화관에서 영화를 보고 있는 동안에도 문자를 받고 조용히 배우에게 다시 답신 문자를 보내거든요. 그러면서 나 자신을 빼앗기는 모습을 발견했죠. 그래서 지금 저는 대다수 에이전트와 매니저들과 지인(知人)이 되었고, 하루 24시간 가운데 7시간을 전화로 계속 일해요. 이건 정말 암울한 상황이죠. …… 하루가 끝날 때까지 정말 시간이 없을 정도로 바빠요. 회사의 문을 닫고 집에 돌아가 가족과 보낼 시간이 전혀 없다는 거죠. 당신은 다음 날을 시작하겠죠. 저는 한 번도 가족과 함께 시간을 보낸 적이 없어요(2010년 9월, 리틀 할리우드 소속의 탤런트 에이전트).

이 장과 다음 장에서는 에이전트의 직업 정체성[8]이 어떻게 형성되는지를 탐구한다. 에이전트들은 자신들의 경력을 연속적으로 개발하도록 하는 맥락에서 할리우드의 궤적trajectories을 만드는 관계를 탐구한다. 여기에서 말하는 궤적은 단순히 객관적 위계 구조에 있는 상위 위치로 올라가기 위해 취할 수 있는 사전 조치가 아니다. 나는 에이전트들이 궤적을 만드는 일이 장기간에 걸쳐 참여자들의 작은 직업 세계를 하나로 묶어주는, 좀 더 비공식적이고 상호 의존적인 권력관계의 인식과 많은 연관이 있다는 것을 보여줄 것이다. 이런 방식으로 궤적에 대해 접근하다 보면 어떻게 정체성이 구축되는지를 알 수 있게 된다. 에이전시 사업에 뛰어든 신참자들은 에이전트라는 직업을 이해하고 그 분야에서 활약하는 사람이 되기 위해 이런 관계형 게임relational game의 내부 작동법을 알아야 한다.

누군가의 꿈을 실현시켜 주기

전문 직업 유형과 달리 에이전시에서 일을 시작한 사람들은 거의 항상 우연적이거나 예기치 않은 상황에서 일을 시작하게 되었다고 말한다. 인터뷰 참여자 가운데 한 명의 말을 빌리면, 이 직업은 "당신이 선택한 것이라기보다는 당신을 선택한 것이다". 그것은 또 다른 에이전트가 말했듯이 "어린아이와 같이 누구도 시작해 보지도 않았는데 '에이전트가 되고 싶다'고 말하는 상황과 같기 때문이다. 당신은 다소 에이전트가 되고 싶은 열망에 쏙 빠진 것이다."9) 이러한 인식은 그리 대단하지 않은 경력을 지닌 에이전트들에게 전형적인 것은 아님에도 그들의 직업적 상황은 원망을 불러일으킬 수 있을 것으로 보인다. 이 분야에서 매우 성공한 전문가들도 시각이 비슷하다.

에이전트 세계에서 강력한 힘을 지닌 50대 초반의 한 에이전트는 가장 큰 에이전시 가운데 한 곳에서 스타 탤런트의 매니지먼트를 대행할 때 에이전트 업무는 항상 무언가를 '기본적으로' 끝내주는 일이라는 환상적인 신념을 공유했다. "나는 자라서 에이전트가 되길 원하는 사람을 만나본 적이 없어요. 에이전트 업계 전체를 살펴봐도, 고등학교 시절 에이전트가 될 것으로 알아차렸던 사람을 만난 적이 없죠! …… 당신은 다른 어떤 사람의 꿈을 이루어주기 위해 할리우드에 오길 원치 않았지만, 다른 사람의 꿈을 실현시켜 주는 존재가 되는 것이 당신의 꿈이 된 거예요. 그런 표현은 진실한 것이 아닌 좀 허풍인 거죠"(2010년 10월).

할리우드에서 처음 생각했던 꿈이나 놓쳐버린 꿈에 관한 발언은 예술이나 엔터테인먼트 분야에서 학위를 받은 후에 배우, 감독, 작가, 제작자로서, 때로는 음악 세계에서 예술 경력을 쌓아가려고 생각했던 에이전트에게서 흔하다. 대부분의 경우 탤런트 분야에서 일하는 것은 실패한 직업 선택이라기보다 종종 대학 시절에 떠올랐다가 사라지는, 잠시 품었던 희망이나 순간적 생각쯤으로 기억한다. 그러나 드물지만 에이전트가 되는 것은 진짜 직업적 변신이며, 동시에 에이전트들이 재고용될 기법 측면에서 보면 직업 입문 초기에 품었던 예술적 소명을 계속 유지하는 것으로 여겨졌다. 일례로 배우 출신 에이전트는 "나는 지금 전화로 연기를 하는데, 내가 배우였을 때 했던 것보다 더 많이, 계속 즉흥적으로 연기합니다"라고 주장했다.10)

다른 인터뷰 참여자들은 한편으로는 에이전트 일을 할 때 '꿋꿋이 버티는 것'이 필요한 것과 에이전트의 실제 업무와 그리 밀접하지는 않지만 고되고 급여가 낮은 인턴십과 같은 일자리부터 시작하는 것, 다른 한편으로는 배우가 되고 싶은 사람들이 로스앤젤레스에 도착해서 살아남기 위해 불안하고 원치 않는 일자리를 받아들여야 할 때 경험한 상황이 서로 유사하다는 것을 강조한다. 초기의 '할리우드 드림Hollywood dream'을 제쳐두고 탤런트 분야에서 일하며 직업으로서 에이전트 업무를 이어가는 것은 때때로 부득이 하게 해야 할 일을 자신에게 도움이 되게 잘하는 것이고, 돌이켜 보면 그의 직업 경로가 운 좋게 펼쳐지고 있다고 재해석할 수 있다.11)

동시에 실망과 좌절이 에이전트라는 직업의 흔한 특징이라는 것을 분명하게 의미하지는 않는다. 사실 이런 유형의 길을 가는 에이전트들이 활동하면서 키워온 열정을 발휘할 때 자신의 직업을 '대리하는 직업vicarious vocation'으로 완전히 수용한다면 토를 달 사람은 없다.

그런 의미에서 에이전트들의 꿈은 진정 '다른 누군가의 꿈을 실현시켜주는 것'이 된다. 그러나 에이전트들은 직업 관행에서(거래 성사의 차원과 비교해) 창의적인 요소가 중요하다는 것을 자신들의 관점으로 이해하는 것이 중요하다. 아티스트들과의 '연계'와 에이전트들의 이른바 '탤런트 감각sense of talent'은 에이전트들이 직업적 정의를 내릴 때 핵심을 이루는 요소이다.

제가 에이전트로서 이곳에서 일한 후, 제 능력이 닿는 대로 많은 다른 사람들에게 큰 변화를 만들어주길 원해요. 단 그것은 의미 있는 방법으로 할 거예요. …… 저한테는 사람을 감동시키는 일이 훨씬 더 중요해요. 당신이 정말 그것을 생각한다면, 많은 사람들이 돈, 명성을 위해서가 아니라 바로 그런 이유(감동을 주는 보람)로 이 사업에 뛰어들었다는 사실을 알 수 있을 거예요. 영화나 TV 쇼에 감동했기에 탤런트들은 그 분야에 빠져든 거예요. 저한테도 그게 중대한 영향을 미친 거죠. 저도 그런 이유로 이 사업에 뛰어들었어요. …… 저는 결코 좋은 작가가 될 수 없었어요. 감독, 배우가 되길 원하지도 않았고요. 저는 그런 어떤 일도 잘하지 못했을 겁니다. 그러나 저는 탤런트와 함께 있어 정말 좋아요. 저는 이런 방식으로 탤런트들을 도울 수 있고, 그런 의미에서 탤런트들에게 변화를 이루어 줄 수 있어요(2010년 9월, 빅 할리우드 소속의 하급 에이전트).

이런 '대리하는 직업vocation by proxy'을 영위하다 보면 당신의 고객이 특별하다는 이유로 당신이 특별해지고, 당신이 대행하는 탤런트와 어울린다는 이유로 당신이 아티스트가 된 것처럼 느끼는 것과 같은 대리적 특이성vicarious singularity이 표출되고, 영감이나 창의성이라는 용어들을 사용해 에이전트의 예술적 기법과 정체성을 규정한다. 그러나 이것은 또한 에이전트의 역할과는 모호한 관계에 있다는 것을 나타낸다.

에이전트들은 '이 일에 몰두해' 이 일로 직업적 삶을 마무리할 것이라고는 종종 생각하지 않는데, 많은 에이전트들은 언젠가는 엔터테인먼트 산업으로 진입할 수 있는 다른 경로를 주시하면서 그들의 업무를 수행하기 때문이다. 선임 에이전트는 에이전시 '연수회' 도중에 그가 멘토링을 했던 젊은 동료들의 심적 상태를 간파한 것에 대해 이야기했다. 그는 이 연수회 기간에 에이전트 기법을 전수하는 공식 업무 외에도 개인적인 인상과 경험을 전파했다.

우선적으로 에이전트가 될 의도는 없었죠. 연수회에 가보니 참석자 가운데 아무도 "저는 에이전트가 되고 싶어요"라고 말하지 않았어요. 참석자인 젊은 에이전트들 가운데 몇몇은 에이전트 업무에 빠져들었고, 그들은 그 일을 좋아하는 거죠. 그리고 그 일에 그렇게 몰두하고 좋아한 사람들도 기회가 온다면 떠날 거예요. …… 그들은 엔터테인먼트 사업 분야의 어딘가 다른 곳에 있고 싶어 하는 겁니다. 반드시 세상의 다른 곳이 아닌, 같은 사업의 다른 분야인 거죠 . 그들은 스튜디오를 운영하고 싶고, 스티븐 스필버그의 회사를 운영하고 싶고, 조지 클루니와 파트너가 되고 싶고, 매니지먼트 회사를 차리고 싶고, 영화 〈모던 패밀리(Modern Family)〉를 제작하고 싶고, 영화 〈미트 페어런츠(Meet the Patents)〉를 감독하고 싶어 하죠. 그게 무엇이든, 그들이 원하는 것이에요. 그들이 원하는 것은 이것이 아니에요(2013년 2월, 빅 할리우드).

에이전트들이 체계적으로 매니지먼트나 제작 분야로 전환하지 않더라도, 기회를 찾아 떠나는 것은 에이전시에서 경력의 첫 부분을 쌓은 후 이뤄지는 정말 일상적인 직업 이동이다. 이런 이동은 우리에게 에이전트의 위치를 제작 분야에서 상대방이 차지하는 위치보다 낮게 자리매김하게 하는 경향이 있는 상징적인 (항상은 아니지만 가끔은 경제적인) 계급을 암시한다.

반면에 이런 설명은 또한 에이전트 업무 종사자들의 또 다른 특징을 보여주는데, 그 특징은 내부자들이 강조했듯이 '젊은이들의 직업'이라는 점이다. 인터뷰 참여자들은 에이전트란 직업에 대해 종종 강렬하고 바쁘기 그지없는 일이라고 표현하며, 나이를 먹으면 이 게임의 '선수athlete'로 남아 있기 어렵다고 비유한다.

누구든지 에이전트가 되어 확실히 업무 경력을 쌓다 보면 결국 하급 동료들의 멘토가 되고, 빅 할리우드나 리틀 할리우드에서 에이전시 운영자나 오너가 된다. 그럼에도 종종 50세가 넘은 에이전트들은 그런 리더급 일자리가 부족하다는 점과 자기 시간과 활동을 스스로 더 많이 갖고 싶은 열망이 있다는 점 때문에 최소한 탤런트 매니지먼트나 제작 분야로 이동하는 것을 고려하고 있다. 어떤 경우에는, 몇몇 제작사나 영화 학교가 마련한 연수 프로그램은 리틀 할리우드나 빅 할리우드에서 일했는지 여부와 무관하게 전직 에이전트들에게 이런 직업 이동 기회를 제공한다. 이런 커리어 변화에 대한 장려는 젊은 나이 때부터 에이전트 일을 해왔거나 에이전트 업무를 중심으로 자신의 정체성을 구축해 온 사람들에게는 말년의 구직 기회가 될 수 있다.

에이전트라는 직업의 초기 경로

에이전트 업무에 대한 대학의 교육과정은 없으며,12) 할리우드에서 일하기 전에 이런 특화된 직업을 맡아서 훈련시킬 프로그램이나 기관도 없다. 이런 의미에서 할리우드는 **완전하게** 에이전트들을 만드는 곳이다. 에이전트 '교육schooling'은 도제식이라서 사실 에이전시 업계 그 자체 내에 있다. 더 정확히는 에이전트의 수완이나 대인관계 기술의 형성은 대부분 대기업들이 맡고 있다. 따라서 우편물 실은 일반적으로 그 직업, 더 일반화하면 그 업계의 사업 쪽으로 접근하는 진입 지점entry point이나 여과 장치filter 역할을 한다.13)

주요 에이전시의 많은 견습생과 보조원들은 향후 고용되어 하급 에이전트로 승진할 사람들과 미래에 매니저나 제작 전문가가 될 사람들을 배출하는 '인재 풀pool'의 기능을 한다. 결국 중간 또는 소규모의 에이전시에서 일했던 많은 에이전트들은 처음에는 모두 대형 에이전시의 우편물 실에서부터 일을 시작했다. 이들은 시험을 통과하거나 주요 에이전시의 커커한 위계 구조 내에서 한 걸음씩 올라가 선택받는데, 모두 그 과정을 성공적으로 통과하진 못했다.

젊은 에이전트들이 에이전시를 인증accreditation과 직업적 사회화의 장소로 의존하는 것은 가장 큰 회사에 들어가 일하는 신입사원들의 **초기 과정**부터 시작된다. 이 길은 **우편물실**이 출발선이다. 이곳은 명문대학의 학위를 가진 후보자들이 갖는 보통의 기대와 달리 가치가 낮고 보수가 적으며 혹독한 일을 하는 곳이다. 그런 다음 조직에 의해 '**아무것도 아닌**' 사람들이 그 게임의 일부가 될 수 있도록 잘 조직하는 일련의 단계를 거친다. 유명 에이전시의 우편물 실에서 시작해 그곳에서 몇 주에서 몇 년 동안 요령을 터득하는 것은 업계의 내부자insider가 되기 위해 제도적으로 거쳐야 할 경험에 속한다.[14]

그것은 누군가에게는 직업 역사에서 입직하는 최초의 순간으로 기억되며, 또한 경력 경로를 얻어 성공하는 방법과 이 세계에서 직업적 여정과 '**대단한 사람이 되는**' 데 필요한 자질이 뭔지를 정의하는 할리우드 내부자들 간에 공유된 직업 신화를 지탱하는 데도 기여한다. 이것은 할리우드 드림(그리고 아메리칸 드림)을 에이전트라는 직업 공간에 적용시킨 평등주의 신화이다. 이 신화는 업계 밖에서 요구하는 출생 신분과 같은 사회적 기원, 교육, 다른 자원이나 자격증과 무관하게 누구든지 충분한 열정을 갖고 노력을 한다면 이 직업에서 성공할 수 있다는 점을 말해준다.

에이전시 관리자와 미래의 에이전트를 고용할 담당자인 인사 담당 부장이 볼 때 '**자발적 행동가**self-starter'와 '**앞서서 생각하는 사람**forward thinker'이 되는 것은 유능한 에이전트가 될 핵심 자질이다. '자수성가한 에이전트'가 나오리라는 주문도 이 분야에 널리 존재한다. 한 여성 에이전트는 드라마 학위를 가지고 에이전시 세계에 들어왔지만 "당신이 해양생물학을 전공했을 수도 있으나 학위는 정말 중요치 않아요"라고 주장하며 다음과 같이 확신했다.

누구든지 에이전트 세계 안에 들어갈 수 있어요. 당신은 반드시 지구상에서 가장 똑똑한 사람일 필요는 없어요. 그 일을 하는 데 반드시 특정한 수의 자격 증명서를 가질 필요도 없고요. 그래서 이 업계에서 정말 필요한 것은 개성과 추진력, 그 밖의 다양한 요소들이죠. 저는 에이전트가 되는 데 특정한 시험을 통과할 필요가 없다는 것이 신나는 부분이라고 생각해요. 그러나 저는 누가 정당하게 그들의 사업을 수행하는 방법을 잘 알고 있고, 누가 그렇지 못한지를 읽어내는 것은 쉽습니다. 그리고 알다시피, 그것은 얼마나 열심히 일하는가를 근거로 하죠. 연줄, 그것은 물론 얼마나 빨리 당신이 발전하느냐와 누구와 친하게 지내느냐에 영향을 줄 수 있지만요. 하지만 대부분의 경우 결국 에이전트가 되려면 당신이 하버드대학교를 졸업했을 수도 있지만 어찌됐든, 우편물실에서 일을 시작해야만 하는 거예요(2010년 11월, 파리, 대형 에이전시의 전 에이전트이자 현 매니저).

왜냐하면 에이전트가 될 수 있는 몇 가지 곁가지 경로를 빼놓고는 우편물 실에서 일을 시작하는 것은 에이전트라는 직업의 표준 경로이자 항상 에이전시 사업 경력의 전제 조건이 되기 때문이다. 그래서 에이전시란 조직적 틀에 들어가게 되면 모든 상황은 평등해지고 사회적 불평등은 사라지는 것 같다.

그러나 에이전트의 집안 배경, 학력과 같은 초기 배경과 사회적 자원은 우편물 실에서 빨리 벗어나 대형 에이전시의 위계 구조의 상부로 편입되는 데 필요한 요인이 된다. 에이전트의 활동은 탤런트를 끌어오고 홍보하기 위해 화술을 숙달하고, 대본과 프로젝트를 읽고 메모와 취재를 하는 데 초점을 두기 때문에 이러한 업무 능력들은 사회적 배경이나 교육에 좌우되는 것으로 알려져 있다.

따라서 명문 대학의 학위를 갖고 있으면서 그런 유형의 사회적 기질 social dispositions을 물려줄 가능성이 있는 집안 출신의 에이전트가 에이전시 시스템에서 최상위 자리를 차지하는 경향이 있다. 이것은 놀랄 일이 아니다. 할리우드에서 성공의 핵심으로 알려져 있는 '**인맥 구축**network' 능력과 유용한 직업적 유대의 창출 능력도 마찬가지이다. 동시에 이런 일반적인 언급은 '**읽기**', '**쓰기**', '**말하기**'가 에이전트라는 직업의 맥락에서 구체적인 위계 구조와 권력관계로 이해되는 매우 특정한 형태와 의미를 갖게 된다는 것을 감안한다면 에이전트가 어떻게 **특별한 기술들**을 습득하는지를 설명해 주지 못한다.

에이전트 견습생은 여전히 우편물 실에서 길들여지는 과정과 부딪쳐야 한다. 그 교육과정에는 에이전시의 내부 구조, 부서, 운영, 아울러 주변 세계와의 관계를 이해하고 그것에 적응하면서 **규칙에 따라** 일하는 것을 배우는 것이 포함되어 있다. 에이전트가 될 사람들은 그들을 훈련시켜 주고 그들이 누구인지를 만들어준 조직에 대해 완전한 헌신과 충성심을 나타낼 것으로 기대된다. 그리고 이 집단 게임의 일원이 되기 위해 그들은 그렇게 할 것이다. 인터뷰를 했던 에이전트들은 우편물 실에서 보낸 시간을 '**자아**ego가 상처를 입은 불가피한 시간'이라거나 가끔은 '**자초한 모욕** self-inflicted humiliation'으로 묘사한다. 그들은 에이전시 시스템과 그 화신, 다시 말해 이 시기에 우편물 실의 견습생이 아닌 모든 사람들에게 굽실거려야만 했기 때문이다.

[에이전트가 되는 것은] 어려운 결정이었어요. 할리우드에서 가장 두려운 곳인 우편물실에 들어가야만 했기 때문이죠. 당신도 알다시피 저는 나이도 있고 경험도 풍부하며 이미 자아(自我)도 성립된 상태였어요. 그리고 저는 우편물실에 있으면 무슨 일이 벌어질지도 알고 있었죠. …… 당신이 그 일을 하려면 문 앞에 당신의 자아를 두고 들어가야 해요. 완전히 자존심이 없는 상태로 에이전시에서 많은 일을 해야 합니다. 우편물 배달, 카트 밀기, 복사하기, 또 당신이 할 수 있는

가장 힘든 일들을 담당하죠. "좋아, 이건 제가 에이전트가 되려면 응당 해야만 하는 일이야"라고 위로하며 힘든 시간을 거쳐 오기까지 정말 오랜 시간이 걸렸어요(2010년 10월, 부티크 에이전시의 공동 설립자이자 에이전트).

이 경험은 다른 직업군에서 자주 익숙하게 나타나는 신참자에 대한 신고식hazing rituals(신참자나 신입생들의 기강을 잡기 위해 골탕먹이기식으로 호되게 신고식을 하는 것을 일컬음)과 일면 유사한 것으로 **통과의례**rite of passage 기능을 한다. 나는 에이전트가 되려는 몇몇 에이전시의 견습생과 보조자들을 따라 다니면서 그들의 인식과 기대가 변화하고 있다는 것을 목격할 수 있었다. 그리고 심지어 그들이 결국 제작 분야에 정착하고 싶은 야망을 가지고 에이전시 세계에 발을 들여놨을 경우라도 에이전시 시스템을 그들이 갖게 될 미래 직업을 구상하는 발판으로 점점 더 믿고 있다는 것을 보았다.

우편물 실에서 시간을 보내는 것이 에이전트 지망생이 성공적으로 통과해야 할 유일한 '**시련**'이 아니다. 앞으로 겪게 될 고통도 만만치 않다. 인턴이나 우편물 실 견습생의 자격으로 에이전시에 들어온 사람은 이 위치에서 좀 더 파워가 센 에이전트의 책상으로 옮겨 가는 데 경력 경로가 되는, 특정 선배 에이전트의 보조원을 거치게 된다. 선배 에이전트 '**책상**'에서 일하는 보조원으로 임명되기 전에는 잠시 '**붕 뜬 떠돌이 신세**floater'가 되어 보조원이 몇 시간 또는 며칠 동안 결근하면 그 일을 대신해야 한다. 숙련된 보조원은 부서의 '**코디네이터**coordinators'가 되거나[15] 에이전시의 육성 프로그램에 선발되어 공식적으로 '**에이전트 견습생**agent trainees'이 될 수 있다.[16]

이 학습 과정은 비교적 공식적인데, 'UTA 대학교'라는 타이틀을 붙이고 UTA에서 설계한 '**수업**'을 하고 '**시험**'을 치는 것과 같은 격이다. 또 학습 과정은 더욱 느슨하게 조직될 수 있으며, 그 내용은 미래의 발전을 위해 진지하게 고려되고 있는 에이전시와 그 산업에 대한 상징적인 경계를 넘어서는 것이다. 따라서 에이전시로부터 정규직 보조원으로 직접 선발되어 검증받는 것은 경력 경로의 맥락에서 훈련 프로그램에서 습득한 실용적·사회적 기술보다 더 중요하며, 훈련 프로그램 내용은 정규직 보조원으로서 배운 것과 별반 다르지 않다. 이것은 이 탤런트 에이전트가 6개월 후에 같은 에이전시에서 보조원으로서 ICM의 훈련 프로그램에 참여하며 깨달은 내용이다. "나는 약 6개월 후 훈련 프로그램을 제공받았어요. 이 프로그램은 회사 내에서 무슨 일이 진행되고 있는지, 그 밖에 다른 부서들은 무엇이 있는지 등을 더 많이 배울 수 있는 주간 회의와 관련된 내용이었습니다. 당신은 업계 전체를 망라해 어떻게 홍보하고, 어떻게 대본과 고객을 판매할 것인지에 대해 토론할 수 있어요. 그들이 훈련 프로그램이라고 말했기에 재밌었지만 나는 그것에서 오히려 동료애를 발견했어요. 일단 당신이 트레이닝 프로그램에 참여했다면, 그것은 의미가 있는 일이고, 그것으로 인해 에이전시는 당신을 이전과 다르게 볼 것입니다"(2010년 9월).

견습생을 선발하는 것은 일종의 업무 영역을 획정하는 것인데, 그 영역은 선택받은 사람과 그들의 사업 파트너에게 직업 세계의 접근 경로가 된다. 에이전트 견습생 훈련용 프로그램에 입문하는 것은 그들을 할리우드의 내부자로서 제도적으로 안착시키는 데 기여한다. 여기에서 에이전트들 간에 통용되는 '**동료애**fraternity'라는 은유는 '**소속**belonging' 감에 관한 것이다. 동료애는 할리우드, 소속 에이전시, 또래 집단에서, 에이전시 시스템의 하위 수준에서 상대적으로 동등한 위치를 차지하는 것을 의미한다. 이러한 입문 방식도 에이전트라는 위계 사회로 접근하는 통로이다.

견습생은 전반적으로 약 1~3년 후에나 '주니어 에이전트junior agent'로 승진한다. 그러나 보조원과 우편물 실 견습생 가운데 소수만이 에이전트가 될 수 있기 때문에 에이전트가 되는 각 단계에서 이탈이 생길 수 있다. 일례로 내부 승진을 하지 못한 인터뷰 참여자는 빅 할리우드를 떠나 리틀 할리우드로 가서 소규모 회사의 에이전트로 일을 시작했다. 이 단계에서 비교 우위가 뚜렷한 차별성을 만들려면 무엇보다 우선적으로 조직 체계 내부에 있는 1명 또는 여러 명의 유력한 멘토의 지원을 얻어내야 한다.

멘토의 지원을 받는 시기

에이전트를 만드는 일은 에이전시 내부에서 장려하고 마련한 현대적인 견습 제도에 의해 이루어진다. 주니어 에이전트로 승진하기를 원하는 보조원에게 중요한 것은 가능한 그 조직 내에서 높은 위치에 있는 멘토나 최적의 경우 회사 파트너나 부서장17)한테 주목을 받고 동행하는 것이다.18) 보조원들은 이러한 궤도를 통해 멘토에게 빚을 지고 있다고 느낄 때 에이전시와 에이전시를 구성하는 조직원들에게 전념하고 헌신한다.

장인·견습 모델master/apprentice model은 큰 에이전시에서 제도화되고 합리화된 조직적 맥락에서 연대와 충성이라는 긴밀한 대인 관계를 구축하고 유지한다는 것을 의미한다. 에이전트는 그와 멘토를 묶어주는 장기간 지속되는 상호 지원 관계에 대해 다음과 같이 강한 어조로 말했으며, 이제는 그 스스로 신입 사원들을 훈련시켜 이를 재현할 태세다.

인터뷰 참여자는 자신의 멘토에게 종종 강하고 무조건적인 충성을 표현한다. "[저의 멘토가] 없었다면 저는 확실히 오늘 여기 이 자리에 없었을 거예요. 저는 에이전트로서 거의 모든 것을 [그 멘토에게] 빚지고 있어요. …… 그는 저의 형제와 같아요. 우리는 믿을 수 없을 정도로 친밀해요. 저는 아직도 그에게 조언을 구하러 가죠. 때때로 그는 저한테 조언을 구하러 오기도 하구요. 그리고 우리는 놀라울 정도로 함께 일을 잘 해나가요. 저는 어떠한 고객도 그에게 맡길 수 있죠. 저는 제 인생의 누구라도 그에게 맡길 수 있어요. 저는 그를 위해 총도 맞을 수 있다니까요."(2010년 10월, 대형 에이전시의 에이전트).

멘토의 후원을 받는 것은 수습 에이전트들이 종종 '**동료애**fraternity'나 '**가족**family'이라 묘사하는 현존하는 집단 시스템 속에 편입되는 것에 영향을 미친다. 그런 집단 시스템은 에이전시가 만든다. 내부적인 유대가 점점 중요해짐에 따라 수습들은 대부분의 시간을 그 조직 속으로 자신을 통합시키는 데 사용한다. 아울러 이런 맥락에서 구성되는 직업 세계는 개인적 또는 여유로운 삶의 영역을 희생시키면서 광범위하게 발전한다. 이 과정은 에이전트 업무와 관련한 기술 습득과 에이전시 및 산업 게임 규칙에 친숙해지는 것만을 좌우하지는 않는다. 멘토는 추천인, 승인 주체일 뿐만 아니라 젊은 에이전트에게 꼭 필요한 직업 '**네트워크**'에 그들을 편입시켜 주는 촉진자이다.

> 저는 탤런트 부서의 책임자로 일했어요. 그는 결국 저의 멘토가 되어 저의 모든 경력을 지도해 줬어요. 좋은 점은 당신보다 앞서 그 길을 지나온 분이 자신이 거쳐 온 길을 따라 당신이 잘 나갈 수 있게 인증해 주는 것이죠. 당신을 칭찬해 주고, 소개해 주고, 정말로 당신에 대한 '승인 도장'을 해당 커뮤니티에 찍어 주죠. 그것이 핵심이에요. 거기에서 당신은 분명히 관계의 연속성을 가져야 하고 그것에 부응해야 해요. …… 그것은 저한테 그런 관계들, 고객과의 관계들, 매니저와의 관계들을 제공했고, 그 뒤 정말로 그런 부분을 이해하게 되었어요 (2013년 2월, 대형 에이전시의 전 탤런트 에이전트).

연구 목적으로 에이전시 세계에 들어가려고 애쓰는 민족지학자도 게임 접근권을 완전히 얻으려면 확실히 업계에 안착한 멘토의 지원이 어느 정도 필요하듯 장차 에이전트가 되길 열망하는 사람들은 **견습 제도**

apprenticeship system를 피해갈 수 없다. 보조원과 견습생의 직업 경로는 동원 능력을 갖춘 후원자의 위치에 따라 달라진다. 따라서 그들은 에이전시를 구성하는 어느 정도 공식적인 위계 구조에 대한 이해와, 가장 강력한 시장 행위들뿐만 아니라 '후배protégés'를 최상의 수준으로 후원하는 사람들에 대한 인식, 그리고 그 내부에서 이상적인 위치를 설정하고, 그 지점에 도달하는 적절한 전략을 수립하기 위해 에이전시 부서나 하위 부서 등 다양한 전문 분야를 만들어내는 능력에 의존하는 게임에서 합당한 자기 배치 전략을 강구한다.

인터뷰에서 에이전트 보조원들은 게임을 더 잘 이해하고 새로운 기회가 열리는 것처럼 보일 때, 이상적으로 추구하고 싶은 직업 경로에 더 가까워지기 위해 고참 에이전트의 지원을 얻어내고자 한다며 자신들의 직업적 진화 전략을 묘사했다. 가령 그들이 이 영역에서 승진하길 원한다면 영화 대본 에이전트 책상에서 일하도록 지정받아야 하고, 아니면 반대로 벗어나기 쉽지 않은 원치 않는 진로에 놓이는 것을 피하려면 멘토의 지원을 받아야 한다. 특정한 자리가 더 가치가 있고, 보조원들 사이에 더 많은 관심을 불러일으키기 때문에 그 자리에 다가가기 위한 경쟁도 더욱 치열하다.

전형적으로는 영화(특히 탤런트) 부문이, 요즘에는 TV 부문[구체적으로 대안 TV(alternave TV)나 리얼리티 TV(reality TV) 못지않게 대본이 있는 프로그램]이 이 위계 구조의 최상위에 있다. 에이전트 보조원들은 에이전트 업무를 할 때 자신의 자리가 나중에 에이전트 경력에서 어떤 것이 될지 미리 알고 있고, 그들이 연달아 성취하는 자리들이 그런 점에서 자기 강화 과정을 만드는 경향이 있다는 것을 알고 있다.

자기를 상대로 에이전트 역할을 해보는 '자기 대행self-agenting' 작업은 신참 에이전트가 고객을 위해 해야 할 일이 뭔지를 알려주는 서곡이며, 사실상 관련자들이 분명하게 알려주는 것이기도 하다. 에이전트 보조원들이 전략적으로 에이전시 조직과 권력 시스템을 해독하고 탐색하려고 시도하는 만큼 그들은 결코 그들이 일부분인 역할의 재현과 변형 과정을 실제로 통제하지는 못한다.

장인master과의 연대는 에이전시 보조원들이 원하든 원하지 않든, 대형 에이전시의 분업화된 노동 및 조직 부서와 관련되어 그들이 차지한 공간, 즉 기능적 전문화의 관점에서 수습생을 에이전시와 그 시스템, 업계 전체 안에서 이뤄지는 **게임 속에 위치시켜 놓는다.**

보조원들은 멘토가 자리를 잡고 있는 상호 인정과 친화력이 있는 일상적인 조직 내에서 운용되기 때문이기도 하다. 개인적이고 정서적인 양태를 띠는 여러 가지 갈등과 분파가 불가피하게 존재하는 이 직업 세계에서는 누가 자신과 '**가깝게 있는지**'를 파악하는 게 가장 중요하며, 그런 연대는 즉시 동맹군과 적군을 동시에 만들어준다.

에이전트 지망자들이 멘토와 접촉해 배우는 것은 종종 아티스트들에게 주어진 재주gift나 재능talent을 모방하는 독보적이고 천부적인 능력이라 일컬어진다. "똑똑해지는 것이지만, 그렇다고 지적인 능력은 아니다. 그것을 습득하는 것이다. 그것. [그것이 무엇인지는] 손에 잡히지 않는 것들이다. 당신은 그런 학습을 잘할 사람일 수도 있고 그렇지 않은 사람일 수도 있다."[19]

그러나 '**그것을 파악하는 것**'은 이 세계의 특수한 언어와 직업 규범을 이해하는 출발점으로서 사회화 과정의 결과이다. 에이전트 보조원은 이 직업 맥락이 요구하는 대로 읽고, 쓰고, 말하도록 배운다. 특정 직업 시스템에서와 마찬가지로 할리우드 전문가들은 다소 비공식적인 언어, 전문 용어, 문구를 공유함으로써 공통된 의미의 영역에서 내부자를 한데 모아주고 외부자는 멀리 떨어져 있게 한다.

신참자는 처음에 에이전트들끼리 암호로 교환되는 것과 같은 것을 해독해야 한다.[20] 가령 인터뷰에서 반복적으로 나온 '**방 안에서**' 일어나는 일에 대한 끊임없는 언급은 종종 초보자에게는 신비스럽게 보일 것이다. 몇몇 인터뷰 참여자들은 금방 알아차렸듯이, 거래가 이뤄지는 공간을 지칭하는 용어들을 접하면서 겪은 초기 혼란을 떠올렸다. 가령 '**방**'이라는 곳은 에이전트가 동료들에게 대본과 아이디어를 주고 프로젝트를 만들어내라고 유인하는 에이전시의 회의실이 될 수도 있고, 에이전트가 캐스팅 감독과 함께 '**방 안에서**' 배우를 캐스팅하는 경우 오디션이 이루어지는 장소일 수도 있으며, 프로젝트를 홍보하는 스튜디오 임원이나 회장의 집무실이 될 수도 있다.

신참 에이전트 가운데 인터뷰 참여자들은 또 '**방 안에서**' 어떻게 행동해야 하는지를 완전히 이해하는 데 많은 '시간'이 걸렸다고 강조했다. 다시 말해 에이전트의 행동 강령code of conduct은 얼마나 많은 시간 동안 '**방 안에**' 있을지, 거기에 있을 행위자들이 누구이며, 무엇이 목적인지, 당신 자신과 당신의 기대치를 표현하는 가장 적절하고 의미 있는 방법이 무엇인지에 대한 어휘들로 가득 차 있다.

신참자들은 이 특수한 직업 언어를 습득하고, 이 용어들을 적용해 생각하고, 자연스럽게 사용하게 되면서 처음에 경험했던 낯설음을 잊어버리게 된다. 동시에 신참자들은 다른 할리우드 전문가들에게 의미와 관행의 공동체로 점차 통합된다는 신호를 보여준다. 이런 행동 강령들은 캐스팅 디렉터부터 제작자나 스튜디오 회장에 이르기까지의 잠재적인 고용주와 함께 '**방 안에**' 있을 때 발휘해야 하는 설득 능력을 형성하고 보완하는 방법이며, 고객들이 자신의 지지자가 되도록 준비시킬 수 있는 방법이다.

에이전트 보조원은 전화를 받고 대본을 읽거나 '**평가서**coverage'를 작성하는 등 에이전트 보조원이 책임지는 다양한 업무들은 관찰을 통해 에이전트 업무의 다양한 차원을 배우는 기회이다. 업계의 내부자들은 모두 에이전시 보조원과 견습생이 사회화와 자기 수련을 하는 강력한 수단으로서 선배 에이전트들끼리 주고받는 전화를 체계적으로 경청한다는 사실을 알고 있다. 이를 통해 에이전트 보조원과 견습생들은 구매자와 협상하는 단계와 방법뿐만 아니라 에이전트와 아티스트 간에 일어나는 매우 개인적인 교류 내용을 조심스럽게 목격할 수 있다. 에이전트는 말 없는 존재인 보조원을 사실상 잊어버리기 때문에, 역설적으로 이런 엿듣기 관행을 사생활 침해로 간주하지 않는다.[21]

에이전트 보조원은 점차 에이전트와 마찬가지로 사적인 비밀의 보호자가 되고 에이전시의 맥락에서 '비밀confidentiality'이 실제 무엇을 의미하는지를 알게 된다. 민감한 정보에 대한 이런 접근과 정보 통제와 관련된 차원은 (미래의) 에이전트들과 (집단 기밀의 저장소인) 에이전시 사이의 관계, 그리고 에이전트들을 고객과 연결하는 권력관계와 모두 관련이 있다(이 사항은 5장에서 더 탐구하겠다).

초보자는 '관계 형성building relationships'의 의미와 거래를 만드는 적절한 방법이 무엇인지를 점차 알게 되고, 실용적이고 도덕적인 역량을 쌓는다. 뗄레야 뗄 수 없게, 초보자들은 그들의 권위를 특징짓는 권력관계의 구조와 그 속에 존재하는 모든 사람들의 위치를 잘 파악하게 된다. "당신은 고객이 누구인지, 어떤 에이전트가 어떤 고객을 대행하는지를 배우고 있다. 그런 학습 과정은 서서히 흡수되는 삼투압 작용osmosis이다. 당신은 주시하고, 귀 기울여 듣고 있다. 사람들이 서로 어떻게 상호작용을 하는지 보고 있다. 또 직원들이 다른 에이전트를 어떻게 다루는지, 동료와 파트너의 차이점이 무엇인지에 대해서도 이해해 나가고 있다. 만일 당신이 어느 날 제 발로 에이전트가 되었다면 그런 '정치politics'를 이해하지 못했을 것이기 때문에, 당신이 에이전트가 되는 데 가장 큰 도전은 회사 내부 분위기의 정치적 특징을 이해하는 일일 것이다"(2010년 10월, 부티크 에이전시의 공동 설립자).

대본이나 어떤 재료를 읽고 판단하는 방법을 배우고, 전문가가 원하는 방식으로 글을 쓰는 것도 초심자들에 대한 에이전트 입문 교육 과정의 한 가지 요소이다. 이 기술은 긴 저녁 시간과 모든 주말을 투자해 오랫동안 다양한 자료를 읽고 비교 평가하면서 여러 번의 시행착오 끝에 얻게 된다.

교육 과정은 참여자들의 타고난 취향과 본질적인 개인 재능에 대한 생각을 배양하는 세계이다. 이 과정에서 에이전시가 신참자들이 대본의 품질이나 콘셉트의 가치를 평가하는 데 쓰는 객관적 기준이나 합리적 방법론을 알려주지 않더라도, 에이전트가 되고 싶은 사람들은 성공적이고 명성이 높은 작품에 대해 점점 익숙해진 덕분에 다른 읽을거리와 비교해 '좋은' 대본이 무엇인지 점차 추론이 가능하게 된다. 그렇게 함으로써 참여자들은 영화나 엔터테인먼트에 대해 판단할 때 '개인적 취향personal taste'에서 벗어나 전문적인 **직업적 취향**professional taste을 형성한다. 22)

에이전트의 언어로 표현하면 이것은 품질quality과 판매 가능성salability을 산정하는 능력을 하나로 묶어주는 '**탤런트 감각**sense of talent'이 형성되는 방식이다. 다음에 인용된 하급 대본 에이전트는 기억을 더듬어 보조원 시절부터 시간이 지남에 따라 어떻게 그의 직업적 '**취향이 발전되었는지**', 그리고 그것을 어떻게 습득해 왔는지를 회상했다.

여기 에이전시 세계는 학교처럼 작동하지 않아요. 삼투(滲透) 현상처럼 서서히 터득해 나가는 것이죠. 당신은 다른 사람들을 쳐다보다가 갑자기 재빠르게 일하기 시작해요. 가령 당신은 유명 극작가인 **에런 소킨**(Aaron Sorkin), **빌 모나한**(Bill Monahan), **스티브 제일리언**(Steve Zaillian)의 위대한 글(대본)을 읽어야 하기 때문이죠. 그리고 당신은 그들이 무슨 일을 하는지, 그들이 어떻게 그들의 대사들을 구성하고 이야기를 서술해 나가는지, 어떻게 대본의 흐름이 진행되는지, 어떤 글이 효율적인지를 이해해야 합니다. 그런 다음, 나쁜 대본을 너무 많이 읽었을 때는 작가가 저지른 실수를 알아차리게 되죠. 당신은 그러고 나면 갑자기 설명할 수는 없지만 좋은 대본이 뭔지 알아차리게 되죠(대형 에이전시, 2013년 12월).23)

이러한 요소는 에이전트의 전문화를 분명하게 나타내며, 에이전트들도 점점 증가하는 에이전트의 전문성을 추세로 받아들인다. 이 전문화는 관련된 미디어, 구매자, 장르의 유형에 따라 프로젝트들과 아티스트들에게 적용할 구체적인 평가 기준을 정한다. 일례로 텔레비전에서 무엇이 중요하고 무엇이 가치가 있는지 판단하는 기준은 영화의 그것과는 다르다. 영화와 쇼의 장르별 분류에서도 각각의 경우 '훌륭한 작가'가 무엇인지에 관해서는 강조하는 바가 다르다.

텔레비전에서 가장 중요한 것은 '캐릭터'죠. 사람들이 몇 시즌에 걸쳐 50에서 200개가 넘는 에피소드를 시청하면서 이런 캐릭터들을 계속 볼 수 있을지 궁금해하기 때문이에요. 그래서 텔레비전은 이야기의 전개가 상당히 쉽죠. 온통 캐릭터에 관한 것을 다뤄요. 저는 특집 물을 고려할 때 …… 그것은 캐릭터 설정이 잘된 작품과 함께 시작하는데, 이는 상당히 까다로운 것이죠. 저는 단지 읽기 쉽다는 이유로 특히 희극(comedy)의 대사에 잘 반응해요. 그것은 놀랄 만큼 중요해요. …… 그다음 제 생각에, 두 번째로 중요한 것은 극의 구성(plot) 같아요. 세상을 펼쳐 가는 구성, 그것은 특별히 SF물, 서부극, 역사물 같은 리얼리티 장르에서 중요해요. 그것들로 인해 당신이 세상을 만들어내기 때문이에요. 몇몇 작가들은 다른 이들보다 하나의 요소를 만들어내는 데 특출 나죠. 당신은 이른바

조물주라 불리는 거물급 SF 작가들을 보유하고 있잖아요. 또한 훌륭한 드라마
와 스릴러물을 만들어내는 데 필요한 훌륭한 대사의 창조자인 작가를 갖고 있어
요(2014년 7월, 대형 에이전시의 대본 에이전트).

어떻게 에이전트가 될 수 있는가에 대한 노하우는 견습생과 그의 멘토
(들) 사이의 다소 무형적인 관계를 통해서만 전수되지 않는다. 그것은 견
습생들이 미래의 에이전트로서 특히 대형 에이전시 내에서 조직된 많은
모임에 참여하면서 더 많은 조직 채널을 통해 전수된다. 일상적 회의나
모임은 전체 에이전시, 부서, 전문화된 부서나 하위 그룹을 하나로 모아주
며 회사 전체 구조와 부서에 활력을 불어 넣는다. 이런 모임은 에이전시
의 고객 정보를 듣는 장소인 동시에 '**구매자**'는 누구이고, 그들의 관심사는
무엇이고, 텔레비전과 영화의 연간 일정은 무엇인지, 프로젝트를 판매할
최적의 시기는 언제인지, 실용적인 측면에서 패키징은 무엇을 의미하는
지, 대형 에이전시의 핵심 활동은 무엇인지를 배우는 곳이다.

수련 중인 에이전트를 데려갈 수 있는 직업적 승인을 한 자본은 업계
를 선도하는 에이전시로서, WME, CAA, UTA, ICM의 약자처럼 세 글자로
객관화된다. 한 에이전트는 한때 어느 대형 회사에서 에이전트 연수생으
로 일할 당시 이런 회사 이름과 같은 상징자본을 어떻게 자신의 이해에 활
용했는지를 설명했다. 그러면서 그는 현재 상대하는 고객과 구매자의 시
각으로는 매우 색다른 물에 발을 담근 사실을 자각하고 결국 아주 작은 회
사로 떠나 리틀 할리우드의 탤런트 에이전트로서 경력을 쌓아갔는데, 이
는 에이전트들이 따라갈 수 있는 전형적인 경로 가운데 하나라는 것을 보
여준다.

제가 대형 에이전시에서 얻은 것은 '**네트워킹 능력**'이라고 생각해요. 당신

이 ICM에서 일한다면 이름 뒤에 나오는 3개의 글자가 많은 의미를 주기 때문이죠. 연수생 신분인 데도 사람들은 저를 항상 '에이전트'라고 착각했어요. ······ 대형 에이전시는 소개하는 일까지 저를 위해 많은 문을 열 주었어요. 대형 에이전시를 떠난 에이전트에게 일어난 일은 제가 떠났을 때도 똑같이 발생했어요. 전화를 해서 "이봐, 난 ICM의 아무개야"라고 말했던 게 당신인데. 갑자기 세 글자(소속사)가 당신의 이름 뒤에 붙지 않는다는 것과, 당신이 얼마나 불필요한 존재가 되었는지를 깨달았죠. 갑자기 당신은 중요하지 않은 사람이 된 거예요. 그래서 저는 저를 위해 제가 전화를 걸었을 때 사람들이 신뢰하도록 별도의 이름을 만들어야 했어요. 당신은 정말로 작은 수준의 캐스팅 커뮤니티에 의존해야 하기 때문이죠. 당신이 '5대 에이전시'에 속하지 않는다면[24] 캐스팅 디렉터와 실제로 같이 숙박하면서 그들을 알아 가고 관계를 맺어야 해요. 그것이 당신의 배우를 시청자나 관객에게 선보일 수 있는 방법이죠. 대형 에이전시에게만 항상 기회가 주어지는 것은 아니에요. 종종 제안들이 캐스팅 디렉터를 건너뛰고 부서의 이사로 바로 가는 것을 알아차리죠. 그것은 저를 위한 커다란 학습 곡선이었죠. 과거 ICM 소속의 제가 아니라 저는 현재 작은 회사에 있고 혼자뿐이라는 사실을 이해하는 데 약 6개월이 걸렸어요. 또한 등록된 배우들의 명부도 변했어요. 당신은 족히 100만 명이나 되는 텔레비전과 영화 스타들의 명부를 갖고 있지 않아요. 현재 일하고 있는 배우만 갖고 있어요. 당신의 명부에서는 대형 배우들을 찾아볼 수 없죠. 그래서 그것은 저한테 일종의 '문화 충격'이었어요(2010년 10월).

사실 대형 에이전시는 미래의 에이전트들을 훈련시키는 것 이상으로 많은 일들을 한다. 대형 에이전시들은 소규모 에이전시, 매니지먼트 회사, 제작 주체를 채워갈 전문가들을 생산하는 '**농장 시스템**'처럼 운영된다. 결과적으로 대형 에이전시들은 에이전트에 의해 구체화되고 조직으로서 에이전시 내에서 제도화되며, 그런 조직이 변화하면서 재생산되고, 달라지는 직업 규범과 모델의 전달을 주관한다. 이런 설명은 물론 에이전트가 부티크 에이전시에서 일을 시작해 주로 리틀 할리우드 대행 업무로 진출하는 직업 경로가 존재한다는 사실을 빼놓지는 않는다.

그러나 소수의 대형 에이전시 가운데 한 곳에서 유래한 이런 직업 이동 궤도의 확산은 지금부터 강조하겠지만 매우 중요한 구조 효과를 갖고 있다. 결과적으로 우리는 에이전트들이 공유하게 될 직업적 정의의 양태뿐만 아니라 탤런트 대행인들의 직업 궤적은 장기간에 걸쳐 제작 전문가들과 뒤얽혀 만들어진 직업 환경이라는 점을 이해해야 한다.

할리우드에서 에이전트 '세대' 형성하기

에이전트 보조원에서 탈피해 승진하는 것은 다양한 방식으로 이루어지며 다양한 직업 경로를 파생시킨다. '사내'에서 승진한 사람들은 자연 진화가 된 것처럼 살아갈 수 있고, 이런 변신은 법적 측면에서 항상 즉시 공식화된 것은 아니다.[25] 탤런트 대행 경력을 쌓기 위해 소규모 회사로 떠난 사람에게는 더욱 급격한 변화가 많다. 이들은 앞에서 인터뷰 대상자가 언급했듯이 보조원 시절에 만들어놓은 인맥 덕분에 제작사나 스튜디오에 고용된 사람들이 말한 대로 '문화 충격culture shock'을 겪는다. 탤런트 대행과 제작, 배급(그리고 빅 할리우드와 리틀 할리우드) 영역에서 일어나는 초기의 순환은 소규모 회사처럼 이동성이 높은 직업 경로를 만들어내지 않는다.

반면 전문직의 정체성은 특별한 유형의 지위에서 몇 년을 보낸 후 점차 강화되고 구체화되며, 그런 순환의 기회는 그래서 점차 감소할 것이다. 만약 에이전트가 통상적으로 경력 후반기에 매니저로 전환하면 시간이 흐를수록 제작 분야로 전환하는 사례가 줄어 들 것이다. 사실 제작과 스튜디오 분야에서 성공을 거둔 최상위 에이전트들은 드물다. 또한 에이전트의 경험에 비춰 빅 할리우드를 리틀 할리우드와 구분하는 경계는 시간이 갈수록 두터워진다. 몇 년이 지나면 리틀 할리우드 에이전트는 비록 초기에 주요 에이전시에서 수련을 받았다고 하지만 빅 할리우드로 도약해 주요 조직 가운데 한 곳에서 경력을 쌓을 기회는 거의 없다.

반면에 탤런트와 같은 고객들은 체계적인 단계를 밟아 성공을 거두면 더 큰 회사가 대행하게 될 것이며, 자신에 대한 '**수요가**' 적은 경우 리틀 할리우드로 돌아갈 수도 있다. 리틀 할리우드를 빅 할리우드와 구분하는 '**유리 천장**glass ceiling'은 다른 쪽의 탤런트 대행인이 이동하는 것을 방해하는 경향이 있으며, 단 소규모 회사에서 규모가 큰 회사로 이동한 경력이 있는 에이전트의 경우는 예외다.[26] 대부분의 경우 직업 이동 궤도는 빅 할리우드 및 리틀 할리우드뿐만 아니라 고객, 미디어 등의 특정 전문 분야에도 존재한다. 궤도의 순환 공간은 시간이 지나면서 좁혀지고 안정된다. 즉, 다양한 유형의 경험을 한 에이전트들이 있는 '**할리우드**Hollywood'는 장기간 지속된 상호 관계에 의해 만들어진 아주 작은 세계이다.

따라서 대형 에이전시의 우편물 실이나 연수 프로그램에서 같은 집단cohort의 일원이었던 사람들은 뚜렷하지만 결국 상호 의존적 직업의 길로 나가는 것이다. 에이전트들은 그들의 경력이 동시에 발전하면서 이런 공통적인 사회화 과정에 의해 엮여지는 또래 그룹peer group을 형성한다. 그들은 탤런트를 대행하는 측과 제작하는 측으로 서로 대면하게 되면 직업적 거래에서 분명히 사업 파트너가 된다. 에이전트들의 지각에 대한 상호 인식과 친밀감은 그들이 비슷한 조직적 맥락에서, 그리고 동시에 에이전시 시스템의 역사, 전체적으로는 할리우드의 역사 속에서 훈련되고 **전문가가 되었다는** 사실에서 나온다.

다시 말해 비슷한 **세대 양식**modes of generation(Bourdieu, 1984)은 각자의 경력이 동시에 펼쳐지고 공통적인 대인 관계의 이력을 공유하는 개인들로 이루어진 상호 인정 집단을 형성한다. 그런 집단들은 에이전트들이 리틀 할리우드나 빅 할리우드에서 일하는지에 따라 다른 형태를 띠는데, 그들의 활동 영역에 따라 연관된 파트너와 사업 상대가 다르기 때문이다. 예를 들어 숙련된 리틀 할리우드 에이전트의 사업 파트너는 텔레비전 방송사의 캐스팅 책임자일 수도 있고, 대형 회사의 탤런트 에이전트는 지금 직접 연락이 가능한 스튜디오의 수장일 수 있다.

그러나 다음의 인용문이 제시하듯이 그런 에이전트들은 모두 시간이 흐르면서 형성된 또래 그룹에 속해 있다고 느끼며, 이를 '세대'라 표기한다.[27] 형성된 그룹들은 리틀 할리우드나 빅 할리우드에 국한되어 있지만, 에이전트들이 인지하는 세대의 메커니즘은 전체 산업을 더 높은 수준으로 특징짓게 한다.

업계에서 최상위 행위자들이 상호 연결된 직업 경로를 갖고 있다고 환기하는 것은 언론 보도, 특히 종종 영화나 서적에 등장하는 표현을 통해 좀 더 공적인 서사로 통합되어 특정 시점에서는 '**할리우드**'를 규정한다. "우리 에이전트들이 해야 하는 많은 일들은 세대와 관련이 있기에 매우 흥미롭죠. 그 이유는 제작자가 현재 디즈니의 사장이거나, 함께 조수로 일했던 사람이 워너브라더스의 사장이거나, 우리의 좋은 친구 가운데 한 명이 파라마운트의 회장이기 때문이죠. 이는 에이전시 업계가 바로 **관계 기반형 산업**relationship-based industry인 까닭이죠. 이곳의 모든 배들은 그 물결을 따라가고 있어요"(2010년 9월, 리틀 할리우드 소속의 영화 에이전트).

시간이 흐르면서 구축된 그런 관계 시스템에 의존할 수 없는 사람들은 다른 유형의 자원을 동원해 보완해야 하지만 사교 행사와 네트워크 구성원들 간의 식사만으로는 완전히 그것을 대체하지는 못한다.[28] 반대로 그러한 세대의 양식을 통해 만들어진 사람들에게, 더 활발한 상호작용은 상호 인식과 오랫동안 운명을 공유하며 함께한 공동체에 대한 소속감에서 비롯된 잠재적인 형태의 연대를 활성화한다.

이런 결속은 대형 에이전시의 우편물 실이나 훈련 프로그램에서 겪는 일반적인 경험과 유사한 1차적인 사회화를 뛰어넘어 직업적인 궤도를 형성하는 장기간의 상호 의존성에서 실제 나온다. 이러한 결속은 결코 영원히 사라지지 않으며, 상황에 따라 지속적으로 갱신되어야 하고 신참자의 계속적인 진입에 맞춰 조정되어야 한다. 관계라는 것은 매우 빠르게 통용이 폐지되는 수명 짧은 화폐와 같은 것인데, 이런 관계 유지의 필요성은 게임에 복귀하기 위해 고군분투한 에이전트들이 수년간 자신의 경력을 중단해야만 했던 이유이다.

우리는 결과적으로 할리우드 내부자들의 세계가 상대적으로 투명한 세계라는 점을 확인했다. 모든 사람들은 사업 파트너의 경력 경로를 알기 쉽다. 그리고 더 중요한 것은 그 과정에서 축적되었을지도 모르는 부채와 의무, 비공식적인 직업적 위계 구조, 그리고 현재 보유하고 있는 타이틀과 직위에 의해 규정된 위계 구조와는 때때로 다른 계층 구조이다. 이 초대형 에이전시들 가운데 한 곳에 근무하는 성공한 선임 에이전트는 과거에서부터 자신이 어떻게 신뢰를 얻어왔는지를 설명했다. 이 에이전트는 그간 구축한 관계를 보면 알 수 있듯이, 자신을 많이 알리고 다른 사람들이 신세를 지게 하는 방식을 통해 그것이 가능했다고 말했다.

저는 요즘말로 그의 일자리를 꽂아줬죠. 그가 대형 제작자의 답신을 받았다면, 저를 좋아할 것이기에 저한테 와서 조언을 구할 겁니다. 그래서 그는 지금 스튜디오의 수장이 되었죠. 저와 그는 그가 내 회사에 있었다는 것을 알아요. 당신도 알다시피, 제가 에이전시를 운영할 때 제 의자 옆에서 일하며 조언을 받았죠.

그래서 그는 '그런 사람'이 될 수 있었죠. 그러나 저와 있으면, 그는 그 정도 사람은 될 수 있어요.

그리고 에이전시 업계라는 우리 동네는 이렇게 작동되죠. 그는 지금 저보다 힘이 세요. 그러나 저는 그보다 더 강해요. …… 제가 그와 함께 관계를 맺어온 시간이 있기에 저는 그보다 더 강한 거죠(2013년 2월, 대형 에이전시 소속의 탤런트 에이전트).

에이전트들은 강한 유대감과 공통의 미래를 먼저 관리해야 한다는 요구를 받기 때문에, 프로젝트들 간에 이어지는 불연속성과 한 번에 하나에 주력하는 데 독점적으로 초점을 맞춰 자신의 활동이나 경력을 프로젝트 주도로 생각하지 않는다. 반면 에이전트들은 수많은 고객과 프로젝트, 빠른 속도로 처리해야 하는 작업들을 동시에 수행하면서 자신들의 활동에 관한 비전을 좀 더 안정적이고 지속 가능한 방식에 뿌리를 두어 발전시켜 나간다. 이것은 많은 문화 산업 연구에서 주장한 것과는 달리, 탤런트와 프로젝트의 거래에 참여한 다양한 사람들은 모두 자신이 프로젝트 기반의 경력을 추구한다고 생각하지 않는다는 것을 보여준다.[29]

이것은 우리로 하여금 연속적이고 조직적인 위치에 있는 직업으로 축소시키지 않는 방식으로 **궤도**를 만들도록 이끌지만, 그런 직업 경로가 의미를 갖고 사회적 효과를 발휘하는 범위 내에서 직업에 대한 상호 인정 시스템의 중요성을 강조한다. 학습 과정이 비슷하고 과거 경험이 공통적이기 때문에 '**직업 정신**'을 계속 공유할 수 있는 것이다.

이런 직업 정신은 대행 업무에 집중하는 것과 에이전트와 사업 파트너가 쓰는 일상 언어를 공유하는 것으로 구성된다. 에이전트들은 업계의 주인공들이 종종 '**규칙이 없다**'고 느끼는 세상에서 행동 지침이 되는 공유된 협약을 직업 집단에 내재화하는 것을 허용한다.[30] 참가자들은 어떻게 행동해야 하는지, 무엇을 기대할지, 어떻게 예상할지를 알고 있다. 그들은 게임을 하는 방법을 알고 있고, 공통적인 게임의 역사를 갖고 있기에 노회한 선수들이다.

　　이런 거래를 하는 에이전트들과 변호사들로 구성된 상대적으로 작은 집단이 아직 존재해요. 이건 마치 큰 사교 클럽 같다는 걸 당신도 알 거예요. 당신은 정말로 중요한 500명 혹은 1000명의 사람들을 알게 되죠. 그리고 전화와 이메일 주소를 교환하고 함께 일을 해요. 때로는 직업을 바꾸고, 스튜디오를 교체하고, [TV] 네트워크를 바꾸죠. 그것은 같은 그룹 내의 사람들이에요. 저는 오늘 35년, 혹은 30년 동안 알고 지낸 사람과 점심을 먹어요. 그는 저와 평생 함께 일해온 변호사죠. 우리는 여러 모로 많은 일을 했어요. 그리고 알다시피 당신은 누군가와 2~4년 후에 대화를 나눌 수 있어요. 그것은 어제의 [손가락으로 딱 소리를 내는 것]과 같죠. …… 당신은 약칭(略稱)을 알고 있잖아요. 그들이 그 언어를 이해하고 있음을 알고 있죠. 그리고 당신이 하려고 하는 거래 방식이 무엇인지, 고객을 대행하는 방식이 무엇인지, 당신이 밟아야 하는 단계를 나타내는 방식이 무엇인지에 대해 같은 사고방식을 갖고 있는 것을 알고 있어요. 그리고…… 모든 사람들이 그것들을 알고 있죠. 그러나 만약 당신이 그 클럽에 속하지 않는다면 그것들을 알 수 없어요. 또한 그 클럽에 관여하고, 그런 연줄을 만들고 그런 관계를 갖는 것, 또 그렇게 해서 그들에게 전화로 접근하고, 전화를 걸었을 때 무시당하지 않고 답신 전화를 받을 수 있게 되는 데 수년이 걸려요(2013년 3월, 중간 규모 에이전시의 대본 있는 TV 프로그램 에이전트).

　　이 에이전트는 직업적인 위기는 바로 다른 아닌 실제 누군가의 전화를 받거나 회신하는 것을 종종 의미하는 시장 참여자로 인정받는 것이라면서, 직무 전환의 과정에 있거나 이 직업 세계에서 생존하기 위해서는 이를 심각하게 받아들여야 한다고 주장했다. 인터뷰 대상자가 언급한 '그 **클럽 내에**' 머무르는 것은 탤런트 대행, 아티스트, 제작 전문가들을 함께 묶어주는 삼각관계 속에서, 내가 지금 설명할 것처럼 에이전트 분야에서 특정한 **관계 업무**를 수행하는 것을 암시한다.

▶ 옮긴이의 도움말

주디 호플런드 Judy Hofflund
에이전시의 우편물실에서 일하는 보조원으로 출발해 CAA, InterTalent, UTA에서 일한 뒤 1995년 더 호플런드컴퍼니(The Hofflund Co., 이전 명칭은 Hofflund/Polone)라는 자신의 회사를 세워 약 20년간 경영한 미국 할리우드의 전설적인 여성 에이전트이자 제작자이다. 업계에서 오랫동안 일하면서 샐리 필드(Sally Field), 캐네스 브래나(Kenneth Branagh), 줄리아 루이스드레이퍼스(Julia Louis-Dreyfus), 케빈 클라인(Kevin Kline: 미국의 TV 배우로 미국 패션 디자이너인 케빈 클라인과는 다른 인물) 등의 고객을 매니지먼트했고, 〈오리엔트 특급 살인사건〉, 〈패닉 룸〉, 〈8mm〉 등의 영화를 기획·제작해 히트시켰다. 이런 에이전트들의 혹독한 성장 과정은 데이비드 렌신(David Rensin)이 지은 책 『메일룸: 바닥에서 정상까지의 할리우드 역사』(2013)에도 제시되어 있다.

기업가 정신 entrepreneurship
기업의 본질인 이윤추구와 사회적 책임(CSR)을 수행하기 위해 기업가가 반드시 갖추어야 할 자세, 정신, 통찰력, 철학을 나타내는 말이다. 미국의 경제학자 조지프 슘페터(Joseph Alois Schumpeter)는 기업의 혁신을 위해 기술혁신과 창조적 파괴에 앞장서는 기업가 정신이 필요하다고 주장했다. 기업가 정신[앙트레프레너십(entrepreneurship)]은 오늘날 경영학의 한 범주를 이루고 있다.

대리하는 직업 vicarious vocation
엔터테인먼트 산업에서 에이전트(매니저)는 배우, 감독, 작가, 그 밖의 아티스트나 명사들을 대신해 일을 따오거나 주선하며 그들의 사업과 권리를 대행하기에 '대리하는 직업'으로 칭한다. 마찬가지로 변호사(법률대리인), 변리사(특허대리인), 회계사·세무사(세무·회계 대리인) 등도 고객의 업무를 수임해 대리하기 때문에, 대리하는 직업으로 분류할 수 있다.

수습(견습)제도 apprenticeship system
정식 사원이 되기 전에 선배 사원으로부터 보고 배우면서 일하도록 하는 제도로 에이전트의 세계를 비롯해 기자(수습기자), 의사(인턴, 레지던트), 법조인(예비 판사인 재판연구원 등), 수공예 장인(조수), 공장(기술공정 분야의 어시스턴트) 등 도제식(徒弟式) 교육이 요구되는 분야에서 광범위하게 적용되고 있다. 현행 '노동관계법'에 따르면 사용자가 수습 제도를 운용할 때는 정식 근로계약을 체결하기 전에 수습 근로자 권리와 의무, 수습 기간 등이 포함된 수습 근로계약을 맺어야 적법하다.

에런 소킨 Aaron Sorkin

미국 극작가로 〈어 퓨 굿 맨(A Few Good Men)〉으로 브로드웨이에 데뷔해 신인 극작가상을 받았다. 이후 백악관의 속내를 다룬 NBC 시리즈 〈웨스트 윙(West wing)〉의 각본과 제작을 맡아 에미상 최우수 드라마상, 피버디상, 텔레비전 비평가협회상, 골든글로브상, 미국작가협회상 등을 수상했다. 드라마 〈뉴스룸(Newsroom)〉 시리즈, 영화 〈찰리 윌슨의 전쟁(Charlie Wilson's War)〉, 〈스티브 잡스(Steve Jobs)〉, 〈머니볼(Moneyball)〉 등의 대본을 집필했으며, 〈몰리스 게임(Molly's Game)〉의 경우 직접 메가폰을 잡았다. 그의 작품은 탄탄한 구성력과 속사포처럼 박진감 있는 대사가 묘미다.

빌 모너핸 Bill Monahan, William J. Monahan

미국 태생으로 시나리오 작가, 소설가, 저널리스트, 비평가로 활동했으며 영화화된 소설 〈라이트 하우스(Light House: A Trifle)〉을 출간했다. 영화 〈킹덤 오브 헤븐(Kingdom of Heaven)〉, 〈무간도(Infernal Affairs)〉, 〈오블리비언(Oblivion)〉(초안), 〈트리폴리(Tripoli)〉, 〈디파티드(The Departed)〉 등의 시나리오를 집필했으며, 〈런던 블러바드(London Boulevard)〉의 경우 시나리오 작가와 감독을 겸했다. 범죄 액션 〈디파티드〉의 작가로서 미국 작가회상과 아카데미 시상식 최우수 각색상을 받았다. 미국에서는 '윌리엄(William)'의 애칭이 '빌(Bill)'이기 때문에 필자는 본문에서 '윌리엄 모너핸'을 '빌 모너핸'으로 칭했다.

스티븐 제일리언 Steven Ernest Bernard Zaillian

미국 시나리오 작가, 영화감독, 제작자로서 2011년 영화사 '필름 라이츠(Film Rites)'를 창립했다. 영화 〈쉰들러 리스트(Schindler's List)〉, 〈미션 임파서블(Mission: Impossible)〉, 〈한니발(Hannibal)〉, 〈아이리쉬맨(The Irishman)〉 등의 시나리오를 쓰고 영화 〈올 더 킹즈 맨(All the King's Men)〉, 〈시빌 액션(A Civil Action)〉와 드라마 〈더 나이트 오브(The Night Of)〉에서는 극작가·제작자·감독의 역할을 수행했다. 〈쉰들러 리스트〉로 아카데미 시상식에서 최우수 각색상, 골든 글로브 최우수 시나리오상 등을 받았다.

4장

관계 업무로서의
에이전트 비즈니스

에이전트로서 존재하며 계속 일을 하는 것은 '관계 맺기'에 신경 쓴다는 것과 종종 같은 뜻이다. 아마 이것은 에이전트 업계 전문가들이 밝히고 있듯이 에이전트들의 가치를 만들어내는 데 가장 중심적인 요소일 것이다. 많은 사람들이 "에이전트는 오직 그들이 구축한 관계만큼의 가치가 있다"고 토로한다. "에이전트는 단지 그들의 고객 목록만큼의 가치가 있다"라는 사실에 대한 거듭되는 언급은 같은 주제를 달리 표현한 것에 불과하다.

제가 훌륭한 아티스트들 가운데 한 명을 대행할 때, 함께 일을 할 수 있을지를 알아보기 위해 아티스트들과 같이 앉아 있을 때, 아티스트들은 저를 단지 똑똑한 사람, 사려 깊은 사람, 혹은 좋은 취향을 가진 사람으로 여길 뿐만 아니라, **저를 실재하는 일련의 관계들로 여깁니다**. 제가 구축한 기존의 모든 관계들은 그들을 도울 수 있어요. 그것은 중요한 요소죠(대형 에이전시의 매니저이자 전 탤런트 에이전트, 2013년 3월, 볼드체는 저자 강조).

나는 이 장에서 '**관계 맺기**'가 이런 맥락 속에서 무엇을 의미하는지, 이러한 관계들이 어떻게 만들어지고 유지되는지에 주목할 것이다. 이것을 이루어지게 하는 특별한 활동을 나는 '**관계 업무**relation work'라고 정의한다. 관계 업무는 에이전트 업무의 기본 토대이다. 이것은 또한 할리우드에서 직업적인 배치들, 즉 다음 5장에서 밝힐, 사람과 상품의 경제적이고 상징적인 가치가 드러나는 배치들이 형성되도록 하는 활동이기도 하다. 나는 다음에서 외관상 순전히 이런 대인 관계 활동이 실제 뿌리내리고 있는 조직 환경뿐만 아니라 관계 업무의 형태와 의미에 대해서도 고찰할 것이다.

'관계'의 의미

비록 전문매체의 헤드라인과 할리우드의 공적인 인물을 만드는 독보적이고 눈에 띄는 사회적 사건들이 존재하지만, 이러한 것들에 대해 느끼는 신비로움은 그리 많지 않다. '관계의 형성'은 단순히 그러한 사회적 또는 공적 사건들의 맥락 속에서 몇 분간 공존하는 것으로부터 비롯되지 않는다. 이러한 점에서 할리우드에서 성공하는 방법을 낭만적으로 묘사하는 흔한 선입견은, 즉 예측할 수 없지만 인생을 바꿀 만한 핵심 참가자key player와의 만남은 기만적이다. 그렇기 때문에 할리우드에서 성공을 예측하는 방법을 낭만적으로 만드는 공통된 선입관(예측할 수 없지만 인생을 변화시키는 핵심 인물과의 만남)은 기만적이다.

만약 이따금 공존하는 것만이 **관계**를 의미했다면 빈번한 상호 작용은 이러한 유형의 사회적 자본이 공급되어 이뤄진 것이다. 사실상 관계 맺기 목적의 사회적 자본은 할리우드에 너무 많이 퍼져 있어 전혀 자본으로서 기능하지 못했을 것이다[즉, 유효한 자원(valid resource)이란 다른 사람이 성취할 수 없는 자원을 그 소유자가 갖고 있는 것을 말한다]. 다시 말해 **딱 맞는 사람들**right people'과 함께 **'딱 맞는 공간**right room'에 있어야 하고, 유망하다고 인정받도록 자기 자신과 자신의 프로젝트들을 보여주면서 간청하는 사람들의 무리에서 눈에 잘 띄는 방법을 알아야 한다는 사회적 조건들이 있다. 무엇보다도 중요한 것은 전문화된 직업 시스템에 진입하도록 허락받는 것이다.

할리우드 전문가들과 피상적으로 접촉하는 것은 민족지학자ethnographer(인간 사회와 문화의 다양한 현상을 정성적·정량적 조사 기법을 활용해 현장 조사하고, 이를 기술해 연구하는 학문 분야의 연구자)를 포함해 할리우드에 새로 입성한 사람들에게는 비교적 수월하며(Ortner, 2010), 제3자를 통해 잠재적인 연줄을 만드는 것도 훨씬 더 흔하다. 그러나 이러한 **'약한 유대**weak ties'(Granovetter, 1983)는 그라

노베터가 다른 맥락에서 확인한 바와 같이 여기 할리우드에서는 가지고 있지 않다. 약한 유대는 에이전트들이 이른바 "관계가 있다"고 말하는 것으로 번역하지 않는다. 그러나 관계 맺기는 시간이 흐르면서 형성된 더 근본적이고 견고한 형태의 유대를 의미한다.

한 가지 기술은 견고한 유대와 피상적인 유대라는 이 두 가지 유형의 유대를 정확히 구별하고 견고한 유대를 만들어내는 에이전트의 능력으로 이루어져 있다. 이것은 단순히 사람들과 잘 어울리는 자연적 능력의 결과는 아니다. 반대로 에이전트들은 진정한 관계 구축 **업무**를 실행한다. 즉, **사람들을 결속시키려는 특별한 목적을 실행하기 위해 노력하는 것**이다. 다른 사업 상대들과 **대인** 관계를 구축하고 유지하는 일은 에이전트들의 직업 활동의 핵심이며, 심지어 전문가들이 할리우드에서 일반적으로 하는 일의 본질로 묘사된다.

이렇듯 활동을 안내하는 공식적이고 분명한 '**규칙**rules'의 부재가 일을 할 때 식별할 수 있는 유형이나 합리성이 결여되어 있다는 것을 뜻하지는 않는다. 나는 민족지학 연구 방법을 적용함으로써 네트워크나 네트워크가 만든 시장들에 관한 할리우드의 기존 분석들을 검증하는 방식으로 에이전트들의 관계 업무와 그것의 구체적 형태들을 탐구할 수 있었다.[1] 연구방법론의 정의에 따르면, 네트워크 접근법network approach은 참여자들에 대한 관계의 의미, 관계가 나타나는 과정들, 관계가 유지되도록 하는 작업들에 대한 의문 사항들을 생략해 버리는 경향이 있다. 반면 여기에서는 관계의 **실천**, '**관계를 맺고 구축하는 것**'을 뜻하는 활동 유형, 그리고 연관된 것이 의미하고 함의하는 것들, 다시 말해 관계 맺기 작업에 초점을 맞추고 있다.

조직적이면서도 멘토링을 적용한 방식을 통해 에이전트가 되는 과정은 3장에서 설명했듯이 관계 업무의 다른 특징들을 만들어낸다. 관계 업무는 학습된 능력이며, 이 능력은 젊은 에이전트들이 진지하게 수용해 해당 분야의 할리우드 게임에 참여할 수 있도록 하는 인증 구조accreditation mechanisms가 좌우한다. 제작 사업 파트너나 다른 탤런트 대행인들과 만든 초기의 연줄과 같은 회사의 선배 에이전트로부터 넘겨받았거나 그 회사가 육성하고 있는 초창기 고객들은 입소문 전파가 빠르고 자기 강화적인 세계에서 매우 중요하다.

그래서 젊은 에이전트들에게 흔히 하는 권고는 '**모두에게 친절해라** Be nice to everyone'라는 것인데, 어떤 고객의 지위나 위상이 급격히 변할 수도 있고 나중에 어떻게 될지 쉽게 예측할 수 없기 때문이며, 사람들은 비즈니스 등 미래의 협력에 관한 의사 결정을 하는 데 그들이 기억하는 초기 단계의 상호 관계가 바탕이 될 것으로 예상하기 때문이다.

초보 에이전트들에게 사람들과 친구가 되는 것, 그들을 돋보이게 할 중요한 잠재 가치를 갖춘 연락망을 만드는 것은 직업적 성장에 필수적인 요소다. 게다가 이 관계 업무는 의식적이고 체계적이며 조직적인 방식으로 나타난다. 에이전트 업계 참여자들은 초기 경력을 만드는 단계에서부터 계속적으로 이러한 활동에 대한 전략적인 접근들을 발전시켜 나간다.

> 당신이 젊을 때 말 그대로 일주일에 7일을 일하고, 저녁을 먹으러 가고, 아침을 먹으러 가고, 점심을 먹으러 가고, 행사에 가고, 사람들과 그저 소통하고, 사람들을 만나고, "이봐, 너 알지? 아무개가 아무개 친구잖아", "오 그래, 내가 그들에게 전화해서 같이 술 한잔하자고 말할게" 등과 같은 이러한 관계들을 축적하죠. …… 그리고 시간이 흐를수록 공유하는 경험들이 쌓여가죠. 때때로 당신은 그들과 함께 휴가를 가거나 사회적 무대, 자선 행사, 업계 행사에서 사람들을 만나죠(중형 에이전시의 대본이 있는 텔레비전 에이전트, 2013년 3월).

이렇게 형성된 '관계들'은 종종 다른 연줄을 만들 뿐만 아니라 젊은 에이전트의 일자리를 보장하는 데 필요한 아주 중요한 소개나 추천을 받아내기 위한 간접적인 목적으로도 추구된다. 이러한 역학은 에이전트들의 경력이 발전하면서 계속 작동된다. 자리를 잡은 에이전트들은 여전히 이 말의 일상적인 의미처럼 '네트워크'를 확보해야 할 뿐만 아니라, 선임 에이전트들은 특히 부서장이거나 리더십을 발휘할 때도 모범을 보여주고, 파티 주최나 상영회 준비 등 그런 물리적인 상호 작용에 필요한 것들을 제공해 주기도 할 것이다.

실제로 에이전트 세계에서 관계 업무는 다양한 형태를 띤다. 즉, 이것은 목소리와 이름으로 누군가를 알아보고 반복되는 전화나 이메일 대화를 통해 소통하는 것부터 주기적으로 직접적인 만남을 가져 연줄을 만드는 것까지 이어진다. 면대면 상호작용face-to-face interactions에서 이런 유대를 구체화하는 것이 중요하다는 것은 참여자들이 로스앤젤레스에서 물리적으로 공존하고 로스앤젤레스를 친숙한 '동네'로 인식하는 다음과 같은 언급을 통해 알 수 있다.

이 동네는 전적으로 관계에 공을 들여요. 그것은 당신이 누구를 알고, 누구와 함께 일하기를 원하는지에 관한 것이에요. …… 그러나 그것은 또한 당신이 항상 당신의 관계를 넓히고 있는 중인지, 항상 새로운 관계를 탐색하고 있는 중인지, 그리고 이런 관계 구축을 멈추지 않는지, 항상 지속적인 성장 상태에 있는지에 관한 것이기도 하죠. …… 그리고 "이봐, 이 사람 만나볼래?", "너는 저 사람을 알아야 해", "저 사람 만난 적 있어?"라며 당신을 불러주는 사람들이 있어요. 알다시피, 정보는 우리가 하는 일에서 '만국 공통어'이고, 이 정보가 잘 유통되도록 하는 것은 바로 돈이죠. 그러나 이 일에서 진정 핵심은 바로 '관계'예요. 그리고 그렇기 때문에 당신은 로스앤젤레스에 있어야 하는 거죠(중형 에이전시의 에이전트이자 영화 시나리오 작가, 2013년 3월).

특히 제작 전문가들과의 상호 관계와 상호 인식의 **선재**preexistence, 先在, 즉 미리 유대를 구축하고 안면을 트는 것은 에이전트 업무의 성공 확률을 나타내는 조건이다. 작은 탤런트 에이전시에서 일하는 이 에이전트가 설명했듯이 비록 그가 영화사나 네트워크의 배역 캐스팅 담당 간부에게 연락할 수 있었다고 하더라도 그가 미리 그 사람과 관계를 만들어놓지 않았다면(즉, 그가 협상을 할 때 잠재적 사업 파트너들의 세계에 들어가 그들의 일부가 되는 작업을 하지 않았다면), 직무에 필요한 답을 얻지 못했을 것 같다.

만약 당신이 그 회사 임원을 개인적으로 알지 못한다면, 아마도 당신은 그들에게 '판촉 전화'를 하지 못할 거예요. 저는 이 사업에서 판촉 전화를 하는 것을 거의 본 적이 없어요. 다른 사업에서 만일 당신이 팔 물건을 가지고 있다면 당신은 전화기를 들고, "이봐요, 제가 아무개 부사장님과 통화할 수 있을까요?"라고 말할 것이고, 당신의 요청은 접수될 겁니다. 여기에서 만일 임원이 당신이 누군지 모르는 상태에서 그것을 흥미롭게 여긴다면, 당신은 운 좋게도 응답 전화를 받을 수 있을 거예요. 그것은 문자 그대로 당신이 시장을 모른다는 것이고, 판촉 전화는 눈살을 찌푸리게 하는 몇 안 되는 판매 게임(sales games) 가운데 하나라는 거예요(리틀 할리우드의 현직 매니저이자 전직 에이전트, 2010년 10월).

에이전트들은 법적으로 구매자buyer(고용주)에게 탤런트를 판매할 책임이 있다. 사실상 에이전트들은 자신들이 유망하거나 성공한 탤런트에게 접근하는 특권을 무기로 제작자와 신뢰를 형성할 정도로 제작 전문가들과 관계를 맺고 있다는 생각을 아티스트들에게 '**납득시킬**' 필요가 있다. 에이전트, 아티스트, 제작자, 이렇게 셋이 마주보는 거울 게임tri-faced mirror game 속에서, '**관계 맺기**'는 단지 누군가의 연락처가 있다는 의미가 아니라 답례로 알려지게 되고 소개할 수 있다는 것을 의미한다.[2]

에이전트의 관계들은 다른 참여자들의 행동에 영향을 미치고 결과적으로 그들이 속한 관계 시스템의 변화에 영향을 줄 수 있는 능력을 가리킨다. 한편으로 에이전트들은 관계를 자신들이 소유하고 실질적으로 지키려고 노력하는 자본이나 자산으로 여긴다. 인터뷰 대상자가 말했듯이 "에이전시가 고객들을 가지고 있는 것이 아니라 에이전트들이 고객들을 가지고 있는 것이다". 실제로 에이전트들은 그들이 어떤 핵심적인 사람들과 '**관계를 맺는다**'고 말할 때, 그것은 그들이 지키고 유지하려고 분투한 오랜 기간의 유대를 말한다. 이런 유형의 자본을 축적하는 것은 그 자체로 중요하다. 왜냐하면 이것이 에이전트의 가치를 만들어내기 때문이다.

다른 한편으로 유대를 만드는 것은 에이전트가 거래를 성사시키는 데 필요한 협상 카드나 통화와 같이 또 다른 목표를 얻기 위한 수단이 될 수 있다. 이런 관계들이 아마 직업 전망과 미래 프로젝트, 재료에 대한 특권적 접근에 관한 정보가 교환되도록 할지 모른다. 이것은 또한 신규 고객과 연락해 계약하거나 계속해서 기존 고객들을 만족시키거나 영화사 중역들과 관계를 형성하기 위해 연줄을 사용한다는 점에서 다른 유대를 형성하거나 유지하려는 것인지도 모른다. 같은 연줄은 상황에 따라 에이전트들의 자본의 일부인 목표이자 또 다른 것의 거래를 위한 수단means이 될 수도 있다. 에이전트들은 이런 의미에서 '**관계 중개인**relationship dealer'이다.

게다가 할리우드의 관계 업무는 구체적인 방식으로 유대를 만들어낸다. 주요 에이전시 가운데 하나에서 일하는 선임 탤런트 에이전트는 어떻게 자신이 새로운 고객들을 발굴하는지를 설명했다.

저는 네트워크를 사용합니다. …… 저는 스타 고객들과 다른 사람들이 특별하다는 것을 알고 있고, 그래서 그들에게 귀를 기울입니다. 만일 당신이 저의 생각에 뛰어난 아티스트이고, 샐리(Sally)가 뛰어난 아티스트라고 저에게 말한다면, 저는 당신을 믿고 샐리와 계약할 것입니다(2010년 10월).

이것은 한 에이전트가 고객 목록을 만드는 관계를 어떻게 형성하는지에 관한 설명 이상으로 두 가지 흥미로운 가르침을 전해주고 있다. 그것은 첫째, 우리는 이 에이전트가 속한 '네트워크'가 그것의 참여자들이 벌이는 활동에서 **어떻게** 만들어졌는가를 이해할 수 있다. 할리우드의 '집합체 clusters'나 '네트워크'는 자연적으로 존재하고 존속되지 않는다. 그것들은 '관계 업무를 통해' 만들어지고 재형성된다. 관계 작업은 확실한 경계를 가진 네트워크를 형성한다.

둘째, 우리는 '**가까운 사람들**the close'과 많은 부분에서 '**유사한 사람들**the similar'을 여러 가지 방식으로 제한된 관계 시스템에 결합하는 과정이 어떻게 차별화된 그룹들을 만들어내고, 리틀 할리우드를 빅 할리우드에서 분리하거나 각각의 전문 분야를 틀 짓는 경계를 끊임없이 재구성하는지를 이해할 수 있다. 예를 들어 상업적으로 큰 히트를 친 코미디 배우들을 대행하는 것을 점차 특화한 기성 에이전트는 이미 그에 상응할 만한 수준의 프로필을 가진 잠재적인 신규 고객들을 끌어들일 가능성이 있다.

이렇게 비공식적으로 특화된 그룹들은 제도적인 시스템을 갖추고 있는데, 그것은 전문화된 세부 부서나 팀들['코미디 그룹(comedy group)' 또는 '외국인 그룹(international group)'과 같이]이 에이전시 내에서 조직되고 있는 양상으로 나타나고 있다. 그러는 동안 내내 매니지먼트 회사들, 제작 주체들, 스튜디오 부서들도 비즈니스의 특화 경향에 맞춰 내부적으로 전문화를 추구하고 있다. 에이전트 업무는 따라서 단지 관계들을 '**소유하는**' 것이 아니라 이런 식으로 관계들을 '**만드는**' 것이다.

물론 직업적 정의와 관행에서 관계적인 측면이 중요하다고 보는 다른 사회적 영역이 존재한다. 할리우드와 에이전시의 세계는 그 점에 있어서 완전히 예외가 아니다. 관련된 경제 사회학자들은 경제활동을 구성하는 의미 있고 지속적으로 협의된 대인 관계들을 분석하기 위해 **'관계 업무'**라는 개념을 만들어왔다.

따라서 경험적 증거들을 토대로 경제활동들을 사회적 관계들과 연관시키는 주장들을 입증하고 있다. 제라이저(Zelizer, 2012)의 관점에 따르면 **'관계 업무'**는 사람들이 경제적 관계를 형성하는 활동이며, 가장 중요한 것은 다른 경제적인 거래들이나 특정 미디어와 연관된 다양한 관계들을 구별하는 활동이다. 제라이저는 다음과 같이 말한다.

> 어떠한 경제적 거래도 어떤 친밀한 관계와 똑같을 수는 없죠. …… 만약 당신이 제 아내가 아니라 가볍게 만나는 여자 친구라면 우리는 당좌예금 계좌를 공유하지 않을 겁니다. 만일 당신이 저의 환자이자 친구라면 저는 당신에게 비용을 청구하지 않겠지만, 당신은 저한테 선물을 줄지도 모르죠. 구애의 세계에서 연인들은 역사적으로 관계의 종류(약혼, 데이트, 대접하기, 만나서 시간 보내기, 기타)를 차별화하고 있죠. 그리고 연인들은 결혼이나 성매매, 둘 다를 제외하면 보통 이런 관계를 나타내죠. 각각의 경우에서 참여자들은, 일련의 관계를 (지불과 선물 교환의 다양화된 형태와 같은) 경제적인 거래와 매개체(돈, 약혼반지, 그 이상의 것)에 맞추고 있어, 결과적으로 관계 업무에 섬세하게 참여하고 있다는 것을 우리는 알 수 있죠(Zelizer, 2012: 152).

의미 있는 관계들, 거래들, 그리고 매개체를 한데 묶어 짝짓기를 함으로써 **'관계 패키지들**relational packages'이 만들어지고 사회적·경제적 생활들을 조직화하는 경계들이 형성된다. 이런 의미에서 우리는 대부분의 시간에 자연스럽게 일상생활의 일부분으로서 '관계 업무'를 수행한다. 그러나 할리우드 에이전트들이 수행하는 '관계 업무'의 유형은 몇 가지 측면에서 다른데, 에이전트들이 기여하는 '관계 패키지들'의 유형들만이 특유하다는 것은 아니다.

첫째, 우리는 직업적 존재의 근원과 작동 방식인 관행과 과정에 대해 이야기를 하고 있다. 실제 대인 관계에 몰두하는 것이 **관계 업무를 수행하는 에이전트를 만드는 방법이다.** 에이전트가 된다는 것은 다른 무엇보다도 더 대인 관계에서 다른 할리우드 전문가들과 가까운 유대를 만들고 유지할 수 있다는 것이다. 둘째, 우리 모두가 제라이저가 '**관계 업무**'라 칭한 것을 했을 때 관계 업무를 하는 에이전트와 그들의 상대는 단지 의식적인 활동을 하는 것뿐만 아니라 **반사적인** 행위reflexive practice를 하는 것이다.

그런 활동과 행위의 **목적**은 애착attachment과 충성심loyalty을 생성시키고, 유지하며, 강화하는 것이다. 여기에서는 단순히 개인적이거나 또는 친밀한 유대 관계가 중요한 경제적인 거래를 만들어낸다는 것만은 아니다. 에이전트들의 구속력 있는 노력은 관계자들 사이에 경제 관계가 형성되는 것과 동일한 움직임으로 **친밀감을 형성한다**creates intimacy.

이런 이유는 곧 설명하겠지만, 관계 업무의 도덕적이고 감정적인 속성들이 참여자들의 시각에서는 매우 중요하기 때문이다.

경제사회학의 시각에서 관계 업무는 우리가 관찰해 온 에이전트의 관계 업무와는 구별되는 흥미로운 차이점이 있다. 관계 업무는 참여자들이 수행하거나 논쟁하고 있는 상황들이 애매하고, 불확실하고, 불분명하다는 것과 관계가 있다. 영화 〈양들의 침묵〉에 대한 사례연구에서 관계 업무는 불분명한 상황들을 협의하는 것에 관한 것이 아니라, 오히려 그것은 사실상 참여자들에게 상대적으로 투명하지만 그럼에도 불구하고 반드시 할 수밖에 없는 활동들로 이뤄진 그런 직업들의 배열 내에서 의미와 믿음(전문가들과 프로젝트들의 경제적·예술적 가치에서)을 만들어내는 것에 관한 것이다.

여기에서 협상 활동들을 '불분명한 상황들fuzzy situations'과 연관시키는 것은 오해의 소지가 있을 수 있다. 항상 할리우드에서는 에이전트들이 종종 말하듯이 프로젝트의 운명과 관련되어 회자되는 어느 정도의 불확정성과 '드라마drama'가 있다. 그러나 참여자들이 이미 자신들의 정체성과 상황들에 대한 어떤 해석들을 공유하고 있는 데다 그런 해석이 결국 자신들에게 영향을 미치고, 공유하는 기대와 표현을 축적하는 데 이바지하기 때문에 관계 업무를 수행하는 것은 불확정적인 맥락 속에서도 분명히 가능하다.

그러므로 관계 업무의 필요성은 종종 이 직업 세계가 다른 사람들보다 더 불확정성을 띤다는 사실에서 나오지 않고, 오히려 직업 세계를 구성하는 권력 형태가 사람들에게 좀 더 **구체화되고**, 직책, 직위, 기타 제도적 수단에서 덜 **대상화된다**는 데서 나온다. 이러한 맥락에서 대인 관계에 대한 참여자들의 신뢰는 할리우드에서 예술과 아티스트들의 가치에 대한 신뢰를 생성하는 집단적 과정의 전제 조건이다.

에이전트들의 관계 업무는 양면성兩面性을 지닌 활동이다. 그 가운데 한 가지 측면은 관계 업무가 다른 할리우드 전문가들과 함께 특정 유형의 유대 관계를 생성하고 유지해 나가고 있다는 것이다. 이러한 유대는 특히 제작 전문가들에 관한 한 '**신뢰**trust'와 같은 도덕적인 감정들의 측면에서 설명할 수 있다. 또한 이러한 유대는 특히 아티스트들에게는 더 감정적이고 정서적인 형태를 띨 수도 있다. 나머지 다른 측면은 관계 업무라는 것은 또한 내적인 측면을 가지고 있다는 점이다. 관계 업무는 특정인의 개별적인 '**에이전트 업무 스타일**'을 지속적으로 만들어가는 것이고, 에이전트 업무 스타일은 각각의 에이전트들이 그나 그녀 자신을 구별하기 위해 사용하는 관계의 스타일relational style이다.

에이전트 스타일 규정하기

에이전트들은 자신들이 관계 업무를 수행하는 방식에 따라 다른 사람과 자신들을 구별하게 하는 특정한 에이전트 업무 스타일을 스스로 정하고 다른 사람들에게 보여주는 것이 반드시 필요하다고 주장한다. 다시 말해 에이전트들의 스타일은 자신들이 행하는 관계 업무의 의미와 그것에 덧붙여 그 일을 돋보이게 하는 효과를 반영한다. 그런 관계 맺기의 태도와 양식 때문에 에이전트라는 직업이 에이전트 외부의 직업 세계에게 독특하고 진지한 일로 보인다.

"에이전트 스타일은 정말 에이전트로서 당신 스스로 자신을 믿는 것이며, 당신이 다른 사람인 양 정장을 입는 게 아니에요. 만일 당신이 외부에서 폭력배라면, 폭력배 같은 에이전트가 되세요. 만일 당신이 밖에서 최신 정보통이라면 **'정보통 에이전트'**가 되세요. 만일 당신이 밖에서 정장을 입고 있다면, 안에서도 정장을 입으세요. 왜냐하면 결국 본질은 겉으로 드러나게 되어 있으니까. 에이전트 스타일은 제가 누군지를 나타내는 것이지 저의 또 다른 형태가 아니며, 에이전트 업무를 위한 프로필인 것입니다. 왜냐하면 에이전트 일은 은행 업무가 아니기 때문이죠"(탤런트 에이전트, 대형 에이전시, 2012년 9월).

에이전트로서 **'진정한 자신이 되는 것'**[3])의 필요성은 진정성authenticity을 찬미하고 성공을 타고난 자질(재능, 천재성, 재주, 욕구 등)의 표현으로 접근하는 세계에 있는 아티스트들에게 기대하는 바를 반영한다. 타고난 자질은 아티스트들에게 에이전트의 신분을 나타내는 것으로 비춰지며, 또 에이전트를 산업의 창조적인 분야에 속하게 해주는 역할을 한다. 앞에서 한 에이전트가 강조한 대로 '에이전트 업무는 은행 업무가 아니다'.

동시에 이러한 직업 스타일들을 홍보하는 것은 경쟁자와 자신을 차별화하는 방법이다. 자신의 고객들이 다른 에이전트들과 어느 정도 비교할 수 있게, 에이전트들은, 특히 최상의 위치에 있는 에이전트들은 고객과 파트너의 충성심을 이끌어내고 에이전트 세계에서 식별될 수 있는 개인적이고 일관된 상호작용의 방식을 수립하여 스스로를 브랜드화해야 한다. 굴지의 에이전시 중 한 곳에서 일하는 선임 에이전트는 이것을 다음과 같이 표현했다.

> 제 생각에, 그 고객은 저한테 돈을 지불하고 있죠. 제가 고객의 취약성과 걱정, 고장 난 바퀴, 꿈, 희망, 그 고객의 무엇이든지(제가 이것들에 대해 동의하든지 아니든지 간에)에 대해 느끼고, 신경 쓰고 있다는 걸 그가 알게 만들고 그걸 알고 있게 하는 것 때문이라고 봐요. …… 저의 명성은 제가 완전히 이용할 수 있는 것이고, 그래서 당신이 저의 최근 통화 목록을 보고 놓친 전화를 보면, 그것들은 모두 즉시 처리되죠. 이메일도 마찬가지예요. 그게 제가 팔고 있는 것들이죠. …… 저는 평일 동안에, 그리고 심지어 어떤 사람들을 위해서는 그 외의 시간에도, 즉각 신경을 써서 일해요. 그리고 그것은 제 트레이드마크가 되죠. 그리고 모든 에이전트들은 그 일을 하는 자신들만의 고유한 방법을 가지고 있어요. 때때로 그것은 인정받기도 하고, 때로는 너무 절제되어 있어서 항상 인정을 받지 못하기도 해요. 그러나 그건 여전히 존재하죠. 그리고 우리의 전화번호부 스타일, 우리가 서류를 쌓고 서류를 두는 방식의 스타일, 그리고 모든 것들, 그것은 하나의 처리 방식이죠. 당신은 자신이 원하는 방식으로 이것들을 처리해야 해요. …… 그것은 하나의 다른 자세죠(2012년 5월).

이런 프로필을 만들고 이것[4])을 다른 할리우드의 전문가들에게 알리는 것은 에이전트들에게 선택적인 문제가 아니다. 대형 에이전시의 전직 매니저의 말에 따르면(2013년 10월), "모든 성공한 에이전트는 그들만의 스타일이 있고, 또 **가져야만 한다**"고 한다. 이 말은 개인적 경험에 대한 증언 이상의 의미를 나타내는데, 그 직업에서 스스로의 입지를 세우는 데 필요한 것들을 보여준다. 이것은 또한 에이전트 업무에서, 즉 이 사업의 전문 분야에서 단순히 전문 지식이나 기술적인 능숙함을 습득하는 것과는 차이가 있다.

독자적인 프로필을 공들여 만드는 것은 차별화라는 이점을 갖게 한다. "만일 이 산업에서 누군가 신뢰를 담보하는 것 이상의 것을 추구하려 한다면 독자적인 프로필은 당신을 대기 행렬에서 분리시켜 독특한 존재로 만들어줄 것이다!"5) 그러나 이 독보성은 근본적 차이는 아니다. 에이전트 스타일이 변종으로 남아야 하는 경로와 모델이 있다. 만약 구별이 보상을 받는다면, 극단적인 차별화는 비용이 많이 든다.

'에이전트로서 너 자신이 되는 것'은 관계 형성 과정이다. 그것은 경력 초기에 또 젊은 에이전트를 에이전시의 조직 체계에 진입시키는 것과 매우 밀접한 관련이 된다. 에이전트가 될 사람들은 업계에서, 그리고 특히 이 에이전트의 교육이 이뤄지는 에이전시에서 관찰할 수 있는 기존의 직업적 태도를 선택하고 추론함으로써 자신의 방식으로 탤런트, 동료, 구매자들과 관련된 그들의 환경을 규정하고 점차 구체화한다.

> 당신이 빠르게 이해해야 하는 것은 바로 이런 거예요. 모든 에이전트들은 그들의 고객들과 다른 관계를 맺는다는 것, 당신이 1년차 에이전트일 때는 어떠한 고객도 없다는 것 말이에요. 또 당신은 다른 사람의 고객들을 도우려 팀에 투입되기 때문에 그때 당신은 선임 에이전트들이 그들의 고객을 어떻게 다루는지, 그 관계는 어떤 것인지를 즉시 이해해야만 하죠. 그건 당신이 이런 고객들과 당신만의 관계를 만드는 방법을 규정하는 데 도움이 되는 것들이에요. 당신은 그들의 선례를 따라야만 해요, 아시겠죠? …… 알다시피, 당신은 그 모델을 따르고, 그

들이 자료를 줄 때 접근하는 법을 이해하고, 그들의 관계를 이해해야만 해요. 그리고 실제 모두들 고객을 다루는 게 다르잖아요. 그리고 동시에 당신은 이것을 하면서 어떤 유형의 에이전트가 되고 싶은지를 배우는 중이죠. 어떤 에이전트들은 고객이 전화를 할 때마다 한 시간 동안 그들과 대화를 하고, 어떤 에이전트들은 1분 동안 대화를 해요. 이렇게 하다 보면 에이전트로서 **당신이 어떤 사람인지**를 스스로 규정하게 되어요(리틀 할리우드의 영화 에이전트, 2010년 9월, 볼드체는 면담자 강조).

따라서 프로필 구축은 온전히 창안된 것도, 단순히 개성의 차이를 반영한 것만도 아니다. 더 정확히 그것은 에이전시가 제공했거나 때때로 규정한 기존 스타일들의 변형이며, 종종 멘토들이 구현한 다양한 관계 업무 방식들의 혼종이다. 멘토와 견습생 사이에서 이루어지는 상호 간 선택·인정 방식은 전략들과 마음에 드는 사람에게 친밀감을 나타내는 선택적인 친화력에서 동시에 생겨난다. 한 사람의 스타일 형성은 모방과 차이라는 내면화된 전략으로부터 비롯된다.

그러므로 이런 과정이 일어나는 조직 공간을 고려하는 것이 중요하다. 에이전시는 개별적 정체성에 관한 틀을 마련한다. 각각의 에이전시는 잠재적인 모델로서 항상 '**개성들**'[6]로 구체화된 다양한 스타일을 제공한다. 이런 맥락에서 누군가의 스타일은 연이은 조정 작업들을 통해 분명해진다. 즉, 처음에 시행착오를 통해 만들어진 후 강화되면서 오래 지속될 누군가의 정체성을 만든다. 에이전트들은 멘토(들)와의 관계를 통해서뿐만 아니라 자신들이 속해 있는 조직들을 통해 에이전트 일을 **하는** 방법뿐만이 아니라 에이전트가 **되는** 방법도 배웠다. 젊은 에이전트의 스타일이 만들어져 그 산업에서 공개적으로 선보이는 시간이 **빠를수록**, 그들의 업무 착수도 더 빨라진다.

리틀 할리우드와 작은 에이전시들에서 개인 프로필을 형성하고 회사를 구분하는 **집단 스타일**group style(Eliasoph and Lichterman, 2003)을 구축하는 것은, 한편으로는 개인적 정체성이나 평판 문제로 여겨지고 다른 한편으로는 종종 경영이나 마케팅 전략의 언어로 표현되기는 하지만, 둘 다 모두 상당히 복잡한 과정이다.7) 에이전시는 소유주·관리자 그리고 커뮤니케이션 부서를 통해 집단 브랜드를 만들고 종종 자기 브랜드의 개별 전략에 다양하게 사용할 수 있는 독특한 '**문화들**'을 촉진한다.

'**에이전시 문화**'에 대한 전통적 분류(특히 가장 큰 에이전시들에게 적용되었을 때)는 한 회사와 관련된 이미지, 즉 눈에 띄는 리더들의 스타일과 그 조직들이 전수받아 온 역사와 관련이 있다. 주요 에이전시들은 이런 종류의 잘 알려진 일종의 공적인 '**개성들**'을 가지고 있고, 이런 공유된 표현들은 할리우드에서 상황을 이해하는 감각을 갖춘 한눈에 들어오는 지형지물 역할을 한다. 가령 대형 에이전시인 WME의 이미지는, 이 조직을 탄생시킨 합병 이후 오래된 윌리엄 모리스 에이전시William Morris Agency가 상징했던 '**전통**'과, 젊은 떠오르는 인데버 에이전시의 이미지인 '**현대성**'에서 차용한 것이다. 그 현대성은 열정적인 성격을 갖고 있는 WME의 최고 경영자이자 회사의 얼굴이 된 아리 이매뉴얼Ari Emanuel에 의해 구체화되었다.

WME, CAA, UTA, ICM이 갖고 있는 차별적인 기업 문화들을 언급할 때, 인터뷰 대상자들은 그런 조직들을 의인화해 표현하고 종종 리더들[예를 들면 CAA의 마이크 오비츠와 그의 후임들, 브라이언 로드와 케빈 휴베인, ICM의 제프 버그와 그의 후임들]의 에이전트 스타일에 따라 기업 문화를 묘사했다.

> 제 생각으론 모든 에이전시는 매우 뚜렷한 개성을 갖고 있어요. CAA는 화려한 레드카펫·파티·스타 에이전시로 보여줘요. …… 개성은 정말 최고 수준의 사람들이죠. WME의 개성은 정말 아리 이매뉴얼과 패트릭 화이트셀로부터 생

겨났죠. CAA의 개성은 로드나 휴베인의 스타일에서 생겨난 거구요. 그리고 저는 CAA는 개별화된 것은 많이 없다고 봐요. 개성은 이런 종류의 것이죠. "모든 사람들은 똑같고 우리는 어떤 종류의 개인에 관해서도 말하지 않아요." 그것은 바로 "우리, 우리, 우리, 우리, 우리 이것, 우리, CAA, CAA, CAA, CAA"라고 하듯이 회사 단위의 이미지로 통용되지, 개별화되지 않아요.

저는 UTA는 작은 부티크의 느낌을 훨씬 더 많이 가지고 있고, 개성 있는 사람들을 갖고 있다고 봐요. 그곳에서 일하는 사람들은 매우 강한 개성, 풍부한 자아를 가지고 있다고 생각해요. 그래서 그런 의미에서 에이전트와 에이전시가 아닌 것에 대해서는 바로 구분될 거라 생각해요. 그리고 저는 엔데버는 전통과 현대적 개성의 균형을 잘 잡았다고 생각해요. 그러나 [**그녀는 손가락을 반복적으로 튕기면서**] 빠른 속도로 손가락을 튕기는 것은 '이 거래는 완료, 이 거래는 끝, 이 거래는 끝'을 뜻한다고 하죠. 당신도 알다시피, 그런 행위는 매우 개성적이죠 (대형 에이전시의 전 탤런트 에이전트, 2013년 3월).[8]

사실 1975년 CAA를 공동 설립한 5명의 WME 에이전트들은 에이전트 업무에서 색다른 방식을 보여주고, 에이전시 환경에서 새로운 조직 형태를 만들어내기 위해 분투했다. 즉, 아티스트와 에이전트의 독점적 연계와 개인적인 고객 목록에는 덜 주목하는 대신, 공유하는 고객들에 대해 팀 단위로 에이전트 업무를 하는 방식을 적용해 에이전시에게 각각의 고객을 연결시키는 다중적인 유대를 구축했을 뿐만 아니라 (그래서 만일 에이전트가 떠나게 되면, 고객에게 닥칠 위험이 줄어들 것이다), 에이전트들 간의 내부 경쟁은 더 적게, 조직에 대한 충성심은 더 높게 만들었다.

오비츠의 카리스마적인 성격에 관한 영웅적 이야기가 시사하는 바에도 불구하고 CAA의 '**문화**'는 단순히 지도자 개인의 영향으로부터 나오지 않는다. 그것은 조직의 구조에 새겨져 있었고 에이전트들이 함께 끌어당

기며 단결된 모습을 보여주도록 촉진하는 방식으로 조직화되었다. 이와 같은 촉진책은 에이전시 직원들에게는 협동적 행동들을 고취하는 보상 제도와 같은 긍정적인 것도 있고, 우리 인터뷰 대상자들 몇몇이 CAA를 '공포 문화'라 묘사하도록 한 상명 하달식 통제 체제와 같은 부정적인 것도 있다.

반대로 더 엄격한 세분화와 '네가 잡은 건 네가 먹어라eat what you kill'의 원칙에 충실한 보상 시스템을 갖춘 다른 매우 큰 에이전시들의 조직 구조는 개인별로 경쟁을 강화하고 에이전시 자체 내에서의 차별을 장려하는 추세였다. 이 대본 에이전트는 "만일 당신이 한 만큼(즉, 당신이 개인적으로 가지고 오는 고객들과 맺은 계약들만큼)만 돈을 받을 때 당신은 다른 누군가와 협력하기를 원하지 않을 겁니다. 왜냐하면 협력을 하면 협력한 당사자와 그것을 나눠야 하기 때문이죠", 그리고 "ICM에서 당신은 내부의 누군가에게 빼앗길 수 있는 당신의 고객들을 보호해야만 합니다. 당신의 외부는 내부만큼 걱정할 필요가 없죠"(2013년 3월)라고 설명했다.

빅 할리우드에서 에이전트들은 모두 이러한 '에이전시 문화들'의 차이를 유지하고 재생산하는 데 참여하고 있다. 그들은 그들이 묘사할 수 있고 에이전트라는 직업 세계에 대한 이해를 넓히는 구체적인 에이전시 문화의 차이를 간파하고, 그런 차이에 따라 종종 직업 경로를 선택하기 때문이다. 그런 의미에서 조직으로서 에이전시를 특징짓는 독특한 집단 문화가 존재한다. 그러나 리틀 할리우드의 입장이나 제작자, 경영자의 견해로는 소수의 주요 에이전시들은 차이점보다는 유사성이 더 많다.

게다가 최근 몇 년간 에이전시 '브랜드'의 특별한 영향력은 그간의 에이전트 업무 경험과 비교할 때 예전만 못한 경향이 있다. 예를 들어 에이전트들 가운데 WME나 UTA에서 일하기 위해 CAA를 떠나는 것에 대해 '문화 충격'으로 묘사한 경우는 더 적었다. 이는 팀 중심의 조직 모델

team-oriented organizational model이 CAA에서 처음 시작되었고, 이 모델이 모든 대형사들의 성장과 기업화 과정에서 충분히 성공적으로 적용되거나 채택되었기 때문이다. 또한 그 브랜드의 영향력은 CAA에서 새로운 경영 체제가 도입되면서 점차 느슨해졌기 때문이기도 하다.

그 동안 CAA는 전성기에 치열한 경쟁을 통해 우위를 차지하게 되면서 모든 직업과 그 이상의 범위로 확산된 바 있는 '**성공적인 에이전트**'라는 전형적 이미지를 만들 수 있었다. 전직 CAA 에이전트의 말(2013년 10월)에 따르면 성공적 에이전트란 CAA 리더들의 지속적인 전략을 통해 '**사안별 에이전트 팩**pack'을 갖도록 만들어지고 널리 유포되어 에이전트들 사이에서 '**조회가 될**' 것이므로 에이전트 업무에서 성공이 무엇이고 상위에 있는 '**10퍼센트 부류**tenpercenters'는 어떻게 행동해야 하는지에 대한 새롭고 통합된 표현을 보여주었다.

이런 에이전트 집단은 기존 행사에서 어두운 색의 정장을 모두 차려입고 저녁 식사에서 그들의 강력한 지인들을 과시하면서 관계 업무를 실행하는 것과 개별 에이전트의 업무 스타일을 창출하기 위한 지배적인 틀을 사회화하고 기술하는 '**현대적인**' 방법들을 전형적으로 보여주었다. "CAA에서 그들은 이런 업무들을 모두 규격화해 은행 업무처럼 보이게 했습니다. 그래서 많은 고객들과 스타들이 에이전트를 월스트리트 금융인들처럼 여기도록 한 거예요. 고객들이 마치 자신이 큰 비즈니스와 결부되어 있다고 생각하게 하고, 그런 것들이 고객들을 보호하고 받들 것처럼 여기게 한 것은 타당해 보이죠. 저는 절대 이것을 이해할 수 없어요."[9]

이 모델과는 달리, 차이를 보여줌으로써 자신을 규정하는 것은 여전히 가능하기는 하나 직업적 비용이 수반될지 모른다. 그리고 관련된 에이전트들은 우리와 인터뷰를 하면서 위계 구조에 의해 그들에게 예상되는 것을 반복적으로 상기하는 증언을 해왔다.

그러나 권력이 뚜렷한 세계에서 이런 에이전시 '**브랜드**'와 집단 식별체들의 존재는 여전히 개별화된 스타일을 형성할 여지를 남겨놓는다. 아무리 에이전시 이미지가 강력하고 에이전시의 경영자나 소유주의 힘이 작용한다 해도 에이전트의 독특한 스타일은 절대 강요할 수 없다. 심지어 에이전시 경영진이 직원들로 하여금 다른 스타일보다 특정 스타일들을 채택하도록 촉진책을 고안해 낸다 하더라도 마찬가지이다.

또 다른 의미에서, 형성된 개인화된 에이전트 업무 스타일은 에이전시의 조직적 구조로 편입되며, 또한 전문화 구조에 의존한다. 에이전트의 전문화는 큰 회사들을 구성하고 있는 부서(영화, 텔레비전, 게임, 책 등)와 같은 업무의 기능적 구분 속에서 구체적인 모습을 갖추고, 부서를 나눈 하위 부서(탤런트, 저술 등)와 복합 부서 그룹(코미디, 외국인 등)의 신설을 선호한다.

이런 현상은 최고의 에이전시들이 부서를 크게 구획화한 회사로 변해갈 때 더욱 두드러지게 나타난다. 에이전트들은 종종 이것을 부정적으로 지적하며, 누군가의 자아 정체성을 미리 설정해 조직 범주 내에 가두는 '**공장 같은**' 에이전시로 만들어버리는 높은 수준의 노동 분업 축소 효과라고 개탄했다. "거기엔 다들 라벨이 붙어 있어요. 당신은 '대본 에이전트', '특집 영화 에이전트', '비디오게임 에이전트', '디지털 에이전트', '출판 에이전트', 그리고 당신은 이런 에이전트들이 가진 자질을 모두 포함한 매우 특정적인 브랜드를 갖고 있어요. 지금, 이런 브랜드는 최고의 위치에 있는 사람들에게는 더할 나위 없이 좋은 것이죠. 지금, 이것은 최고의 위치에 있는 사람들에게는 좋죠. 왜냐하면 그들은 이 모든 자산을 가지고 있으니까요. 그러나 당신이 공장 노동자일 때, 당신은 하나의 작은 상자 안에 갇히고 말겠죠"(에이전트, 부티크 공동 설립자, 2010년 10월).

어쨌든 에이전트 업무 스타일은 에이전트별로 **개별화될** 뿐만 아니라, 특히 이 일을 시작하는 단계에서 에이전시에서 차지하는 특정인의 지위에서 직접 파생되는 방식으로 **특화되어야** 한다.

일례로 에이전시의 1년차 영화 대본 에이전트는 어떻게 **'자신의 브랜드를 구축'**해야 하는지를 설명했다. 그는 **'장르 영화'**로 유명해진 신예 감독들을 대행하는 중심 위치에서 자신을 특별한 유형의 고객 전문가로 규정했는데, 구매자들을 구성하는 에이전시가 할당한 특정 스튜디오들을 맡아야 하는 제약이 있으므로 우선 자신의 고객을 **'조직적으로'** 판매하려고 했다.

에이전시의 구조에서 에이전트가 차지하고 있는 위치는 에이전트 스타일을 형성하는 틀을 만들고 알맞게 조정한다. 그런 위치는 전문화된 문화 생산 부문에 따라 특정 유형의 탤런트를 찾는 경향이 있는 특정 제작 전문가들과 관계를 발전시키는 데 도움이 된다. 에이전트는 조직에 주어진 한도 내에서 자신을 규정해야만 한다.

이런 직업적 자기규정이라는 메커니즘은 또한 자기강화인데, 이렇게 표현하는 이유는 에이전트는 특정한 업무 스타일이 인정받고 독특함을 지니도록 일관성을 갖고 있어야 하기 때문이다. 이 일관성은 감지되는 고객 목록의 동질성homogeneity과 종종 관련이 있다.

제작자로 자리를 옮긴 전직 에이전트가 말했듯이 **'좋은 에이전트'**는 **'결합 조직**connective tissue(다세포 동물의 신체에서 여러 가지 조직, 기관 등의 사이에서 이들을 연결하는 역할을 담당하는 조직)**'**을 갖추고 있는 고객 명부를 보유하고 있는 에이전트를 말한다. 즉, 에이전트들이 대행하는 아티스트들 가운데 (최근 영화제에서 상을 받은 몇몇 떠오르는 독립 영화감독들처럼) 구체적으로 누가 성공한 유형으로 식별될 수 있는지를 말한다. "그렇지 않으면, 에이전트로서 당신은 어떤 사람인가?"[10]

다시 말해 에이전트의 스타일은 또한 에이전시 조직의 내·외부 모두에서, 에이전트들이 다른 유형의 할리우드 전문가들을 만나는 상호 관계의 세계 속에서, 다른 사람에 의한 확인과 분류에 의해 각각 형성된다. 한 영화 에이전트는 파트너들이 자신을 '많은 스펙 대본을 팔고 텔레비전에서부터 영화까지 종횡무진 하는 사람'[11]으로 수렴된다고 분류할 때 자신의 스타일과 전문 분야가 상호 연결된 방식으로 어떻게 형성되었는지를 상기했다.

에이전트가 조직의 맥락과 주어진 직업 배치에서 초기에 형성한 스타일은, 에이전트가 한 회사에서 다른 회사로 옮겨갈 경우 대개 경력 과정에서 강화되거나 발전되기는 하지만, 조정되게 마련이다. 직업 입문 초기에 굳어지고 인식과 관행의 모체가 되어버린 직업적 습관을 가리키는 개인적 스타일의 이런 타성inertia은 때때로 인지도가 높은 에이전트들이 성공적으로 직업 경로를 바꿔 영화사 대표나 제작자로서 다른 모습을 보여주는 데 난관을 겪는 것을 조금은 설명해 주는 요소다. 왜냐하면 에이전트들의 '스타일'은, 즉 시간이 흐를수록 특정한 관계 체계에 그들을 각인시키는, 생각하고 행동하고 말하고 관계 맺는 그들의 방식은 새로운 환경에 적응하지 못하기 때문이다.

결국 관계 업무와 에이전트 스타일의 구축이 자신의 직업적 존재에 대한 신호와 신뢰성의 구성과 관련이 있다면, 그것들은 자피라우(Zafirau, 2008)가 상호 작용적인 '평판 업무reputation work'라고 특징지었던 것을 넘어선다. 그것들은 관련된 사람들이 느끼고 다른 사람들이 인지하면서 정체성을 만들 뿐만 아니라[12] 예술적인 직업들과 상품들을 만들어내는 것을 통해 집단을 형성하고 활동을 구축하는 데 기여한다.

에이전트들과 제작 전문가들 간의 '신뢰'

에이전트들의 경험에 따르면 제작 분야와 관계를 형성하고 그들에 대한 평판을 만드는 것은 협상에서 사업 파트너로서의 믿음이 생기는 것처럼 '신뢰 관계'를 창출하는 것을 의미한다. 에이전트들이 반복적으로 사용하는 도덕적 감정(신뢰, 진실성, 정직)에 관한 용어는 단순히 더 마키아벨리적인 현실(비즈니스를 위해 권모술수를 써야 하는 현실)을 감추려는 것이 아니다. 그것은 에이전트들과 제작 전문가들 간의 상호 작용과 거래를 규율하는 윤리적이고 실용적인 직업 규범들의 비공식적이나 효과적인 체계를 가리킨다.

에이전트가 다음과 같이 주장했듯이 제작 분야와 '관계를 만드는 것'과 '신뢰', '정직'을 고취시키는 것의 방정식은 평판 형성과 관련된 과정이 어떤 모습인지를 밝혀준다. 에이전트의 평판은 특정한 전문가의 속성으로서 이 사람을 전문 시스템에 묶어놓는 관계의 속성이라고 생각해서는 안 된다.

> 당신은 네트워크를 통해 당신과 거래하는 사람들, 당신의 말을 신뢰할 수 있다는 사람들, 당신이 거래에서 거짓을 행하지 않을 거라 보는 사람들과 관계를 맺습니다. 그리고 그렇게 관계를 맺는 것이 당신이 경력을 쌓고 신뢰를 구축하는 방법이에요(대형 에이전시의 매니저이자 전 에이전트, 2010년 3월).

마찬가지로 다른 에이전트들은 자신들의 경력이 정직하고 신뢰할 만한 행동의 반복된 표현에 기초한다고 반복해서 말했다. 그러나 이런 처신에 대한 '신뢰할 만한' 방법, 즉 직업 교류를 위한 가능성의 조건은 무엇을 말하는 것일까? '정직하다는 것'은 정확히 이 직업 환경에서 무엇을 의미하는 것일까? 허용되는 거짓말과 비윤리적인 행동의 경계는 실제 어떻게 타협될까?

윤리 헌장이 없기 때문에 '규칙에 따라', '정직하게' 협상하는 방법을 아는 것은 비록 직업 규범에 몇몇 요소들이 마련되어 있지만, 자명하지는 않다. '정직하게 거래하는 것'의 의미도 모호하지 않는 것은 아니다. 왜냐하면 탤런트를 팔 때 종종 에이전트들이 자신의 것은 물론 고객들의 최대 이익을 지키기 위해서 사실을 꾸며낼 필요가 있기 때문이다.

여기엔 윤리 법칙들이 있어요. 모든 사람들은 그들만의 윤리적 기준을 갖고 있어야 해요. 저는 당신이 정직하게 거래한다는 것을 믿죠. 어느 누구도 진실을 말하는 것에 대해 당신을 나무랄 수 없잖아요, 알다시피. 비록 윤리 법칙들이 진실에 대한 당신의 인식이라 할지라도. 그 법칙들은 거래를 성사하는 과정 내에 있죠. 바로 정직이죠. 또 거의 포커 게임처럼 어느 정도 터무니없는 소리도 있어요. 만일 제가 대본을 판다면, 저는 당신이 관심 있어 하는 그것을 사기를 원하는 유일한 사람이라 말하지 않을지 몰라요. 저는 거기에 다른 관심을 끌 만한 것들이 있다고 말할지도 모르죠. 당신도 그런 일들을 보잖아요. 일종의 위치 선정 같은 것이죠. 그리고 당신도 알다시피, 그것은 거의 포커 게임 같아서, 마치 당신이 제 손에 쥔 것을 알지 못하거나 제가 가진 것을 당신이 원하는 것과 같죠. 그래서 당신은 모든 사람들이 그걸 원한다는 함으로써 협상에서 얼마간 영향력을 얻고자 노력합니다. …… 당신은 고객을 지키고 확실하게 다른 사람들이 갖고 있는 것을 고객들이 갖게 하는, 혹은 고객들이 더 좋은 것을 갖게 하는 법을 알아야만 해요. 그리고 그렇게 하는 방법들이 있거든요(대형 에이전시의 현 매니저이자 전 탤런트 에이전트, 2010년 3월).

실용적 직업윤리,[13] 즉 관찰되는 원칙들과 가치들, 준수해야 하는 경계들에 대한 정의는 보조원과 견습생들이 훈련받을 조직에서 관찰을 통해 얻는 것이며, 그들이 초급 에이전트로 만들어질 때 시행착오를 통해 이 직업에 대해 배우는 것들의 일부이다. 한 에이전트의 말에 따르면 그것은 할리우드의 '**적절한 에티켓**'에 관한 것이다. 다시 말해 실용적인 직업 윤리는 법적 조항을 초월해 허용되는 것과 할 수 있는 것에 관한 것이며, 게임에 남아 있기 위해 어떤 한계들을 넘어서는 안 되는지에 관한 것이다.

왜냐하면 협상 기술은 '**게임을 하는 동안에** 에이전트의 진실성을 유지하는 것'[14]에 존재하기 때문에 게임 참여자가 누구인지 충분히 알 수 있을 만큼 게임 구조를 잘 알고, 윤리적으로 의심스러운 행동들에 대해 다른 사람들이 판단을 하는데도 어떤 위치와 상황이 누군가에게 규칙을 어기거나 수용 가능한 한계(전형적으로 가장 수요가 많은 스타 탤런트에 대한 접근이 그러하다)를 재협상할 수 있는 충분한 권력을 부여할 수 있는지를 암시한다.[15] 에이전트들이 옹호할 수 있는 행동들을 식별하고 현실을 정당화한 포장과 직업적으로 부정직한 행동 사이의 경계들을 찾아내는 것은 바로 주로 제작 분야의 사업 파트너들이 가진 인식을 예측함으로써 이루어진다.

> 저는 저와 거래하는 사람들에게 단도직입적이고 정직하려고 노력해요. 사람들을 속이지 않아요, 거짓말을 하지 않죠. 절대로 누군가가 다른 취업 제안을 했는지에 대해 속여 말하지 않아요. 그들의 급여 이력에 관해서도 거짓말을 하지 않죠. 몇몇 사람들은 제가 추측하기로는 가끔 이것을 협상 도구로 이용해요. …… 그렇다면 사람들은 당신이 누군지 알아요. 저는 너무 많은 거짓말을 하는 것은 너무 어렵다고 생각해요. 왜냐하면 옛말에 이르길 "능숙한 거짓말쟁이가 되려면 좋은 기억력을 가져야 한다"잖아요! 저는 차라리 사람들에게 정직하게 대하며, 직설적이며 거두절미하고 핵심을 말하죠, 알다시피. 만일 우리가 계약하려고 협상 중이라면, 저는 제 고객에게 중요한 것이 뭔지 제작자에게 알려줄 거예요. 만일 그것이 중요하지 않다면, 우리는 그것에 대해 불필요한 싸움을 하지 않을 겁니다. …… 우리는 항상 정직함에 의존해요. 왜냐하면 말할 것도 없이 당신이 부정직하다고 인식되면 그때부터 부정직한 사람으로 알려질 것이기 때

문이죠. 그러면 사람들은 당신이 그들에게 주는 정보를 절대 신뢰하지 않을 거예요. 당신은 제작자들에게 부정직하면 안 됩니다. 왜냐하면 그들 가운데 1명은 당신의 행동을 명민하게 알아차릴 것이기 때문이죠(리틀 할리우드의 역할과 비중이 적은 에이전트, 2011년 4월).

그러나 에이전트의 정직성이 나타내는 것은 단순히 거래 성립에 관한 실용적 윤리 이상의 것이다. 프로젝트들에 대한 거래와 고객들을 위한 계약들은 단지 제한된 범위의 에이전트 업무의 실행만을 구성한다. 에이전트들과 제작 전문가들 사이의 관계를 좌우하는 비공식적 규칙들은 그런 계약들을 능가하며, 바로 여기에 성패가 달려 있다. 에이전트들을 제작 상대에게 묶는 교환 채널의 형성과 그것의 상시적 이용은 에이전트 업무의 실행과 같은 것이라고 할 수 있다. 에이전트들은 경력을 시작할 때 소속 에이전시에서 차지하는 위치에 따라 젊은 에이전트가 **'담당하는'** 특정 구매자들을 할당받음으로써 조직적 메커니즘에 크게 의존한다.

일례로 CAA에서 만일 당신이 젊은 에이전트이고, 당신이 구매자로 워너브라더스를 할당받는다면, 당신의 일은 그 영화사를 소유하는 것과 같아요. 당신은 제작자나 대표들에게 고객들이 하는 일에 대해 많은 정보를 주기를 원해요. 그래서 그들은 당신에게 의지하고, 당신을 필요로 하는 거죠. 어떤 면에서 만일 그들이 당신을 믿고 좋아한다면, 그들은 "이봐, 내가 주말에 정말 좋아하는 대본을 읽었는데 에이전트가 없는 신인 작가였어, 당신이 그걸 꼭 봐야만 해"라고 말할지 몰라요. 그것이 당신이 일을 시작하는 방법이에요(빅 할리우드의 탤런트 에이전트, 2013년 3월).

이런 방식으로, 초보 에이전트는 입직 후 조직에서 안내를 받고 형태면에서 매우 대인 관계적인 수단을 통해 서비스와 호의를 상호 교환하는 (즉각적이기보다는 다소 지연된) '주고받는' 체제에 통합되어 간다. 여기에서 중요한 것은 '접근'과 '정보'의 문제로 참여자들이 명명한 것들이 아티스트들과의 유대뿐만 아니라 탤런트 대행사와 제작 전문가 간의 관계의 핵심에 항상 존재하는 제3자와의 유대를 관리하는 것과 대부분 관련되어 있다는 점이다. 에이전트들과 그들의 제작 파트너들은 성공한 아티스트들과 우선권을 주는 유대로 발전시키기 위해 경쟁적으로 노력한다. 영화사 대표가 말했듯이 그런 유대는 사회적 상황에서 아티스트들에게 '환심 사기'에 해당되고 중요하게도 '그들과 함께 일하는 것을 통해' 생겨난다(2014년 2월).

만약 영화사나 네트워크의 수장들은 물론이고 제작자들도 종종 그들에게 이상적인 사업 환경은 톱 탤런트들에게 연락할 때 에이전트를 거칠 필요가 없는 것이라고 고백할 수도 있겠지만, 그들 역시 아티스트들, 탤런트 대행인들, 제작 전문가들이 불가피하게 서로 삼각관계로 엮여 있어야 한다는 것을 안다. 에이전트와 제작자들은 둘 다 모두 끝까지 함께 있어야 할 운명인 상호 의존에 사로잡혀 있다는 것을 알고 있다. 이런 교류들은 결정적으로 프로젝트와 아티스트들에 관한 실제적인 공동 작업의 행태로 구체적으로 나타난다.

인터뷰 대상자가 언급했듯이 '네트워크를 구축하는 가장 좋은 방법은 무언가에 공을 들이고 무언가가 발생하도록 노력하는 것이다', 그리고 "당신이 그것을 끝낼 때까지는 **당신은 정말 그 연줄을 가진 것이 아니다**".16) 프로젝트에서 협력이 시작되면, 관계의 관리는 중요한 장기 파트너의 필요성과 제약 사항을 예측하는 데 초점을 맞추고 있다. 관계의 관리는 또한 파트너들을 사면초가四面楚歌의 상황에 빠뜨리지 않도록 하는 것이며, 이렇게 함으로써 미래의 거래 가능성이 유지된다.

저는 지금 알코올 중독증을 치료 중인 고객을 대행하고 있어요. 그는 8월에 영화 촬영에 들어갈 예정이죠. 정말 큰, 제 말은 정말로 큰, 영화에 참여할 예정이라는 거죠. 저의 일은 프로젝트를 관장하는 영화사 대표에게 아마도 가장 최고 위 경영진에게 전화를 걸어 우리가 꼭 이 고객을 좋은 상태로 만들기 위해 정말 열심히 노력 중이라는 것을 확신시켜 주는 것입니다. 저는 그 계획을 실천할 거예요. 그러므로 그들은 그가 제작에 합류했을 때 비용이 들어가지 않을 것이라는 것을 알 수 있죠. 제작에는 많은 것들이 있죠. 그리고 저는 그런 관계나 사람들을 가질 수 없었을지 몰라요. 경영진들은 만약 제가 다른 상황에서 자신들을 잘 대하지 않았거나 그들이 저를 싫어했다면 제 전화를 받지 않았을 거예요. ······ 그리고 에이전트 경력은 평판을 만들죠. 저는 35년 동안 이 일을 해왔고, 그건 정말 오랜, 오랜 시간이었죠(대형 에이전시의 매니저이자 전 에이전트, 2010년 3월).

탤런트 대행사와 제작 전문가들 사이의 상호적인 호의의 경제economy of mutual favors는 이러한 경험들을 통해 영속적으로 유지될 뿐만 아니라 정보 관리(사업 상대가 프로젝트나 재료에 대해 가장 먼저 알도록 하는 것과 같은 것)와 관련된 예의의 제스처들을 반복하거나 직업적 협력 관계라는 형태로 나타나는 다른 사람들의 주장과 필요를 알게 됨으로써 지속된다.[17] 이런 모든 것들이 **강한 유대**를 형성하는 데 기여하는 것이다.

그런 유대는 참여자들의 시각에서는 의미 있고 중대하며, 사회적 이벤트에서 이루어지는 피상적인 만남이 만드는 약한 유대와는 구별된다. 3장에서 설명했듯이, 첫째 할리우드에서 세대를 형성하는 것과, 둘째 전문가들의 상호 의존적인 범주의 직업 경로를 만드는 것은 '신뢰'라는 관계의 경험과 직접 연관되어 있는 것으로 보인다.

당신은 에이전트 수습생인 보조원들, 에이전트들, 프로젝트 개발사 경영진,

작품 창작 회사 경영진, 혹은 신입 변호사들이 있는 넓은 토대에서 일을 시작해요. 그들이 무엇이든지 간에 그들은 모두 함께 네트워크를 형성하죠. 제가 올라갈수록 사람들은 도중에 실패하고, 제가 올라갈수록 사람들은 그 수가 점점 줄어들죠. 당신이 바닥에 있을 때 만난 사람들은 영원히 당신의 친구들이죠. 왜냐하면 그들은 당신이 아무것도 아니었을 때 이미 당신을 알았기 때문이죠. 저는 제가 느끼기에, 저를 사적인 목적보다 직업 때문에 저와 친구가 되고자 하는 사람들보다 제가 오랫동안 알고 지낸 사람들을 훨씬 더 믿어요. 그러므로 당신은 항상 조심해야 해요(빅 할리우드의 대본 에이전트, 2013년 3월).

이러한 관점에서 '**신뢰**'는, 오랜 기간 지속되어 온 유대로부터 생겨나며 동시에 신뢰가 유대의 영속화를 가능하게 한다. 신뢰와 시간은 서로 떼려야 뗄 수 없다.[18] 에이전트 업무를 수행하는 것은 오랜 시간 동안 함께 있을 가능성이 있는, 결과적으로 현재의 구매자일 뿐만 아니라 잠재적으로 미래의 구매자인 제작 분야 파트너들과 장기적인 관계를 만드는 것을 지향하고 있다. 신뢰란 즉각적인 예측뿐만이 아니라 먼 미래에 대한 예상도 의미한다.

'당신이 거래할 때 정직한' 것처럼 보이는 것은 어떤 특정한 투자 협상, 어떤 프로젝트, 혹은 어떤 단기 목표보다도 훨씬 더 중요하다. 참여자들이 서로를 쉽게 알아차리는 좁은 게임들이 펼쳐지는 리틀 할리우드나 빅 할리우드에서 상호 관계에 대한 **기억**은 생생할 뿐만 아니라 게임 참여자들에 대한 지속적인 참여 여부를 좌우한다. 이러한 기억의 차원은 단지 개별적으로나 직접적으로 관계에 참여한 개인들에게만 관련된 것은 아니다. 작고 전문화된 직업 세계에서 질책받는 행동들은 관련된 사람들에게 뚜렷한 표시들을 남긴다. **관계의 역사**는 모든 참여자에게 행동의 기준을 제공하면서 널리 확산되고 상식이 된다.

만일 당신이 공정한 방식으로 사람들과 거래를 하지 않거나 아마 자신의 이익을 위해 비밀 정보를 누설한다고 쳐봐요. 그러면 아마도 상당히 오랫동안 이 사업을 지속할 수 없을 겁니다. [왜냐하면] 사람들은 당신이 꽤 괜찮은 사람이라고 생각하지 않을 것이기 때문이죠. 시간이 흐를수록 그러한 종류의 사람들은 제거되죠. 제 말은 오랫동안 여기에 남아 있는 사람들은 모두 꽤나 윤리적인 사람이라는 거죠. …… 당신은 이 사업에서 참기 어려운 나쁜 자식이 될 수 없으며 오랫동안 살아남을 거라 기대되죠. …… 알다시피, 당신은 이 모든 사람들과 함께 일을 해야 하잖아요. 배우들도, 영화도 , 텔레비전 쇼도 항상 오고 가고 하잖아요. 이것이 업계에 머물고 있는 사람들과 당신과의 관계예요(빅 할리우드의 탤런트 에이전트, 2011년 4월).

이와 같은 언급은 능력과 가격의 불투명성과 부정확성이 도드라진 문화 시장에서 합리적인 행위에 대한 도덕적 대체물로 '**신뢰**'를 접근해서는 안 된다는 것을 말해준다. 이것은 종종 영화와 엔터테인먼트 산업에 대한 연구들이 주도해 온 방식이다.[19] 신뢰를 인지할 필요성과 할리우드 전문가들이 이에 상응하는 관계를 실행하는 방식은 오히려 이 에이전트 직업 시스템의 오래 된 역사적 산물이며, 이런 구조 내의 전문가들이 기존의 관습, 경험, 습관에 따라 행동하는 **경로 의존 방식**으로 실행한 일일 활동들을 통해 시간이 흐를수록 재생산된다. 관계의 역사는 신뢰의 경험이 대인 관계의 미시적 수준에서 체계적으로 표현된 과정을 말한다. "저는 신뢰받고 있습니다. 제 생각에 사람들은 제 말을 믿죠. 그들은 반드시 그럴 거예요. 이것이 내가 가진 전부입니다."[20]

이렇게 말함으로써 주요 에이전시 가운데 한 곳에서 일하는 슈퍼 에이전트는 자신의 말을 실행으로 담보하는 것에 대해 설명했다(Austin, 1962). 그의 사업 상대들이 '**신뢰**'하게 되는 것은 오직 그리고 아마 주로, 재정 협상에서 '**부정직**'하면 안 된다는 도덕적이거나 또는 이성적인[21] 자질만은 아니다. 이것은 누군가의 가치에 대한 그의 판단과 평가인데, 토착어로 말하면 그의 '**취향**taste'이다.[22]

누군가의 '**취향**', '**재능**', '**자질**', '**돈벌이 가능성**'에 대해 그가 말하는 것은 아티스트들 또는 프로젝트와 '좋은 짝'을 만들 수 있고 '**촉망받는**' 탤런트와 프로젝트들을 간파해 낼 수 있는 확실히 믿을 수 있는 능력이다. 할리우드 전문가들이 서로 인정하는 이 신뢰는 특정 사업 상대들에게 우선적으로 의존하는 그들의 성향(시간이 흐를수록 지속적으로 형성된다)을 가리킨다.

이런 식으로, 탤런트 대행자들과 제작 전문가들이 오랫동안 참여해 반복적으로 공유한 경험들은 '**동료 조직 간의 통화**collegial currency, 通貨'를 만들어내고 서로의 관계 때문이라고 탓하는 **상호 의존 게임**을 만들어낸다. 반복적인 협력에 바탕을 둔 이런 상호 평가의 과정에 대해 선임 탤런트 에이전트는 다음과 같이 의미심장하게 묘사했다.

> 내가 관계가 전부라고 말할 때, 그것은 관계가 깊고 제일 친한 친구들을 갖는 것을 의미하는 것은 아니에요. 그것은 은행에서 당신과 그들 모두 충분히 가질 수 있는 **동료 조직 간의 통화** 가운데 하나가 되어야 한다. 동료 조직 간의 통화란 지렛대와 같은 영향력이 아닌 **역사**예요. 나와 함께 일한 파라마운트 영화사에는 고객에 대한 나의 힘, 에이전시에 대한 나의 힘, 영향력, 내 주장의 타당성, 나의 지성을 평가할 수 있는 충분한 경험이 있어요(대형 에이전시, 2013년 12월, 볼드체는 면담자 강조).

에이전트들이 사용하는 용어는 신뢰를 고취시키고 다른 사람들을 믿는 것이 선택이나 도덕적 만족에 관한 문제가 아니라 직업적 존재의 필요조건이라는 점을 암묵적으로 표현한다. 이것은 참여자들이 좀 더 조직화된 속성과 보증(칭호, 졸업장, 지위와 같은 것)에 달려 있다고 믿는 그 게임과 그들의 정당성이 포함된 직업 세계와는 대조적이다. 할리우드의 직업인들은 가능하고 정당한 행위가 주로 일반적이고 형식적인 규칙으로 나타나는 공간보다는 대인 관계의 형성, 틀 짓기, 기준 확립을 통해 분명하게 통제되는 공간을 찾아다닌다.

여기에서 "당신이 가진 모든 것은 당신에 대한 신뢰성이다. …… 사람들이 당신을 믿을 필요가 있다" 그리고 일단 당신이 "원하는 것을 이루기 위해 편의적으로 거짓말을 하는 누군가로 알려지고, 사람들이 당신을 신뢰할 수 없다면, …… 그런 도덕적 평판은 절대 사라지지 않는다"23)("나는 당신을 믿는다")와 같은 도덕적 감정들에 대한 표현은 안정된 상호 신뢰 체계 내에서 영속적인 정체성을 정의하는 것과 관련이 있다.

그러므로 탤런트 대행인들과 제작 전문가들을 연결하는 이러한 상호 연계 체계는 규범을 위반하는 사람들에 대해 합법적인 수단을 써서 집단적 제재를 하는 메커니즘을 통해 동료들에 의해 규제되는 **비공식적 통제 공간**으로 기능을 한다. 그러나 이러한 사회적 통제 구조가 취하는 형식들은 관계라는 것이 결코 이원적인 것이 아니듯이 일대일 상호작용으로 제한될 수 없다. 일대일 대인 관계들은 항상 (빅 할리우드나 리틀 할리우드에 형성되는) 더 큰 직업적 상호 관계 체계에 포함된다. 그러므로 대형 에이전시의 선임 탤런트 에이전트가 스튜디오 대표와의 관계에 대해 다음과 같이 말했다.

그는 절대 분명히 나를 배신하지 않을 거예요. 왜냐하면 그렇게 하고 나면 그는 그보다 더 강력하고 나를 사랑하는 누군가에게 박살이 날 것이니까요(2013년 2월).

자신이 한 말의 가치가 중요하다는 것은 종종 위태로울 수 있는 돈 문제를 고려하면서 놀랍게도 낮은 수준의 관계와 거래라는 법적 공식화를 통해 알게 된다. 많은 슈퍼 에이전트들이 자신의 고객들이 떠날 것을 대비해 스타 고객들에게 자신들의 경제적 이익을 보호하는 에이전시 계약에 서명하라고 요구하지 않는다는 점에 주목할 필요가 있다.

이와 유사하게 이런 에이전트들과 영화사 및 제작사들의 파트너들은 아티스트들의 프로젝트 참여 조건을 결정하기 위해 대부분 전화로 이뤄지는 구두 계약verbal agreement에 이르면, 양쪽 모두 이미 '거래를 했다'고 간주한다. 그들은 구두 계약이 아직 법적 집행력은 없지만 해당 계약이 완전히 공식화되고 서명되기 전에 착수할 영화나 쇼의 제작과 제작비를 만들기에 충분한 최종적이며 공고한 계약이라고 생각한다.

스튜디오가 변호사의 검토 업무가 다 끝나고 공식 계약이 서명되기 전에 영화제작을 실질적으로 시작하는 것을 막는 노력을 한다면 그것은 매우 드문 예외적인 경우이며, 이는 업계에서 '**사건**incidents'으로 회자되기에 충분하다.

관행적으로 에이전트들은 서류 양식에 의존하는 것에 반대하듯이 자신들의 사업 파트너와 나눈 악수나 [그] 말들로 모든 것을 처리한다고 설명한다. 서류를 먼저 달라거나 약속의 유효성을 담보하기 위해 조건을 다는 것은 리틀 할리우드에서 이례적인 것이라고 이 탤런트 에이전트는 설명한다.

에이전트 사업 분야는 서류 작업이 나중에 추가되는 드문 산업들 가운데 하나죠. 그래서 제 업무의 많은 부분은 전화로 이루어져요. …… 우리는 전화로 거래를 하고, 거래가 되는 지점에 동의를 해요. 종종 고객들은 비행기에서 내리고 나서 계약에 사인하기 위한 펜이 서류 옆에 놓이기 전에 영화를 촬영하죠. 그건 모두 '**관계**'와 '**신뢰**'에 관한 것이라 그렇죠. 그런 관계와 신뢰를 강화하기 위해 우리는 모두 계속 …… 당신은 사람들과 술을 마시고, 사람들과 저녁을 먹을 것입니다. 당신은 그러한 관계들을 강화하고 있는 중이죠. 당신은 반드시 이 사람들을 믿을 수 있어야 하죠. …… 저는 그들이 당신에 대해 더 큰 책임을 갖고 있다고 생각해요. 알다시피 당신은 인간으로서, 자녀가 유치원에 어떻게 다니는지 당신이 무엇을 하는지 대화하고, 그다음 날 약간 교활한 짓을 꾸미기 위해 누군가와 한 시간 동안 통화하는 데 시간을 허비하는 것은 힘들죠. …… 그리고 만약 당신이 그들과 술을 마셨는데 그들이 바보처럼 보였다면, 알다시피, 당신은 또한 그들을 믿을 수 없기 때문에 이렇게 생각할 거예요. "좋아요, 난 이 거래를 위해 먼저 서류를 원해요. ……"(2010년 9월).

종종 전화 통화라는 기술적 수단에 의해 말을 하며 무언가를 하는 에이전트들의 힘은 관련된 할리우드 전문가들의 지극히 개별화되고 개인적인 특징처럼 보인다. 그것은 에이전시의 조직적인 힘에서 비롯된 것처럼 표현되지 않기 때문에 훨씬 더 신비한 것처럼 보인다. 그러나 에이전트 조직들은 에이전트의 실행 능력을 형성하는 데 중요하다. 에이전트와 영화사 대표 사이의 구두 협약의 힘과 관련된 이전의 언급으로 돌아가 보자.

만약 구두 협약이 당사자들끼리 기꺼이 실행하기에 충분할 만큼 결속되어 있다고 보아 취한 행위였다면, 그것은 단지 고유한 개인의 힘이나 협상에서 '**선의**good faith'에 따라 대화하고 있다고 여겨지는 사업 상대들의 협상에 대한 전념 덕분만이 아니다. 그것은 그들의 말이 이 경우 대형 탤런트 에이전시와 주요 스튜디오과 같은 조직을 포함하기 때문인 데다 관련된 개인들이 이러한 조직들이 보유한 조직적인 힘의 형태를 구현하기 때문이다.

더욱이 탤런트 에이전시들은 수행하는 작업이 의존하는 형식들과 도구들을 제공한다. 개인화된 스타일, 관계들, 그리고 거래들은 **조직적으로**,

그리고 기술적으로 구비되어 있다. 에이전트의 일상 업무를 실행하기 위해 기술적 장치들을 고려하는 것은 관계의 개인적·주관적인 특성에 집착하려는 유혹으로부터 우리를 보호한다. 반대로 직장에서 에이전트들을 관찰하는 것은 관계 업무가 어떻게 이뤄졌고, 그에 따른 상호 작용의 방식과 관계의 유형의 결과가 무엇인지를 주목하게 했다. 에이전시로 걸어 들어가는 것은 에너지가 감지되는, 일하느라 바쁜 벌집을 뚫고 들어가는 것처럼 느껴진다. 그 장소의 건축과 디자인은 이런 효과를 야기했다.

에이전트들이 일하는 업무 공간의 구조와 물리적 조직은 업무 속도와 강도를 높이고, 그들의 관행에서 엿보이는 상호 작용적인 차원들이 가시적으로 나타나도록 만들었다. 예를 들면 2007년까지 CAA가 있었던 건물은 에이전시 직원들이 계속 뒤섞이기 좋게 수평 지향적으로 세워졌고, UTA는 유리벽으로 지어 건설 당시부터 화제가 되었다.[24] 대형과 중형 에이전시들의 로비는 중심부의 공개 공간 주변에 설치한 하나 또는 몇 개의 방대한 사무실을 향해 개방되어 있다. 이런 중심부 공개 공간은 보조원들과 함께 쓰고 있는데, 보조원들의 책상은 에이전트 사무실과 나란히 열을 지은 모습으로 배치되어 있다. 이 중심부를 둘러싸고 있는 사무실에서는 에이전트들이 큰소리로 전화하거나 핸즈프리 장치를 하고 의미 있는 제스처를 하면서 때로는 분명히 멀티태스킹하는 에이전트들을 볼 수 있다.

에이전시는 에이전트들이 자신의 활동을 특징짓는 강렬하고 영구적인 정보 순환(전화, 문자 메시지, 휴대폰, 이메일을 통해) 도구인 휴대폰과 컴퓨터를 계속 주시하고 있는 생기 넘치는 곳이다. 반복되는 이메일과 문자 메시지 수신음은 특히 대형사에서 에이전트들이 관리해야 하는 빠른 거래 속도를 상징하는 요소로서, 내가 다양한 회사를 찾아다니며 에이전트를 추적 조사하는 날 특별한 속도감을 느끼게 해줬다. 이것은 더욱더 분명한 사실인데, 그 이유는 새로운 디지털 기술과 플랫폼이 소셜 네트워크social networks의 사용뿐만 아니라 대본, 아티스트 판촉용 테이프와 비디오와 같은 자료들의 전송을 포함해 모든 유형의 의사소통을 증가시키고 가속화했기 때문이다.

관계들을 표시하는 형태formats, 어조, 리듬은 에이전트들로 하여금 독특한 에이전트 업무 스타일을 만들도록 하는 상호작용의 장치에 직접적으로 의존한다. 그러나 에이전트는 에이전시에 맞게 설계되거나 프로젝트와 고객에 대한 후속 조치를 하는 데 쓰이는 소프트웨어 프로그램과 같은 개별적인 스타일 간의 충돌을 제한하는 장치들을 집단적으로 갖추고 있다. 이런 장치들이 보유한 기능 가운데 하나로 에이전트들에게 특별한 프로젝트를 위해서거나 유대 강화를 위한 모임을 만들기 위해 다시 연락해야 하는 사람들(고객들, 제작 전문가들, 다른 탤런트 대행인)을 상기시키는 것이 포함되어 있다.

그러한 소프트웨어 프로그램은 초대형 에이전시에서 만들어져 다른 회사들에서 좀 더 표준화되었는데, 일상적이고 흔한 관계 업무의 준비와 합리적 개선에 쓰이고 있다.25) 이 프로그램들은 또한 예를 들면, 파트너들의 개인사에 무슨 일이 일어났는지, 그들이 무엇을 좋아하고 무엇과 관련되어 있는지와 같이 사업 상대에 관한 정보를 저장하는 데 사용될 뿐만 아니라 (사람들이나 프로젝트들과) 좋은 짝을 맺기 위해서나, 단지 대화를 할 때 더 사적인 친밀감을 더해주기 위해서 향후 상호 관계에서 전략적으로 재사용될 것이다.26)

수십 년 전에 이 직업에 입문한 에이전트들은 이런 신기술과 도구가 물리적으로 상호 작용하거나, 대본, 고객의 이력서와 같은 자료나 정보를 직접 또는 문서 형식으로 전달해야 했거나, 직접적으로 대면 미팅을 해야 했던 자신들의 일상적 직업 경험들을 얼마나 많이 변화시켜 왔는지를 설명할 수 있다.

'브레이크다운 서비스'와 같은 온라인 인터페이스를 조직적으로 사용하면서 탤런트 에이전트와 캐스팅 전문가들 사이의 교류에서 나타나는 형태들을 표준화할 수 있었다. 이런 서비스는 배우들을 전체 에이전시의 세계에 알려주는 역할을 하는 캐스팅 전문가들의 요구에 응답해 역할에 맞는 배우들을 제안하는 데 사용되었다. 또한 이런 서비스는 의사소통의 속도와 에이전트 업무의 일시성뿐만 아니라 에이전트가 따르는 활동 형태들을 변화시켰다.

리틀 할리우드에서는 똑같은 정보가 모든 탤런트 에이전트에게 즉시 전달되기 때문에 성공한 에이전트들을 구분 짓는 요소는 더 이상 캐스팅 책임자나 감독들과 미리 형성된 연줄로 일거리나 프로젝트에 대해 가장 먼저 알 수 있는 능력이 아니다. 차이를 만드는 것은 미리 갖춰진 브레이크다운 광고의 전자 포맷을 통해 특정 배역에 적합할 것 같은 모든 고객들을 제안해 주고 난 후에 이러한 관계를 동원할 수 있는 능력이다.

그러므로 캐스팅 감독에게 배우를 권유하는 것은 제안된 고객들 가운데 이런 관계를 활성화할 가치가 있는 사람들을 고르고, 좀 더 표준화해 시작했던 업무를 개인화하는 것을 뜻한다. 그러므로 '좋은 권유'를 할 적기와 모양새는 변화된다. 캐스팅 전문가들과 직접적인 관계를 구축하는 것의 중요성이 약화되는 것이 아니라 재조직되는 것이다. 캐스팅 디렉터에게 전화를 걸기 위해 전화기를 드는 것은 또한 다른 의미를 지닌다.

더 일반적으로 말해 짧게 할 때 더 큰 영향을 미치는 전화 통화, 개략적인 이메일과 문자 메시지는 의사소통을 위한 규범이자 지속적인 열린 통로가 되었다. 고객이나 프로젝트와 관련된 정보들을 보내기 위한 수단으로 이메일과 전자 장치의 사용이 일반화하면서 직접적인 상호작용과 공존을 위한 기회가 드물어지고 있다. 과거에는 대본을 아티스트들에게 물리적으로 전달하고 에이전트가 영화사에 직접 가는 것을 당연시했었으나 이제는 그런 경우가 드물어졌으니 그야말로 격세지감이다.

이것이 종종 에이전트들이 설명하는 직업 경험의 변화이다. 예를 들어 이 선임 탤런트 에이전트는 감동을 주고, 영향을 주며, 납득시키고, 고취하는 능력 등처럼 에이전트의 힘에 기여한 바를 지적하면서 에이전트의 일이 갖거나 부분적으로 잃게 되었던 물리적 환경을 강조했다. 에이전트의 의사소통은 면대면 상호작용과 관련된 모든 신체적인 지배 수단의 사용을 말한다. "탤런트 매니지먼트 사업에서 그런 수단은 매우 전투적이고 육체적으로 사용되었다. 당신은 일어나서 움직이고, 다른 사람을 치지 않고, 그러나 일어나서 발걸음을 디뎌, 그들 앞, 탁자 앞에 앉는다. 당신은 고객 사진을 밀어 넣고, 테이프를 건네준다. 당신은 매우 상호 작용적이었다. 지금은 훨씬 더 냉담하고 디지털적이고 깔끔해졌다. 그래서 그 에이전트들은 이들만큼 똑같이 잘하지 못한다"(대형 에이전시, 2010년 3월).

위에서 언급한 인터뷰 대상자와 마찬가지로 에이전트들이 직장에서 겪은 '냉담한' 변화를 개탄하는 에이전트들도 그 변화를 현재의 에이전트 품질과 업무에 대한 판단에 연결시킨다는 것을 피력하고 있다. 실제로 디지털 장치와 같은 새로운 기술들은 결코 순수한 기술이나 순수한 형식의 문제가 아니다. 기술적인 것과 기술의 변화는 사실상 에이전트들 간의 그리고 에이전시와 제작 분야 사이의 기존의 위계 구조를 재배치하도록 하는 데 기여한다.

디지털 도구를 다루고 관련 에이전트 업무를 실행하는 데 필요한 새로운 기술들은 이후 승진 가능성이 있는 견습생들을 만드는 데 점차적으로 투입되고 있는데, 새로운 기술들은 '좋은 에이전트'를 구별해 주던 사적 친밀성, 교류의 물리성, 열정과 적극성에 대한 신체적 표현과 같은 속성들을 부분적으로는 보완해 주고 있지만 부분적으로는 그것과 충돌하고 있다.

신기술 습득은 이 새로운 모델에 따라 직업을 배우는 새로운 세대의 직업에 대한 접근과 관련이 있다. 조직 성장과 기업화로 인해 에이전시들에게 일어나는 것만큼이나 제작 분야에서도 비슷한 변화가 나타나고 있기 때문에, 그 기술은 또 구매자들과 관계를 맺고 고객을 파는 새로운 방식과 보조를 맞춰 발전하고 있다. 그러므로 이런 변화들에 대한 에이전트들의 판단은 에이전트 업무를 능숙하게 하는 것이 무엇인지에 관한 다른 정의들과 객관적으로 경합한다. 그런 변화는 에이전트들이 자신들의 활동에서 어떻게 예술성을 평가하는지와 에이전트 업무가 "덜 창조적인 경험이 되어가고 있다"는 인식과 직접 연관되어 있다.

> 당신이 같은 세계에서 장사하고 있지 않다는 사실 때문에 훈련은 예전과는 다르죠. 제가 훈련을 받았을 때, 저는 사진을 뽑았고, 이력서를 출력했고, 그것을 스테이플러로 고정했고, 이력서를 업데이트했으며, 그것을 손 글씨로 직접 썼고, 구매자에게 전화했었죠. 우리는 배우들에게 읽어보라고 대본을 보냈고 그땐 어떤 디지털 파일도 없었죠. 당신은 테이프를 보냈고, 그 테이프를 녹음했고, 그 테이프를 편집했잖아요. …… 텔레비전, 영화, 모든 것이 변해 가고 있어요. 보조원들이 상사가 한 것에 귀 기울이고, 평가하고, 들은 것들의 특성을 보면 판매와 포장에 관한 한 예전에 해왔던 방식과 상당히 멀어졌죠. 그들이 지금 듣는 것은 이런 방법, 저런 방법, 모두 돈을 더 많이 버는 방식에 관한 것이죠. 더 예술적이고 창의적이라는 에이전트 업무의 측면에 관한 것이라고는 꼭 얘기할 수 없죠(대형 에이전시의 탤런트 에이전트, 2010년 9월).

그러나 기술적 도구들의 매개는 교류를 사라지게 하기보다 오히려 그런 교류들을 재구성하고 그 교류들에 다시 초점을 맞추고 있다. 에이전트 업무의 원격 실행은 면대면 상호작용을 관리할 때 에이전트들의 전문 기술을 지속적으로 사용하는 것과 결합되었다. 에이전트들의 행동을 담은 직업 목록이 지금 기존 업무와 원격 업무란 두 가지 차원의 교차점에서 형성되고 있다. 결과적으로 물리적으로 '할리우드'의 지리적 중심지에 가까운 것 (다시 말해, 에이전시 사업에 관한 한 베벌리힐스와 센추리 시티 안쪽이거나 주변 지역)은 여전히 매우 중요하다.

게다가 에이전트 업무의 새로운 기술 장치는 중대한 물리적 상호작용들의 지속성과 공존할 뿐만 아니라 그 상호작용의 중요성을 더 높은 수준으로 끌어 올리는 역할을 한다. 물리적 공존이 더 이상 물질적으로 필요 (예를 들어 물질이나 정보를 전달하는)하지 않게 될 때 더 큰 의미를 갖게 된다. 기술적 매개에 의한 교류들로 이루어진 면대면 상호작용은 **관계를 시험해 보고**, 종종 직업적 협력을 공식화하기 위한 전제 조건이 된다. 에이전트들은 그 후에는 이 인터뷰 대상자가 떠올렸듯이 한 사람을 평가하는[27] 특정한 기술들을 사용한다.

> 저는 누군가와 함께 방에 있고, 눈으로 그들의 눈을 똑바로 쳐다보는 것을 대체할 어떤 것이 있다고 생각하지 않아요. 저는 그것이 대체할 수 없는 독특한 경험이라 생각해요. …… 저는 누군가의 눈을 들여다보기를 원해요. 그리고 다시, 그것은 그들이 **스카이프**나 스크린에 있을 때와 같지 않죠. 그것은 정말 달라요. 저는 그들의 신체 언어를 보고 싶어요. 저는 그들이 누구인지 알고 싶어요. 저는 인간으로서 그들을 느끼고 싶어요(중형 에이전시의 영화 대본 에이전트, 2013년 3월).

에이전시, 영화사, 또 관계가 유지되는 음식점이나 술집 등 에이전트들이 대부분 일을 하고 어울리는 장소에서는 대인 관계가 형성되고 시간이 흐를수록 그것이 안정화된다.[28] 그 물리적 공간 안에서는 구전이 중요하고 당신은 어떤 사람이라는 분류가 영구적으로 개인들에게 붙어다니는 오래 알고 지낼 지인들이 있는 작은 환경의 범위가 정해진다. 그러므로 게리 앨런 파인Gary Alan Fine의 말을 인용하면, 관계들은 평판이 따라 붙어 있고, 삶의 궤적과 역사들이 알려져 있으며, 유대가 지속될 것으로 예상되는 매우 작은 사회에서 형성된다.

결론적으로 에이전트들이 관계 업무를 어떻게 실행하는지 분석하는 것은 구체적으로 이 직업 공간에서 중심적인 기능을 하는 **직업적인 사회자본**professional social capital의 구축을 상세히 설명해 준다.

우리는 사회자본을 세습된 권력으로 여기는 데 익숙해져 있는데, 대부분 그 이유가 가족관계에 의해 전승되기 때문인데, 특히 부르디외의 접근법에서는 계급 지배의 재현과 관련이 있다(Bourdieu, 1986). 그러나 현재의 사례는 직업적 배경에서 어떻게 사회자본을 얻을 수 있는지를 보여주며,[29] 또한 우리로 하여금 **전문화된** 사회자본 형태들의 차별성에 주목하게 한다. 에이전트들이 구축하고 유지한 관계와 상호 인식이라는 특별한 자본은 할리우드 직업 체계에 적절하며 그 직업 체계의 테두리 내에서 (재)생산되며 효과를 발휘한다.

할리우드의 직업적 사회자본은 우리가 볼 때, 현대사회의 구조적 차별로부터 유래되어 상대적으로 활동이 자유로운 영역으로 이끌어낸다. 사회적 차별이 종종 관찰되는 상황에서 권력관계와 사회적 행위의 특수화를 이해하기 위한 모든 함의점들은 아직 완전히 설명되지 않고 있다. 이 직업적인 사회자본을 소유한다는 것은 무엇을 의미하는지, 어떻게 사회자본을 축적하고, 그것을 어떻게 사용하며, 누가 그것을 소유하고 있어서 무엇을 할 수 있는지, 이 모든 것들은 할리우드를 구성하는 구체적인 것에 한정된 것이다.

달리 말하면 '**할리우드**'라는 공간의 경우 그 안에서 이 직업의 사회자본이 적절하면서도 효과를 발휘한다고 볼 수 있다. 또 그 안에서 사회자본은 누군가가 생존하기 위해 가져야 하는 자원의 **주요한 형태**이다. 이 사회자본은 피상적인 지인들을 직업적 거래들과 관련이 있는 장기간의 유대로 전환시키는 특징이 있다. 에이전트들이나 제작자들이 할리우드에서 **'관계는 장사를 의미한다'**[30]라고 말할 때 이것은 그들이 재정적 협상을 수행할 수 있게 한다는 제한된 의미뿐만 아니라 더 포괄적인 의미에서 시간이 흐를수록 잦아지고 지속되는 직업적 교류를 허용한다는 것을 나타낸다.

관계 업무는 정확하게 이 직업적인 사회자본이 구체화된 권력의 형태로 나타나게 하는 활동이다. 다음에 보여주겠지만 관계 업무는 에이전트들이 아티스트들의 재능과 가격(출연료)에 대해 중요한 발언을 할 수 있게 해준다. 관계 업무는 지속적으로 개선될 필요가 있는 활동인 동시에 이 자본이 강화하는 결과물로서 누적된 동력을 발생시킨다. 빅 할리우드의 탤런트 에이전트는 이렇게 말했다. "나를 도와주고자 하는 많은 사람들이 있었어요. 왜냐하면 나는 그들과 관계를 맺고 있었기 때문이죠"(2013년 3월).

관계 맺기라는 이런 활동은 개인적인 상호작용 영역에 분명하게 속하지만 권력 형태들은 관계들이 생겨나면서 구체화된다. 이 자본은 부분적으로 조직적인 형태를 취한다. 탤런트 에이전시들은 이 특정한 직업적인 사회자본의 보고repositories, 寶庫이다. 다시 말해서 탤런트 에이전시들은 관계의 유효성, 견고성, 영속성을 강화시키는 구조와 배열이 **일상화된** 장소들이다. 특히, 주요 에이전시들은 이런 일상적인 유형의 자본 저장소로 여겨질지도 모른다.

인터뷰했던 WME 에이전트 가운데 한 사람은 고객을 고용할 만한 잠재적인 일자리 정보에 대한 순수한 접근을 고객(단지 에이전트 개인이 아닌 에이전시 조직에 대한 그의 '신뢰'를 기반으로 직업적 협력을 하는 구매자)을 고용할 실제 기회로 **'변환할 수 있는'** 권한을 가진 최고의 에이전시 가운데 한 곳에 속하는 것이 중요하다고 주장했다. 그는 이 에이전시가 보유한 조직화된 형태의 사회자본에 접근해 그것을 사용할 수 있게 하는 차이를 지적했다.[31]

그런 제도화된 **사회자본의 형태와 에이전트들에게 개별화되고 구체화된** 사회자본 사이에는 항상 어느 정도 긴장감이 있다. 에이전트들과 그들의 상대들 간에 있는 개인적 유대의 배타성은 에이전시가 소속 직원들에게 요구하는 것, 즉 조직에 대한 충성심, 고객과 구매자들 사이의 팀워크, 구획화된 회사 구조 속의 조직화된 전문화와는 때때로 다르다.

그럼에도 불구하고 할리우드에서 효과적이고 합법적으로 활동하는 에이전트들의 능력은 이 **직업적 사회자본의 구체화된 형태와 조직화된 형태들 사이의 순환**에서 나온다. 에이전트의 업무는 상황에 따라 두 가지 형태들을 결합하거나 하나씩 번갈아서 사용함으로써 수행이 가능하게 된다. 또 에이전트들이 할리우드에서 상업적이고 예술적인 가치들을 형성하려는 목적에서 아티스트들, 제작 전문가들과 함께 집단적으로 직업적 환경을 구성하는 것을 가능하게 한다. 그렇다면 지금부터 에이전트들이 어떻게 아티스트들과 함께 관계를 발전시켜 나가는지에 초점을 두어 탐구를 한 단계 진전시켜 보자.

▶ 옮긴이의 도움말

관계 업무 relation work
에이전트는 촘촘하고 견고한 인맥과 신뢰 관계를 바탕으로 배우, 감독, 작가, 그 외의 명사들을 고객으로 계약해 TV, 영화, 광고 등 분야의 제작진, 투자자, 기타 관계자와 관계를 맺으며 제안, 교섭, 계약, 프로젝트 추진 등 고객들의 일자리를 알선하기 위한 노력을 하는 직업이므로 이 책의 저자는 관계 형성과 발전·유지가 필수적인 에이전트의 본질적인 직업 특성을 '관계 업무'라 규정했다.

네가 잡은 건 네가 먹어라 Eat what you kill
특정인이 달성한 목표에 뒤따르는 수익은 모두 그 사람이 가져야 한다는 사업 원칙을 뜻한다. 실력대로 보수를 받거나 승진을 하는 '실적주의'를 상징하는 말이다. 아주 먼 옛날 수렵시대에는 벌판으로 사냥을 나가 자기가 잡아온 사냥감은 잡은 사람이 차지해 먹는 방식을 취했는데, 이를 현대사회에 적용할 경우 자기가 노력해 벌어온 만큼 소득으로 가져가는 것을 뜻한다. 각자 독립적으로 일한 만큼 자기 이득을 취하는 풍조는 미국 월스트리트 등 금융가에서 특히 흔하다. 실적이나 능력 본위 연봉제도가 이런 특성을 반영한다.

10퍼센트 부류 tenpercenters
'10%를 가져가는 부류', 즉 2장 110쪽과 382쪽(3장의 각주 20)에도 언급돼 있듯이 아티스트들을 대행하는 에이전트들을 지칭한다. 미국의 경우 허가제인 에이전시 업계에서 배우, 영화감독, 작가 등 아티스트를 대행할 경우 개별 아티스트가 참여하는 작품이나 프로젝트에 대해 개인별 계약 금액의 10%만 수익으로 가져가기 때문에 에이전트에게 붙은 별칭이다. 에이전시의 제작사 지분 참여 한도(상한선 10%)에 관한 법적 규정을 암시하는 표현은 아니다.
한편 미국의 경우 미국 연방법의 기회균등 조항의 준수와 영화배우조합(SAG), 제작사, 에이전시 간에 권력 균등 원칙이 적용되어 에이전시는 작품 제작에 투자는 할 수 있지만, 직접 자사 소속 아티스트를 동원해 프로그램을 제작할 수는 없다. 즉 1991년 제정된 SAG의 에이전시 규제 규칙에 따르면 아티스트 매니지먼트 사업을 영위하는 에이전시는 영화, TV 프로그램 등을 만드는, 마찬가지로 허가제인 콘텐츠 제작업(독립 제작사)과 독립(경영 분리)되어야 한다. 필자는 「매니지먼트사와 외주제작사간 상호겸영 실태와 문제점 및 개선 방안」(2016)에서 투자의 경우 제작사를 갖고 있지 않은 에이전시는 제작에 10% 이상 투자할 수 없고, 에이전시를 소유하지 않은 것으로 입증된 제작사는 에이전시에 5%까지만 투자할 수 있다. 경영은 분리하되 투자에 따른 수익이나 지분법(actual value method) 평가이익(자회사의 순손익을 보유 지분만큼만 모회사의 경영실적에 산입)만 가져가도록 되어 있는 것이다. SAG

는 1939년 내규를 만든 이후 2002년까지 탤런트에이전트협회(ATT: Association of Talent Agents)와 협상을 벌여 광고회사가 에이전시를 사들이고 에이전시가 미디어 재벌을 제외한 독립 제작사와 경영적 밀착이 가능하게 하면서 에이전시가 독립제작사에 전체 지분의 20%까지 투자하도록 허용하는 개정안을 마련했다. 그러나 2002년 4월 SAG 회원들은 프로그램 제작진이 가질 편향성을 우려해 개정안을 부결시켰다. 따라서 현재에도 여전히 1991년에 제정된 규제 규칙이 적용되고 있다.

경로 의존 방식 path-dependent way
과거의 선택 행위가 고착된 관성이나 습관, 익숙함, 기득권적 사고로 인해 쉽게 변화되지 않는 현상을 의미하는 '경로의존성(Path dependency)'에 기인한 방식을 지칭한다. 경로의존성은 한번 일정한 경로에 의존하기 시작하면 나중에 그 경로가 비효율적이고 비생산적이라는 사실을 알고도 여전히 그 경로를 벗어나지 못하는 심리적 경향성을 뜻한다. 미국 스탠퍼드 대학의 폴 데이비드(Paul David) 교수와 산타페연구소의 브라이언 아서(Brian Arthur) 교수가 처음 주창한 개념이다. 장롱이나 서랍의 물품 정리, 영문 타자기의 배열, 오프라인 매표소만 이용하는 영화 관객이나 여행객의 특성, 열차 선로의 규격 등이 이런 원리를 반영하고 있다.

스카이프 Skype
인터넷이 연결된 컴퓨터나 개인 휴대 정보 단말기만 있으면 언제든지 무료로 음성 통화를 할 수 있는 프로그램을 말한다. 에스토니아의 스카이프 테크놀로지사가 개발한 무료 인터넷 전화(VoIP: Voice over Internet Protocol) 소프트웨어로, 현재 우리나라에 제공되는 서비스(http://skype.daesung.com/main.asp)는 대성그룹이 운영한다. 특히 개인 대 개인 파일 공유 기술 및 행위(P2P: Peer to Peer 또는 Person-to-Person) 기반의 메신저 기능과 함께 음질이 깨끗한 인터넷 전화 기능을 제공한다.

사회자본 social capital
신뢰를 바탕으로 구축된 개인 사이의 연계, 온·오프라인상의 사회적 네트워크, 사회 구성원들의 협력을 이끌어내는 공유된 제도, 호혜성, 신뢰의 규범 등 일체의 사회적 자산을 지칭한다. 관계가 중시되는 현대사회에서 기존의 자원 못지않게 매우 중요한 자원으로 꼽힌다. 피에르 부르디외와 제임스 콜먼(James Coleman)이 이 용어의 개념을 확립하고 로버트 퍼트남(Robert D. Putnam)이 이를 사회적으로 널리 확산시켰다.

5장

에이전트와 아티스트

마법 같은 유대와 권력관계

인터뷰를 했던 할리우드의 에이전트들은 종종 탤런트들과 자신들과의 관계를 특정 상황에서만 상호 작용하는 특성인 **선택적인 친화성**elective affinity에서 비롯된 **마법에 홀린 듯한 유대**enchanted bonds라고 묘사했다. 에이전트들은 자신들이 아티스트들과 추구하는 유대의 근원은 서로 공유하는 '**창조적인 영감**creative inspiration'이라고 본다.[1] 에이전트들은 항상 고객과의 계약 후에 나타날 미래에 대한 결과를 분명히 제시하고자, 아티스트들의 예술적 가치('재능')에 대한 믿음을 이야기한다. 더불어 그들이 느끼는 심미적 정서, 이를테면 "저 사람은 정말 마력을 지녔어"와 같은 느낌에 대한 믿음도 지속적으로 언급한다.

이와 반대로 인터뷰에 응한 에이전트들 가운데 몇몇은 자신이 **대행하지 않기로** 결정했던 배우나 감독들에 관한 이야기를 하기도 했다. 그런 아티스트들은 이미 어느 정도의 상업적 성공을 거둔 사람들이었지만, 에이전트들은 아티스트들의 작품을 '**이해하지 못해**' 그들의 작품에 대해 존중하는 마음이 없었거나, 그들이 충분한 재능을 갖고 있지 못하다고 생각해 대행을 하지 않았다.

영감에 대한 이런 언급들은 이 직업 세계 어디에서나 존재한다. 영감은 에이전트가 고객과 함께 만들기를 원하는 친밀한 유대를 바탕에 두고 있다. 이는 고객과 계약을 할 때 에이전트가 가져야 할 필요가 있는 믿음과 모순되지 않는다. 또 에이전트가 그 고객의 재능으로 돈을 벌 수 있다는 믿음과도 배치되지 않는다. 에이전트와 아티스트들을 직업적 위계 구조의 평행선상에 놓이도록 유지하는 권력관계가 작용하고 있다는 믿음과도 어긋나지 않는다.

에이전트의 정서적 역량

에이전트들은 이러한 창조적 유대와 함께 평소 느낀 아티스트 고객들과의 관계를 떠올릴 때 친밀한 유대에 대해 말을 한다. 이것은 더 정서적인 차원의 것으로 다음의 언급과 같이 가족 간의 유대에 비유할 수 있는 정서적 교감과 공감의 원천이다. "육감이 아닌, 확실히 정서적이고 지적인 감각으로 볼 때, 당신은 [당신의 고객을] 위한 사업가일 뿐만 아니라, 부분적으로 정신과 의사이며, 아마도 부분적으로 아버지, 어머니, 형제, 자매, 그 밖의 아내, 남편이든 아니든 가족 구성원이죠."2)

이런 다양한 자아는 정서적 지지와 감정적 안도를 필요로 하는 불안정한 아티스트들의 이미지와 부분적으로 일치한다. 그러나 우정의 모습을 띠고 있는 상호 간 유대는 단지 정서 문제가 아니다. 이러한 상호 간 유대는 아티스트가 에이전트에게 자신들의 일을 맡길 때 아티스트를 위해 에이전트가 정서적으로 헌신을 다해주도록 하는 힘을 발휘한다.

사실상 에이전트들에게 이런 정서적 경험은 그들의 직업적 관행과 직접적으로 밀착되어 있는 실제적 요건들로, 떼려야 뗄 수 없는 것들이다. 에이전트들이 고객과 정서적 유대를 만들고 유지하는 것은 에이전트들이 존재하고 성공하는 데 전제 조건이 된다. 특히 고객의 수익 배분율이 높고 고객이 법적으로 에이전시의 계약에 얽매여 있지 않을 경우 그러하다.

'**강력한 관계를 갖추고 있는 것**'은 에이전트가 희망하는 유대를 창출하는 것을 포함해 향후 에이전트들이 겪을 수 있는 예기치 않은 직업상의 변화를 잘 견디게 해줄 것이다. 한 탤런트 에이전트는 WMA와 인데버가 합병하면서 방출되는 바람에 성공한 중형 에이전시로 이직할 수밖에 없었는데, 그는 유대에 대해 다음과 같이 설명했다. "당신도 알다시피, 많은 유대들은 매우 개인적이에요. 그런 유대는 당신이 누구와 연결되어 있는지, 당신이 누구를 신뢰하는지에 관한 것이죠. 제 고객 대다수는 저를 따라 에이전시를 옮겨왔어요. 그 이유는 그들은 예전부터 쭉 나와 함께 일을 해왔었고, 저를 믿었고, 좋아했기 때문입니다. 그들은 제가 WMA나 인데버, 다른 어떤 곳에서 일을 했는지 개의치 않았다. 그들은 단지 나와 함께 일하기를 원했던 거예요"(2010년 3월).

결론적으로 에이전트들은 아티스트들과 자신들과의 관계를, 직업 세계와 상업적 이해관계로 묶여 있는 '**사업적 우정**business friendship'이라는 유대와 이 영역을 훨씬 뛰어넘는 '**조건 없는 애정**unconditional affection' 사이를 계속 오가는 것이라고 모호하게 정의했다. 에이전트들에게 전문성과 친밀감 사이의 긴장은 '**친해지는 것**'과 '**친구가 되는 것**'의 경계를 그려내고, 이를 유지할 필요가 있도록 한다. 이 경계 획정 작업(Lamont, 2000)은 에이전트가 각각의 고객들과 가까워지거나 거리를 두는 것이 위험이 될지 이익이 될지 파악하는 맥락과 상황에 따라 지속적인 조정을 통해 이루어진다.

이런 경계 획정을 위한 협상은 시간 관리는 물론 일반적으로 사적인 시간(주말과 늦은 밤)까지 업무에 완전히 몰두하는 것을 견뎌내는 노력과 관계가 있다. 에이전트들은 항상 밤 11시 이후나 주말에 고객들이 자신들을 이용할 수 있는 것은 아니라는 것을 정당화해야만 할지 모른다.[3] 이런 사실은 에이전트가 아티스트들과 형성한 친밀한 유대의 효과가 폭넓게 발휘되고 있다는 것을 나타낸다. 그래서 에이전트들은 특히 스타 고객들을 다룰 때, 고객에 대해 끊임없는 케어 서비스의 일환으로 밤과 주말을 포함해 상시에 잠재적으로 '**근무 중**'일 필요가 있다고 종종 설명함으로써 고객들이 때때로 이것을 '**훌륭한 에이전트**'의 특성으로 인식하도록 한다.[4]

최근 몇 년간 중요한 고객들에게는 하루 24시간과 한 주 7일 동안 상시 연락이 가능하도록 에이전트의 의무가 분명히 확장되었으며, '**사적 공**

간'의 경계는 후퇴해 더 좁혀졌다. 인스턴트 메시지 전송 등의 통신 수단을 통해 방해받지 않는 연결이 가능해졌고 영구적으로 항상 연결이 가능한 특성을 지닌 휴대폰부터 이메일, 관련된 모든 수단에 이르기까지 기술적인 혁신들이 있었기 때문이다. 그로 인해 에이전트들에게 이러한 침범 역학의 관리와 새로운 경계를 세우려는 노력이 요구되었다.

그러나 에이전트들은 보통 이러한 기술적 변화로 이뤄진 가속화 과정을 '**시간 기근**time famine'의 좌절감을 주는 경험이라고 말하지 않는다. 시간 기근이라는 개념은 레슬리 펄로(Perlow, 1999)가 빠른 속도, 높은 압박감, 위험으로 가득 찬 업무 환경들의 파괴적 효과에 대한 특징을 집약해 만들어 낸 표현이다. 이는 두 가지 사항과 관계가 있다. 하나는 에이전트라는 직업 이념의 핵심이 정신없이 바쁘고 어지러운 업무 환경 속에서도 지속적으로 혁신을 추구하는 것이라는 점, 다른 하나는 에이전트 업무 관행에서 고객과의 '**친밀감**closeness'이 중요하다는 점이다.

이 같은 유형의 필요한 친밀감은 긴장의 근원이다. 영화 대본 에이전트는 다음과 같이 아티스트들과 맺는 장기적 관계는 우정과 서비스, 불가피한 친밀감과 필요한 거리 두기 사이에서 오락가락하는 양면적 특성을 갖고 있다고 설명한다.

> 몇 건의 [고객 관계는] 우정(友情)으로 무르익고 있죠. 그러나 저는 개인적으로 그런 관계들 사이에 있는 정직이라는 선을 지키려고 노력해요. 왜냐하면 당신은 꽤 여러 번 해고당하기 때문이죠. 해고되는 것, 그것은 저의 직업에서 최악이죠. …… 고객 관계는 아슬아슬한 곡예와 같은데, 왜냐하면 모든 사람들이 에이전트를 당신 친구라고 생각하고, 당신도 매우 친하다고 생각하기 때문이죠. 당신은 정말로 이 고객들과 그들의 아내, 가족, 아이들에 관해 이야기를 나누잖아요. 그들과 매우 친밀한 대화를 하지만, 그렇다고 해서 그게 우정 같은 것은 아

니죠. …… 그것은 아니죠. 우정은 거기 있는 사람들이 그 기간 당신을 위해 보여 주는 거고, 당신이 할리우드에서 찾은 것은 당신이 그들을 위해 거기에 있다는 사실이죠. 당신을 위해 영원히 그곳에 있는 사람은 거의 없잖아요. …… 저는 친구였던 고객이 있었어요. 제 말은 제가 10년간 그 고객과 함께했고, 그의 경력을 쌓아줬으며, 영화를 찍을 수 있게 해줬고, 진정한 작가로서 그를 널리 알려지게 해줬죠. 그리고 1년 반 전, 하필 저의 생일에 이런 일이 일어났죠. 그는 저를 자기 집으로 불러 저녁 7시 30분에 이렇게 말했었죠. "저는 방금 당신의 에이전시를 떠나 다른 사람과 계약을 했다는 사실을 당신에게 말해야 한다고 생각했어요"(빅 할리우드, 2013년 3월).

실제 에이전트들은, 실험을 할 때 실험자와 참여자 모두에게 실험에 관한 정보를 일절 제공하지 않는 상황과 같은 이중 은폐에 처해져 있다. 즉, 에이전트들은 한편으로는 '**신뢰로 결속되어 있다**'고 느끼지 못하는 성공한 고객들의 경우 그들을 잃을 수 있다는 위험성 때문에 오히려 친밀한 관계의 발전을 촉진하고,5) 다른 한편으로는 고객이 '**떠나갈 때**' 배신을 당했던 트라우마 때문에 일하는 내내 고객과 친해져야 하는 당위성은 있지만 한편으로는 거리를 두는 게 필요하다는 것을 배운다.

어떤 경우든 고객을 잃는다는 것, 특히 에이전트가 오래 알고 지내고 때로는 자신들과 매일 접촉해 온 사람들을 잃는다는 것은 항상 직업적으로나 감정적으로나 대가를 치르게 한다. 고객의 성공은 본질적으로 에이전트의 성공과 연결되어 있다. 이 때문에 에이전트가 고객들과의 관계를 관리한다는 것은 관련자들의 운명과 밀착된 사적 관계에 개입하거나 거리 두기를 계속한다는 것을 의미한다.

이런 이유로 애착은 순전히 피상적일 수만은 없다. 인터뷰했던 존경받는 성공한 에이전트는 이 사실에 대해 다음과 같이 설명했다. 그는 스타 고객이 일을 시작하는 것을 도왔고 15년 이상을 그를 대행했다. 그러나 그 스타 고객은 또 다른 큰 회사로 가기 위해 그 에이전시를 떠나기로 결정했다. 그는 그 고객의 결정을 떠올렸을 때 느낀 직업적 상실과 그것이 야기한 개인적 혼란을 고백했다. "이 일이 일종의 게임이라는 것을 안다고 해서 당신의 아픔이 줄어드는 것은 아니에요."

로맨틱한 이별에 쓰이던 말들이 때때로 에이전트가 많이 투자했던 고객들을 잃는 것에 관한 이야기들 속에서도 등장한다.

> 그 고객들은 당신을 잘랐어요, 맞아요. 그리고 그건 저도 익히 겪어본 일이죠. 정말 아프고 속 쓰린 일이죠. '젠장, 이게 뭐야? 방금 트럭에 치인 건가?' …… 그 일과 가까이할 수 없었던 이유죠. 그런 일이 언제 닥칠지 절대 알지 못하죠. 그래서 저는 이런 종류의 피해에 감정을 노출시킬 수 없어요. 왜냐하면 당신이 누군가와 정말로 가깝다고 생각했을 때, 당신 스스로 회복하는 것은 정말 어렵기 때문이죠. 한 고객이 있었는데, 제가 그의 경력을 쌓아줬어요. 그리고 제가 그 고객이 영화감독으로서 연출료로 영화 한 편당 350만 달러(약 39억 원)를 받도록 만들어줬죠. 그리하여 그는 일류 감독이 되었죠. …… 그런데 그는 저를 해고하기 위해 자신을 대신해 당시 매니저를 보냈어요. 왜냐하면 그는 직접 와서 제 눈을 똑바로 쳐다볼 빌어먹을 배짱(fuckin's ball)도, 불어를 사용해 미안해요, 없었기 때문이죠. …… 저는 그의 결혼식에 갔고, 그의 아내가 임신했을 때 처음으로 전화를 받은 것도 저였죠. 그는 제가 매우 가깝다고 생각했던 부류 가운데 한 사람이었단 뜻이죠(중형 에이전시의 영화 대본 에이전트, 2013년 3월).

이런 상황들은 이 직업 세계에서 개입involvement과 자제retraint의 섬세한 조합으로 만들어지고 관계 업무의 수행에 덧붙여지는 구체적인 **정서적 역량**의 구조와 성과를 밝혀준다.[6] 개인적인 것과 직업적인 것 간의 경계가 흐리고 정서적인 애착을 드러내는 것이 가치 있는 직업 세계에서 에이전트들은 경험과 '느낌을 통해' '친해지는 것'과 '친구가 되는 것'의 차이가 정확히 상황에 따라 무엇을 의미하는지, 그것을 어떻게 실행해야 하는지를 간파해야만 한다.

에이전트라는 직업 세계에서는 개인적인 것과 직업적인 것 사이의 경계가 흐릿하고 정서적인 애착을 드러내는 것이 가치가 있기 때문이다. 에이전트들은 이런 구별을 하고 스스로 이 선을 넘지 않을 수 있게 된 것을 자신들이 그간 친구라고 오판했던 고객을 잃었을 때 느낀 실망감과 배신감이라는 감정적 대가를 치르면서 더욱 강해지게 만든 점진적인 학습 과정으로 묘사했다.

우리가 대화하는 동안, 한 대형 에이전시의 선임 에이전트는 그가 항상 고객의 이탈을 개인적으로 받아들일 수 없었다는 생각을 즉시 바로잡아 주었다. "저는 그렇게 했어요! 저는 했지요! 저는 때때로 매우 개인적으로 받아들였어요. 그렇게 하지 말라고 배웠지요. 그런데 당신이 뭘 알아요? 그걸 개인적으로 받아들이고, 상처를 받고, 기분이 나빠지면 결국 당신은 그것을 개인적으로 받아들이지 않게 되죠. 그러고 나면, 당신은 조금씩 관계를 끊고, 그러한 모든 것들에 약간 더 냉담해지기 시작하며, 결국에는 그러기가 더 쉬워지죠."[7]

또한 에이전트들이 이런 일을 통해 얻는 것은 자신들의 인상을 관리하는 능력과 그들을 떠난 고객들과의 상호작용에서 '체면을 유지할' 수 있게 만드는 광범위한 관례들을 숙달하는 능력이다. "고객은 '우리는 여전히 친구일 수 있다'고 말하겠지만 사실 당신은 그럴 수 없잖아요. 그러나 고객들은 그것을 줄곧 말하죠. 그리고 당신은 아시다시피, 가장 확실한 방법을 취할 거예요. '물론이지, 만일 당신이 필요한 것이 있으면 나에게 알려줘요, 난 이해해.' 그러나 이렇게 말하는 것은 항상 너무 고통스러워요."[8]

이러한 정서적 역량의 형성은 에이전트와 고객의 감정 둘 다와 관련이 있으며, 프로젝트의 성공이나 실패가 야기하는 아티스트들의 감정 기복을 관리하는 것을 포함한다. 한 에이전트의 말에 따르면 만일 이런 관계들이 '**감정으로 뒤범벅된다면**', 그것은 탤런트 대행인들이 고객들의 꿈을 위임받았다고 느끼고 있기 때문이다. "꿈이라는 것은 당신이 [다른] 누군가에게 드러낼 수 있는 가장 친밀한 것일지도 모른다"는 꿈 지킴이나 꿈 실현자가 되겠다는 생각은, 단지 에이전트들이 사업 수단으로 사용하는 미사여구가 아니다.9) 그것은 아티스트를 에이전트에게 묶어두고, 에이전트의 업무 수행에 창조적 가치를 부여해 주는 상징적 전이의 핵심이다.

나는 앞에서 인터뷰 대상자가 에이전트로서 "다른 누군가의 꿈을 실현시켜 주는 것이 당신의 꿈이 된다"고 말한 것을 언급했다. 이러한 정서적 상호 연결의 또 다른 차원은 "아티스트들은 만일 자신의 일이나 프로젝트가 기대만큼 성공하지 못하면 자신들의 에이전트에게 개런티 수익의 10%를 지불함으로써 그 책임을 진다"는 말에서 드러난다. 에이전트들이 수행하는 아티스트들에 대한 정서 관리는 '**꿈**'에 대한 서로의 믿음을 지켜주는 것을 의미한다. 그 믿음은 미래의 성공의 지평이며, 에이전트-고객 관계의 토대이다.10)

가령 가장 큰 회사 가운데 한 곳에서 일하는 여성 탤런트 에이전트는 그런 믿음은 다음과 같은 것을 의미한다고 내게 설명했다. 그것은 제작자나 영화사가 프로젝트나 고객들의 의견을 거절할 때 고객의 반응을 예측하고, 이런 거절을 아티스트들의 자존심(따라서 미래의 성공 가능성에 해를 끼치는)을 훼손하지 않는 말로 풀이되는 것이라고 하며 다음과 같이 말했다.

탤런트 에이전트는 …… 모든 문이 열려 있는 **양 보이기**를 원해요. 당신은 항상 현실을 가지고 곡예를 하죠. 당신은 고객에게 비록 100% 정확한 것은 아니지만 그들을 행복하게 만들 만한 어떤 현실을 선사하길 원하죠. 왜냐하면 고객들은 당신이 꿈이 **이뤄질** 것처럼 느낄 수 있게 만들어주길 기대하고 있기 때문이죠. 그러므로 당신은 '예', '아니요'라고 말을 하는 사람이 되기를 원하지 않아요. …… 당신은 반드시 고객들이 '만일 이 일이 아니라면 그다음에는 다른 일, 그리고 우리가 성공할 방법이 여기 있다'고 느낄 수 있게 고객들에게 빙빙 돌려 말하려고 하죠(2014년 11월).

이 사례는 4장에서 분석했던 관계 업무의 다른 측면을 나타내는 것으로서, 정서 관리의 특징은 항상 진실하면서도 전략적이라는 것을 분명하게 확인시켜 주고 있다. 이것은 로라 그린스태프Laura Grindstaff와 비키 메이어Vicki Mayer가 토크쇼 제작자와 리얼리티 텔레비전 캐스터의 활동, 그리고 탤런트 중개인이 해야 하는 정서 업무를 관찰 연구하면서 확인한 사실이다(Grindstaff, 2002; Grindstaff and Mayer, 2015; Wei, 2012). 비교해 보면 에이전트 업무는 정서가 진심으로 느끼게 하는 동시에 가시적인 행동으로도 이어져야 하는 성찰적인 직업이다.

나는 에이전트 출신으로 레코드사 어사일럼Asylum의 사장을 지낸 이 업계의 거물인 데이비드 게펀David Geffen의 전설적인 모습을 떠올리는 이야기를 여러 번 들을 수 있었다. 게펀이 분명히 제정신이 아닌 상태로 전화에 대고 언성을 높이다가 전화를 끊고는 즉시 방 안의 동료에게 고개를 돌려 가능한 한 차분하고 차갑게 내가 "너무 심했나?"라고 묻는 모습이다. 진실이든 아니든, 이 이야기는 연기가 에이전트 업무의 일부이고 쇼맨showman이 되는 것 또한 쇼 비즈니스 무대 뒤에서 필요하다는 것을 보여준다. 이것은 일할 때 고래고래 소리를 지르는 것으로 유명한 WME의 아리 이매뉴얼Ari Emanuel과 같은 개성 강한 에이전시 리더들이 분명히 보여주고 있는 것이다. 그러므로 할리우드는 에이전트들의 가치가 많든 적든,

감정의 상업화 과정에서 나오는 다층적인 '정서 게임emotional game'이 벌어지는 곳이다(Hochschild, 2009).

그러나 그렇다고 이것이 에이전트들이 말하는 정서적 개입이 단지 연기에 불과하다는 것을 뜻하지는 않는다. 보통 가식적인 할리우드 에이전트에게 붙어 있는 고정관념은 더욱 복잡한 현실을 반영하지는 못한다. 에이전트들의 정서적 역량은 단순히 이중적 역할을 할 수 있다거나 그들의 행동을 유발하는 실제적인 (경제적) 이익을 감추는 '거짓 자아false self'11)를 형성할 능력을 반영하는 것은 아니다.

에이전트의 감정 노동을 더 상세히 들여다봄으로써 우리는 그것이 갖고 있는 사실적이면서도 중대한 특성을 파악할 수 있다. 혹실드(Hochschild, 1983)는 고프먼(Goffman, 1959)이 설명한 대중 앞에서 자기표현을 하는 것을 '가식적인' 전략 행동이라 국한함으로써 우리가 '내면 행위deep acting'와 '표면 행위surface acting'의 차이를 이해할 때 다소 거리를 두도록 했다.12)

반면에 가식적인 것과 진실한 것은 대조적인 개념이지만 에이전트의 경험에서 '친해지는 것'과 '친구가 되는 것'은 상반된 것이 아니다. 인터뷰에 응한 에이전트들은 자신들이 아티스트들에게 장기간 개인적으로 투자함으로써 생성된, 감정 관리 분야의 전문가인 에이전트들도 완전히 회피할 수 없는 진심어린 친밀감을 확실하게 표출했다. 이처럼 순수하게 직업적 관계를 유지하는 것과 우정으로 결속된 감정 사이에 선을 긋는 것은 끊임없는 도전이 된다. 이 경계는 시간이 흐를수록 반복적으로 재설정되어야 하기 때문이다. 이런 선을 긋는 에이전트의 경험은 모순으로 가득 차 있다.13)

에이전트들은 사실상 자신들의 경험을 두 가지 목록으로 나눠 설명함으로써 '친해지는 것'과 '친구가 되는 것'을 구분한다. 이 목록은 우리 사회에서 시장경제 발전과 동시에 나타난 두 가지 뚜렷한 관계의 공존을 보여준다. 이런 역사적 과정은 순수한 우정의 영역과 사심 없는 친밀한 관계의 영역으로부터 자신을 분리하는 상업 관계의 전문화된 영역을 구축하도록 했는데, 후자는 이러한 차별화 덕분에 가능하게 된다(Silver, 1990). 따라서 사심이 없는 감정으로서의 우정은 '**사업적 우정**'에 몰입된 (정서적 교류를 포함해) 이해관계적 교류의 범주와는 반대되는 것으로 정의되었다.

탤런트 에이전트들은 제작 전문가들과 쌓은 상호 '**신뢰**'에 대해 말할 때, 오랜 시험을 거쳐 온 개인적 이해관계에 대해 언급하면서도 사심 없는 '**우정**'에 대해서는 입을 다문다. 에이전트들은 아티스트들과의 일상적인 상호작용들이 훨씬 더 친밀하고 양면적이기 때문에, 이 두 가지 정서 목록의 경계를 정하는 것은 자신들의 경험에 비춰 매우 혼란스럽고 까다로운 문제가 된다. 그런 점에서 에이전트들의 인식, 행동, 정당화 관행을 특징짓는 긴장감은 이 두 가지 목록에서 나온 이중적인 인식 틀의 산물이다.

여기에서 할리우드가 형성한 에이전트의 직업 시스템은 개인과 직업의 영역들이 사회적으로 구성되는 방식, 이 영역들을 실무에서 분리하고 재정의하는 경계, 개인에 의해 만들어지고 교차되는 영역들 간의 전략적 가교들에 대한 전형적인 사례연구를 제공한다. 실제로 에이전트들과 사업 파트너들은 이 경계에 '**영향을 미칠 수**' 있는데, 상호작용을 통해 그 경계를 그대로 유지 또는 변화시킬 수 있다.

이것은 또한 에이전트의 정서 업무emotion work가 합리적 행동과 정반대인 비합리적 활동 영역에 속하지 않는다는 것을 의미한다. 관계 업무의 실행의 일부에 속하는 정서의 경험과 표현은 근본적으로 고객과 프로젝트를 선정하는 것과 연계되고, 경제적인 거래에 명시되며, 계약을 통해 법적으로 공식화된다. 그런 정서와 경험의 표현은 '**산업**'과 '**시장**'으로서 할리우드를 만들어가는 데 기여한다. 할리우드에서 관계의 **정서적 경제** emotional economy는, 다시 말해 업무 경력과 프로젝트를 집단적으로 만들어내는 정서 교류의 구조는, 이 책의 마지막 장에 제시했듯이 예술 분야뿐만 아니라 경제 분야도 직접 형성한다.

탤런트를 통제한다고요?

권력관계의 변화: 리틀 할리우드 또는 빅 할리우드에서의 에이전트와 아티스트들

에이전트와 아티스트들을 묶어주고 있는 유대 관계는, 비록 종종 관계자들이 '마법에 쏙 빠진' 것으로 묘사하고 있지만, 권력관계이다. 게다가 그것은 단지 일방향의 지배 메커니즘이 아니라 오히려 상호 의존적 관계이다. 에이전트와 고객 간의 유대가 마법에 쏙 빠진 것이라는 견해에는 상호 헌신이라는 생각이 포함되어 있다. 즉, 아티스트들에 대한 에이전트의 믿음과 새로운 탤런트(특히 '성장하고 있는' 탤런트)와의 계약에 따른 위험한 도박은 아티스트들의 희망 및 꿈으로 에이전트들을 신뢰하는 아티스트의 믿음 그리고 슈퍼 에이전트가 어떤 계약에 따른 법적 구속 없이 대행 서비스를 받는 스타에게 기대하는 충성심과 상응한다는 것을 나타낸다.

그러나 상호 의존이 대칭을 의미하는 것은 아니다. 만약 에이전트와 고객 모두 관계에 투자한다면, 그들은 동등한 위치에 있는 것이 아니다. 일반적으로 이런 권력관계의 구조는 누군가가 리틀 할리우드에서 일하는지 또는 빅 할리우드에서 일하는지에 따라 달라진다. 간단히 말해 에이전트들은 리틀 할리우드에서는 우위에 있는 반면, 분명히 역설적으로 빅 할리우드에서 일할 때는 더 종속적인 위치에 있게 된다. 이어서 각각의 경우를 차례로 살펴보자.

이 모든 것들은 에이전트가 자신들의 고객을 어떻게 발굴하는지부터 시작된다. 에이전트 업무는 이런 면에서 리틀 할리우드와 빅 할리우드의 경우가 각각 다르다. 리틀 할리우드에서는 에이전트들이 신호를 보내 무수히 많은 아티스트 지망생들 사이에서 고객들을 선택한다. 에이전트들이 고객들을 '**발견하고**', '**계약했을 때**', 비로소 고객들이 전문가로 인정을 받는 것이다. 반대로 빅 할리우드에서는 좀 더 소수의 성공한 고객들이 주목을 받으려 경쟁하는 에이전트들의 구애와 '**낚아 채기**'의 대상이 된다. 다시 말해 빅 할리우드에서는 매력적인 고객들만이 직접 에이전트와 에이전시를 고를 수 있다.

리틀 할리우드에서는 많은 무명 아티스트들이 에이전트의 관심을 끌기 위해 경쟁한다. 에이전시와 계약하는 것은 할리우드에서 신참자에게 쉬운 일이 아니다. 에이전트들은 대개 추천을 통해 새로운 고객들을 만난다. 이런 추천은 같은 직업 시스템의 내부에서 이뤄진다. 이 시스템의 주역들은 매니저, 캐스팅 감독, 제작자, 그리고 잘 팔릴 것 같은 탤런트salable talent를 알아볼 수 있을 정도로 충분히 성공한 다른 고객들이다. 에이전트들은 또 완전한 초보자와는 절대 계약하지 않으며, 물색하는 대상이 전문가가 될 수 있을지를 가늠하는 초기 신호를 찾는다.

그런 신호들은 비록 일과 보수가 미미하더라도 아티스트들이 이미 축적한 계약과 존경받는 구매자들의 일자리 제안으로 구성된 이력서와 매우 존경받는 멘토나 성공한 에이전시 경영자와의 유대 관계에서 객관화되며, 이 모든 것은 아티스트가 이미 전문적인 시스템과 연결되어 있다는 것을 확인시켜 준다. 전문화의 착수를 의미하는 이런 신호들은 고객에 대한 에이전트의 도박이 오직 심미적 친밀감에만 바탕을 두지 않고서도 구체화되고, 수치나 다른 직종에서의 직함, 졸업장 같은 조직적 보증에 바탕을 두지 않고서도 실현될 수 있다는 것을 암시한다.

에이전트를 구하는 전제 조건인 다음 사항들은 초보 아티스트들이라 해도 절대 아무런 대책이 없는 존재가 아니라는 것을 보여준다. 초보 아티스트들은 바로 첫 번째 일거리를 계약하기 위해 자신들만의 수단들을 이용해 작은 제작사나 캐스팅 전문가들에게 연락을 취할 능력이 있다. 그들은 이미 어느 정도 자신들을 둘러싸고 있는 환경을 이해할 수 있고, 게임의 법칙들을 해석할 수 있으며, 알맞은 사업 파트너들도 알아볼 수 있다. 문화적 네트워크나 시장들에 관한 몇몇 연구에 묘사된 이미지와 달리 단순히 아티스트들을 불분명한 시장에 내놓을 수 없는 동떨어진 상품으로 여길 수는 없다.[14] 게다가 새로운 전자 장치나 플랫폼들은 최근 아티스트들에게 유용한 연줄과 잠재적인 일자리에 관한 더 체계적인 정보를 접할 수 있게 해주었다.

이런 것들은 온라인 캐스팅 서비스인 **액터즈 액세스**Actors Access와 같이 여러 가지 면에서 플랫폼의 공식적인 목적에 따라 이뤄진다. 이런 플랫폼은 캐스팅 디렉터들이 가입자인 배우들에게 직접 작품 관련 일자리 정보를 제공하는 곳이다. 이런 수단에는 비록 매우 작은 배역들과 미미한 프로젝트가 포함되는 경향이 있지만 현재 배우들은 자신의 프로필 비디오를 만들 기술적 수단을 갖고 있기에 그곳에 게재할 자료를 제출할 수 있다. 종종 아티스트들은 **브레이크다운 익스프레스**Breakdown Express라는 플랫폼을 통해 자신들을 대행하는 에이전트에게 유포된 일자리 정보를 얻게 된다. 이 플랫폼은 에이전트들이 잠재적인 구매자들에게 자기 고객들의 프로필(이력서, 사진, 동영상)을 제공하기 위해 사용하는 주요 시스템이다.

배우들은 매니저 친구의 무분별한 행동이나 다른 배우를 통해 그러한 데이터에 접근할 것이다. 이러한 플랫폼은 오로지 에이전트들만이 공식적으로 등록하고 제출할 수 있기 때문에 배우들 자신이 직접 제출 과정에 개입할 수 없을 것이다. 그러나 고객들은 공개된 정보에 관한 초기 지식을 이용해 자신들의 에이전트가 하는 일을 통제하고 양자 간의 권력관계에서 균형을 회복하려 한다. 배우들은 보통 에이전트들이 자신들의 존재를 잊거나 이해에 사로잡히거나, 다른 아티스트들에 대한 서비스에 치중하거나, 에이전트나 에이전시의 이익에 몰두하는 것을 두려워하면서 제출된 프로필에 맞는 배역의 수가 최대화되는 것을 목표로 삼는다.

다른 한편으로 에이전트들은 이와 같은 권한의 '**침해**'를 일부 고객들의 문제 행동으로 여긴다. 그런 고객들은 자신들이 선택될 만한 진짜 기회가 되는 일자리가 무엇인지 항상 평가할 능력이 없거나 자신의 프로필에 대해 비뚤어진 시각을 갖고 있을 사람들이다.

이렇듯 새로운 장치와 기술이 가져온 변화들은 고객들에게 에이전트와의 관계에서 어느 정도의 권한을 부여했다. 2000년대와 정확히 2010년 초반에 내가 추적 조사했던 리틀 할리우드의 탤런트 에이전트가 한 말에 따르면, 작은 회사의 에이전트들은 때때로 작은 부티크 에이전시들이 처한 상황과 같이 경제적 불확실성에 직면하기 쉽고, 직원의 이직률이 높은 이런 직업 세계에서 결국 자신들이 '**불필요하게**' 될지 걱정을 했다.

그러나 고객과 에이전트의 관계를 측정하는 장치가 안정되면서 이러한 선입견은 곧 사라졌다. 불필요한 존재가 되는 것에 대한 에이전트의 공포는 현실화되지 않은, 불필요한 것이 되었다. 반면에 아티스트들은 자신들이 완전히 전문화되고 리틀 할리우드 주변부에 존재하는 (반)아마추어들의 무리에서 벗어나기 위해 이제까지 경험한 것 못지않은 수준의 대행 서비스를 받는 것이 필요하다. 전문가 지망생들이 모인 '바로 그 리틀 할리우드'는 비록 아마추어지만 단지 전문가가 되길 바란다는 것만으로도 행복해 보인다.

아티스트들이 에이전트들과의 관계에 의존해야 할 필요성은 자신들이 사회적 진공social vacuum에 고립되거나 직업 관련 지인들을 만들 가능성이 없다는 점에서 비롯되지 않는다. 아티스트들은 탤런트 지망생 부류에서 벗어나기 위해 에이전트가 필요하다. 리틀 할리우드에서는 **전문가**를 식별하고 인정하는 과정이 에이전트와 제작 전문가들이 유대하며 쌓아온 장기적인 상호 연결 체계 내에서 작동하기 때문이다. 아티스트들, 제작 전문가들, 탤런트 대행인들 사이의 상호 연결은 단지 시장에 영향을 주는 집단 세력 간의 실재적인 경제 거래로 축소해 볼 수 없다. 그것은 오랜 기간 유지된 **개인적 상호 작용들**을 통해 만들어진다는 사실은 보통 시장의 자연적인 구성 요소들로 생각되는 요소들에 형체와 강도를 부여한다.

탤런트 '**수요**'(유명한 탤런트에 국한해, 아티스트들을 고용하거나 그에 맞는 프로젝트를 창출하는 핵심 기준의 정의)와 탤런트 '**공급**'(유망 탤런트를 구별하고 아티스트들의 프로필들을 규정하는 구조)은 성패가 달린 특정 프로젝트를 추진하는 면대면 만남에서 협상된다. 그런 만남은 동시에 언제나 인식과 기대를 좀 더 일반적인 수준으로 상호 조정하도록 한다.

새로운 기술 수단들은 또한 에이전트들의 업무를 처리 용량 중심의 활동으로 변화시켜 왔다. 이는 150명이나 200명의 고객을 다루는 탤런트 에이전트들이 편지함으로 직접 배달된 일자리 제의들을 현재 기술로 하루에 몇 번 몇 초 이내에 컴퓨터를 통해 수십 명의 고객들에게 보낼 수 있기 때문이다. 이 거대한 관리 과정은 일대일 상호작용에 시간을 쓰는 것이 매우 중요한 에이전트들에게는 자신들의 업무가 퇴보한 것처럼 느끼지게 할 것이다.

불가분하게 이런 새로운 상황들은 에이전트로 하여금 고객 목록에서 우선순위를 급격히 재편할 것을 요구한다. 아티스트들의 입장에서는 에이전트들의 우선순위 목록에서 자신들의 '**서열과 위치**rank and place'를 어림잡아 보는 것은 가장 중요하다고 할 수 있다. 이것은 또한 아티스트들이 처한 상황의 불안정성을 좀 더 뚜렷하게 해주고, 그 아티스트들은 자신들의 대행인인 에이전트가 가진 권력을 실감할 수 있게 된다. 몇몇 아티스트들은 자신들의 에이전트를 '출동시키기' 위해, 그리고 에이전트들의 관심을 잃어 긴 고객 목록의 하단에 곤두박질치는 것을 피하기 위해 에이전트와 아티스트들의 관계의 근원이 되는 정서적이고 창조적인 유대를 부활시키려 애쓴다고 말했다.

반대로 이것이 업계의 실상에 대한 정확한 인식이든지 아니든지 간에, 에이전트들이 방치하거나 버렸다고 느끼는 고객들은 한 에이전시에서 다른 에이전시로 반복적으로 옮겨 다니는 경향이 있다. 그리고 그러한 경향은 장기간의 관계를 만드는 것이 핵심인 이 직업 세계에서 결국 그들의 입지를 더욱 취약하게 만든다. 다른 한편으로 고객이 전형적으로 큰 인기가 있는 쇼를 통해서와 같이 갑작스럽게 성공을 하면 에이전트와 아티스트 사이의 관계는 즉시 변한다. 에이전트는 자신의 고객이 더 큰 에이전시에서 관심을 보일 만한 지위로 격상되었기 때문에 떠나고 싶을 것이라는 마음을 익히 안다. 그 고객은 빅 할리우드로 옮겨간다.

이에 비해 빅 할리우드에서는 권력관계의 구조가 역전되는 경향이 있다. 성공한 고객들은 에이전트가 행사할 만큼의 강력한 영향력을 자신들의 에이전트에게 행사할 위치에 있다. 이 말이 역설적일지 모르지만 할리우드에서 특급 에이전트들을 더욱 강력하게 만드는 방법은 역으로 특급 에이전트의 성공을 이끌어내는 스타들에게 자신들을 종속시키는 것이다.15) 즉, 이것은 에이전트들이 어떻게 '자신이 가진 지배력에 의해 역으로 지배되는가'를 보여준다. 물론 고객 목록 내에는 고객들을 조직하는 위계 구조가 있고, 몇몇 아티스트들은 다른 사람들보다 더 많은 자원을 갖고 있다.

일반적으로 주요 에이전시에 있는 고객들은 비록 자신들의 가치가 시간과 프로젝트에 따라 달라지긴 하지만, 이미 할리우드에서 직업적으로

'유능하고', '잘 팔린다'고 알려져 있고 그렇게 인정받고 있다. 그러나 이것은 그들이 게임에 존재하고 살아남기 위해서 에이전트에게 의존하지 않는다는 것은 아니다. 어떤 층위도 에이전트, 구매자, 아티스트들을 묶어놓은 상호 의존 체계에서 벗어날 수 없다. 달리 말하면 초대형 스타들은 대행 서비스 없이는 일을 할 수가 없다는 것이다. 그 이유는 이것이 프로젝트와 경력을 만드는 직업적 게임이기 때문이다. 또한 성공한 아티스트들의 경우 그들이 받는 업계의 수많은 권유들과 제안들을 관리해 줄 조력자가 필요하기 때문이라는 것은 말할 나위가 없다.

빅 할리우드의 에이전트들은 항상 고객들과 구축된 관계를 계속 독점하기 위해 싸우고 있다. 에이전트들은 그들이 대행하는 스타 탤런트들이 굳이 같은 회사의 동료까지는 아니더라도 다른 에이전시에 있는 경쟁자에게서 '이적해 달라'는 구애에 시달리고, 영화사의 중역과 제작자들은 유명 탤런트와 직접적 유대를 만들기를 고대하고 있기 때문이다. 에이전트들이 누린 역사적인 중개 업무의 독점은 이와 같은 경쟁 체제에 의해 실제 도전을 받고 있다. 아티스트의 입장에서는 이 경쟁에 매니저들의 존재도 더해져야만 한다. 또한 이런 경쟁은 에이전트가 고객들과 창출하려고 노력하는 권력 균형을 어떻게 정의할 것인지에 대해서도 중요한 역할을 한다.[16]

비록 에이전트들이 직업적 존재와 성공을 위해 가장 큰 고객들의 충성심에 의존하고 있지만, 에이전트들은 이런 아티스트들과 특정한 형태의 대인 관계를 확립함으로써 고객인 아티스트들과의 관계에서 자신들이 구조적으로 종속되는 것을 막아내고 균형을 잡을 수 있다. 에이전트들은 이런 의미에서 상호작용과 정서들을 관리하는 개인 특유의 기술들을 공들여 개발하고 사용한다.

예를 들어 고객인 아티스트들이 논쟁의 대상이 되거나 정서적으로 어려운 상황일 경우 아티스트들은 에이전트에게 도움과 조언을 **요청하는데**, 이때 에이전트의 행동은 누군가가 호의를 바랄 때처럼 대인 관계에서 **마치 빚을 진 것 같은** 신세가 되도록 고객을 포지셔닝하는 것을 의미할 수 있다.

주요 에이전시 가운데 한 곳에서 일하는 선임 에이전트는 어느 주요 영화사에서 '**미친 회의**'를 하다가 방금 나왔다는 남자 스타 고객들 가운데 한 사람으로부터 문자를 받은 후 자신이 반응해 취한 전략을 설명했다. "저는 그저 '저에게 전화해요'라고 적었죠. 그걸 그의 저택에 가져다 놓았어요. 그를 뒤쫓아 가지 않아요. …… 저는 그에게 너무 열심히 다가서거나 뒤쫓아 가고 싶지 않죠. 왜냐하면 저는 그에게 그런 종류의 서비스를 보여주기를 원하지 않았고, 그걸 유지할 수도 없기 때문이죠. 그리고 그것은 저의 스타일이 아니에요. 그리고 그건 제가 그와 함께하는 방법이 아니죠"(2013년 2월).

아티스트들과의 **관계에서** 에이전트의 권력은(구조적으로 균형이 맞지 않음에도 불구하고) 개인적인 조언자나 비밀 정보뿐만 아니라 친밀하거나 때로는 난처하게 만드는 비밀을 위임받은 측근 권력이다. 여기에는 에이전트가 고객에 대해 갖고 있는 창조적인 영향력이 덧붙여진다. 이 직업 영역에서 자신을 창조적이라고 정의하는 것은 권력 행태를 획득하고 지키는 것과 관련이 있다. 물론 이렇게 말하는 것이 할리우드 에이전트에 대한 이런 직업 정의의 진실성에 대해 의문을 제기하는 것은 아니다. 에이전트들의 '**창조 권력**'은 관련자들이 일하고 있는 전문 분야의 성격에 따라 다양한 방식으로 나타난다. 가장 큰 회사 가운데 한 곳에 있는 탤런트 에이전트는 대본lit 분야에 있는 동료들이 감독과 작가에게 하는 방법들과 그녀가 배우 고객들과 일하며 창조적인 과정에 기여한 방법이 무엇이 다른지 그 차이점을 다음과 같이 설명했다.

대본 분야에서 영화나 텔레비전 쇼를 홍보하는 고객들은 사무실로 들어와 자신들의 에이전트들과 이야기를 하고 홍보를 **실행하죠**. 그리고 그다음에 에이전트는 고객들에게 의견을 제시하죠. "그걸 이렇게 수정하는 게 어때요? 그것을 저렇게 수정해 봐요, 이걸 바꿔 보죠, 여기에 더 집중해 봐요, 그것 외에는 다 좋아요." 그리고 고객들이 그렇게 하도록 내보내죠. 탤런트 분야보다 대본 쪽에 대해 지속해야 할 조언이 약간 더 많죠. …… 탤런트 에이전트로서 당신의 창의성이 관여해야 하는 곳은 어떤 프로젝트를 해야 하는지, 안 해야 하는지, 왜 해야 하는지에 대해 그들에게 조언하는 거죠.

그리고 당신이 생각하기에 **당신은** 이 대본이 왜 좋은지, 왜 좋지 않은지를 그들에게 말하는 거죠. 왜냐하면 확실히 고객들은 재료에 대해 당신의 창의적 의견을 들으려고 돈을 지불하고 있기 때문이죠. …… 무엇이 시장에서 어떻게 인식되는지와 관련해 무엇이 좋고, 좋지 않는지를 말해줄 수 있는 당신의 지식, 어떤 감독이 함께 일하기에 좋은지에 대한 것들이 여기에 해당하죠.

"이 사람은 잘 알려지지 않은 감독이지만, 정말 괜찮은 단편을 세 편 찍었어요. 저는 당신에게 그걸 보낼 겁니다. 그리고 사람들도 그걸 좋아해요. 알다시피 스티븐 스필버그가 단편 가운데 두 편을 봤고, 이 단편들을 좋아한다고 말했어요. 그러므로 당신은 이걸 진지하게 받아들여야 해요." 또는 "초짜 작가, 초짜 감독, 어느 누구도 들어본 적 없는 잘 알려지지 않은 사람인데, 계속할 가치가 없네." …… 또는 "정말로 실력이 뛰어난 감독, 작가, 나머지 출연자들, 강력한 대본, 그걸 해요." 또는 "앞서 말한 것 가운데 아무것도 없지만 그러나 대본만큼은 기가 막히게 좋아요. 왜냐하면 저는 좋은 재료를 좋아하는데 그 대본을 읽어봤고 그것이 좋다고 생각했기 때문이죠. 당신은 진지하게 그것을 봐야 해요"와 같이 말한다. 그러므로 그들은 이런 종류의 의견들을 얻기 위해 당신에게 돈을 지불하는 것이죠(2014년 11월, 볼드체는 면담자 강조).

이 에이전트는 이렇게 말하면서 자신의 직업적 가치를 직업적 업무의 핵심이라 여기는 창의적 의견의 중요성과 연결시켰다. 이렇듯 에이전트들이 자신들에게 부여하고 있는 역할은 고객들의 요구에 대한 응답을 넘어서는 것이다. 몇몇 인터뷰 대상자들의 말에 따르면 그들의 역할은 이런 요구들을 예측하고, '아티스트들보다 더 잘 알거나' 심지어 '창의적 의견들을 만드는 것'이라고 할 수 있다.

어떤 대본들이 '좋은 지' 또는 '나쁜 지'를 아는 것과 같이 재료를 평가하는 것에서부터 다른 아티스트들과 어울리는 '좋은 짝'이 누구인지를 알아차리는 것에 이르기까지 이 활동들은 경제적이고 미학적인 판단들과 떼려야 뗄 수 없을 정도로 연관되어 있다. 더 일반적으로 말하면 에이전트들이 신뢰성 있는 심미적 판단을 하고 표현하는 능력은, 비록 '천부적 재능'이나 '특정한 예술 형태'는 아니더라도[17] 자신들이 대행하는 아티스트들의 자질들과 완벽히 대등한 수준으로 만들어놓은 그들 자신의 재능으로 정의하는 것이다.

그렇게 해서 에이전트들은 창조라는 사회적 마력이 기여하는 활동들 사이에 자신의 업무들을 포함시킨다. 이 자아 개념은 에이전트들의 역할은 보조적이고 부수적인 활동을 하는 것이라고 이해하는 것에 맞서, 그들을 프로젝트들의 예술적 가치를 만드는 데 기여하는 사람으로 정의함으로써 잠재적으로 에이전트들의 위상을 가장 칭송받는 아티스트들의 가치 및 위엄과 비슷한 반열에 올려놓는다.

저는 존경하는 사람들, 제가 가지지 못한 재능을 가진 사람들을 **위해서가 아니라 그들과 함께** 일하고 싶어요. …… 그리고 그것은 또한 훌륭한 작가, 훌륭한 감독, 훌륭한 배우들, 그리고 그것이 무엇이든지 간에, 그들에게 가치를 더해줄 수 있게 하는 것이라는 저의 목표에 부합합니다(부티크 에이전시의 에이전트,

2010년 10월, 볼드체는 저자 강조).

또한 전직 슈퍼 에이전트가 말했듯이, 에이전트들은 고객과 나누는 '창의적인 대화'를 통해 고객들과의 상호작용에서 자신들의 영향력을 확고히 하고자 노력하고, 성공한 고객들과의 구조적인 불균형한 관계에서 어느 정도의 지배력을 회복하게 된다.

같은 에이전트는 자신의 고객들에게 '창의적인 조언을 해주는 것'의 중요성을 주장했다. 그리고 그는 어떤 일이 '그들에게 적합하다'고 믿을 때, 심지어 그 고객들을 잃는 위험에 이를지라도 '고객들이 해야 할 일을 두고 정말로 고객들과 다툴 정도로' 자신의 관점을 지키는 것이 중요하다고 주장하기도 했다.18) 이와 비슷하게 주요 회사 가운데 한 곳에서 일한 전직 탤런트 에이전트는 자신의 존재를 알리기 위해 고객들에게 강한 인상을 주어야 하는 '권위적인 인물'로서 자신의 자아 개념을 떠올렸다.

제 생각에 만일 당신이 고객들과 너무 가깝다면, 그 고객들은 당신의 조언을 더 이상 받으려고 하지 않을지 몰라요. 알다시피 그들은 당신을 너무 편하게 여길지 몰라서 그래요. 달리 말하면 그것은 제가 보조원으로 있을 때 우리가 친하고 여러 면에서 잘 지낼 수 있기는 하나, 궁극적으로 그들이 여전히 저를 권위적인 인물로 여겨야만 하는 것과 같은 것이죠. 고객들과의 관계도 다르지 않아요. 그러나 불가피하게 당신은 때때로 하루 단위로 조언하죠. 그들 가운데 많은 이들이 당신의 친구가 되죠. 그렇게 되었을 때 몇몇 사람들은 오로지 그러한 관계를 오직 사업하는 데만 선택해 쓰고, 몇몇 사람들은 또한 너무 가까워지는 실수를 해요. 왜냐하면 고객들은 두려움을 갖고 일하기 때문이죠. 몇몇 사람들은 이 사업을 할 때 두려움을 가지고 일해요. 왜냐하면 제 생각으론 이 사업이 가장 위험한 것이며, 이곳에서 당신은 고객들을 잃을까 봐 계속 두려워하고 있기 때문이죠(파리, 2010년 11월).

이 인터뷰 대상자는 정서적 유대에 도움이 되는 친밀한 관계를 발전시키는 것과 창의적인 선택을 하도록 명령하는 권위적인 인물로서 자신을 앞세우는 것, 그리고 에이전트들이 이 두 가지 차원 사이를 오가며 지속적으로 추는 '춤'의 긴장감에 대해 표현한다. 그러나 궁극적으로 이것은 그런 에이전트들이 대행하는 아티스트들과의 관계에 내포되어 있는 에이전트 권력의 두 얼굴이다. 대부분의 경우 고객들은 에이전트의 충고를 따르고 받아들이며, 고객들이 고려하거나 수용하거나 거절해야 하는 프로젝트들과 일자리 제안을 둘러싼 갈등들은 결국 매우 드물다.[19]

이와 같은 상황에서 에이전트의 권위는 단순히 일대일의 상호작용에서 작동 중인 심리적 메커니즘에서 기인한 것이 아니라, 오히려 잠재적 구매자들과 다른 핵심 참가자들에게 미치는 에이전트나 에이전시의 권력을 대하는 고객의 인식과 관련되어 있다. 특별히 절친한 제작 전문가들과 스타들한테 뭔가 얻어낼 수 있는 에이전트의 능력과, 만일 상황이 악화되면 고객들에게 문을 닫을 수 있다는 에이전트의 능력에 대한 믿음이 에이전트를 기분 나쁘게 하거나, 그들의 에이전시를 '화나게 하거나', 많은 아티스트들 심지어 성공한 아티스트들이 표현하는 '전부를 잃는 것'[20]에 대한 공포의 근원이다.

요컨대 "누가 지배하는가? 에이전트인가, 고객인가?"라는 질문에는 단순하고 일방적인 대답을 할 수 없다. 에이전트와 고객의 관계에서 지배구조는 에이전트의 위치에 따라 다양하다. 리틀 할리우드에서 대행 서비스를 받는 것은 아티스트들의 전문화를 위한 조건이다. 이런 뜻에서 계약을 받아들인 에이전트에 대한 아티스트들의 의존은 전적이라고 할 수 있다. 빅 할리우드에서는 성공한 고객이 자신의 에이전트를 콕 찍어 선택할 수 있으며, 에이전시를 바꿀 수도 있고, 대행인들을 상대로 경쟁에 부칠 수도 있다.

그러나 권력관계는 좀 더 복잡하며 부분적으로는 **상호작용을 통해** 재조정된다. 달리 표현하면 에이전트의 권위는 오로지 위치에 관한 것만이 절대 아니다. 그것은 에이전트의 **업무**에 의해 발생하고 형성된다. 권위가 만들어지는 곳은 활동이며, 그런 활동은 창조적 과정에 참여하는 것과 불가분의 관계에 있다.

결론적으로 이 '권위'는 에이전트 업무의 실천보다 앞서는 것이거나 업무의 조건이 되는 것이 아니라 오히려 **관계 속에서 형성된다.** 권위는 관계 속에서 나오고 다시 관계에게 부여된다. 에이전트는 아티스트들이 정서적이고 창의적인 차원에 **상황적 의존**situated reliance을 하는 것과 에이전트들이 성공한 고객에 **구조적 의존**structural dependence을 하는 것과의 균형을 맞추기 위해 상호작용의 관계를 작동시킨다. 에이전트와 고객을 함께 묶어놓은 관계적 메커니즘은 절대 이 두 참여자들로만 제한되어 있지는 않다. 관계적 메커니즘은 할리우드를 조직하는 더 큰 삼각 시스템(탤런트 대행인, 제작 전문가, 아티스트)에 두 참여자들이 포함되느냐에 따라 달라진다.

권력 메커니즘과 정신적 레퍼토리

할리우드의 '막후에서' 일하는 다른 전문가들과 에이전트들이 만든 권력 형태는 그들이 자리 잡고 있는 위치적 시스템과 상호작용적 시스템에 모두 의존하고 있다. 한편으로 에이전트의 **조직적 위치**는 상호 연결된 위계 구조, 즉 빅 할리우드 대 리틀 할리우드의 구조와 정해진 에이전시 내에서 노동의 기능적 분화로 형성된 위계 구조에 있는 그나 그녀의 위치에 따라 정해진다. 다른 한편으로 동일한 에이전트는 **상호작용 시스템** 내에 위치하고 있다. 이 시스템에는 조직화된 경계를 넘어 대행 전문가, 제작 전문가, 아티스트를 함께 묶어놓은 대인 관계의 역사가 깃들어 있다.

반복되는 교류는 지속적 유대와 또래 그룹에서 공유하는 **관계의 기억**을 만들어낸다. 나는 에이전트들이 정서적 차원을 포함하고 있는 관계들을 어떻게 조정하는지 설명함으로써, 시간 경과에 따라 참여자들이 형성하는 **상호작용 시스템** 분석가가 에이전트를 배치하는 **위치 구조**에 어떻게 영향을 미치는지를 입증했다.

그 결과, 관계에 대해 완전히 상호작용자의 관점을 적용하는 것도, 할리우드를 구성하는 위치 구조를 사회의 장field으로 고려하는 것도, 에이전트의 권력을 이해하는 데 충분치 않을 것 같다고 판단했다. 상황이 구조의 반대라고 해서 상호작용이 위치의 반대인 것은 아니다.

그 대신 우리는 구별되는 것이지만 공존하는 2가지 구조적 배열에 직면한다. 그것은 다른 참여자들의 실행 능력을 유발하고 다른 사람들의 행동에 영향을 미치는 위치 **구조**와 상호작용 **구조**이다. 우리는 여기에서 상호작용을 좀 더 안정된 권력 배치에 대한 반대에 의해 끊임없이 변화하는 본질적으로 일시적인 유대 관계로 보고 접근하기보다, 상호작용의 지속적·체계적 특성과 구조화의 효과를 파악해야 한다. 즉, '**위치적인 메커니즘**'은 **관계들 속에서** 도전받고 재형성된다. 그러나 과거의 경험, 주고받기, 호의와 신세짐의 복잡성은 절대로 조직 자원의 논리와 조직 위치라는 위계 구조로 완전히 해석될 수 없다.

이런 이유로 관계의 기억은 할리우드에서 좀 더 형식적인 위치들의 위계 구조와 공존한다. 관계의 기억은 인식perceptions과 예측antcipations을 형성함으로써 위계 구조를 바꿔놓을 수도, 방해할 수도 있다. 결국 **에이전트가 할 수 있고 다른 사람이 하도록 만들 수 있는 것**, 즉 에이전트들의 영향력 또는 그들이 '권위'라 부르는 것은 **위치 구조와 상호작용 구조의 상호작용에**

서 비롯된다. 달리 표현하면 에이전트의 권위는 조직에서 구체화한 위치 권력positional power과 면대면 상호작용을 통해 축적된 관계 권력relational power이 결합된 형태에서 나온다.

에이전트들은 고객들과의 상호작용에서 선보여야만 하는 '**권위**'를 언급한 것 외에도 관계 속에서 나타내야 할 필요가 있는 '**카리스마**'와 때때로 그들 자신, 그들의 이름, 그들의 이미지 주변에 형성된 '**신비로움**mystique'에 대해서도 이야기한다. 카리스마는 이 맥락에서 활발히 그리고 반사적으로 표현되는 것이기 때문에, 에이전트들이 수행하는 관계 업무의 일부라고 할 수 있다. 예를 들어 고위 탤런트 에이전트는 '**카리스마**'를 만들 때 수반되는 노동의 관점을 드러내면서 낭만적 열정과 거의 비슷한 어휘를 사용해 자신이 톱 탤런트를 사로잡은 매력의 형태를 설명했다.

> 나는 감정적이게 되죠. 그리고 바로 여기에서 나는 감정적입니다. 나는 감정으로 살아요. 나는 항상 **열정**을 전달하죠. 강렬함, 그리고 그것이 내가 파는 것입니다. 그리고 그것은 사람들이 나한테 원하는 것이죠. 그들은 나한테서 자신들의 놀이기구를 얻습니다. 그들은 신날 수 있고, 나와 함께 그리고 나와 가까이 있기를 원하죠. 왜냐하면, 그것이 나의 카리스마이기 때문입니다. 맞죠? 나의 에너지는 **그것**이에요. …… 나는 의식적으로 그런 생각을 하지는 않지만, 반응을 보고 열정의 힘을 이해하기에, 그 힘을 사용하고 있어요!(빅 할리우드의 탤런트 에이전트, 2013년 12월, 볼드체는 면담자 강조).

정말로 '**슈퍼 에이전트**'의 존재는 아티스트들로 하여금 개인적인 충성심과 애착을 이끌어내는 능력에서 비롯된다. 이런 능력은 에이전트로 하여금 스타 고객들의 포트폴리오를 창출해 내게 하고 에이전트 자신을 고용해주거나 수익성이 높은 고객을 잃고 싶지 않은 최상위 에이전시가 자신을 없어서는 안 될 필수적인 존재로 여기게 만든다. 그러나 직업 관계에서 에이전트가 카리스마를 구축하는 것은 항상 더 집단적인 산물이다.[21]

즉, 카리스마는 다양한 유형의 할리우드 전문가들이 벌이는 활동에서 비롯된다. 그러한 활동들은 가시적이고 직접적으로 누구의 조직적 자원과 위치의 덕분이라고는 볼 수 없는 방식을 통해 믿음과 행동(스타의 충성심, 프로젝트에 대한 영화사 중역의 헌신 등)을 고취시키는 에이전트의 개인적 능력을 상징한다. 카리스마의 이런 집단적 속성은 조직적 연대가 행동을 고취하거나 생성하는 데 중요하다는 것을 감추고 있다. 게다가 그것은 아티스트들을 특징짓는 데 사용되는 것과 유사한 타고난 개인적 자질에 관계적인 기술을 연관시킨다. 즉, '카리스마'는 에이전트에게 적용되는 '재능'의 모습을 띠고 있다.

카리스마와 개인적 지배력은 사실상 조직에 뿌리를 두고 있는데, 그것들은 매우 조직적이고 전문화된 환경에서 형성된다. 대형 에이전시들과 영화사는 복잡하고, 직무별로 구획화된 기업 구조이며, 법적-합리적 메커니즘을 통해 지배되는 사적 관료 체제private bureaucracies라 할 수 있다. 앞서 보여주었듯이 에이전트가 할리우드에서 작동하는 할리우드와 관련된 전문화된 방법으로 '카리스마를 가지는 것'과 그것에 의존해 관계를 유지하는 것을 배우는 것은 바로 에이전시의 조직적인 틀 안에서 이뤄진다.

이러한 의미에서 카리스마는 조직적으로 구축된다.[22] 이 사례연구는 실제로 이런 메커니즘의 조합을 단순하게 관찰한 것이 아니라 매우 합리적인 조직[23]에서 카리스마가 형성되는 것을 살펴본 것이기에 합법적 지배를 카리스마적 방식과 법적-합리적 방식으로 나눈 베버의 구분(Weber, 1978)[24]을 우리가 뒤엎도록 조장한다. 따라서 지배의 방식들은 직업 세계를 전문화하고 공식적으로 조직하며 위계 구조를 갖는 조직적 배경에서 형성될 뿐만 아니라 조직 간 경계를 넘어 유대를 형성하고 아울러 **다른 무**

엇보다도 더 에이전트들이 자신의 경험을 이해하게 해주는 상호작용적인 역학이 작용해 구축된다.

에이전트의 인식에 주목하는 이 마지막 발언에는 좀 더 정교한 설명이 필요하다. 에이전트의 권위, 카리스마, 또는 할 수 있거나 만들 수 있는 일반적인 능력이 위치와 상호작용적 메커니즘의 교류에 의해 생겨난다고 말함으로써, 나는 할리우드를 분석하는 관찰자의 위치에서 이런 뒤얽힌 복잡한 구조를 설명한다. 다른 한편으로 에이전트들은 자신들의 활동을 인식하거나 설명할 때 주로 관계 중심적인 방식을 취한다.

할리우드의 '**관계적 게임**'에 대해 계속 언급하다 보면 에이전트와 그들의 사업 파트너에게 만연한 **정신적 목록**mental repertorie(인식 체계)이 드러난다. 달리 말하면 비록 조직적인 위치나 자원이 중요하다고 해도 에이전트들이 사용하는 이런 해석과 논쟁의 틀은 주로 **관계의 경험**과 결부되어 있다. 에이전트가 조직 내에서 관계하며 다른 사람들 간에 형성하는 개인적 유대의 체계는 자신의 활동을 의미 있고 가치 있는 것으로 느끼게 만든다. 행동과 정당화의 목록은 조직적 경계를 넘어서며, 탤런트 대행인들, 아티스트들, 제작 전문가들을 함께 묶어주는 관계적 시스템에 속한다. 에이전트들의 직업적 정의는 주로 관계 영역을 말하는 것이다.

좀 더 정확하게 말하면 관계 영역 내에서 '**재능**'에 대한 언급은 이 정신적 목록의 중심 요소이다. 인터뷰를 했던 모든 에이전트들은 거리를 두려는 사람들로부터 자신의 이름을 걸거나 결부시키는 사람들을 분리시키면서 '**재능 감각**'의 소유, '**좋거나**' '**나쁜 취향**'을 구별해 내는 능력, 아티스트나 예술 작품을 평가하고 선별하게 하는 미학적 통찰력을 자발적으로 에이전트라는 직업의 실천과 성공에 필수적인 것이라 여기는 능력의 핵심에 두었다. 만일 '**재능**'에 대한 믿음이 에이전트에게 매우 필수적인 것이라면, 그 이유는 에이전트가 창의적 권한을 행사하는 정당성이 추정하건대 '재능을 간파하는' 능력으로부터 나오기 때문이다.

에이전트들은 특정 고객들의 업무를 맡음으로써 사실상 **재능을 만든다**. 이런 재능은 직업적 가치들을 지니며, 공연이나 상품들을 통해 그 가치들을 드러내고, 그로 인해 그것은 훨씬 더 많은 대중에게 선보일 수 있는 속성이 된다. 그러므로 에이전트는 고객의 이름을 대신해 말하기도 하고, 고객들에게 가시성visibility과 예술적 지위artistic status를 부여하는 일에 참여한다는 이중적인 의미에서 '**탤런트를 대행한다**'고 표현한다. 탤런트를 지명하는 것의 힘은 탤런트 대행인들이 독점하는 것은 아니지만, 에이전트 업무가 갖는 사회적 마력의 일부이다.[25]

재능을 발견하는 것은 설명하기는 힘들지만 즉각적이고 영구적인 메커니즘이다. 에이전트들은 어느 누군가가 할리우드 직업들의 부침浮沈을 대체할 재능을 가지고 있다는 분명하고 단호한 확신을 늘어놓곤 한다. 만일 바로 성공하지 않더라도 에이전트가 고객을 포기하지 않을 것이라는 믿음은 에이전트나 고객 모두에게 에이전트 업무 관계를 맺을 가능성을 충족하는 조건이 된다. 에이전트가 '재능'을 가지고 있는 사람들을 지명하는 것도 일방적인 메커니즘이라 여겨진다.

사실상 재능을 알아볼 수 있는 마법 같은 행위는 선물과 답례 선물의 관계처럼 언제나 '**재능 감각**'이나 '**좋은 취향**'에 대한 굴절된 속성인 '**카운터기프트**counter-gift(대응적 천부 자질)'를 동반한다. 에이전트들이 가진 위대함이나 '**천부적 자질**'은 에이전트들이 대행하는 아티스트들에게서 발견한 재능을 반영하고 있다. 이러한 가치 있는 상호적 속성은 최종적으로 만들어지는 것이 아니라 사실상 관계 속에서 지속적으로 재창조되고 재할당된다.

재능에 대한 이런 언급은 마치 에이전트 업무 이야기의 유래가 되는 **건국 신화**와 같은 효과를 야기한다. 에이전트 업무의 위대함은 주로 기업가 정신이나 경제적 성공의 목록에 덧붙여지지 않는다. 그것은 처음에 볼

탄스키와 테베네(Boltanski and Thévenot, 2006)가 **'직관적인 가치 명령'**이라 칭한 창조성을 수반한다. 물론 경제적 거래가 에이전트 업무를 실행하는 데 중요하지 않을 것이라고 말하는 것은 아니다. 나의 지적은 에이전트의 **정당성**의 주된 기반이 경제적 거래에 있는 게 아니라는 것이다. 아티스트 물색 과정은 재능의 상징적 논리가 우선적으로 나타나고, 에이전트가 초보자나 **'냉담한'** 고객을 상대로 행하는 대행 교섭이라는 경제적 도박에 의미와 관련성을 부여한다.

아티스트와 에이전트의 관계에서 서로 뗄 수 없는 속성인 재능과 탤런트 감각은 상호 인정되고 제작 분야에 있는 에이전트의 상대 일부를 포함하는 인정의 세계에 들어가는 즉시 자원과 행동의 수단으로 작동한다. 에이전트가 보유한 재능 감각에 대한 구매자의 믿음은 고객을 캐스팅 디렉터와 함께 **'방 안에'** 들여놓는다든지, 영화사 중역들을 고객이 주연인 프로젝트에 전념하도록 설득하는 것과 같은 일들이 일어나게 할 수 있을 뿐만 아니라 재능에 대한 상징적 인정을 잠재적인 경제적 거래로 전환시킬 수 있는 에이전트의 능력을 결정한다.

에이전트들은 업무에 대한 심미적이고 취향과 관련된 차원을 주장함으로써, 재능 평가가 일상 활동에서 취하는 실제적인 차원과 그 측면에서 개발해야 하는 노하우를 강조한다. 예를 들어 에이전트들은 **'좋은 프로젝트'**라 판단되는 작품에 자신들의 고객들을 참여시키기 위해 배우나 감독인 고객에게 어떤 대본을 호의를 갖고 보여줄지를 논쟁하고 결정할 필요가 있다.

제가 에이전트에 대해 말하려는 나머지 다른 하나는, 에이전트라는 미학을 요구하는 직업**이라는** 겁니다. 그리고 제가 의미하는 것은 취향 감각, 상당한 정도의 취향과 취향 수준이 어느 정도 필요하다는 것이죠. 그러므로 저는 저를 위해 촬영감독의 작품을 보고 그것이 좋은지 나쁜지 결정할 수 있어야 해요. 대본 에이전트는 대본을 읽고 그것이 좋은지 나쁜지 파악할 수 있어야 합니다(표준 규모 이하 부티크의 소유주, 2010년 10월, 볼드체는 면담자 강조).

에이전트들은 아티스트들과 마찬가지로 일반적으로 뭔가 홍보와 작업을 하는 것으로 예술과 미학의 중요성과 본질적 가치에 대한 믿음과 예술품의 사회적 힘에 대한 믿음을 표현한다. 사실상 이러한 믿음 때문에 에이전트들은 종종 제일 먼저 할리우드에서 일하는 것을 열망한다. 직업적 성취를 통해 '**차이를 만드는**' 의도를 고집하는 이 대본 에이전트처럼, 그런 점에서 그들이 말하는 것의 진정성에 의문을 제기할 이유가 없는 것도 이 때문이다.

우리는 이 각도에서 직업적 성취를 통해 '차이를 만들고자 하는' 의도를 주장한 에이전트의 말들(3장에서 인용)을 다시 검토할 수 있다. 이러한 말들의 의미는, 에이전트들의 정체성이 '돈과 명성을 좇아 할리우드에 들어온 게 아니라 영화나 TV쇼에 감동해 들어온 사람들'이라는 것과 '사람을 감동시키는 것이 더 중요하다'는 믿음과 불가분의 관계라는 것이다. 그는 '절대 좋은 작가가 될 수 없다', '감독이나 작가가 되려는 욕망도 없다', '이것들 가운데 어느 하나도 그렇게 잘하지는 않을 것 같다'는 인식은 에이전트가 그는 '정말 좋은 재능을 가지고 있어', '그래서 그(아티스트들로 하여금) 차이를 만들게 할 수 있어'라는 주장에 의해 상쇄된다. 즉, "어떤 의미에서 저는 이 사람들과 함께 일함으로써 정말 더 많은 차이를 만들 수 있음을 깨닫죠"(2010년 9월).

이 말들은 '**사회적 리비도**social libido'의 유형을 나타내는 것으로서, 부르디외의 관점에서 이 사회 세계에서 활동들을 촉진하는 특정한 **착각**illusio, 錯覺('illusion'의 라틴어 표현)을 가리킨다. 부르디외는 **착각**을 "사회적 게임에 중요성을 부여하는 사실, 게임에 관여하고 참여하는 사람들에게 일어나는 일이 중요하다는 사실"이라고 정의한다(Bourdieu, 1994, 1998; 77).[26] 에이전트의 **착각**은 그들이 참여하고 있는 게임에 대한 관련성과 기여라는 의미 있는 특성에 대해 그들이 공유하는 일종의 신념이다. 이 특정한 직업 영역에서 관계적으로 에이전트와 고객이 보유한 천부적 자질, 재능, '**좋은 작품**'을 믿는 것은 사람들의 가치와 관행의 의미를 정의하는 데 필수적이다.

창의적 가치에 대한 인식은 어디에나 있고 이는 종종 강력한 애정 표현과 결부된다. 이러한 이유로 아티스트들은 개인적으로 관계를 맺고 좋아할 수 있는 (그리고 그 반대로도 그러할) 에이전트를 찾는다. 좋은 짝과 딱 맞는 사람들을 찾기 위한 이 끊임없는 탐색은 어느 정도 로맨틱한 탐색에(그리고 가족 관계의 영역에서는 위대한 사랑에 대한 믿음과) 비견되며, 마찬가지로 관련된 사람들을 실망하게 할 수 있는 위험에 노출시키기도 한다. 나는 이미 직업적 유대가 야기하는 정서적 형태를 강조했다. 좋아하는 것과 호감을 얻는 것, 인상을 남기는 것과 칭찬을 하는 것, 개인적으로 관여하는 것과 사생활과 직업 사이의 희미한 경계를 교차하는 것은 끊임없이 에이전트와 고객 관계의 성패를 좌우하는 요소이다.

이와 동시에 매혹적인 유대와 느낌들, 보편적인 예술 서비스가 순전하게, 그리고 단순하게 할리우드 전체의 직업 시스템에 널리 퍼져 있다고 상상하는 것은 극히 순진한 것일 수 있다. 이것은 분명히 내가 여기에서 말하고자 하는 것이 아니다. 이 영역에서 공유된 **착각**은 활동이 지향하는 **지평**horizon을 나타낸다.

착각은 할리우드에서 일하는 다양한 직업군이 특정하게 갖고 있는 직업적 이상들의 공통적인 토대이다. 이와 동시에 할리우드에서 일하는 경험은 이 각각의 직업군 내에서 좀 더 양면적인 특성을 보인다. 즉, 에이전트들은 진심으로 실재적인 재능을 믿기도 하면서, 반대로 창의적 집착과 거리가 먼 상거래를 통해 **그들이** 스타와 아티스트들을 만든다고 주장하기도 한다.

고객들과의 일상적 관계들은 때때로 어려운 동반자 관계partnership로 나타나기도 하고, 우려와 공포의 기미를 보이기도 한다. 그 이유는 아티스트들의 경우 경쟁하는 에이전트들의 유혹적 언사에 민감하게 귀 기울이고 심지어 헌신적인 에이전트를 쉽게 떠날 수 있기 때문이다. 아티스트들의 입장에서는 에이전트가 하는 일이 무엇인지를 아는 것이 매력적인 시나리오가 뭔지 파악하는 것보다 더 모호하다. 즉, 한편으로는 에이전트들이 때때로 자기 자신의, 자신의 에이전시의, 다른 고객들의 다른 이익들과 특권들을 선호하며 창의적 선택 대신 상업 지향적으로 변한다는 의심을 받는 '**필요악**necessary evil'으로 묘사된다. 다른 한편으로는 예술적 단계에 '**당신을 올려놓는**' 강력한 에이전트가 가진 보호의 날개 아래 있고 싶은 염원도 나타난다. 아티스트들은 직업적 존재와 신뢰도를 위해, 그리고 자산가와 제작자들 가운데 성공 가능한 파트너를 찾기 위해 에이전트 및 에이전시와 맺은 유대 관계에 유기적으로 의존한다는 것을 알고 있다.

게다가 할리우드에서 상호작용을 하고 있는 다른 직업의 그룹들(다양한 유형의 아티스트들, 다양한 범주의 탤런트 대행인들과 제작 전문가들, 자산가들 등)은 모두 자신들과 다른 사람들의 기여, 자신들의 존재 이유, 자신들과 다른 참가자들의 관계를 파악하는 독특한 방법을 가지고 있다. 그러므로 게임에 대한 에이전트들의 관심과 헌신은 아티스트나 제작자의 것들과 정확하게 성격이 같은 것은 아니다. 비록 에이전트들이 모두 게임은 할 만한 가치가 있다는 믿음을 부채질하는 데 집단적으로 참여하고 있는 데도 그러하다.

달리 말하면 이 영역에서 만들어진 **착각**은 상호작용을 통해 다른 직업군에게 같은 신념을 보여주는 것이라기보다 융합된 **신념들**의 산물이라고 할 수 있다. 위치적 단계와 상호작용적 단계 모두에서 할리우드 직업 체계를 구성하는 직업군 간의 **전략적 상호 의존**은 게임의 안정성을 보장하지만 이 융합 과정은 재능에 대한 수사적 표현과 신념에 대해 정당화한 목록들을 정렬하는 데서 찾아볼 수 있다.

결론적으로 에이전트 업무와 관련되어 있긴 하나 특정한 사례연구의 수준을 넘어선 권력 메커니즘은 두 가지의 관점을 결합해 파악되어야 한다. 그것은 첫째, 특히 할리우드에서 특별한 직업을 형성하는 위치적 구조와 상호 의존 구조 간에 어떤 상호작용이 일어나는지 살펴보는 관점, 둘째, 이러한 맥락에서 에이전트들의 활동에 핵심적인 의미를 부여하는 정신적 틀이라는 관점이다.

내재된 정체성과 위계 구조

무엇이 에이전트들의 권력, 관행의 논리, 자기 정의를 만드는지에 관한 것들은 모두 어떻게 에이전트가 '아티스트들을 만들고' 예술적인 프로필과 경력을 만드는지와 불가분의 관계에 있으며, 결국 에이전트들의 경로와 에이전트 업무에 역행한다. 이 역학이 지금 내가 탐색하려고 하는 것이다.

에이전트 업무와 고정된 배역 맡기기

에이전트들 입장에서 대행하는 고객들이 나무랄 데 없는 탤런트이자 훌륭한 아티스트임을 보장한다는 것은 사실 자신들의 직업적 정체성과 고객의 기준으로 직접 평가되는 자신들의 가치를 보호한다는 것을 의미한다. 만약 '(훌륭한) **아티스트**'라는 누군가에게 붙은 라벨에서 비롯된 사회적 신분과 지위가 전파되어 영향을 미친다면, 이 아티스트의 이름을 들먹이는 에이전트는 그 반대의 경우도 사실이기에 에이전트들은 스스로 직업적 신용을 잃는 위험에 노출된다.

물론 대행 사업 가운데 몇몇 분야들은 다른 분야보다 이런 유형의 오명污名에 더 취약하다. 즉, '아티스트'보다는 '기술자technicians'로 분류되는 상대적으로 덜 중요한 일을 하는 인력들BTL(below-the-line)이나, 리얼리티 TV나 디지털 미디어에 출연하는 새로운 명사들을 대행하는 것은 더욱 오명에 취약한 분야에 대한 도전을 보여준다. 에이전트들은 다른 유형의 '탤런트'를 관리하고 있다는 특수성을 알고 있다 하더라도,[27] 자신의 고객들이 완전한 자격을 갖춘 아티스트라고 받아들이도록 애써야만 한다. 관련된 고객들은 예술적 지위가 주는 사회적·직업적 인정을 (아직) 완전히 누리고 있지 못하기 때문이다. 다음 인용문에서 BTL 에이전시의 소유주는 이 메커니즘을 설명해 주고 있다. 즉, 그는 자신이 대행하는 라인 프로듀서들line producer의 활동에 미학적인 차원들이 있고, 촬영 감독들도 예술적 자질들을 발휘도 하고 있는데, 이런 인식이 그가 사업을 통해 행하는 창의적 기여의 기반이 된다고 주장한다.

저는 창의적인 과정의 일부가 되고 싶죠. 그러나 제 생각에, 만일 당신이 대본을 읽은 후 제작자에게 "당신은 어떤 종류의 미학을 찾고 있나요? 어떤 종류의 스타일? 어떻게 영화를 찍을 건가요? 디지털로 찍을 건가요? 당신이 택한 감독은 어떤 사람이죠?"와 같은 것을 물을 수 있다면. …… 그래, 이 사람의 모든 작품 성과를 한번 봐라, 그러면 제 생각에 당신은 감독의 마음을 끌게 될 비슷한 평판을 보게 될 거예요. 영화 촬영 기사에게도 당신은 그걸 적용할 수 있다고 생각하죠. …… 저는 또한 이걸 말할 거예요. 몇몇 사람들은 라인 프로듀싱(line producing: 영화 프로젝트 관리의 모든 과정)이 정말로 미학을 가지고 있지 않다 생각해요. 그리고 저도 그래요. 제 생각에 만일 당신이 라인 프로듀싱을 조심스럽게 들여다본다면, 당신은 제작자의 모든 작품 성과에서 영화에 돈을 투자하게 만들 수 있는 그들의 능력을 간파할 수 있을 거예요. 그리고 그것이 제가 진정 원하는 것이죠(할리우드 BTL 에이전시 소유주, 2010년 10월).

메이크업 아티스트, 시각 효과 아티스트 등과 같은 BTL 활동들을 예술로 정의하려는 것과 유사하게, 대본이 없는 텔레비전non-scripted television과 디지털 미디어의 에이전트들은 고객의 활동들을 포함하기 위해 '예술'과 '재능'의 영역을 확장시킴으로써 인정과 가치의 경계를 이동시키고자 노력한다. 대본이 없는 텔레비전과 디지털 미디어의 에이전트들은 주어진 시간과 사회에서 예술로 당당하게 인정받는 것과 다소 거리가 있지만 미학적으로 인정받는 것이 무엇인지를 재정의하는 지속적인 과정에 기여한다. 그들은 결국 자신들의 직업적 지위와 정당성을 확립하는 데 기여하는 **분류 투쟁**classification struggles에 참여한다. 결과적으로 에이전트들은 오직 기존의 분류 구조를 따르는 것처럼 보일지라도, 동시에 그들은 그런 구분과 위계 구조의 점진적이고 집단적인 재배치에 눈에 안 띌 정도로 참여하고 있다.

아티스트들에 대한 분류는 에이전트들이 수행하는 창의적인 짝찾기를 할 때 매우 중요하다. 제작자들과 함께 일할 좋은 짝을 탤런트들 가운데 찾는 것은 에이전트들의 직업 정의에서 중요한 요소이며, 이를 통해 에이전트들은 자신들의 위치를 확실하게 창조적인 분야에 고정시킨다. 이 짝짓기 과정은 아티스트들(같은 에이전시에 있는 고객이 이상적이나, 전적으로 그런 것은 아닌) 간에 있는 현재의 연줄과 친밀감을 활용하고 식별하며 이용해서 궁극적으로 새로운 창의적인 관계의 발전을 구축하는 것으로 구성되어 있다.

그러므로 에이전트의 기술이란 "고객들을 창의적으로 이끌 협조적 관계로 네트워크를 만들고 결국 아티스트들끼리만 '**예술적으로 어울리는 배타적인**' 관계를 만들어내는 방법"을 아는 것이다.[28] 실제로 에이전트의 기술은 대개 비슷한 경력과 성공의 수준에서 상호 보완적인 프로필을 가진 아티스트들 간의 '**소개**'를 포함할 수 있다.

예를 들면 현장 관찰 기간에 빅 할리우드의 탤런트 에이전트는 그가 막 TV 네트워크에 팔려 했던 영화 프로젝트에 자신의 고객인 유명 텔레비전 작가이자 배우를 패키징하는 상황에서, 어떻게 그 프로젝트를 '약간 더 영화답게' 만들 수 있는 성공이 입증된 영화감독을 유치하도록 도왔는지를 설명했다. 그는 같은 예술 장르에서 성공한 것으로 알려진 두 아티스트들을 연결시킴으로써 영화 프로젝트에 대한 통찰력과 구매자의 기대에 맞는 적합한 탤런트 팀을 모으려고 노력했다.

창의적인 짝짓기는 종종 패키징의 초기 단계가 시작될 때 이전 프로젝트에서 함께 일한 아티스트들 사이에 구축된 기존의 유대 관계를 재활성화해 스타 고객과 잠재적인 파트너의 이름을 놓고 상의하는 것을 의미한다. 고객들과 이런 동반 출연 가능성이 있는 스타를 묶어 회의를 여는 목적은 그들이 대본에 대해 어떤 생각을 하는지를 알고, 어떻게 그 프로젝트들을 합심해 수행할 것인가를 확인하려는 데 있다. 창의적인 짝짓기는 스타 고객이 프로젝트를 통제하거나 우리 에이전트들이 거래를 하거나, 언제 그리고 얼마를 위해 일한 것인지를 알기 훨씬 전에 이뤄진다. 한마디로 창의적인 짝짓기는 '**생각이 비슷한 창의적 파트너들**'을 한곳에 묶어주는 것을 말한다.[29]

몇몇 연구는 이미 할리우드에서 누적된 성공 가능성 측면에서 전업 창작자들 간의 반복되는 직무상의 유대와 그 효과의 중요성에 대해 주목했다[Faulkner, 1983; Rossman, Esparza and Bonacich, 2010; 어떤 작품이 아카데미상 후보에

오를 것인지를 예측한 이 작가들은 엘리트 협업자들과 함께 일하는 배우들이 오스카상(아카데미상 수상자에게 주는 작은 황금상으로 '아카데미상'과 같은 이름이다) 후보자에 지명될 가능성이 있다고 결론 내린다].

반복적으로 협업하는 높은 지위의 아티스트들 간에 이루어지는 이러한 연합은 사실 사례를 제시하기 쉽다. 그런 예로는 마틴 스코세이지Martin Scorsese와 리어나도 디캐프리오Leonardo Dicaprio, 크리스토프 왈츠Christoph Waltz와 쿠엔틴 타란티노Quentin Tarantino, 벤 스틸러Ben Stiller와 오언 윌슨 Owen Wilson을 떠올릴 수 있다. 그러나 우리가 여기에서 간파할 수 있는 것은 **어떻게** 이 짝짓기 과정이 구체적으로 일어나는지에 관한 것이다.

스타들을 관리하고 프로젝트 패키징에 관여하는 에이전트들은 논의되는 특정 유형의 프로젝트에 대한 자신들의 생각이나 고객들이 제시한 특정한 프로필에 따라 협력을 형성하고 추진하는 데 적극적인 역할을 한다. 따라서 짝짓기 과정은 항상 프로젝트가 속해 있는 범주와 장르, 아티스트의 지위, 경력 상황, 특정한 프로필, 관련된 에이전트의 위치에 따라 제한되는 옵션을 선택하는 것을 의미한다. 과거에 존재했던 비슷한 행태의 창의적 연합체가 재현되는 것은 결과적으로 이런 전문화된 협력 세계의 폐쇄적이고 자기 지시적인 특성을 강화시킨다.[30] 창의적인 짝 짓기는 에이전트의 관점에서 가치 있는 활동이기에, 심지어 구매자들을 납득시키고 거래를 협상하는 것이 문제로 부상하기 전에 시간순이나 우선권의 측면에서 가장 먼저 해야 하는 활동이다.

어떻게 생각이 비슷한 사람을 찾는가? 누가 [고객의] 창의적인 신나는 기분을 불편하게 하지 아니하면서 무언가를 덧붙일 수 있을 것인가? 누가 만만한 호구가 되지 않을 것인가? 그러나 누가 또한 어릿광대가 되지 않을 것인가? 그 일은 어떻게 진척될 것인가? 그리고 [이런 창의적인 파트너를] 얻는 일은 그 거래의 핵심입니다. 그것을 맡을 [영화사를] 구하지 못하는 것이나 [고객과의] 거래를 성사 시키지 못하는 것은 괜찮다(대형 에이전시의 탤런트 에이전트, 2013년 4월).

이와 비슷하게 다음의 발언이 인용된 인터뷰 대상자는 에이전트들이 비록 영화나 텔레비전 쇼의 핵심 요소를 정의하는 데는 영향을 미치지는 않지만, 정해진 프로젝트에 덧붙여진 팀 구성 과정과 좀 더 대단하지 않은 수준에서 미래에 고객에게 혜택이 될지 모르는 연줄을 만들 때에 근본적인 영향력을 행사한다고 주장했다. 대다수의 감독과 작가를 대행하는 전도유망한 부티크 에이전시의 공동 소유주는 이 짝짓기 과정을 성격 지향적 과정이라고 강조하고, 고객들에게 '좋은 조합'을 골라주는 것은 에이전트들을 급조된 심리학자와 인간 성격 전문가로 만들고 있다고 묘사했다.

당신은 작가죠. 당신은 아이디어를 하나 갖고 있어요. 우리는 그 아이디어를 가지고, 그것이 무엇이 되었든, 무엇이든지 간에 TV 쇼, 영화, 비디오게임들로 바꾸는 방법을 알아내요. 그래서 처음에, 당신은 아이디어가 무엇인지 알아야 해요. 어느 것이 엄청 재미있는 건지도. 그리고 아이디어의 일부가 조화되는지도요. 조화란 당신의 고객과 제작자, 고객과 영화사 중역, 비슷한 성격과 유전자 DNA, 그리고 그게 뭐든지 간에 비슷한 것을 갖고 있는 사람들, 그리고 함께 어울려 일을 잘할 사람들 간의 유전자 일치를 보는 거죠. 그리고 때때로 유전자가 비슷한 사람들이 아닐 때도 있고, 반대되는 사람들일 때도 있죠. 왜냐하면 당신은 이 고객들이 엉덩이를 걷어차 줄 필요가 있고, 마감 시한이 필요하며, 짜임새가 요구되는 사람이라는 것을 알고 있기 때문이죠. 고객들이 이런 것을 그들의 삶에서 갖고 있지 않기 때문에, 저는 그것을 제공할 제작자나 중역을 찾을 거예요. 그래서 이런 모든 종류의 창의적 결합이 만들어지는 것이에요(2010년 10월).

이 에이전트의 말에 따르면 짝짓기 과정의 자연화 또는 심지어 생물화에도 불구하고 여기에서 에이전트가 실제 가장 먼저 발휘하는 역량을 꼽으면, 산업의 구획과 위계 구조 구축에 관한 지식들과 특히 고객의 전문영역과 직접 관련된 지식들이다. 즉, 이런 역량은 종종 특정 미디어와 작품 장르에서 활동하는 전문가들 가운데 성공과 경력 수준 면에서 고객이 접근할 수 있는 범위 내에 있는 가장 인정받거나 전도유망한 잠재적 사업 파트너를 찾는 것을 의미한다. '**수익성 있는**' 창의적 파트너십에 참여하도록 고객을 유도하는 것은 항상 고객을 분류하고 계층화하고 있다는 것을 의미한다.

즉, 짝 찾기 실행을 가능하게 만드는 것은 예술적·상업적으로, 그리고 인기의 측면에서 사람들의 현재나 잠재적 가치에 대한 평가 과정과 측정을 의미한다. 그러므로 짝짓기 활동은 에이전트들 간에 공유된 기존의 분류 체계에 의존한다. 이런 분류 체계는 결과적으로 모든 팀 구축 활동을 유지하고 강화하는 역할을 한다.

에이전트들은 고객에게 일의 선택에 관해 조언하고, 패키징하며, 다른 아티스트들과 고객을 짝지어 주는 일 등을 한다. 이런 모든 대행 업무를 통해 에이전트들이 하는 일은 식별이 가능한 눈에 띄는 장르와 프로필을 할리우드의 **전문화된 정체성**의 형성에 참여하는 각각의 고객들에게 덧붙여 주는 것이다.

다른 연구에서 이미 증명되었듯이(Zuckerman et al., 2003; Faulkner, 1983) 단순하고 일반적인 '**배역이 고정된**typecast' 정체성은 영화 노동시장과 엔터테인먼트 산업 전반에서 주목을 받고 인정을 받는 데 유익하다. 그 이유는 이런 종류의 일반적 정체성이 관객에게 더 쉽게 인식되고 해석될 뿐만 아니라 주로 탤런트를 선발하고 고용하는 일을 맡은 캐스팅 전문가의 눈에 맨 먼저 들어오기 때문이다. 이는 목표 관객의 측면에서 어떠한 '**사전 인**

지'를 하더라도 수익을 얻지 못하는 프로젝트들(과 차후의 탤런트 프로필들)에 관해 영화사와 텔레비전 네트워크가 위험을 감수하는 것을 꺼려하는 경우에는 더욱 명확한 사실이 된다.

우리는 아티스트는 배역이 고정되는 것이 **직업적 존재와 성공의 조건**이 된다고 말할 수 있는데, 심지어 대중의 관심에 의해 부각되거나 경력 초기에 스스로 자리를 잡을 필요가 있는 초심자 이상의 경우에도 그렇다고 할 수 있다. 경력을 펼쳐갈 때 '**제너럴리스트의 정체성**generalist identity'을 효율적으로 사용하는 것이 가장 이로운 전략이 될 것이라는 생각에 대해 신중해질 필요가 있다.[31]

비록 아티스트들이 다양성을 보여주고 다양한 프로젝트들에 참여하기를 원한다 해도, 고정 배역을 맡는 역할은 사실상 아티스트들이 할리우드에서 인지도를 얻게 해주지만, 매우 성공한 탤런트조차도 더 '다재다능한 브랜드versatile brand'를 만들기 어렵게 한다. 탤런트 에이전트와 성공한 배우 고객 사이의 대화를 관찰해 보면 분명한 사실을 확인할 수 있다. 그 사실은 그들이 이 아티스트의 일반적인(다양한) 프로필을 반영함으로써 가족 코미디 배우로 주로 알려진 이 배우의 이미지를 다양화하고, 진정한 영화감독으로서 직업적으로 더 많이 인정받을 수 있도록 공동으로 노력하고 있다는 것이다.

그러나 영화 프로젝트들이 만들어지고 영화사의 동참을 이끌어내는 데 충분한 '**결정적인 요소**'를 갖고 있다는 것이 고정 배역이란 정체성의 관성을 방해하는 것은 아니다. 반대로 이러한 아티스트들은 영화적 장르를 정의하는 데 분명한 공헌자이며(그들의 이름만 나오면 어떤 특정 유형의 영화를 떠올리게 된다), 동시에 수용 여부와 관계없이 그들은 그런 유형의 영화에 **속하게** 된다. 고정 배역에서 벗어나는 것과 배역 목록을 넓히는 것은 계속 분투해 쟁취해야 할 과제로 남아 있다. 심지어 전문화된 정체성에 의존하고 있는 빅 할리우드 스타들도 이런 분류 메커니즘에 종속되어 있다. 제너럴리스트인 종합 연기자로서의 프로필을 성공적으로 구축하는 것은 심지어 고정 배역 수준에서도 극히 드물다.

리틀 할리우드에서 고정된 배역을 맡는 메커니즘은 훨씬 더 체계적인 형태로 나타난다. 아티스트들, 특히 남자 배우와 여자 배우들은, 자신들의 프로필들이 수많은 지원자들을 대면해 눈에 띠지 않는 후보자들은 즉시 걸러내고 재빨리 분류를 하는 탤런트 대행인들과 캐스팅 전문가들을 위해 확실하게 분류될 필요가 있다는 것을 알고 대부분은 그것을 받아들인다. 이와 같은 전문화된 정체성 형성은 가령 특정 유형의 직업과 역할을 수행하는 데 전문화된 기술적 역량과 반드시 연관되는 것은 아니며, 그렇다고 그것이 이 기술적 역량을 덜 효과적으로 만드는 것도 아니다.

브레이크다운 서비스와 같은 합리적인 도구를 보편적으로 사용함으로써 고정 배역을 맡기는 과정이 자리를 잡는다. 이런 컴퓨터 시스템을 통해 에이전시로 전달된 일자리 제안들은 후보자에 대한 평가 범주에 맞춰 미리 설정되어 있다. 그러므로 에이전트들은 그러한 분류 체계를 염두에 두고 잠재적인 신규 고객들에게 접근하도록 자극받으며, 그들이 '수요가 있는' 것으로 판단하는 고객들과 계약하고, 고객들의 이미지를 반영하여 가능한 그러한 분류 요건에 최대한 적합하도록 그들과 함께 작업한다.

다음 발췌문들은 브레이크다운 서비스를 통해 배포된 일자리 제안들이 구체적으로 어떤 형식을 취하고 있는지를 보여주는 사례이다. 첫 번째 것은 저예산 영화에서 찾고 있는 배역들이다. 반면에 두 번째 것은 인기 있는 TV 쇼인 〈내가 그녀를 만났을 때How I Met Your Mother〉에서 구하고 있는, 한 에피소드에 출연할 단역들을 나타낸다.

배우의 프로필 가운데 신체적인 외모와 특징들은 고정 배역을 맡기기 위한 주요한 기준이다. 이러한 특징들은 민족적 외모('아프리카계 미국인 또는

하드플립(Hard flip) 2

장편 극영화
미국배우협회 최저임금 심의(ULB, Ultra Low Budget Agreement) 보류 중(미결)

제작자: 조니 리모 스킵스톤 픽처스(Johnny Remo skipstone Rictures)
감독: 조니 리모(Johnny Remo)
작가: 다니엘 백맨(Daniel Backman)과 조니 리모
캐스팅 디렉터: 크리스 윌리엄스(Chris Williams)
인터뷰 날짜: 곧 발표될 예정(TBA)
통보 날짜: 곧 발표될 예정
촬영/시작 날짜: 곧 발표될 예정
임금요율: 하루당 110달러 미국배우협회(SAG) 초저 예산 규모
촬영 장소: 로스앤젤레스, 샌디에이고

이메일(컴퓨터)로 제출하십시오.
만일 가능하다면, 각각의 배우들의 제출 서류에 덧붙여서 배우들의 온라인 데모 클립을 제출하십시오.

[라이더] 백인. 6'2" 금발, 갈색 눈, 그는 자만심에 차 있고 약간 깡패 같음. 운동선수, 프로 스케이트보드 선수. 스케이트 타는 것에 가산점 부여. 22~24세의 배우로 넓은 감정 범위를 연기할 수 있어야 함. 주인공. 첫 번째 영화에서 라이더를 연기했던 배우가 교체됨.

[스탠] 백인. 세월의 풍파를 이겨냈으나 매력적인 40대 중후반. 라이더의 아버지 역할. 배우는 넓은 감정 범위를 연기할 수 있어야 함. 주인공.

[미아] 백인. 매우 매력적인 40대 중반 여성. 라이더의 어머니 역할. 그녀는 자신의 과거에 대한 부담을 갖고 있음. 배우는 넓은 감정 범위를 연기할 수 있어야 함. 주인공.

[레베카] 라이더의 애정 상대. 몸매가 매우 매력적임. 활기차지만 똑똑한 성격. 옆 가게의 좋은 소녀임. 19~20세. 배우는 넓은 감정적 범위를 연기할 수 있어야 함.

[브리아나] 레베카의 친구. 몸매가 매력적임. 거친 면을 가지고 있으나 여전히 좋은 소녀. 19~20세.

[노먼] 미아의 남편. 매우 성공한 인물. 매력적이고 탄탄함. 40대 중후반. 오만한 성격임.

내가 그녀를 만났을 때, 에피소드 723, "3부작 시간(Trilogy Time)"

에피소드적
CBS/ 20세기 폭스
30분
미국배우협회

초안: 3/12/12
제작 책임자: 카터 베이즈(Carter Bays), 크레이그 토머스(Craig Thomas), 크리스 해리스(Chris Harris), 스티븐 로이드(Stephen Lloyd), 코트니 강(Kourtney Kang)
제작 책임자, 감독: 패멀라 플라이먼(Pamela Flyman)
제작 공동 책임자: 수지 그린버그(Suzy Greenberg), 척 타탐(Chuck Tatham), 제이미 론하이머(Jamie Rhonheimer), 조 켈리(Joe Kelly)
감독: 패멀라 플라이먼
작가: 코트니 강
캐스팅 디렉터: 머리사 로스(Marisa Ross)
캐스팅 조감독: 제시카 로스(Jessica Ross)
촬영 장소: 로스앤젤레스
촬영 날짜: 3/19~3/23

오직 이메일(컴퓨터)로만 제출하십시오.
다른 말이 없다면 모든 민족이 제출할 수 있습니다.

[리안노아] 20대 중반. 아름답고 젊은 히피 아가씨. 뜨겁지만 지저분함. 그녀는 테드가 환상하는 신나는 미래의 낭만적인 삶에 나타남. 1개의 대사 그리고 1줄, 2장면.

[체스터] 30대 후반. 부자인 도시 남자. 베로니카와 결혼을 약속한 듯함. 그는 바니의 집 길 건너에 살고 있음. 1개의 대사 그리고 4줄, 1장면.

[베로니카] 30대 후반. 부자인 도시 여성. 체스터와 결혼을 약속한 듯함. 그녀는 체스터와 진지한 대화를 나누려고 노력함. 그러나 체스터는 완벽하게 마음이 심란해짐. 2줄, 1장면.

[아다라] 20대 중반. 인기 있는 이란 소녀. 지저분한 것을 좋아함. 그녀는 2003년에 바니와 데이트 중. 3줄, 1장면.

(브레이크다운 로스앤젤레스, 2012년 3월 14일)

라틴계 여자'), 나이의 범위, 키와 크기('근육질'), 혹은 머리색부터 다른 유형의 특징들까지 망라되어 있다. 또한 '유대인으로 보이는', '똑똑하고 전문적으로 보이는', 또는 '유명한 사업가', '록 가수 타입' 등과 같이 눈에 띄게 묘사된다.

연기 분야의 일자리들은 주로 무언가를 떠올리게 하는 형용사들을 사용하고 그리고 배역 자체와 프로젝트의 줄거리에 관해 상세한 설명이 없는 단지 몇 줄로 매우 간단히 윤곽이 그려진다. 그러므로 에이전트들은 캐스팅 디렉터들과 텔레비전 캐스터들이 정말 찾고 있는 것이 무엇인지를 알기 위해 행간을 읽는 능력을 발전시켜야만 한다.

대부분의 경우 에이전트들은 배역들을 표현하기 위해 사용한 분류 항목을 침해하지 않은 채 구매자들의 기대를 예측하거나 만족시키기 위해 노력한다. 에이전트들은 마치 이러한 제한된 틀에 고객의 프로필을 슬며시 끼워 넣는 것 말고는 다른 선택이 없는 것처럼 느끼고, 잠재적 목록을 좁히고 프로필의 요소들을 세분화함으로써 고정 배역을 맡기는 시스템에 좀 더 협력한다. 모든 참가자들(캐스팅/제작 전문가들, 탤런트 대행인들, 아티스트들)이 이런 도구들과 분류 항목들을 사용하는 것은 고정 배역을 맡기는 메커니즘이 만들어낸 실용적이고 체계적인 방식이다.

일자리를 얻기 위한 이런 특별한 과정은 결국 영화에서 가장 전형적으로 나타나는 프로필의 형태에 영향을 주지만, 에이전트들이 우선 선택하는 요소들과 역행한다. 그러므로 할리우드의 다양성에 문제가 있다고 보는 연구들에 의해 거듭 지탄을 받고 있는 카메라 앞에서의 여성과 소수자들의 출연 소외 현상이 이러한 과정과 관련되어 있다고 생각하는 것은 전혀 터무니없지는 않다(Smith et al. , 2014; Hunt and Ramon, 2015).

그러나 만일 판에 박힌 직업적 일상이 투영된 미리 정해진 분류 시스템을 집단적으로 사용하는 것이 차별적인 결과를 낳는다 해도, 그것은 처음부터 차별적인 의도가 있었던 것은 아니다.

에이전트들과 제작 분야의 사업 파트너들은 이 상황을 바로잡거나 바꿀 실제적인 힘을 가지고 있다는 느낌이 없이, 그런 메커니즘을 (우리가 인터뷰하는 동안 여성 고객이 점점 감소하고 있고, 특정 분야에서 그녀들이 더 많은 노력을 해야 하는 것을 관찰하는 게 얼마나 가슴 아팠는지를 설명해 준 여성 BTL 에이전트처럼) 인식할 수 있다.

이 직업 세계에서 높은 수준의 노동 분화division of labor는 고정 배역의 정체성들이 만들어지는 과정들을 부분적으로 나누어놓는다. 이로 인해 나이, 성별, 민족 등 구체적인 특성들이 다른 것들보다 더 이점으로 작용하게 되었다. 몇몇 프로필들은 '**수요가 있을**' 것이고, 이것은 곧 '**그 시장의 법칙**'으로 통용이 될 것이다. 그러나 에이전트가 볼 때 시장은 톱 탤런트 에이전트가 "**구매자가 판매자 위에 있다**"고 말했듯이 경제적 맥락에서 보면 종종 '**구매자들**'의 얼굴을 취한다. 이때 구매자들은 에이전트의 위치와 상황에 따라 캐스팅 감독, 제작자, 영화사의 중역이나 대표가 될 수 있다.

영화사나 네트워크의 대표들은 눈에 띄지 않는 용병들로 구성된 군대에게 매일 고정 배역을 맡기는 작업의 대부분을 위임하면서 캐스팅 과정과 거리를 두고 있다. 다른 한편으로 캐스팅 전문가들은 정해진 프로젝트의 고용주나 윗사람(즉, 감독, 제작자, 영화사, TV 네트워크)의 기대에 맞춰 탤런트를 고용하는 것 외에는 다른 선택의 여지가 없는 것처럼 느낀다. 캐스팅 전문가들이 고용 업무에서 쓰는 분류 방식은 그들의 관점에서 볼 때 고용주로부터 위임받은 권한을 만드는 것이다. 분류 항목 구성 작업은 곧 다가올 영화나 쇼가 무엇에 관한 것인지 이해를 돕는 **기반**이며, 프로젝트를 진행하는 데 필요한 공통 언어이다.

에이전트들은 잡 브레이크다운job breakdowns을 통해 배포된 것처럼 개략적으로 이미 설정된 분류 체계에 자신들의 고객을 포함시켜야 한다는 한계와, 고객인 아티스트들을 '**권유하고**' '**파는 것**'이 어떤 캐릭터처럼 보여야 하는지에 관한 기존의 생각을 깨뜨리기 위해 캐스팅 감독이나 TV캐스터들과의 관계를 이용하는 것을 정확히 의미한다는 것을 인지할 수 있는 위치에 있다.

에이전트들은 '에이전트의 취향을 믿고' 선험적으로 가장 확실한 선택이 아닌 배우를 만날 경향이 다소 있을 제작 분야의 상대와 이전에 설정해 둔 관계에 의해서 뿐만이 아니라 고객의 예술적 프로필에 딱 맞는 배역이 무엇일지에 관한 대략적인 해석을 허용하면서, 업무 설명의 '모호함'에 기대어 기동할 공간이 충분한지를 평가한다. 매우 각광받고 있지만 크기는 작은 부티크 에이전시에 소속된 배우들을 대행 중인 여성 에이전트는 다음 인터뷰에서 에이전트 업무에서 '창의적인 것'이 리틀 할리우드에서 뭘 의미하는지를 설명해 주었다.

> 가끔 저는 구매자, 캐스팅 감독, 감독, 작가들과 대화할 거예요. 그리고 누군 가가 애초에 그 역할에 맞지 않다고 생각했을 때, 저는 왜 이 사람이 그 역할에 맞는지를 그들에게 납득시킬 겁니다. 저는 이런 종류의 탈고정관념적 사고를 좋아하죠. 그리고 "당신은 이것을 찾는 중이지요, 그러나 이 사람은 어때요, 당신 생각은 어때요?"라고 말하죠. 그리고 그들이 그것에 동조했을 때 즐거운 거죠. 그리고 그때가 당신이 창의적인 사람이 되는 순간이죠. 특히 만일 그런 설득이 성공해 고객이 일을 얻었을 때, 당신은 "와, 나는 언젠가 창의적인 사람이 될 것이었고, 결국 나는 그렇게 되었다"라고 하는 것과 같죠. 그러나 알다시피, 10번 가운데 9번은 "저는 20대의 예쁜 금발 소녀가 필요해요. 당신은 누굴 갖고 있죠?"와 같은 경우죠. 저는 단지 고객 목록을 살펴보고 고르죠(2012년 5월).

에이전트들은 분류 체계를 미미하게 무너뜨리려고 노력하며 탤런트를 정의하는 경계를 조금씩 이동시키는 와중에도 여전히 자신들과 제작 사측 간의 활동과 교류를 만들어내는 분류체계 **내**에서 계속 일하고 있다.

이러한 분류 체계는 에이전트들이 전 세계적으로 직업적인 파트너들과 함께 유지하고 재생산하고 있는 것이다. 아티스트, 탤런트 대행인, 제작 및 배급 전문가, 저널리스트, 비평가들이 포함되는 이러한 집단적 과정에서 예술적 프로필과 '개성'이 만들어진다. 그리고 이것은 대게 홍보 담당자들이 맡는 아티스트들의 대중적 이미지에 대한 단순한 관리를 훨씬 뛰어넘는다.

에이전트들은 아티스트들의 프로필을 만들고 그것을 해당 분류 항목과 특징에 맞춰 조정한다. 그렇게 함으로써 에이전트들은 고정 배역을 맡기는 과정과 **고정 배역 식별의 객관화**에 기여한다. 그들은 아티스트들의 이력서, 작품 견본demo reel, 오디션 비디오, 인용구, 순위, 트위터 메시지, 온라인 뷰, 인기 점수, 박스 오피스 순위 등에 기반을 둔 평가 및 분류와 같은 도구와 측정 장치를 통해 이런 작업을 한다. 탤런트 측면에서 전문화된 정체성을 집단적으로 형성하고 관리하는 것은 에이전트의 범주와 계층을 나누는 것과 직접적으로 서로 관련되어 있다.

대등한 위계 구조와 정당성의 전이

에이전트가 하는 범주 분류 작업은 단지 탤런트를 식별하고, 차별화하고, 전문화하는 것에 그치지 않는다. 그렇게 함으로써 에이전트들은 불가분하게 자신의 고객들을 조직하고 있는 것과 유사한 위계 구조에 자신들을 편입시킨다. 관계 업무는 고객들의 직업적인 정의와 인정이 그들을 대행하는 에이전트들에게 다시 환원되어 반영되도록 하는 활동이다. 에이전트와 아티스트를 평가하는 목록이 동질해지면 재능 있는 에이전트의 모습을 형성하게 한다. 여러 방법을 통해 에이전트와 고객들은 서로 **결합된 경력**을 추구한다.[32]

에이전트와 아티스트가 평가되는 레퍼토리의 상동성은 재능 있는 에이전트의 모습을 만들어낸다.

아티스트의 성공은 경제적인 면뿐만 아니라 (물론, 이는 에이전시가 고객의 계약금의 10%를 받기 때문에 그러하다) 상징적으로, 그리고 감정적으로도 에이전트의 직업 경로와 신용에도 영향을 미친다. 에이전트들이 고객의 프로젝트가 실패했을 때 경험하는 실망은 에이전트의 평판 및 신뢰도가 고객의 평판 및 신뢰도와 밀접하게 연계되어 있다는 사실을 방증한다. 일례로 "고객들이 거절당한 것은 내가 거절당하는 것이다"[33]라고 말할 때 표출할 수 있는 감정과 공감을 보면 그러하다.

제 생각에 제 직업에서 가장 어려운 것은 고객들이 파일럿 프로그램의 테스트를 받거나 그들이 영화 배역의 후보로 고려되었을 때, 고객이 겪어야 할 거절을 그들과 함께 동반 경험하는 것이죠. 저는 정말 감독으로부터 영화의 여주인공이 될 것이라고 들었던 여자 고객을 맡고 있었죠. 그리고 그것은 결국 일련의 상황들 속에서 성사되지 않았어요. 그러나 당신도 알다시피, 저는 그 일에 대한 그녀의 감정을 느껴요. 저는 정말 그래요. 항상 그러한 감정을 갖고 있고 또한 앞으로도 그럴 거예요. 그게 저한테 가장 어려운 것이죠. …… 당신이 저한테 무엇이 가장 어려운 것이냐고 물을 때, 그것은 정말로 이 고객들과 함께 때때로 감정적 롤러코스터를 계속 타는 것이라고 할 수 있죠(리틀 할리우드, 2011년 4월).

나는 이미 에이전트의 **'스타일'**과 평판을 구축하는 것이 전문화의 초기 형태들이라고 제시했다. 식별 가능한 특정 범주의 고객들을 대행하는 것은 그 고객들에 대한 에이전트 업무에 특정한 분위기를 가져다주며, 다른 탤런트 대행인, 제작 전문가들, 중요한 잠재 고객인 아티스트들이 간과할 수 있는 독특한 위상을 만들어준다. 이러한 전문화 과정은 특히 빅 할리우드에서 직업적으로 정착하기 위한 조건이라고 할 수 있다. 그런 과정은 에이전트의 경력과 함께 시작되며, 대행인이 특정 프로필을 지닌 아티스트들과 함께 일을 한다고 점차 알려지게 되면서 강화된다.

주요 에이전시 가운데 한 곳에서 일하는 탤런트 에이전트는 에이전트의 고객들이 형성된 가운데 어떻게 '**콩 심은 데 콩 나고 팥 심은 데 팥 나는 지**'를 다음과 같이 설명해 준다. 고객들의 구성체에는 에이전트들이 전문화해 온 특별한 '**사업**'이 반영되어 있다.

제 생각에 궁극적으로 당신은 고객들이 당신의 취향을 반영하기를 원하죠. 당신은 대행하는 고객이 어떤 종류의 사람인지 명확하기를 원하죠. 그것은 100% 사실이다. 모든 사람들의 목록은 고객들의 취향과 에이전트들이 가치 있게 여기는 것들을 반영해요. 당신은 많은 돈을 벌고 있는 재능이 있을지도 모르고 재능이 없을지도 모르는 사람들을 무작위로 대행하는 몇몇의 동료를 알고 있을 수 있죠. 그리고 그 에이전트는 정말 자신이 어떻게 수익을 낼 수 있을까에 초점을 맞추죠. 그 에이전트는 정말 에이전트 업무의 사업적 측면에만 관심을 갖죠. 당신도 정말 아티스트들에게 관심을 갖는 에이전트를 알고 있잖아요. ……

저는 제가 정말 감탄할 출연 작품을 갖고 있는 배우들을 고르는 것을 좋아해요. 그들 중의 일부는 돈을 벌고 그들 중 일부는 그렇지 않죠. 그러나 그들 모두 **재능이 있다고 알려져 있죠**. 그리고 제게 배우에 대한 관심은 좋은 연기에 대한 애정으로부터 나와요. 그래서 저는 항상 좋은 배우들에게 관심을 갖죠. 이와 함께 매우 젊고 아름다운 사람들과 계약을 하는 경향이 많은 또 다른 그룹의 에이전트들이 있죠. 스마트한 사업이죠. 왜냐하면 만일 당신이 정말로 단지 외모와 자질과 관련해서 딱인 외모(right look)와 딱인 자질(right quality)을 갖춘 사람을 알아보는 눈을 가졌다면, 이 젊고 아름다운 사람들은 영화배우가 될 것이기 때문이죠.

그런데 저는 항상 더 나이 든 사람들과 계약을 하는 경향이 있어요. 왜냐하면 당신은 그들의 작품에 **감탄할** 것이기 때문이죠. 그렇다면 당신은 어떻게 개인적 취향에서 벗어나 이것을 **직업**으로 삼을 것인가? …… 제 생각에 당신이 계약하기를 원하는 고객들은 당신의 다른 고객들을 보고 "제가 **저** 사람에게 대행 서비스를 받길 원할까? 그들은 또 다른 누구를 대행하고 있지?"라고 말할 것이에요. 그래서 콩 심은 데 콩 나고 팥 심은 데 팥 나는 것이죠. 아마 만일 당신이 정당한 이유로 같은 종류의 사람들을 찾는다면 모든 것들이 비슷할 거예요. 당신은 자신의 목록을 보고 "저는 저 고객들을 좋아해. 왜냐하면 그들은 제가 좋아하는 바를 반영하고 있기 때문이야"라고 말할 사람들을 추구하죠. 그런 이유로 당신은 처음부터 그들을 추구하죠(2014년 11월, 볼드체는 면담자 강조).

이런 전문화의 메커니즘은 사실상 단지 관련된 에이전트들이 미디어와 장르를 넘어서 무엇을 좋아하고 가치 있게 여기는지에 관한 문제만은 아니다. 에이전트들은 미디어, 창의적인 포맷들, 장르들, 하위 장르들, 그리고 인정의 단계들의 위계 구조 속에 그들 자신을 위치시켜 놓음으로써 훨씬 더 협소한 방식으로 전문화한다. 그리고 이 모든 것들은 탤런트 에이전시의 조직화된 구조 속에서 부분적으로 객관화되고, 관련된 직업적 파트너들(탤런트와 구매자)이 속한 특별한 세계들에 딱 들어맞게 된다.

에이전트들의 전문 지식은 그들이 창의적인 업무를 하는 특수 영역에서 고객들을 인정(그래서 결국 라벨 붙이기와 고정 배역 맡기기를)하는 데 기여하는 것과 같은 움직임 속에서 만들어진다. 이 과정은 종종 에이전트와 고객들이 바라는 것이며, 참여자들이 대개 벗어날 수 없는 구속적 동력constraining dynamic을 형성한다. 에이전트들은 (하위) 장르에 할당되는 동시에 그들의 관행은 직접 이 (하위) 장르를 정의하고 이를 지속적으로 재형성하는 데 개입한다. 다음에 인용한 에이전트의 설명을 보면 전문화는 '**코미디 사업**

comedy business'에서 특히 잘 드러나며, 다른 장르와 고객 프로필에서도 일반적 사실로 남아 있다.

> 코미디 사업은 그들만의 사업이죠. 당신은 몇몇 코미디언을 맡고 있는 에이전트일 수 있고 아마 십중팔구는 그럴 것이라고 봐요. 만일 당신이 코미디에 관심을 갖는다면, 당신의 목록은 주로 코미디와 관련되어 있을 것이죠. 왜냐하면 코미디는 매우 '관계 중심적'이기 때문이죠. 그래서 한 사람의 코미디언이 또 다른 사람을 알고, 또 다른 사람을 알고, 또 다른 사람을 아는 식이죠. 그들은 모두 서로 이야기하고, 모두 그들이 어떤 에이전트를 좋아하고, 싫어하는지에 대해 이야기를 나눠요. 코미디 세계에는 특히 진정한 동지애가 있죠. 그래서 만일 당신이 결국 이 세계에서 일하는 에이전트가 된다면, 당신이 한쪽 발은 넣고 한쪽 발은 뺄 수 있는 세계가 아니란 걸 알 거예요. 당신은 정말 그곳에 있어야만 하고 사업의 중심에 있는 그들과 관계를 맺어야만 해요(대형 에이전시의 탤런트 에이전트, 2014년 11월).

만일 장르 구분과 콘텐츠 유형들이 전담 집단dedicated groups(장기 고객과 서비스 제공 업체 간의 합의로 구성된 집단)의 형태로 에이전시의 조직 내에서 객관화된다면, 미디어, 포맷, 창작 관행에 따른 분업은 항상 에이전시의 기능적 구조와 전문화된 부서에 덧붙여지는 권위의 차이로 해석될 것이다. 즉, 시장에서 영화가 텔레비전 상품보다 훨씬 수익성이 좋지 않다는 사실에도 불구하고, 영화 부서는 이 상징 등급의 최상위에 남아 있다. 평가의 미학적 기준은 할리우드의 사업적 중심이라 여겨지는 이런 에이전시 안에서도 만연되어 있다는 것을 알 수 있다.

이 위계 구조 내에서는 최고의 감독과 작가보다 스타 배우들이 상징적·경제적으로 우위를 차지하고 있는 것과 마찬가지로 '탤런트'가 '대본'보다 더 가치가 있다.[34] 이런 사실은 에이전트에게 있어서 자신들의 전문 분야가 동등하게 가치 평가되지 않는다는 것을 의미한다. 영화 분야 탤런트로 일하는 것은 텔레비전이나 다른 미디어보다 재정적 보상과 안정성이 낮지만, 여전히 다른 어떤 전문 분야보다 더 높은 상징적 신뢰를 얻는 것으로 알려져 있다.[35] 많은 다른 에이전트들도 우리에게 확인해 주었듯이 권위의 위계 구조는 오늘날에도 여전히 변한 게 없다는 입장이다. 전직 텔레비전 에이전트는 우리와 인터뷰하는 동안 이런 사실을 다음과 같이 설명했다.

영화산업이 왕이라는 데는 의문의 여지가 없어요. 많은 돈을 계속해서 벌어오는 텔레비전 산업도 여기 영화한테는 집니다. 하지만 그런 태도는 저는 이해할 수 없지만 괜찮다고 봐요. 저는 그걸 이해할 수 없지만 괜찮다고 봐요. 저는 그것을 변화시킬 수 없을 거예요. …… 저는 아카데미상 위원회의 구성원이 되길 원했고 그곳을 거의 운영한 2명의 핵심 멤버가 저를 추천했죠. 그리고 위원회의 누군가가 말했어요. "안 돼요. 그는 오직 TV에 있었어요"라고. 저는 정말로 거의 TV에 있었죠. 그래서 그들은 저를 받아들일 수 없었을 거라 봐요(1960년대 중반에 이 직업에서 성공했던 전 WMA 에이전트, 2010년 10월).

물론 미디어 간의 위계 구조는 지속적으로 재편된다. 특히 대본 있는 텔레비전scripted television 프로그램 부문과 그에 상응하는 직업군들은, 장편 극영화 세계에서 일할 기회가 감소하면서, 상징적 재평가의 측면에서 볼 때 최근 덜 가치 있는 분야인 리얼리티 텔레비전의 출현과 조직화(에이전시와 제작 주체 내에 만들어진 특별한 부서와 같은 것으로서)의 수혜를 입고 있다. 전문화 영역에 덧붙여진 미학적 권위와 직업적 가치는 점차 변하고 있다.

에이전트들은 고객들이 특정 TV 네트워크와 쇼에서 현재 인정받고 있는 자질을 갖췄음에도 불구하고, 영화에서 일하는 데 익숙한 고객들을 상대로 텔레비전에서도 일을 하도록 설득해야만 한다. 그때 에이전트들이 겪는 어려움은 상징적인 위계 구조의 강도와 관성이 어떠한지를 설명 해준다. 이러한 상징적 위계 구조의 강도와 관성은 사람들의 마음속에 있는 에이전트의 존재감에서 나올 뿐만 아니라 에이전시, 영화사, 네트워크, 영화예술과학아카데미the Academy of Motion Picture Arts and Science, 전문화된 저널리스트의 작업과 분야에 의해 촉진된 제도화 유형으로부터 나온다.36)

영화와 텔레비전 사이의 중심 분야와 위계 구조 외에도 다른 분류 원리가 작동하고 있다. 영화산업과는 거리가 있는 디지털 미디어나 게임처럼 좀 더 새로운 업무 영역들은 비록 재정적으로 중요하거나 그렇지 않을지라도 아티스트(스포츠)나 개별 탤런트(기업체 컨설팅) 대행을 지향하지 않을 경우 상징적으로 가치가 절하된 채 남아 있는 경향이 있다.

직업적 가치의 불평등한 할당 속에서 나타나는 다른 격차는 엔터테인먼트 산업에서 비중이 높은 인력ALT(above-the-line)과 비중이 낮은 인력BLT(below-the-line) 간의 대조와 결부된 것이다. 그것은 예술적 자질과 경제적 가치를 둘 다 인정받는 ALT 인력을, 영화제작에서 '기술적이고', 덜 가시적이며, 수익성이 적은 부분을 담당한다고 여겨져 탤런트가 되는 게 불확실한 BLT 인력들과 구분하는 것이다. 비록 최대 규모의 에이전시들은 전담 제작 부서들을 가질 수 있지만, BLT 활동의 대부분은 리틀 할리우드의 에이전트들이나 그것을 다룰 수 있는 회사들에게 맡겨져 있다.

게다가 에이전트들과 고객들이 공동으로 범주를 분류하는 작업은 항상 조직적·기능적 계층 구조와 연관되어 있는 것은 아니다. 그런 작업은 에이전트들이 특정한 사회적 그룹들(예를 들면, 여성 혹은 라틴계)을 대행하거나 예술적 자질을 표현하는 관련 범주들을 전문화하려 할 때 더 비공식적이고 종잡을 수 없는 방법들을 취한다.

예를 들어 40대 중반에 탤런트 대행사를 설립한, 최대 규모의 에이전시 가운데 한 곳에서 일했던 전직 탤런트 에이전트이자 전직 매니저는 '**세련된 영화배우**' 대행을 전문 분야로 한다고 제안할 때 에이전트와 고객을 묶어놓은 유사한 평가 목록들을 이용한다. 즉, 그가 암묵적으로 나타내는 고객에 대한 직업적 판단의 표현인 라벨과 범주들['**명성이 있는**(achet)', '**세련된**(classy)', '**멋진**(chic)']이 특별한 에이전트 스타일을 만들고 그의 지위를 동료들과 맞먹는 곳에 위치시켜 놓는다. "부서 내에서 여성 아티스트 대행을 아주 잘해 그 분야에서 명성을 키워 가는 사람들이 있습니다. 그리고 그들은 이 에이전트들이 그렇게 하기를 기대하죠. 내부 브랜딩internal branding(기업의 브랜드 개성과 일치하는 성향의 직원을 발굴하고 기업의 비전과 정체성을 공유하는 작업)도 많이 있습니다. …… 저는 그들이 이른바 "배우들의 배우"라고 부르는 사람들을 대행했어요. 동료들에게 매우 존경받고 모든 사람들이 함께 일하기를 원하는 고객들이죠. 그들은 돈은 많이 벌지 못했을지 몰라도, 그들은 멋지고 동료들 사이에서 명성을 얻고 있어요. 그것이 내가 했던 것입니다. 바로 세련된 배우들을 대행하는 것"(빅 할리우드, 2013년 3월).

우리는 여기에서 아티스트들이 갖고 있는 고정 배역의 정체성들을 만드는 요소들 가운데 일부를 어떻게 에이전트들이 자신들을 직업적으로 정의하고 '**브랜드화**'하는 식으로 전환했는지 관찰한다. 비록 에이전트들이 적극적으로 스스로를 전문화하고 그들 자신의 '**스타일**'을 정교하게 만들려 노력한다 해도, 그들은 절대 단순히 이러한 범주화의 전환을 피해 가거나 완전히 그것들을 통제할 수는 없다. 이 (부)정당성의 전이들은 오직 어느 정도만 상호적이다. 아티스트들에게 가장 눈에 띄고 강력한 에이전시 가운데 한 곳에서 대행 서비스를 받고 있다고 알려지는 것은 가장 성공한 아티스트들에 있어서도 중요하다.

그러나 대부분의 경우, 할리우드에서 예술적 가치를 측정하는 데 사용되는 '**가치의 저울들**'은 에이전트의 가치를 만드는 것과 관련이 있다. 동료들이나 특히 아카데미상과 다른 시상식 조직체로부터 예술적 인정을 받는 것은 이런 가치의 원칙 가운데 하나이다. 가령 인터뷰를 했던 BTL 에이전트는 할리우드에서 가장 큰 회사 가운데 한 곳인 자신의 에이전시와 자신이 거듭 '**수상해 온**' 오스카상을 떠올리며, 이러한 인정 신호들과 연계해 그 자신을 굳게 다져나갔다.[37]

관객과 함께하는 인기는 또 다른 것이다. '**확장된 명성 자본**'(Roussel, 2013)은 몇몇 배우들, 감독들뿐만 아니라 다른 종류의 명사들이 축적해 온 경제적 성공과도 밀접하게 연관되어 있다. 아울러 그것은 에이전트들 사이에 있는 비공식적인 위계 구조에 영향을 미칠 뿐만 아니라, 관련된 에이전트들이 나중에 파트너, 부서장, 심지어 에이전시 매니저로 승진할 때는 때때로 공식적인 위계 구조에 영향을 미친다.

요약하면 '고객 목록이 당신에게 위상stature, 존경심respect, 권력power을 주기 때문에, 예술적 위계 구조를 만드는 결합 기준은 사람들이 당신의 고객 목록에 집착하는 세계에서'는 직접 에이전트들의 서열을 매기는 기준으로 변환된다.[38] 에이전트들은 ① 동료들과 비평가들로부터 얻는 인정, ② 다양한 예술적 미디어, 장르, 포맷의 차별화된 가치, ③ 폭넓은 관객이 있는 연관 작품의 인기, ④ 누군가 또는 무언가가 만들어내는 경제적 자원에 따라 평가된다.

실제 이 전문가들은 위계화의 혼종 원칙hybrid principles이 적용되어 그 서열이 매겨지며, 그런 원칙은 경제적인 자원의 소유로부터 '**순수하게 예술적인**' 자본의 보유를 떼어놓지 않는다. 직업 게임을 한다는 것은 이런 혼합적 위계 구조에서 앞서 나아가려는 시도로서의 전략 수립을 의미한다. 그러나 에이전트들은 위계 구조 속에 이미 세워진 논리를 뒤엎거나 그것들을 달리 합치려는 시도를 할 수도 있다.

나는 앞에서 몇몇 에이전트들이 덜 가치 있는 고객들에게 예술적 지위를 인정해 주기 위해, 그 결과 그들의 활동에 부가된 상업적, 미학적 신용을 높이기 위해 그들이 강구해 온 노력들을 언급했다. 메이크업 아티스트, 기술자, 제작 책임자, 리얼리티 TV의 새로운 명사들도 진정한 '탤런트'로 규정될 수 있다는 사실은 이러한 메커니즘을 분명히 보여준다.

결국 아티스트들과 에이전트들에게 적용되는 평가 척도의 동질성은 유사한 계층 구조를 형성한다. 즉, '고급' 탤런트와 스타들은 상징적으로 '슈퍼 에이전트'를 만들어낸다. 슈퍼 에이전트들은 여러 방식을 통해 실질적으로 탤런트와 스타들을 만드는 데 기여하고 있다. 이 대행인들은 자신의 시간을 최대한 통제할 수 있고 에이전시가 프로젝트를 패키징할 수 있는 유명 스타들을 대행하기 때문에, 그들이 서비스하는 몇몇 고객들로 고객 명부를 축소할 수 있는 특별한 위치에 있다는 점에서 에이전트들 사이에서 '작은 귀족층'을 형성한다. 게다가 이런 정점에 있는 사람들은 사업에서 잘 식별된다. 왜냐하면 에이전트들이 상호작용에서 그런 사실을 애써 드러내지 않아도, 이 직업 세계에서는 모두가 누가 어떤 일류 아티스트들을 대행하고 있는지를 알고 있기 때문이다.

이런 방식으로 할리우드 지도를 그리는 것은 정확히 미래의 에이전트들이 초기에 받는 훈련의 일부다. 이것은 또한 할리우드 업계 언론trade press에 의해 다뤄져서, 게임의 최상부와는 거리가 먼 사람들조차도 업계 언론들을 통해 어떤 에이전트가 어떤 스타를 대행하는 지와 같은 문제에 대한 최신 동향을 알 수 있게 된다. 연예계 명사들의 지도 위에서, 사람들은 소수의 '스타 에이전트'의 모습을 겹쳐놓을 수 있다. 이들은 작은 세계에서 그림자처럼 일하지만 막후에서 일하며 꿰뚫어 보는 가시성은 '직업적 성공 모델들'을 만든다.

우리는 모두 최고의 자리에 오르기를 원하고 그 회사의 스타 에이전트가 되기를 원하죠. 우리 모두는 줄리아 로버츠(Julia Roberts)의 에이전트가 되길 원해요. 덴젤 워싱턴(Denzel Washington), 리처드 기어(Richard Gere), 멜 깁슨(Mel Gibson)의 에이전트가 되기를 원한다니까요. …… 모든 에이전트는 그들의 게임을 알리기 위해, 그리고 사업의 얼굴이 되기 위해 노력하는 중이죠. 당신도 알다시피 모두 브라이언 로드, 케빈 휴베인, 에드 리마토(Ed Limato)(고인이시니 저승에서도 평안하시길)가 되기를 원하죠.[39] 그들은 모두 일류 스타들이나 백만장자 스타들이 대행을 요청하는 바로 그 수준에 있기를 원하죠(부티크 에이전시의 매니저이자 전 에이전트, 2010년 10월).

그러나 에이전트가 목표로 설정한 잠재적으로 도달할 성공의 수준은 실제로 그나 그녀가 일하고 있는 직업적 시스템에 의해 한계가 정해져 있으며, 그것은 절대 '할리우드' 전체가 될 수 없다. 나는 이미 빅 할리우드에서 리틀 할리우드를 분리시키고 참여자들을 양 쪽으로 갈라놓은 두터운 경계를 언급했다. 고객들은 거의 그렇게 큰 성공을 만나거나 그 경계를 넘어서지 못한다. 에이전트가 고객을 따라가는 것은 훨씬 더 있을 수 없는 일이다. 일단 어떤 한 사람이 리틀 할리우드나 빅 할리우드에서 전문화된 사업 영역에 자리를 잡았다면, 에이전트 업무의 경력은 전형적으로 에이전트가 정의하는 관계들이 형성되어 영속되는 이 직업 내로 제한된다.

갑자기 더 높은 수준의 직업적 지위와 인지도, 인정, 임금을 얻게 된 고객을 보유한 리틀 할리우드의 에이전트는 즉시 더 큰 에이전시에 이 아티스트를 빼앗길 위험에 빠진다. 인터뷰를 했던 주요 회사 가운데 한 곳의 탤런트 에이전트는 성공한 중형 에이전시 거시의 고객을 가로채려고 적극 시도한 사례를 보여주었다.

이에 관해 솔직하게 말함으로써, 그녀는 고객을 가로채 고객 목록을 새로 만드는 것이 빅 할리우드의 표준이라는 것을 드러낸다. 그뿐만 아니라 그녀는 좀 더 간접적으로는 탤런트 대행인을 제작사와 탤런트의 분야에 대한 사회적 등가성의 측면에서 앞에 배치하고 에이전트의 직업적 기대들을 묘사하는 다양한 직업적 상호 관계 세계를 구분하는 보이지는 않지만 효과적인 경계의 존재를 알려준다. "만일 당신이 CAA나 윌리엄 모리스가 아니라면, 뭔가 성공했을 때 그것이 당신의 약점이 되어요. 왜냐하면 사람들은 '좋아, 저것이 빛나네, 나는 저걸 원해'라고 하는 것처럼 당신이 갖고 있는 것을 **원하기** 때문이에요. 그리고 그들은 당신 앞에서 그걸 가로채려 하죠. 확실히! 완전히. 거시는 지금 내가 계약하려고 애쓰고 있는 고객(여배우)을 보유하고 있어요. 왜냐하면 그 여배우가 히트한 영화에 출연해 떴기 때문이죠! 그들은 그녀와 멋지게 일했어요. 그래서 나는 당신도 알다시피 100% 그녀를 대행하길 원했죠"(2014년 11월).

만일 그런 의미에서 에이전트의 상황이 고객보다 더 불안정하게 보인다면, 동시에 에이전트는 좀 더 안정적인 지위를 갖게 된다. 왜냐하면 에이전트들은 관계에서 조직적인 동시에 범조직적인 **장기적인** 세계에 의존하기 때문에 프로젝트의 운명과 혹시 모를 실패의 여파에 대해 아티스트들보다 덜 취약하다. 아티스트들이나 제작자들은 종종 "그들의 마지막 성공작last hit만큼만 잘해라"라는 말을 듣는다. 즉, 그들의 가치를 만드는 것은 실제 직접 관계한 프로젝트다.

이런 관념은 만일 고객이 신용을 잃으면 에이전트의 자산은 결과적으로 통용 금지되기 때문에 에이전트를 평가하는 방식으로 부분적으로 변환된다. 그러나 이러한 (부)정당성의 전이는 언제나 오로지 **부분적**일 수밖에 없는데, 그 이유는 에이전트의 직업적 가치가 좀 더 지속성이 있는 상호 관계의 체계에서 형성되기 때문이다. 그러므로 에이전트의 상황에는 더 많은 관성과 예지 능력이 작용한다.

이 장에서는 상징적인 영역에서 고객과 에이전트의 관계가 에이전트 업무의 핵심을 이룬다는 것을 규명했다. 지금은 에이전트의 권력을 **실질적으로** 만들고 이를 통해 탤런트와 프로젝트가 만들어지는 더 넓은 관계적 시스템으로 돌아갈 시간이다. 이러한 관계적 시스템들은 내가 **평가공동체들**evaluation communities이라고 부르는 것이며, 할리우드 게임의 진정한 핵심 요소라고 할 수 있다.

▶ 옮긴이의 도움말

선택적 친화성 elective affinity

이 용어는 물질들이 특정한 상황에서만 서로 반응하거나 상호작용하여 화합물을 만들어내는 특성인 화학적인 친밀성을 뜻한다. 오래전부터 물리학, 화학 등에서 사용된 개념이다. 반대 개념은 '부정적 친화성(negative affinity)'이다. 독일의 문호 괴테(Johann Wolfgang von Goethe)는 '선택적 친화성'이라는 용어를 제목으로 1809년 소설을 출간해 이 원리와 유사한 인간사회의 제도와 현상을 비유적으로 설명하고자 했다.

괴테는 소설에서 인간을 화학의 원리가 작동하는 '화학적인 종(chemical species)'으로 규정하고 사랑, 결혼, 열정, 책임 간의 갈등 등 인간사회의 제도, 조직, 관계, 현상은 화학적 친화성이 적용된다고 설명했다. 구체적으로 열정(passion)이란 감정, 중매결혼, 정당 간의 합당 등이 그 사례에 해당한다. 제러미 애들러는 1990년 괴테가 사용한 개념을 비평하면서 화학적 친화성의 문제로 "서로 사랑하는 사람은 물과 포도주처럼 섞이고, 서로를 싫어하는 사람은 물과 기름처럼 분리된다"라고 비유했다[Jeremy Adler, "Goethe's Use of Chemical Theory in His Elective Affinities," in Andrew Cunningham and Nicholas Jardine(eds.), *Romanticism and the Sciences*, ch. 18, pp.263~279, New York: Cambridge University Press(1990)].

19세기 후반 독일의 사회학자 막스 베버(Max Weber)는 어린 시절 괴테의 소설을 읽고 이 개념을 사회학에 적용해 사회적 사건을 야기하는 인간의 사상, 조직 문제, 종교 현상 등을 설명하고자 했다. 그의 관점에서 19세기 초에 일어난 최초의 노동계급 운동과 사회주의적 이데올로기가 상호 활용되고 개신교와 자본주의가 구조적으로 상통하는 면이 있는 것은 선택적 친화성의 사례이다. 막스 베버는 구체적으로 『프로테스탄트 윤리와 자본주의 정신』이라는 책에서는 칼뱅의 개신교와 자본주의 사이에 '선택적 친화성'이 있다고 주장했다.

시간 기근 time famine

사람들마다 많은 것을 해야 하는 부담이 있지만 그것을 해낼 시간을 충분하지 않다. '시간 기근'은 시간은 흘러가지만 우리가 원하는 것을 할 시간이 충분하지 않아 사람들이 스트레스에 더욱 시달린다는 뜻에서 생겨난 용어이다. 1999년 레슬리 펄로(Leslie A. Perlow)가 처음 사용해 과학, 문학, 사회학, 심리학 분야 등으로 확산되며 널리 사용되었다. 행복하려면 일상생활 등에서 시간을 절약하려는 지혜가 요구된다[L. Perlow, "The Time Famine: Toward a Sociology of Work Time," *Administrative Science Quarterly*, 44(1), pp.57~81(1999)].

액터즈 액세스 actors access
미국 캘리포니아 로스앤젤레스에 근거지를 두고 운용 중인 회원제 온라인 배역 캐스팅 서비스(http://www.actorsaccess.com)를 말한다. 주연, 조연, 단역, 엑스트라 등 각각의 프로젝트에 걸맞은 배우들에 대한 캐스팅 정보를 자신의 프로필을 소정의 양식에 기입해 올려놓은 개별 아티스트 회원은 물론이고, 탤런트 에이전트, 에이전시, 캐스팅 디렉터, 영화제작자들에게 제공한다. 주로 배우와 캐스팅 디렉터를 연결해 주는 기능을 한다(info@actorsaccess.com).

카운터 기프트 counter-gift
선물을 나타내는 말은 '기프트(gift)'이며, 이에 대한 답례 선물(response to a gift)은 '카운터 기프트(counter-gift)'라 한다. 저자는 이 책에서 이런 양자 관계를 이용해 비유적으로 천부적 자질(gift)과 대조적인 표현으로 'gift'의 굴절된 속성이라는 뜻으로 '카운터 기프트'를 사용했다. 우리말로 '대응적 천부 자질'로 풀이할 수 있다.

소셜 리비도 social libido
'리비도(libido)'는 성적 본능이나 성욕 또는 생존 본능과 성적 본능에 의해 나타나는 에너지를 말한다. 프로이드(Sigmund Freud)에 따르면 리비도는 이드(id: 인간의 원시적·본능적 요소가 존재하는 무의식 부분)의 일부로서 모든 행동을 촉발하는 추진력이다. '소셜 리비도'는 사회적 활동을 가능하게 하는 힘의 원천이다. 부르디외는 정신분석학자 융의 관점을 차용해 사회적 인정을 받으려는 노력을 '소셜 리비도'라 정의했다. 부르디외에 따르면 소셜 리비도는 사회적 통용성과 금기를 반영하며 사회의 특징과 구조에 따라 지속되고 달라진다. 이 책의 저자는 특히 부르디외의 관점에서, 사회에서 각각의 활동들을 촉진하는 특정한 착각을 '소셜 리비도'라 규정했다.

데모 릴 demo reel과 데모 클립 demo clips
영화, 애니메이션 작품 등을 홍보하기 위해 하이라이트를 담아 짧게 제작한 견본 판촉 필름이나 비디오테이프, CD ROM, DVD 등을 지칭한다. '쇼 릴(show reel)' 또는 '시즐 릴(sizzle reel)'이라고도 한다. 이런 용도로 만든 동영상을 '데모 클립(demo clips)'이라 한다. 음악 분야에서는 이런 용도의 견본 판촉 테이프를 '데모 테이프(demo tape)'라 부른다.

최저임금협정 ULB Agreement: Ultra Low Budget Agreement
미국에서 영화, 비디오, TV 프로그램, 더빙, 애니메이션 등 작품 제작에 참여하는 배우, 공연자, 스태프, 그 이외의 전문가들의 권리를 보호하기 위해 25만 달러 이하의 제작비로 영화를 만드는 독립 제작자들에게 적용하는 최저임금 협정이다. 노조원들과 생산자들이 공연자들의 권리를 보호하면서도 저예산 작품 제작에 동참할 수 있게 한 제도다.

거시 Gersh Agency

미국의 필 거시(Phil Gersh)가 1949년 설립한 탤런트 및 대본 에이전시로, 캘리포니아 베벌리힐스와 뉴욕에 있으며 'TGA'라고도 불린다. 미국에서 6대 에이전시에 속한다. 창업자인 거시가 2004년 사망한 직후 그의 두 아들이 물려받아 경영을 하고 있다.

6장

평판의 품질과
가격 설정 메커니즘

에이전트가 발전시켜 나가는 관계는 빅 할리우드나 리틀 할리우드와 관련된 **평가공동체들**evaluation communities[1])에 있다. 평가공동체들은 프로젝트 및 사람에 대한 품질 평가와 경제적 가치 모두를 집단적으로 정의하는 데 관여하는 할리우드 전문가들을 서로 다른 범주로 묶는 상호 작용적·상호 의존적 시스템이다.

평가공동체들에 있는 에이전트의 사업 파트너들은 다른 탤런트 대행인, 아티스트, 그들이 대부분 정기적으로 거래하는 다양한 유형의 제작 전문가들이다. 따라서 평가공동체들은 상대적으로 협소하고 자기 조회적인 사람들의 세계로 구성되어 있으며, 조직의 경계를 뛰어넘어 오랫동안 맺어온 친분을 구체적으로 나타낸다.

이들은 '**누구나 모든 사람을 알고**'[2]) 있으며 동일한 비즈니스 영역을 전문으로 하는 전문가들이 서로 연결되어 있는 상호 관계 및 거래의 세계이다. 평가공동체들은 에이전트들과 제작 전문가들 간에 '**동일 직업 집단 간의 통화**collegial currency'를 형성하고 유대를 맺는 상호 신뢰에 기반을 둔 시스템이다.

이것에 대해서는 이미 에이전트가 이러한 사업 파트너와 어떻게 '**신뢰**'를 형성해 나가는지에 초점을 맞춰 앞에서 언급한 바 있다. 이 장에서는 평가공동체들에서 에이전트가 일반적으로 무엇을 하는지, 그리고 이로부터 어떤 결과가 어떻게 나타나는지에 대해 살펴보고자 한다.

할리우드 평가공동체의 에이전트들

평가공동체들에서의 행동이 어떻게 프로젝트를 만들고 할리우드 사람들의 가치를 정의하게 하는지를 더 분석하기 전에, 나는 이 시점에서 평가공동체에 있는 에이전트에 대해 우리가 알고 있는 것을 명확히 하기 위해 이전 장들에 걸쳐 설명한 접근 방식들을 요약하고자 한다.

평가공동체들은 리틀 할리우드와 빅 할리우드라는 서로 다른 수준의 위계 구조에 놓여 있다. 그들은 최고의 탤런트 대행인과 아티스트, 스튜디오 수장과 최고 경영진, 성공적인 제작자 및 투자자를 모을 수 있으며, 이들 모두는 빅 할리우드에서 영화나 텔레비전 프로젝트를 진행할 수 있는 위치에 있는 사람들이다. 또한 그들은 리틀 할리우드 에이전트, 에이전트들의 클라이언트, 캐스팅 공동체의 사업 파트너를 묶어주는 서로 다른 상호 연결 세계일 수 있다.

심지어 아티스트들이 완전하게 평가공동체들의 일부가 되었음에도 불구하고,[3] 그런 관점의 접근 방식은 우리가 엔터테인먼트 상품과 예술 상품이 어떻게 만들어지는지 이해하는 데 스타 배우나 스타 감독이 전지전능하다는 환상을 갖지 않도록 해준다. 모든 수준의 에이전트들에게 고객들을 일에 투입시키고 캐스팅하는 것에 관한 일, 즉 평가공동체들 내의 교환과 거래의 주요한 메커니즘은 제작 분야 사업 파트너와 지속적으로 구축한 유대 관계에서 연유한다.

당신은 스튜디오가 마련되면 캐스팅 디렉터, 제작자, 스튜디오 임원, 감독에게 전화를 걸어야 하죠. "이 배역에 아무개를 쓰면 어떨까요? 여기 그가 맡았던 역할들이 있는데 비슷한 대본입니다. 이 사람에 대해 얼마나 잘 알고 있나요? X나 Y, 아니면 Z 작품을 보셨나요? 자료를 보내드릴까요? 한번 보시겠어요?"라고 말할 거예요. 그러고 나서도 아직 원하는 것을 얻지 못했다면 이렇게 하죠. "그러면 적어도 감독과 방에서 만나게 해주실 수는 있나요? 당신이 [아무개를 만나주신다면] 엄청나게 도움이 될 겁니다."

그러면 당신이 그렇게 하는 것의 효과는 두 가지에 근거해요. 하나는, 단지 일반적으로 당신의 고객이 그 일에 얼마나 적합한가? 그리고 두 번째는, 당신이 말하고 있는 상대와 당신의 **관계**는 어떠한가? 결국 그 관계가 **전부**예요. 만약 그들이 당신을 알고 있고 좋아한다면 당신에게 호의적으로 행동할 것이기 때문이죠. 그들은 당신을 더 잘 수용하는 방향으로 일하는 경향이 있고, 이것은 이미 문을 열어놓은 것이죠. 그러나 당신이 그들에게 뭔가를 요구한다면 그들은 당신에게 더 유익한 쪽으로 좀 더 일하는 경향이 있죠. 그들은 기꺼이 그렇게 할 거예요(2014년 11월, 대형 에이전시의 탤런트 에이전트, 볼드체는 면담자 강조).

평가공동체들 활동을 통해 이뤄지는 **관계 자본**capital of relationship의 축적은 감독이나 캐스팅 감독과 함께 '방 안에서' 고객을 확보하고, 스튜디오 임원을 프로젝트에 참여시키는 등의 수단을 만들지만, 또한 그 자체가 목표이기도 하다. 즉, 에이전트가 참여하는 프로젝트와 관련된 구체적인 상호작용은 장기적 관계를 가능하게 하고 동시에 그것을 유지하는 것을 지향한다. 이러한 상호작용은 평가공동체들의 관계형 시스템을 만들고 유지하는 데 기여한다. 이 과정에서 이따금 산출되는 특정한 결과, 가령 취업 계약서, 심지어 영화, TV 프로그램의 에피소드 등은 어느 정도까지는 부차적인 결과물에 불과하다.

각각의 평가공동체들에서 참가자들은 '좋은 취향good taste'을 갖고 있을 뿐만 아니라 '신뢰받는' 사업 파트너들을 분간해 낼 수 있는 '게임 감각'을 습득하고 발전시킨다. 그들은 직업적 역사와 과거의 성공을 바탕으로 '알아맞히는guess right' 능력이 입증되었고, 그들의 판단력이 시험에 통과하듯이 상업적·예술적 성공에 대한 유효성을 확인받은 사람들이다. 이 인터 뷰 대상자의 말에 따르면, 가치가 있는 예술 프로젝트에 대한 식별은 제작 분야 사업 파트너가 무엇을 인지하고 있는지에 대해 그가 이해하는 것에 서 비롯된다.

> [당신은] 제작자가 누구인지 살펴봐야죠. 만약 제작자가 론 하워드(Ron Howard)라면 상황은 나쁘지 않아요. 저는 먼저 참여자들을 볼 거예요. 누구를 덧 붙일 수 있을까? 그러고 나면 저는 많은 캐스팅 디렉터의 취향을 알게 될 것이 죠. 제작자 메리 베뉴(Mary Vernieu)가 베티 매(Betty Mae) 회사에서 프로젝트를 가다듬고 있거나,4) 제작자 메리 조 슬래터(Mary Jo Slater)가 프로젝트를 담당하 고 있다면, 이들은 스스로를 형편없는 사람에 갖다 붙이지 않아요. 그렇죠. 그들 모두는 단지 일자리를 찾고 있지만 저는 그들의 취향까지 알고 있어요. 다음으로 저는 캐스팅 감독에게 "당신은 이 프로젝트에 대해서 어떻게 생각하시나요? 이 대본 마음에 드세요?"라고 물어볼 것이며 저는 열정이 가득한 말들을 들을 수 있 었어요(2010년 10월, 리틀 할리우드의 전 탤런트 에이전트).

반대로 평가를 하는 에이전트의 능력과 정당성은 평가공동체 내의 제 작자와 아티스트가 부여한 '신뢰'에 의해 **만들어진다**. 성공과 직업적 권위 는 상호 관계의 밀착과 애착에서 나온다. 이것은 에이전트들이 자신의 직 업 세계를 '통찰력 게임'으로 정의한 이유인데,5) 그 게임 속에서 "당신은 사람들이 당신에 대해 가지고 있는 통찰력만큼이나 훌륭한 통찰력을 가 지고 있다".6) 이것은 물론 프로젝트를 둘러싼 특정한 거래의 맥락에서 어 떤 에이전트가 구체적으로 행동하고 실제로 거래해야 하는지가 중요하지 않다는 것을 의미하지 않는다. 오히려 에이전트의 전문성('중요성', '영향력', '수단', '신뢰성')은 특정 클라이언트나 프로젝트를 넘어서는 반복적인 교류의 역동성에서 나온다는 것을 뜻한다.

이 세계에서는 예술적 존재와 위대함이 집단적으로 부여되고 증명되는 것이 가능하다. 사람들은 헌신적인 파트너들이 직업적으로 갖는 신뢰나 그들이 예측한 파트너들의 전략에 대한 통찰력에 의존함으로써 이 직업의 선구자들이 경계를 규정한 방식대로 경험적으로 따라갈 수 있다 (Lamont and Thévenot, 2000). 평가공동체 시스템 내에서 에이전트가 인정을 한다면 사람들은 결과적으로, 효과적으로 누가 그리고 무엇이 '실제적인 것'인지 말할 수 있다. 다시 말해 누가, 무엇이 프로젝트의 요소와 경제적 거래의 대상이 될 창조적 가치가 있는지 말할 수 있는 것이다.[7]

결국 이것은 합법적 방법으로 형식이 갖춰진 거래를 통해 상업적 가치와 예술적 가치로 전환될 때 사람과 프로젝트를 '실제적인 것'으로 만든다. 여기에서 작용하고 있는 것은 에이전트가 갖고 있는 관계적 자본의 실현, 즉 **현금화**realization, 現金化이다. 다시 말하면 조직과 평가공동체에서 형성되고 유지되는 사회적 자본은 참여자들이 함께 수행하는 활동 과정에서 경제적 및 상징적 형태의 자본으로 전환되는 **일차통화**primary currency, 一次通貨라는 뜻이다.

이 세 가지 종류의 자본, 즉 첫째, 관계를 활성화시키는 힘인 사회적 자본, 둘째, 상업적 성공을 야기하는 힘인 경제적 자본, 셋째, 예술과 탤런트와의 직접적 또는 간접적인 연합인 상징적 자본이 합쳐져서 이 사회적 영역에 적합한 특정한 형태의 직업적 자본을 구성한다. 다시 말해 이것이 에이전시 사업의 존재, 실행, 성공을 결정하는 요소이다.

예를 들어 한 에이전트가 특히 수익성이 높은 거래를 협상한 것으로 알려져 있거나, 비평가들의 찬사를 받은 아티스트를 다루고 있다고 알려져 있는 경우와 같이 할리우드에서 일반적으로 사람들이 일하는 범위 안에서 경제적이고 상징적인 가치를 생산하는 데 쏟은 기여가 두드러지면,

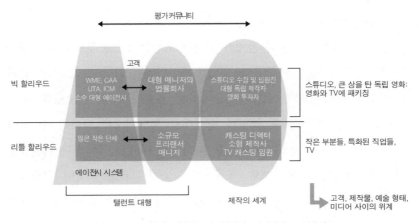

평가커뮤니티

고객

| 빅 할리우드 | WME, CAA UTA, ICM 소수 대형 에이전시 | 대형 매니저와 법률회사 | 스튜디오 수장 및 임원진 대형 독립 제작자 영화 투자자 | 스튜디오, 큰 상을 탄 독립 영화: 영화와 TV에 패키징 |

| 리틀 할리우드 | 많은 작은 단체 | 소규모 프리랜서 매니저 | 캐스팅 디렉터 소형 제작사 TV 캐스팅 임원 | 작은 부분들, 특화된 직업들, TV |

에이전시 시스템

탤런트 대행   제작의 세계

고객, 제작물, 예술 형태, 미디어 사이의 위계

배급사나 대행사는 포함되지 않는다. 일반적으로 말하면 영화 제작 후반부에 나타나는 그들의 일은 에이전트 업무에서 많이 제외되었다.

그림 4 **문화생산의 이중 시스템에 있는 에이전트들**

이것은 결국 이 개인의 전문화된 사회적 자본의 강점을 첫째, 관련된 개별 에이전트의 '영향력'과 '신뢰성'과 같은 구체화된 형태와 둘째, 그를 인가하기 위한 해당 에이전시의 힘과 같은 제도화된 형태란 두 가지 측면에서 강화한다.

에이전트의 경험과 함께 조직적인 게임, 평가공동체는 할리우드에서 만들어지는 프로젝트와 경력들에서 **직업적 배치**를 형성한다(<그림 4> 참조). 따라서 에이전트들은 제도적 구조와 조직적 배경을 초월하는 강력한 횡적 유대 관계를 동시에 맺는다. 이런 횡적인 세계에서 서로 다른 전문화된 행동 규범으로부터 나오는 다양한 직업 관행이 그들을 분리하는 경계를 무너뜨리지 않은 채 통합된다.

인터뷰에 참여한 에이전트가 지적했듯이 고객, 제작자, 스튜디오 임원, 매니저, 변호사들은 '누구나 자신만의 행동 강령이 있다'. 나는 이 장의 나머지 부분에서는 그런 평가공동체에서 프로젝트가 **어떻게** 실제적으로 만들어지는지, 그리고 **어떻게** 직업적 배치 구조가 일반적으로 할리우드에서 결정되는지 그 형성 대상과 기여 주체를 중점적으로 이해하는 데 전념할 것이다.

영화제작을 성사시키는 요소들

저는 성공적인 영화를 만들기 위해 필요한 것과는 대조적으로 영화제작에 필요한 사항을 찾는 것이 더 쉬울 것이라고 생각해요. 말이죠. …… 영화제작의 어려움은 협업 측면과 기업 측면에서 비롯되죠. 그리고 놀랍게도 콘크리트 보도에서 잔디가 자라는 것과 같은 일이 생겨요. 그런 기적과 같은 일들이 일어나는 것이죠(중견 에이전시 소속의 대본 에이전트, 2014년 7월).

엔터테인먼트 산업 전문가들은 영화 프로젝트가 나중에 성공을 거둘 수 있을지 아는 문제는 제쳐두고 영화가 만들어지지 않을 가능성에 대해서 이야기하고 있다. 평가공동체들을 구성하는 복잡한 긴장감은 참여자들을 경쟁시키려는 각 개별 프로젝트의 운명과 긴밀하게 연관되어 있기 때문에 참여자들을 이성적으로 조심스러운 행동을 취하도록 만들 수 있다.

지금부터는 할리우드의 평가공동체들을 구성하는 상호 관계가 정확히 영화제작에 어떤 영향을 미치는지 설명하겠다. 세분화한 수준의 일상 활동과 교류에서 평가공동체들이 어떻게 운영되는지를 검토하면 할리우드에서 엔터테인먼트 상품과 직업이 어떻게 만들어지는지를 파악할 수 있다.

비록 이 책이 에이전트의 업무에 대한 특정한 관점의 접근이라 할지라도, 이것은 예술이 문화산업을 형성하는 복잡한 상호 의존 시스템으로부터 어떻게 만들어지고 경제적이고 창의적인 활동을 어떻게 구체화하는지를 이해하는 전형적인 사례연구이다.

연쇄적인 기대감

영화제작이 어떻게 시작되는지를 이해하는 데 일반적인 함정은 마치 마법에 의해 모든 일을 일어나게 하는 아이디어와 카리스마를 지닌 만능 스타에 대한 환상이라기보다 스튜디오 인력과 제작자처럼 인정을 받는 권위자가 프로젝트를 '사업 승인green-lights'으로 바꾸는 마법의 순간을 상상하는 것이다. 이런 기분 좋은 환상을 하게 되면 제작자의 모습은 프로젝트의 운명을 결정짓는 하나밖에 없는 영웅이 되고, 청신호가 켜진 프로젝트의 승인 과정은 명확하게 정의된 전환점이 된다.

실제에서는 상황이 그렇게 명확하지는 않다. 무엇보다도 프로젝트 성공의 중추적 순간은 스튜디오나 제작팀에 의한 공식적인 '승인'과 일치하지 않는다. 이 책의 서두에서 논의된 영화 〈양들의 침묵〉에 대한 사례연구는 다른 유형의 전환점을 보여준다. 즉, 중심적인 참여자들이 영화 프로젝트를 완전히 그리고 공식적으로 실행하기로 결정하는 식으로 '실재'라고 인식하는 순간 영화 프로젝트는 완성될 가능성이 높아진다.

더욱이 영화가 승인되는 일련의 단계나 공식은 하나만 있는 것이 아니다. 각각의 스튜디오나 제작 주체는 자체적으로 협의를 하는데, 이것은 승인위원회들green-light committees를 통한 다소 제도적이고 공식적인 방식이다. 국제 협력이나 다른 공동 제작을 하면 관련된 기업의 수와 승인 단계가 몇 배로 늘어난다.

가장 중요한 것은 이런 집단적 노력에 참여하는 사람들의 다양성을 고려했을 때, 할리우드에서 일들이 만들어지도록 하는 과정은 승인의 순간들이 암시하는 이미지만큼 단순하지 않다는 것이다.[8] 따라서 영화가 실제 어떻게 만들어지는지를 이해하는 것은 상호 의존적인 인식과 행동의 복잡한 사슬을 재현하는 것을 의미한다.

이 과정을 더 잘 이해하기 위해 가상의 사례를 들어보자. 저자의 에이전트나 매니저가 보낸 책의 운명이 'P'라고 부르는 제작자의 손에 달려 있다.[9] P는 그 책을 아주 좋아하기에, 영화로 만들 준비가 되어 있다. 이 단계에서 더 불확실한 것은 없다. P와 저자의 에이전트는 스튜디오에서 그 책을 구매하도록 유도한다. P의 회사는 먼저 책을 선사해야 하는 스튜디오와 우선적으로 ('첫인상') 거래를 한다. 이 초기 선택이 중단되면, 그동안 관계를 맺어온 다른 스튜디오 임원들을 상대로 그 책이 위대한 영화를 만들어낼 수 있다고 설득한다.

초기 파트너인 스튜디오가 관심을 갖고 책의 판권을 구매하기로 결정했다고 가정해 보자. 'S'는 이 프로젝트를 주도할 스튜디오 임원이지만 결정을 내릴 때 스튜디오 구조 내에서 윗선에 보고해야 한다. 따라서 스튜디오의 개별적 결정은 이러한 제도의 구조 내에서 사실상 여러 단계의 협상 과정을 거쳐야 한다. S는 지금 영화를 구체화하는 모험의 선상에 P와 함께 있다. 이 책의 판권을 구입하는 것은 에이전트, 가능하다면 매니저, 책의 저자를 대행하는 변호사의 참여가 필요하다. 또한 그들과 그들의 조직은 현재 영화제작의 역학에 관여하고 있다.

P는 책을 시나리오로 각색하기 위해 작가를 고용해야 하며 이렇게 함으로써 작가를 대행하는 사람들이 다시 등장한다. 글쓰기 과정은 시간이 필요하다. 작가가 처음 초안을 제출하면 P와 S는 그것을 평가하면서 때로는 거부할 수도, 작가에게 수정을 요구할 수도 있다. 이 과정을 통해 작가는 두 번째 원고를 작성한다. 그러나 스튜디오가 두 번째 원고를 읽은 후에 "결국 이것은 영화로 안 될 것"이라고 결정하거나, 너무 유사한 듯한 다른 영화 프로젝트가 그사이에 착수됐거나, 비슷한 프로젝트가 방금 영화 흥행에 실패했거나, 담당자나 우

선순위가 변경된 경우 이 과정은 여기서 끝날 수도 있다. 같은 움직임에서 또한 평가되는 것은 **영화 유형**이다. 여기에는 영화의 예산 범위, 참여하는 감독 및 다른 탤런트의 유형, 영화 관객이 상상하는 것에서 파생된 마케팅 및 배급 전략의 종류 등이 포함된다. 이 시점에서, 이 과정의 참가자들은 '이것이 바로 영화다. 그 영화는 많은 돈을 벌어들이기 위해 이런 종류의 사람들과 함께 만드는 것이다'라고 상상하기 시작할 것이다. 영화의 초기 이미지는 분절적이며 변화무쌍한 것으로 나타났다.

평가를 통해 인정받은 대본을 가지고 있는 구매자 P와 S는 '프로젝트'에 현실성을 부여하기 위해 '중요한 탤런트 요소'를 고용해야 한다. 이것은 프로젝트의 종류와 범위에 따라 다른 명성과 인지도의 수준에서 스타 배우이거나 유명 감독이 될 수도 있다. 아니면 이 둘의 조합일 수도 있다. P와 S가 대행사, 일반적으로 에이전트에 의해 연결된 감독 'D'의 선정에 동의한다고 생각해 보자. 가장 간단한 시나리오를 가정하면 D와 그의 에이전트는 경쟁에 가담하고 이때 그의 매니저와 이 시점이나 나중에 거래를 공식화하기 위해 그의 변호사도 동참할 수 있다. 감독 D는 고용된다. 그렇지 않으면 프로젝트에 딱 맞는 감독이 나올 때까지 '명사의 이름이 계속 언급되는 게임(name-dropping game)'이 계속된다. 이 단계에서 더 일찍이 아니라면 D의 에이전트 A는 그를 그 영화의 다른 고객들과 패키지로 묶어 일괄 공급하는 해결책(turnkey solution)을 스튜디오에 제시해 파는 입장에 있을 수도 있다. P나 S와의 **관계** 덕분에 A는 프로젝트의 존재를 사전에 알았을지도 모른다. 그래서 A는 이 패키지가 결정되면 고객과 함께, 그리고 에이전시 내에서 일할 수 있었다.

'프로젝트'는 구체적으로 무엇인지 그 내용과 본질이 아직 확정되지 않았기 때문에 이 시점에 여전히 따옴표로 묶여 있어야 한다. 예를 들어서, D는 프로젝트에 합류해 있지만 이미 작성된 대본과는 관련이 없으며 D는 대본이 그의 '비전'과 '미학'에 따라 수정되기를 원한다. 새로운 작가가 고용되고 탤런트 대행인도 다시 동참한다. D와 새로운 작가는 탤런트 대행인과 제작팀의 창의적인 조언으로 또 다른 버전의 영화를 작업하기 때문에 그 과정은 몇 개월 거슬러 올라간다. 그렇게 해서 나오는 새로운 대본은 P와 S의 눈으로 볼 때 여전히 '영화'이어야만 하고 그들이 기꺼이 만들려고 하는 것이어야 한다. 그렇지 않으면 이 시점은 또 다른 막다른 길이 된다.

그리고 이것이 영화 패키지의 일부가 아니라면 이미 게임에 참여한 주인공들은 여전히 영화를 위해 한두 명의 유명 배우를 찾아야 한다. 이 새로운 이름을 언급하는 게임을 통해 5~6개의 '좋은 선택지'가 나올지 모른다. 스타 여배우가 수락하고 그녀의 에이전트는 몇 년 동안 영화제작이 연기된 제작팀과 협상을 하면서 그 혼합체에 승선한다. 그리하여 그녀는 이 복잡한 게임에 또 다른 층위의 복잡성을 추가하면서 다른 계약들이나 우선 사항들을 이행할 수 있다. 그것이 이 단계에서 공식적으로 승인을 받았는지, 법적으로 공식화되었는지 또는 주인공들이 구두 계약과 암묵적인 이해와 같은 모호한 맥락에서 계속 일을 하는지 여부와 관계없이, 모든 참가자들의 눈으로 볼 때 이제 영화를 '실재적인 것'으로 만들기 위해 핵심 구성체들이 모여든다.[10]

모든 참가자가 계속해서 이 긴 과정에 헌신한다면 중요한 것은 제작 전문가의 이질적인 '비전들', 다양한 유형의 탤런트, 그들의 에이전트 및 다른 대행인들 간의 **정렬**이다. 이들은 모두 다양한 조직에 속해 있으며 도드라진 의제와 이해, 우선순위, 선호사항, 일정, 일련의 제약 조건들을 제시한다. 그러나 그들은 상호 의존의 동력으로 유대를 형성하고 있기 때문에 **결코 그들의 행동 이면에 있는 다양한 원칙을 일체화하지는 못하지만** 정해진 프로젝트의 맥락에서 한순간 통합된다. 협상과 상호작용을 통해 이뤄지는 **비전의 통합**은 본질적인 특성이 같지 않기 때문에 필요하다.

우리의 사례에서는 이제 프로젝트가 존재한다. 캐스팅을 시작할 수 있다. 인터뷰에 참여한 대본 에이전트는 "촬영 개시일까지는 어떤 것도 현실화된 것이 아닙니다"라고 말했다.[11] 그러나 이 단계에서 참여자들은 아마도 영화가 물리적으로 제작될 것이고, 그 이후 관객에게 제공될 것이라는 것을 알고 있다. 이처럼 통찰과 전망의 힘든 조정 과정에 대해 업계 내부 관계자는 때때로 '마법'이라 부른다.[12] 그러나 이러한 정렬은 첫째, 집단적 **작업**으로 이뤄진다는 점에서 단순히 '발생'하지 않는다. 둘째, 정렬은 스튜디오에게 프로젝트를 권유하는 방에서 **단연코** 생겨나지 않는다. 그것은 종종 수년간 계속되고 모든 단계에서 결렬될 위험에 있는 **복잡한 상호 의존 과정**에서 기인한다. 비록 그들이 직면하는 장애에도 불구하고 그 헌신에 투자한 노력, 시간, 돈이 참가자들에게 결실을 가져다줄 인센티브가 될지라도, 많은 프로젝트와 관련된 재정적 투자가 중도에 포기되거나 때로는 몇 년 동안 중단되어 다른 형태나 다른 사람의 손에 넘어간다.

이 이야기를 염두에 두면서 이제는 모든 단계에서 어떤 일이 발생했는지, 에이전트에게 어떤 문제가 있었는지에 대한 문제로 돌아가 보자. 이 과정의 초기 단계에서 에이전트는 에이전시의 조직적 체계 내에 자신을 위치시키고 협력자를 찾아야 한다. 스튜디오 영화와 빅 할리우드 에이전트의 경우, 프로젝트 중심의 고객 패키징에 중점을 두고 정식 부서들, 소규모 그룹들, 고객 주변의 팀들, 정기 회의들과 같은 에이전시의 구조는 부분적으로 일의 진행 속도와 운영 절차에 영향을 준다. 이는 조직적 규범이 평가공동체와 교차하고 상호 작용하는 방식을 설명해 준다. 따라서 에이전시는 에이전트 업무 활동의 배경에서 볼 때 정적인 무대인 것만이 아니라, 평가공동체에서 행동하는 조건을 직접적으로 만든다.

[좋아하는 대본이 있다고 가정해 봐요] 당신은 "제가 주말 동안 읽어봤는데, 너무 좋아. 이게 제가 원하는 대본이야"라며 월요일에 이야기를 꺼내죠. 그러면 당신

은 화요일, 수요일 그리고 다음 주까지 의견을 더 물어보면서 설득할 수 있는 거죠. 여기서 진짜 목적은 뭔가 패키징을 하는 데 있어요. 당신은 그것을 시장에 팔기 전에 많은 요소를 덧붙이고자 하죠. 그래서 당신은 감독, 제작자를 대행하기를 원하고, 이상적으로는 스타를 대행하고 싶어 하죠. 그리고 나서 당신은 스튜디오나 구매자에게 그것을 경쟁적으로 판매할 수 있어요. 바로 그러한 이유 때문에, 이러한 모임들을 갖는 거예요. **패키징할** 것을 위해서, 즉 그들을 한데 모으기 위해서죠. 당신은 또 우리가 갖고 있지 않은 스튜디오의 재료를 대행하길 원하죠. 저는 월요일에 또 와서 "제가 폭스에서 아무개가 쓴 새 대본을 읽었어요. 제 생각으로는 그것은 이 고객에게 적합할 것 같아요"라고 말할 수 있어요(2013년 12월, 대형 에이전시 소속의 대본 에이전트).

따라서 패키징은 에이전트가 고객과 자신이 추구하는 목표를 달성하기 위해 궁극적으로 다른 사람을 끌어들여 그 과정에 참여시키는 것이다. 특히 이 에이전트가 '간판스타marquee names'를 대행하지 않을 때와 에이전시의 지원과 자원에 좀 더 많이 의존할 때 특히 그렇다. 실제로 대다수 에이전트들, 심지어 빅 할리우드의 에이전트도 주요 스타를 다루지 못하고, 매우 집단적으로 노력할 뿐만 아니라 자신의 의존 상태를 경험하는 위치에 있다.

에이전트들은 중간 수준의 배우midlevel actor를 더 큰 공동 주연, 잘 나가는 작가·감독, 보조 역할을 할 수 있는 다소 유명한 배우와 같은 다른 아티스트들과 함께 패키징해야 한다. 즉, 내부적으로 **다른 탤런트나 대본 에이전트를 동원하며**, 다른 에이전시에서 공동 패키지를 만들기 위해 애쓴다면 아마도 다른 에이전시를 동원할 것이다. 다른 상황에서는 '독립 영화'의 요소를 조합해야 할 수도 있는데, 이 경우 에이전시에 있는 국제 투자나 패키징 분야의 전문가와 협력하는 게 매우 중요하다.

이 두 가지 사례 모두에서 중요한 것은 에이전트가 제작사 파트너에게 **선보일 것으로 예상하는** 패키지의 '가치'이다. 이 메커니즘의 거래 특성은 다음에 인용된 탤런트 에이전트가 보고한 이야기에서 명백히 드러난다. 즉, 예상되는 거래는 최고 수준의 코미디 여배우와 작업하기 위해 또는 단순히 이 기회에 그녀와 관계를 맺기 위해 스튜디오가 이 여배우와 관련된, 원하지 않는 대본을 구매하는 것이다.

패키지는 일반적으로 대행사 전체에 최대 이익을 제공하지만, 이것이 항상 패키지에 개별적으로 이름이 들어간 모든 고객과 에이전트의 확실한 이익을 뜻하는 것은 아니다. 패키징을 협업 차원에서 접근할 경우 패키지 내에 있는 잠재적으로 모순된 전략의 존재를 무색하게 해서는 안 된다. 패키지가 보여주거나 재연하고 있는 에이전트와 고객의 위계화도 마찬가지다.

우리는 작가이자 배우인 사람과 함께 일하는 고객이 있어요. 그녀는 소니와 굿 유니버스(Good Universe)라는 영화제작사를 위해 영화 시나리오를 썼죠. 소니는 그것을 읽고 영화로 만들지 **않겠다는** 의향을 나타냈어요. 그래서 우리는 소니가 정말로 같이 일하길 원하는 배우를 찾으려고 노력했죠. 우리는 소니한테 가서 "우리는 당신이 이 대본에 대해 모호한 태도를 보이고 있다는 것을 알고 있어요. 하지만 이 스타 여배우가 이 작품에 참여하기를 원한다니까요. 그리고 저는 당신이 그녀와 같이 일하고 싶다는 사실을 알아요. 그녀가 이 작품에 참여한다고 말하면, 당신은 영화를 제작하시겠어요? 그럴 수 있겠어요?"라고 물었어요. 소니는 "오, 음, [그녀개] 그걸 원한다면, 마음을 바꿔보죠. 네, 발전시켜 보겠어요"라고 긍정적으로 답을 했죠. 이러한 방식은 대본이 보류될 뻔한 저의 작가 고객을 도와주지요(2014년 11월, 대형 에이전시 소속의 탤런트 에이전트, 볼드체는 면담자 강조).

이러한 맥락에서 에이전트 업무는 다른 사람의 전략에 대비해 전략을 세우고 다른 사람의 기대를 예측하는 것을 의미한다. 그것은 다음과 같은 질문을 뜻한다.

즉, 다른 에이전트는 고객의 요구 사항, 스튜디오의 이익, 에이전시에서의 최고의 업무 전략을 어떻게 인식할까? 이 스튜디오 임원이나 제작자는 그 영화의 제작에 대한 자신의 관심을 어떻게 보여줄까? 그리고 그들은 이러한 기대를 무엇 또는 누구와 관련해 갖게 될까? 이 프로젝트에서 고객의 희망과 몫은 무엇일까? 또는 그것들은 에이전트 업무를 통해 어떻게 형성되고 지향되어야 할까? 결과적으로 다른 위치, 통찰력, 성향이 한 방향으로 또는 다른 것과 결합해 작용하는 다양한 시나리오의 가능한 결과는 무엇이며, 그들이 영향을 미칠 수 있는 지렛대는 무엇일까?

그러므로 에이전트 업무는 자기 반영을 포함한 고도의 성찰적 활동 reflexive activity이다. 이는 최선의 방법으로 대행, 제작, 탤런트 상대에 대한 비전과 전망을 해독해 이렇게 복잡한 게임을 탐색하는 것이다. 때로는 특정한 관계를 보호하거나, 유리한 계약을 마무리 짓기도 하고, 새로운 연결을 구축하기도 하며, 혁신적인 프로젝트나 이 개략적 목록의 어떤 조합 combination에라도 참여할 수 있다.

이 선임 에이전트는 대형 고객과 스튜디오의 관계를 관리하는 것이 주요 에이전시의 에이전트 팀 내에서 어떻게 진행되는지를 설명했다. 에이전시의 내부 업무가 여기에 초점을 맞추고 있지만, 같은 동력인 전략적 상호 의존과 상호 작용은 에이전트와 스튜디오 직원, 제작자, 매니저, 변호사, 아티스트와 같은 프로젝트나 구체적인 문제와 관련된 다른 모든 참가자 간의 관계에 적용된다.

[전화로 하는 회의에 귀를 기울여야 해요] 고객이나 스튜디오와 관련된 문제를

해결하기 위해 팀원으로 일하는 3~4명의 에이전트가 진행하는 회의 말이죠. 침묵이나 말, 음색에 주의를 기울이면 각각의 에이전트가 무엇을 특별히 걱정하고 계획하는지 알게 되죠. 비록 이것이 모두 전화 회의의 책무, 한 명의 고객, 하나의 목표와 연결되어 있지만 그들 모두가 서로 다른 **이해**(stake)를 가지고 있죠. 이 사람은 같은 스튜디오에서 다른 고객과 함께 다른 사업을 생각할 수도 있어요. 실익을 고려해 돈을 벌기 위해 고객을 필요로 한다는 사실을 생각할 수도 있죠. 이 사람은 '나는 이 일에 정말로 관여하지 않았다. 그래서 내가 왜 이 전화를 받고 있는지 모르겠다'고 생각할 수 있어요. 이 사람은 '나는 스튜디오 관계에 대해서만 단지 **관심이 있고**, 나는 **그들 편이다**'라고 생각할 수 있어요.

　　이런 과정을 보고 듣는 것이 흥미로워요. 그래서 그것을 보거나 듣게 되면, 고객들을 대표해서 팀으로 일하는 에이전트들이 혼자 있을 때 개인 사무실에서 무슨 일이 일어나고 있는지 이해해야 하죠. 이때 고객 목록은, 일부는 자신의 것이고 일부는 자신의 것이 아니며, 그 가운데 일부는 그들이 공유하는 것이죠. 또한 어떻게 에이전트들이 자신들의 관점에 따라 상황을 스스로 파악해 **자신들을 위해** 고객 목록을 포지셔닝하는지도 이해해야죠(2013년 12월, 대형 에이전시 소속의 탤런트 에이전트가 강조한 내용).

에이전트는 이런 방식으로 프로젝트의 착수와 관련해 영화제작이라는 모험에 참여한 사람들이 비슷한 의제를 공유하지 않고 있으며, 해당 프로젝트가 무엇이고 무엇이어야만 하는지에 대해 공통적인 비전을 가지고 있지 않다는 것을 알고 있다. 기업이 내포한 **체계의 복잡성으로**, 서로 다른 수준에 위치한 다양한 유형의 참가자들의 조합된 계산과 전략으로 구성되었다. 즉, 이러한 직업적 구성의 **상호 의존적인**, **관계적인 특성으로** 인해 프로젝트의 불확실성이나 그 주변에 형성된 배열의 불안정성이라는 결과를 야기한다.

많은 관측가들은 문화·예술 시장을 특징짓는 참가자들의 자질quailty, 역량competence, 명성reputation, 신뢰성trustworthiness에 관한 정보가 부족하고 불투명한 데 주목했을 뿐만 아니라 이에 대해 종종 언급해 왔다. 이러한 이유로 경험이 풍부한 대본 에이전트의 말대로 표현하자면, 에이전트는 "움직이는 카펫 위에서 춤을 출 수" 있어야 한다.13)

영화계를 살펴보면, 다른 저명한 대본 에이전트가 프로젝트에 따라 중요도나 무게가 다른 다양한 '**동력 중심**power center(기하학에서 원 쌍에 있는 3개의 원시 축의 교차점)' 사이를 계속 오가는 모습을 보여준다. "그것은 스튜디오일 수도 있고, 제작자일 수도 있고, 외부 투자자일 수도 있고, 보험 회사 즉 유명 브랜드의 보험 상품일 수도 있죠. 그것은 작가일 수도 있죠. 그것은 스타일 수도 있죠. 그것은 앞의 여러 가지가 조합된 것일 수도 있습니다"(2014년 7월, 빅 할리우드).

이러한 협력 시스템은 독립 영화나 국제 영화 프로젝트, 그리고 대조적이며 합치되지 않는 비전, 속도, 이익, 지분, 판에 박힌 일상routines, 제도적 맥락, 모든 아티스트에게 적합한 일련의 노동 법률들labor rules과 관련해서뿐만 아니라 제작, 배급, 대행, 관련된 여러 나라의 재정 전문가와 관련해서도 훨씬 더 다극적多極的이며 잠정적으로 소실되고 있다.

그러한 복잡한 구성을 볼 때 '움직이는 카펫 위에서 춤추기'란 때때로 목표와 이해가 모순되는 다양한 참여자뿐만 아니라 이러한 핵심 파트너 가운데 일부를 종종 예상치 못하게 빼내어 때로는 수년간 진행해 온 프로젝트를 무산시켜 버리는 것을 가리키기도 한다. 주요 에이전시에 속하는 업체의 탤런트 에이전트는 스타나 중추적인 역할을 하는 탤런트가 철수할 때 에이전시 소속의 탤런트들에게서 유발되는 탈퇴를 추가해야 하는 영화 프로젝트에서의 '잘못될 수 있는 일'을 정신적인 면에서 검토했다.

감독이 영화에서 이탈해요. 공동 주연배우도 영화에서 떨어져 나와요. …… 투자 책임자들도 발을 빼서 영화는 재정 지원을 받지 못하죠. 투자자도 철수하고 나니 스튜디오는 영화를 만들고 싶지 않다는 결정을 내리는 거죠. 소니가 〈스티브 잡스(Steve Jobs)〉라는 영화를 포기했을 때도 이와 같았어요. 당신이 영화에 당신의 고객을 투입했을 때 ……. 가령 영화 〈스티브 잡스〉의 경우에 결국 유니버설이 소니로부터 판권을 샀어도 상황은 여전히 괜찮을 거예요. 하지만 때때로 그렇지 않은 경우도 있죠. 그러한 일이 어제 제가 얘기를 나누었던 제작자에게 발생한 것이에요.

그는 디즈니에서 영화를 제작하며 캐스팅을 하고 있었죠. 그러다가 갑자기 알지 못할 이유로 그들은 영화를 만들지 않기로 결정했어요. 또는 스튜디오 수장이 바뀌고 네트워크 담당자가 바뀔 수 있고, 그래서 담당자의 뜨거운 관심사가 되고, 그 사람은 다른 사람으로 대체되어 대체된 이들은 자신의 일을 시작하기를 원하죠. 그래서 그런 것들은 잘못될 수 있죠. 스튜디오의 직원들이 바뀌고, 빠르게 진행되던 영화제작 속도가 갑자기 느려지는 게 바로 그런 사례죠(2014년 11월, 대형 에이전시 소속의 탤런트 에이전트).

에이전트의 업무 가운데 일부는 영화제작 과정에서 고객에게 영향을 주는 것만큼 직접 그들과 조직에 영향을 미치는 잠재적으로 예측 불가능한 상황을 관리하는 것과 관련되어 있다. '해결책'은 다른 당사자들이 프로젝트를 관뒀을 경우 더 많이 손해를 보도록 그 프로젝트에 좀 더 실질적이고 구체적으로 전념하도록 하는 것으로 구성될 수 있다. 즉, 스튜디오에 의해 서명된 제한된 거래, 영화의 실제적인 제작 여부에 관계없이 배우에게 미리 합의된 금액을 지급하는 방법인 **'페이오어플레이**pay-or-play' 계약, 그리고 프로젝트에 대한 홍보를 통해 프로젝트 철회가 난처해질 수 있는 방법 등 여러 가지 방법이 제시될 수 있다. 에이전트 업무는 본래 프로젝트 기반의 활동이 아니므로, 그러한 보호 기술이 도입되고 고객의 일과 수입이 보장된다면 결국 영화가 제작되는 것은 에이전트의 관점에서 중요하지 않을 수 있다.

프로젝트 세계에서 파트너와의 관계 유지는 관계를 형성하는 것과 개인 간에 충성도를 유지하는 것을 통해서도 달성된다. 또한 각 프로젝트의 위험성에 대응하기 위해 여러 가지 비상 대안을 동시에 개발하고 숫자 놀음을 하는 것이 일반적인 전략이다. 그러나 프로젝트를 늘리는 것은 스튜디오나 아티스트들이 결국 실제 추구할 수 있는 것에 비해 더 많이 전념해야 해서 이탈의 잠재적 원인이 되기 때문에 **집단적 차원에서** 비생산적인 결과를 낳는다.

특히 1990년대의 영화 번성기 동안, 제작자와 스튜디오는 때로는 타인에게 차후에 대히트next big hit를 안겨다줄 위험을 막기 위해 경쟁자의 기회 제공에 대한 사전 예방책으로 지적재산권(콘셉트, 설명서, 대본 또는 책)을 체계적으로 획득했다. 아울러 그들 대부분은 선택할 재료를 축적하고 그 가운데 일부를 개발하며, 잠재적인 프로젝트의 작은 부문만 완료 시점까지 마무리한다.[14] 심지어 오늘날에도, 경제 변화로 인해 개발되어 제작을 마친 프로젝트 수는 감소했지만 이런 방식은 여전히 부분적으로 가동되고 있다.

관련 스토리 말하기

카펫carpet은 또한 오랜 기간에 걸쳐 창의적인 콘텐츠나 프로젝트의 **의미**를 지속적으로 특징짓는 불확실한 결정 때문에 메타포를 확장하기 위해 움직이고 있다. 이것은 할리우드에서 중요하고 필연적인 창의적 과정이다. 즉, 프로젝트 협력 그룹이 만들어지고 주인공에 의해 다른 종류의 투자가 이뤄졌다 해도 상대적으로 마지막까지 영화, 쇼, 또는 다른 유형의 제작물이 정확히 어떤 모양과 소리를 낼지는 상상하기 어려운 경우가 많다. 이것은 다음의 텔레비전 대본 에이전트가 관찰한 대로 프로젝트가 권유 단계에서 발전해 나갈 때 특히 사실이다.

> 대본을 [판단]해보면, 그 일은 적어도 다소 쉽죠. 그러나 남에게 권유하는 단계에서는 프로젝트가 어떻게 될지 상상하기 정말 어려워요. …… 고객들은 언제나 우리에게 와서 논쟁을 벌이죠. "이것이 지금 권유 단계인가요, 구체화 단계인가요?" 왜냐하면 네트워크가 뭔가에 그들의 지문을 남기고 싶어 하고, 그들의 참여를 느끼길 원한다고 저는 생각하기 때문이죠. 당신이 그런 분위기나 그것이 실재 무엇인지 결코 전달할 수 없다면 여전히 권유 단계에 있는 것이죠. …… 그러나 그래요, [비전을 전달하기가] 어려워요. 많은 경우 그러한 일이 발생해요.
>
> 그곳은 창조적인 과정이 으스러지는 장소죠. 만약 개발이 제가 당신에게 어떤 것을 권유하는 것에서 비롯된 것이라면, 그 이유는 제가 그것을 감수하고 당신에게 그걸 권했기 때문인 것이 분명하죠. 제가 당신을 설득하면 궁극적으로 그것을 구매하겠지만, 당신의 의중은 전혀 다른 비전을 생각할 거예요. 당신은 실제 개발 과정에 들어가 머리를 맞대고 작업을 시작하죠. 누구의 잘못도 아니기 때문에 당신은 이래야만 한다고 믿고 이 사람도 그래야만 한다고 믿죠. 당신은 정말로 그것을 마칠 때까지 깨닫지 못해요. "잠깐, 우리는 이것을 같은 방식으로 보지 않는다니까요!"(2014년 11월, 대형 에이전시 소속의 텔레비전 대본 에이전트).

결과적으로 다수의 참여자들 간의 이해관계와 협의 사항들이 어긋나고, 스타가 또 다른 제안을 받거나 감독이 떠나며 투자자가 빠지는 일처럼 일의 과정에서 시간이 틀어지는 것 외에도 바로 프로젝트의 정의에 영향을 미치는 분열의 역학이 나타난다. 그 가운데 일부는 단순하고도 불가피하게 상호 의존 게임의 복잡성으로부터 파생된다. 하지만 프로젝트의 개요를 일정 부분 모호하게 유지하는 것은 자신들도 쉽게 관련될 수 있다고 상상하는, 잠재적으로 관심을 보이는 파트너들의 세계를 확장하는 전략적 방법일 수 있다.

에이전트들이 직무를 수행하고 판매하고 서비스할 때, 특히 프로젝트(또는 프로젝트를 위해 고객)를 홍보할 때, 그들은 그 프로젝트나 관련된 아티스트들의 **서사**를 만들어 유통시킨다. 예를 들어 에이전트들은 영화에 대한 전망이나 고객의 의견을 전달하는 것뿐만 아니라 그들이 파악한 다른 사람들의 기대를 근간으로 조율 기제의 근거 마련에도 기여한다.

그들은 전문화된 판매 기술을 사용할 때는 **스토리텔링**의 형태를 취하는데, 그것은 영화의 스토리 라인에 관한 것 외에도 영화제작 과정의 진행 및 주인공 자체에 관한 것이다. 일반적으로 홍보나 판매는 **쇼에 대한 쇼**a show about the show다. 예를 들어 성공한 탤런트 에이전트는 전화로 그의 스튜디오 상대에게 유망한 코미디 배우를 팔기 위해 구매자들이 탤런트에게서 엿보이는 모든 자질들을 파악하도록 상세하고 드라마틱한 방식으로 묘사한다. 독특함, 카리스마, 예술적 창의력을 나타내는 여러 가지 방법으로서 배우의 지저분한 자리 이미지, 쓰는 자세, 사용하는 크레용, 보헤미안 라이프스타일(속세의 관습이나 규범을 무시하고 떠돌면서 자유분방한 삶을 사는 시인이나 아티스트들의 생활 양태)을 언급한다.[15]

물론 나는 이 배우의 과거 **크레디트**(작품 출연자 이름의 언급)와 프로젝트와의 관련성에 대한 다른 실제적인 요소나 에이전트와 스튜디오 사이에 미리 설정된 관계가 해당 스튜디오 담당자에게 중요하지 않다고 말하는 것은 아니다. 그러나 내가 주장하고 싶은 것은 상대방의 열정을 느끼는 것이 정말로 결정적이라는 사실이다. 상대방의 열정을 평가하는 것은 '**품질**' 평가 과정에서 없어서는 안 될 부분이다.[16]

따라서 에이전트에게 있어서 그러한 감정과 믿음을 자극하는 것은 제작 파트너가 창조적이고 상업적으로 유망하다고 여길 수 있는 것에 맞추어 신중하게 공을 들인 노력이다. 영화 프로젝트나 재료를 판매할 때 에이전트가 어떻게 잠재적인 히트를 할지에 대한 또 다른 묘사는 스토리가 확정된 기간부터 줄곧 에이전시가 물리적으로 모아온 신문 조각에 언급된 대본script의 사례에서 찾을 수 있다.

대본에 대한 신문의 묘사는 역사적 정확성과 보도가치를 실감하게 해주며, 많은 경쟁 프로젝트 더미 가운데 도드라지게 해준다. 아울러 이런 대본은 프로젝트가 기존의 영화 분류 체계나 과거의 박스 오피스 성공 사례에 맞춰 즉시 분류할 수 있어야 한다는 점과 모순되지 않으며, 마땅히 독창적이면서도 잘 팔리도록 구성되어야 한다.

에이전트가 프로젝트의 집단적 정의에 적극적으로 참여해 핵심 참가자의 '비전vision'을 만들고 제시하는 데 기여한다면, 에이전트들이 운영하는 방식은 임의적인 것도 아니고 순전히 개인적인 스타일이나 능력에 관한 문제도 아니다. 여기에는 그런 일을 하는 뚜렷한 경로와 미리 정의된 방법이 있다. 그것은 사실 너무 정형화되고 표준화되어 있기 때문에 인터뷰에 참여한 한 대본 에이전트는 자기 조롱조로 언급을 한다. "그것은 이런 농담과 같아요. '영화 〈아메리칸 뷰티American Beauty〉가 〈뷰티풀 엑스 Beautiful X〉를 만나는 곳.' 당신이 구매자에게 공감 또는 '이 영화가 무엇인지'에 대한 느낌을 주기 때문에 이러한 농담을 하죠."17)

주요 기업 가운데 한 곳의 하급 대본 에이전트는 영화 재료를 판매하는 방법을 다음과 같이 설명하고 있다.

당신은 요즘 특히 과거에 있었던 뭔가를 지적할 수 있어야 하죠. 당신은 "이런 흐름하에 ……"라고 지적해야 해요. 가장 뛰어난 에이전트들이 처음으로 방안에서[즉, 에이전시 회의 중에] 자료를 제시할 때, 그들은 종종 그것을 다른 작품과

비교할 때가 있죠. 에이전트들은 "이것은 훌륭한 공상과학 영화이고 우리는 그
것에 가격을 매길 수 있어요. 비싸지 않아도 되어요. 영화 〈크로니클(Chronicle)〉
이나 〈디스트릭트 9(District 9)〉과 비슷한 유(類)의 작품입니다"라고 말할 거예
요. 그러면 사람들, 즉 구매자나 다른 에이전트는 당신이 스튜디오 중역이나 제
작자에게 팔기 전에 당신의 동료에게 팔아야 한다는 것을 알 거예요. 그들은 즉
시 알게 될 거예요. "정말, 훌륭한 SF 영화네요. 특정 가격을 매길 수는 있겠지만
가격이 높을 필요는 없겠어요"라고 말하며, 즉시 알아차릴 거예요.

제가 생각하기에 이러한 비교 과정은 중요하지만, 신선하고 새로운 느낌을
주는 것 **또한** 중요하죠. 그래야 사람들이 지루해하지 않죠. "당신이 갖고 온 자
료는 영화 〈인셉션(Inception)〉과 같네요"라는 말을 들어서는 안 되죠. 만약 〈인
셉션〉을 도용했다면, 당신은 그것을 팔 수 없죠. 〈회상(Reminiscence)〉이라고
불리는 영화 대본이 좋은 사례예요. 그것은 이제 막 팔렸죠. 사실 UTA의 작가가
쓴 것이지 우리 고객의 것이 아니죠. 이 원고는 〈블레이드 러너(Blade Runner)〉
와 비슷한 작품이지만 매우 새로운 개념이고 신선하다"는 말로 홍보했죠. 이것
은 훌륭한 판매 전략이었죠. …… 그래서 즉시 "좋아요, 우리는 그것이 무엇인
지, 포스터가 어떻게 생겼는지, 예고편이 어떻게 생겼는지, 전단이 무엇인지, 마
케팅 전략을 어떻게 해야 할지 이미 알고 있어요"라고 느끼죠. 이런 과정을 통해
스튜디오는 대본을 구매하면서 안도감을 느껴요. 이 대본은 충분히 신선하기 때
문에 관람객들이 이 영화를 보러 가기를 원할 것이라고 생각하죠(2013년 11월,
대형 에이전시 소속의 영화 대본 에이전트).

이 에이전트가 환기시킨 것은 전문화되었을 뿐만 아니라 표준화된 프
로젝트에 대해 이야기하는 방식이다. 프로젝트는, 유명 영화가 원형들
prototypes이 되고 새로운 노력으로 조회 시스템reference system에 진입한 후
에 부분적으로 패턴화되고 그것들과의 연계에 의해 의미를 갖게 된다.

새로운 프로젝트는 종종 이 조회 시스템에서 프랑켄슈타인Frankenstein 캐릭터가 만들어진 방식(영화 <프랑켄슈타인>을 연출한 제임스 웨일 감독은 괴물을 원작 소설과 다르게 어린아이와 같은 순진한 캐릭터로 설정해 자신의 운명을 인지하지 못한 채 비극을 겪 는 괴물의 페이소스를 극적으로 전달하고자 했다)으로 만들어진 합성된 이미지이다. 영화를 상상 가능하게 하고 **영화답게** 만드는 이 방식은 영화가 어떻게 보일지, 어떤 사운드가 들릴지, 그것을 특정한 영화 전통에 어떻게 내재시킬 것인지, 무엇이 기술적인 면이나 연기의 우수성을 암시하는지 등을 제시함으로써 가능하다.

이 방식은 예술 작품의 급진적 특이성radical singularity이라는 개념을 무시하는 합리화 기술을 통해 이뤄진다. 동시에 이것은 **판별 게임**distinction game에서 프로젝트의 기발함과 독창성을 보여줄 필요를 결코 과장해 쓰지 않는다. 이것이 우리의 인터뷰 대상자가 말했듯이 프로젝트와 사람들이 항상 '신선한 느낌feel fresh'을 가져야 하는 이유다. 어떤 범주로 나누는 것이 가능한 프로젝트, 공연, 재료의 상대적 독창성은 상업적 가치**와** 품질 면에서 중요한 문제이다.

이제 프로젝트를 어떻게 분류할지 조회 시스템을 살펴보겠다. 평가공동체에서는 반복적인 교류를 통해 **중심 범주**central catagories가 형성되었으며, 영화가 무엇인지에 대한 인식과 묘사가 그 주변을 구성하고 있다. 예를 들어 어떤 것은 '2인이 이끌어가는 가족 코미디' 또는 '이 배우나 저 배우가 출연하는 로맨틱한 크리스마스 영화의 하위 범주'를 연상하게 할 수 있다. 다시 말해, 장르의 하위 유형subtype은 이것의 전형이라고 여겨지는 일련의 다른 영화와 스타들을 중심으로 구성된다.

토마스 셸링Thomas C. Schelling의 용어로 표현하면(1960), 어떤 영화에 대한 조회는 **포컬 포인트**focal points가 된다. 다시 말해 조회들은 과거의 공유 경험과 공통적인 인지 목록을 근거로 암묵적 조율을 하는 도구 역할을 하며, 이러한 조회는 평가공동체 구성원들에게 명백하고도 자연스럽게 연관이 되어 있는 것처럼 보인다.

예를 들어, 우리 모두는 '제임스 본드James Bond 영화'가 무엇인지 알고 있다. 또는 '미학적이고 기술적인 품질을 갖춘 우주선 어드벤처 영화의 중력gravity 유형'이 무엇을 의미하는지 알 수 있다. 간단히 말하면 조회의 범주는 다음과 같이 3가지 층위로 나눌 수 있다. 첫째, 장르(공포 영화 또는 공포 영화의 하위 유형), 둘째, 전형적인 제목(제임스 본드 영화와 같이 영화 또는 영화 시리즈의 일반적인 유형), 셋째, 전설적인 또는 걸출한 단 한 번의 성공을 이룬 영화로 분류가 가능하다. 특히 마지막 분류 범주인 모든 사람들이 알고 있고 고전이 되어버린 '걸작 영화'는 최근의 흥행작이 아니라서 분류 도구로 쓰는 타당성 면에서 전혀 문제가 되지 않는다.[18)

그런 방식으로 프로젝트를 조회하는 것은 그 영화의 예술적 프로필, 예산 범위, 그것에 덧붙여진 사람들의 범주(아티스트와 평가공동체에 참여 가능한 사람들)를 규정한다. 상호 조회 메커니즘은 제5장에서 분석한 탤런트의 분류 과정과 프로젝트의 정의를 관할하는 과정을 이어준다. 다시 말해 사람들이 평가되고 분류되는 [그들을 묘사하는데 사용되는 어휘, '고정배역 정체성(typecast identities)', 그것의 결합된 형태인 원형 프로필에서 분명하게 나타난다] 단서와 범주, 프로젝트 유형을 분류하는 데 쓰이는 범주가 서로 반응하여 상호 통합된다.

사람들을 분류하는 방식은 영화나 쇼를 만들 때 누가 좋은 상대나 추진력이 될 수 있는지를 나타낸다. 이러한 분류 과정은 제작 메커니즘을 세분화(전문화된 집단을 구성하고 강화)하고 계층화한다. 이 단계에서 계층 구조는 주로 영화산업의 반응 면에서 미래에 개봉할 영화의 품질 평가에 대한 기대치와 관객에 대한 판매 가능성을 반영한다. 이 영화는 오스카Oscar 영화인가? 아니면 잠재적으로 박스 오피스에서 크게 성공할 작품인가?

그러나 영화를 관객에게 판매하고 비평가들과 동료들을 매료시키는 것은 간접적인 것이기 때문에, 그것은 제작·배급 사업 파트너가 걱정할 문제이지 에이전트에게는 직접적인 관심사가 아니다. 대신 에이전트가 직접 관심을 갖는 것은 **평가공동체에 아티스트, 제작 전문가 및 기타 탤런트 대행인과 같은 자신의 사업 파트너를** 참여시켜 그 목적을 달성하기 위한 공통 토대를 구축하는 것이다.

이것은 본질적으로 불확실한 것을 '**실제 느끼고**', 중요한 금융 투자를 허용할 만큼 충분히 안전하게 하는 것을 의미한다. 그것은 프로젝트나 공연을 만드는 것이 가능하고, 지금 그것이 무엇인지 알 수 있는 다른 사람들을 **대행할 수 있음**을 의미한다. 즉 문자 그대로 에이전트는 프로젝트에 관련된 이미지를 제공한다는 면에서 사람들뿐만 아니라 그들이 다루는 프로젝트를 **대행한다.** 물론 에이전트는 이 작업을 혼자 수행하지 않는다.

그러나 에이전트들의 활동은 스튜디오가 프로젝트에 대해 관심을 분명하게 표명한 이후부터 쭉 이 방향으로 향해 있다. 예를 들어 나는 빅 할리우드의 선임 탤런트 에이전트를 관찰한 기간 동안 그 선임 탤런트 에이전트가 자신이 대행한 A급 배우가 주연을 맡은 데다 스튜디오가 이미 제작에 전념하고 있는 영화에 대하여 스튜디오 수장과 통화를 하며 상호작용을 해나가는 모습을 목격했다. 그들의 대화는 에이전트가 자신의 프로젝트를 어떻게 보았는지, 그리고 이 특정 개발 시점에서 어떻게 프로젝트를 설명해야 할지 사업 파트너에게 묻는 것부터 시작되었다.

그 에이전트는 영화에 대한 **자신의** 이야기를 말하기 위해 사업 파트너에게 관점을 드러내도록 요구하고, 이 말의 교환 과정에서 자신의 접근 방식을 만들면서 사업 파트너의 관점을 미묘하게 재구성해 나갔다. 공통된 '**비전**'을 구축하는 것은 그런 상호적이고 지속적인 위치 재설정과 재형성에서 나온다. 다음에 인용된 대본 에이전트는 제작 측면의 비전을 아티스트의 언어로 변환하거나 그 반대의 경우에도 적용되는 **번역 작업**translation work의 중요성을 강조했다. 그 작업은 에이전트 업무 관행의 핵심이다.

> 당신은 [탤런트와 제작사] 사이에서 중개인과 전달자의 역할을 하죠. 많은 네트워크나 스튜디오들이 나쁜 사람이 되고 싶어 하지 않기 때문이죠. 특히 그들이 관심을 두고 있는 작가[에 관해 말하면], 매우 잘 나가고 존경을 받는 경우 특히 그러하죠. 그래서 이따금 스튜디오나 네트워크가 자신의 생각을 전달시키지만, 일부를 전달하지 않거나, 말을 돌려 하거나, 뭔가에 대해 완전히 명확하지 않게 말하기도 해요. 그들은 지나치게 비판적으로 보이고 싶지 않기 때문이에요. 작가는 제시된 전달 사항을 고심해 볼 거예요.
>
> 작가가 그 모든 사항들을 따르지 않는다면 스튜디오는 마음에 들어 하지 않아요. 그러나 사실 당신이 모든 전달 사항을 **주지** 않았던 거죠! …… 그런데 같은 지점에서 작가도 [이미] 그것을 느낄지도 몰라요. …… 그러나 당신이 해야 할 일은 돌아가서 당신이 가지고 있는 것을 보고 "좋아요, 이것이 올바른 방향으로 진행되고 있나요? 그것을 바꾸기 위해서 제가 할 수 있는 일이 있나요, 아니면 ……?"이라고 깨닫는 것이에요. 그래서 많은 시간에 걸쳐 [작가와 네트워크 임원] 사이에서 다리 역할을 하는 거죠. 그것을 중개하는 것이죠(2014년 11월, 대형 에이전시 소속의 텔레비전 대본 에이전트, 볼드체는 면담자 강조).

이 말들은 에이전트가 하는 **인식의 중개**brokerage of perceptions를 드러나게 한다. 이것은 물론 자기 이익에 치중한 중개를 하는 것이다. 왜냐하면 에이전트가 참가자들의 '비전들'을 번역하고 조합하는데 에이전트들의 이해관계가 전혀 없는 것이 아니기 때문이다. 이러한 '비전들'과 기대들이 유명 감독이, 결국 스튜디오가, 결국 스타 배우가 프로젝트에 동참하는 것과 같은 연쇄적인 기여들을 충분히 통합하는 게 나타나면서 참가자들이 '마법'이라 부르는 일이 생겨난다. 기대의 결합이 분명해지고 그것을 형성하는 분리된 관점들이 결합되며, 프로젝트는 '대체로 보아' 존재하는 것으로 알려진다. 프로젝트의 특정한 서사들narratives 또한 널리 확산된다. 그러나 참가자의 '비전들'은 완전히 통합되지 않으며 많은 이해관계들이 남아 있으며, 무엇이 만들어지고 있는지를 정의하는 데는 항상 게임과 긴장 가능성의 여지가 있다.

평가공동체들에서 사람과 프로젝트를 평가하는 것은 **의미의 틀들**frames of meaning을 집단적으로 **변환하는** 과정이다. 그것은 고프먼Goffman의 견해에 따르면 다양한 '**조작들**fabrications'의 대립을 연상시킨다.[19] 영화나 텔레비전 프로젝트를 둘러싼 세계에서, 각각의 시장 행위자들은 현실을 특정 방식으로 표현하고 다른 사람들이 이러한 상황 정의를 공유하고 이에 따라 행동하도록 유도한다.[20] 이런 맥락에서 **틀 짓기 싸움**framing disputes이 일어날 수 있으며, 에이전트는 그러한 갈등을 피하거나 **관계 보수**relationship repair를 하는 데 전문가로서의 역할도 한다.

평가공동체들의 참여자, 즉 탤런트 대행인과 제작 파트너 모두는 상호 연관성을 유지하는 것이 중요하며, 에이전트는 고객과 강력하고 조화로운 관계를 유지하는 것이 중요하다. 이 모든 것은 특정 프로젝트의 형태와 운명을 다루는 데 우선순위를 두며 올바른 행동이 무엇인지를 결정하는 경향이 있다. 이것은 이제 설명할 것처럼, 관계의 상업적 차원이 작용할 때 진정한 의미가 있다.

독특한 것에 가격 매기기

돈 버는 데는 규칙이 없다

거래를 성사시키고 가격을 책정하는 것은 언뜻 보기에 합리적이고 기술적으로 갖춰진 관행의 하나로 나타나는데, 이것은 시장의 법칙을 반영하고 사실, 데이터, 숫자를 기반으로 한다. 실제적으로 할리우드에는 많은 숫자들이 유통되고 있다. 아티스트, 개별적인 재료, 프로젝트의 경제적 가치를 규정하기 위해 다양한 유형의 측정 도구가 존재한다.

우선, 아티스트들은 '시세quotes, 時勢'를 가지고 있다. 시세는 누군가가 현재 협상 중인 프로젝트와 비교되는 프로젝트 범주에서 맨 마지막 일거리에 지불하는 금액을 말한다.21) 이론적으로 아티스트의 시세는 구매자에게 이 사람이 프로젝트에 동참해 일하는 데 얼마나 들지 그 비용을 알려준다.

영화가 나오자마자 극장의 박스 오피스 수익을 면밀히 모니터링하기 위해 '항적 번호tracking numbers, 航跡番號'가 생성된다. 영화 매체 '〈트래킹 보드 tracking boards〉'는 업계 내부자들에게 프로젝트를 비롯해 완성 작품에 관한 모든 종류의 정보를 제공한다.22) 아티스트, 작품 및 프로젝트에 대한 소셜 미디어의 피드백feedback은 이미 조사된 것뿐만 아니라 향후 추세와 예상되는 성공에 대해 더 많이 알기 위한 면밀한 조사를 포함한다.

탤런트가 온라인에서 받는 관심, 가령 이 아티스트가 끌어올 수 있는 '팔로어followers'의 수처럼 객관화할 수치가 어떻게 실제 영화의 흥행 수익이나 TV 쇼의 성공으로 바뀌는가에 대한 질문은 스튜디오와 제작 전문가들, 또는 영화 투자자에게만 흥미로운 것은 아니다. 에이전시도 규정하기 어려운 소셜 미디어의 '정서'를 수치로 대입시킴으로써 이를 객관화할 수 있는 측정도구를 만들거나 그것을 사용하는 데도 관여한다. 에이전시는 먼저 그들의 고객들이 온라인으로 아티스트의 공적 이미지를 관리하는 방법을 고려해야 할 뿐만 아니라 '온라인 인기도'를 거래 협상에서 쟁점으로 사용해야 한다.

때로는 그것보다 더 나아간다. 2014년 에이전시 업계에서 주요 조직 중 하나인 UTAUnited Talent Agency는 저명한 영화 모니터링 회사인 렌트랙Rentrak과 파트너 관계를 맺고 스튜디오와 배급 회사가 영화를 출시하기 오래전에 박스오피스의 성공을 예측할 수 있도록 설계된 데이터 분석 서비스인 프리액트PreAct라는 장치를 구상해 내놓았는데, 이 장치는 프로젝트와 관련된 소셜 미디어 대화를 기반으로 한다.[23] 에이전시가 사전에 제작 전문가와 맺은 관계는 이 장치를 사업 파트너에게 판매함으로써 스튜디오와 보다 긴밀한 협업 자세를 유지하고 양측에 한발 거리만큼 가깝게 위치할 수 있게 해준다.

제작과 마케팅에 관한 의사 결정을 할 수 있고 동시에 잠재적으로 동일한 숫자를 나타내고 있는 프로젝트의 탤런트 요소를 판매하는 도구를 제공한다. 제작 측면에서 영화가 어떻게 진행될 것인지를 몇 달 전에 모니터할 수 있다는 것은 성배聖杯, holy grail(예수가 최후의 만찬에 사용했다는 신성한 술잔으로 서구사회에서 '가장 관심이 많은 귀중한 보물'로 인식된다)에 도달하는 것과 유사하다.

그러나 측정된 것은 초기 마케팅 캠페인에 대한 현재의 반응을 반영하는 것일 뿐 영화 평판에 대한 예상 이미지가 아니므로 이 둘 사이의 인과 관계가 함축되어 있다.[24] 어쨌든 '기대에 의한 평판'이라는 생각은 반응reception이라는 개념을 재창조한다.

또한 영화가 아직 개봉되지 않은 상황에서 아티스트가 상상한 인구통계 자료, 팔로어, 팬 등과 같은 준거집단reference groups, 準據集團을 형성함으로써 영화 관객의 의미를 재규정한다. 따라서 생산된 숫자가 사실 정확한지 아닌지를 떠나 그 자체로 사회적 영향력을 갖게 한다.

이러한 요소로 인해 우리는 가격 책정과 거래 성사의 메커니즘이 표준화되고 체계적이며, 공식을 기반으로 하고 있음을 짐짓 상상할 수 있다. 그러나 이것은 사실이 아니다. 사실 스튜디오나 제작 주체는 예산이 2억 달러(2247억 원)에 이르는 때로는 매우 버거운 프로젝트에 합류해 중대한 재정 위험을 감수하고 합리화하며 위험을 줄이는 기술을 개발하려고 노력했다. 숫자를 생산하는 것도, 마케팅 부서가 스튜디오 부문에서 얻은 무게감도 그것의 일부이다. 마케팅 전문가는 종종 프로젝트 관련 논의의 초기 단계에 참여한다.

이미 익숙해진 것을 보러 갈 경향이 더 많을 것으로 예측되는 잠재적인 고객의 '사전 인지도pre-awareness'라는 개념과, 영화 프랜차이즈의 표준화된 포맷들, '리부트reboots'나 이전 히트작들의 속편sequels도 경제적 산출의 측면에서 예측이 가능하다. 이런 것들은 위험을 줄이기 위해 투자를 다각화하는 전략과는 반대의 경우지만 매우 적은 고가의 작품에 스튜디오가 투자를 함으로써 재정적 위험을 집중시킨 것에 대한 또 다른 반응이다.

하지만 이 모든 것은 엄격히 말해서 스튜디오가 겪는 재정적 위험과는 별개로 다른 또 다른 위험을 관리하도록 설계되었다. 즉 자신이 옹호해 추진한 프로젝트가 결국 너무 많은 돈을 잃는다면 특정 임원이 비난받아야 할 수도 있고 해고될 수도 있다. 이때 과학적인 것처럼 보이는 예측과 수치는 사후 확률posteriori로 사용되는 정당한 도구로서 기업체의 맥락에서 상위 수준에, 가능하다면 경영자에게, 투자 수익을 기대하는 주주에게 보고된다.

그러나 인터뷰에서 에이전트와 제작 전문가는 모두 일반적으로 재정 결정을 합리화하기 위해 마케팅 기법과 도구를 사용하는 것에 대해 회의론을 나타냈다. 기술의 신뢰성과 그것들이 만들어내는 숫자의 정확성에 의문을 제기했다. 그것들의 '**비창조적**' 성격은 관심보다 경멸을 불러 일으켰다.

물론 에이전트들은 여기저기서 토론할 때 그런 숫자들을 참조할 수 있다는 점을 알고 있다. 의심할 여지없이 스튜디오와 협상을 하는 동안 상담을 받던 마케팅 전문가가 그러한 데이터를 가져왔다는 것도 인정한다. 그러나 그들은 에이전트들은 영화 프로젝트의 정량화 작업을 훨씬 더 직관적인 과정으로 묘사했다. 전직 에이전트이자 빅 할리우드의 에이전시 매니저였다가 제작자로 전환한 사람은 경험과 도제식 훈련을 통해 성장한 장인으로서 영화 예산과 모든 관련 예산을 파악하는 자기 능력에 대해 고백했다.

저는 그 어떤 것도 믿지 않아요. 그것은 정말로 합리적이지 않아요. 알다시피, 그들은 그것을 이성적으로 만들려고 노력하지만 계산기만 돌리는 거죠. "오, 그럼, 이거 독일에서 해야겠어요. …… " 알다시피, 그들은 …… "안 돼!"라고 외칠 거예요. 말하자면, 당신이 계산하고 있는 것은 무엇이든 잘못된 거죠. 너무 적거나 너무 많아요. 그것은 옳지 않아요. …… 당신은 항상 위험 요소를 평가해야 해요. 확실하다고 예상되었던 모든 일들이 절대 제대로 되지 않기 때문이죠. 모든 확실한 일들은 실패했어요.

그렇다면 당신은 어떻게 진행될지 전혀 모를 경우 위험 요소를 어떻게 파악할 수 있을까요?

그건 그 일의 아름다움을 통해 파악할 수 있죠. 그게 재미있는 부분이에요. 취향, 경험, 운이 작용하는 곳이기 때문에 모든 사람들은 영화의 위험 요소 파악을 하려 하지 않아요. 당신은 항상 배워요. 이 분야에서 오래 일하고 난 후 저는 대본을 판별하는 것과 영화 예산이 무엇인지 꽤 잘 이해할 수 있었어요. 하지만 저는 영화 예산을 마련할 수 없어요. 어떤 것에 비용이 소요되는지 몰라요. 제가 할 수 있는 모든 일은 제가 예산을 마련할 수 없음에도 수천 개의 대본을 처리하는 것이죠.

"그 대본은 그 정도의 예산을 갖고 있어요. 그 대본은 그 정도의 예산을 갖고 있어요. 그 대본은 그 정도의 예산을 갖고 있어요"라고 말해도 저는 예산을 마련할 수 없다니까요! 당신이 "좋아요, 당신이 어떻게 해서 그렇게 예산을 측정했는지 저한테 보여주세요"라고 말하면, 저는 모르겠다고 답하죠. 저는 단지 4000개의 대본과 4000개의 예산을 비교해서 알게 된 거예요. 알다시피, 그것은 컴퓨터와 같아요. 그것은 단지 알고리즘(어떤 문제의 해결을 위해 입력 자료를 토대로 원하는 출력을 유도해 내는 규칙의 집합)일 뿐이에요(2013년 8월, 볼드체는 면담자 강조).

이렇게 수치를 계산하는 것이 합리적 과정이 아니라면 그것은 참가자들이 일관되게 행동하지 않기 때문이 아니다. 그들은 상황을 평가하고 전략을 세우며 관행을 반영한다. 이 평가 활동은 이 장의 이전 섹션인 **'연쇄적인 기대감'**에서 설명한 상호 의존 과정에 포함되어 있다. 결과적으로 특정 프로젝트의 맥락에서 창의적 활동을 현금화하는 것은, 적어도 부분적으로 작동 중인 상호 의존성 시스템과 사업 활동에 관한 모든 시스템의 토대인 관계를 유지하는 서비스의 차원에서 항상 실행된다. 이것은 또한 창조적이고 경제적인 가치를 유지하는 것을 너무 복잡하게 만든다.

이 시점에서 나는 구별을 할 필요가 있다. **리틀 할리우드**에서 에이전트들은 '협상'을 거의 진행하지 않는다고 설명하는데, 거래는 상대적으로 표준적이며 실제로 대부분의 고객은 '등급scale'을 만들기 때문이다. 이는 즉 제작 분야의 노동 유형에 맞춰, 직업조합의 등급에 따라 **고정된 최저임금**을 받는다는 의미이거나 임금 규모 면에서 약간 더 상승하지만 상당히 예측 가능하고 미리 규정된 단계를 따른다는 뜻이다. 예를 들어 TV 네트워크가 이런 저런 역할이나 직무에 대해 지불하는 액수가 얼마이든지 간에 항상 협상할 수 있는 것이 아니란 것이다.

따라서 대부분의 경우 재정 협약을 고안해 낼 때 적극적인 거래나 창의성은 필요하지 않다.[25] 거래, 협상, 가격 책정이 관심 대상이 되는 것은 대부분 **빅 할리우드**에서다. 가격은 단순히 외부 시장의 메커니즘에 의해 분명하고 객관적인 현실로 여기에 제시되지 않는다.

에이전트들은 그 단계에서 단지 '**규칙이 없다**'고 주장한다. '**임의적이다**'. 독특함이 지배한다. "독특한 모든 상황에는 완전히 다른 행동 강령, 사건 순서, 어조, 타이밍이 필요하다."[26] 루시앙 카픽Lucien Karpik의 '**특이성에 대한 시장**markets for singularities' 분석처럼 아티스트의 **급진적 특이성**radical singularity은 측정이 불가능한 성과와 변덕스러운 가격 책정 메커니즘을 암시한다(Karpik, 2010).[27]

주요 에이전시 가운데 하나에서 여러 영화배우를 대행하는 한 탤런트 에이전트는 다음과 같이 표현했다. "할리우드에는 돈에 관해선 정말로 규칙이 없습니다. 사람들이 사용하는 시세는 참조할 뿐이에요. 배우는 스튜디오 영화에서 2000만 달러를 벌어들일 수 있고 독립 영화에서 10만 달러를 벌 수 있습니다. 그렇죠. 그는 독립 영화에서 더 많은 **백엔드**back-end[수익]을 올릴 수는 있지만, 그 스튜디오 영화에서 만큼의 백엔드는 없을 거에요. 거기에는 정말 되풀이되는 압운rhyme이나 이유reason도 없어요. 이것은 순간적인 감정 폭발로 범죄를 저지르고 마는 **격정 범죄**crime of passion인 거죠"(2013년 4월).

다음 페이지의 내용들은 독창성, 품질, 재능과 같은 것들에 대해 평가가 불가능하다는 미스터리와 가격을 매길 수 없는 무엇인가에 대해 가격을 책정하는 역설을 설명하는 데 기여하기 위해 노력한다. 에이전트는 거래의 핵심, 즉 아티스트와 예술 작품의 '**특이성들**'에 대해 어떻게 가격을 매길까? 우리는 신고전주의 경제 이론이 수요자와 공급자의 상호작용에 의해 교환이 성사될 때 정해지는 균형 시장가격equilibrium market price과 눈금, 줄, 막대로 표시되는 선형적 가격 척도linear price scale를 통해 상상하는 '시장의 규칙'이 이러한 맥락에서 일어나는 일을 이해하는 데 별로 도움이 되지 않는다는 관찰에서 카픽을 쉽게 따를 수 있습니다. 그렇게 많은 날을 연기를 하며 보내거나 대본을 쓰면서, 한편으로는 A급 아티스트들에 의해 완수되거나, 다른 한편으로는 중급이나 무명의 배우 및 작가에 의해 완수된 비슷한 구성방식을 가진 성과의 가치를 구분하는 가격 척도에는 실제로 큰 변동성과 격차가 있다. 완전히 다른 평가 논리가 적용되는 것 같다.

카픽은 극단적인 가격 변동과 가장 성공한 아티스트들이 벌어들인, 때로는 엄청나게 많은 액수의 돈이 그런 시장에 뿌리를 내리게 된 측정이나 평가가 불가능한 품질이라는 생각을 반영하고 정당화한다고 제안한다. 우리에게 이 평가 불가성과 그것에 개의치 않고 가격을 매기는 것 사이의 긴장이 **어떻게** 할리우드에서 일일의 상호작용과 활동을 통해 실제로 타협되는지 의문을 갖게 하는 대목이다.

에이전트들은 독특함에 대해 어떻게 가격을 매길까? 또는 에이전트와 그들의 사업 파트너가 맡고 있는 그런 가격 매기기 작업은 거래 대상물의 품질이 비교 불가능하다는 공유된 믿음과 관련지어 어떻게 이뤄질까? 28)

에이전트는 '**좋은 프로젝트**'와 '**뛰어난 탤런트**'의 본질적인 힘을 언급한다. 에이전트들이 갖는 품질에 대한 일반적인 믿음은 가격 책정 메커니즘이 공식, 표준안, 어떤 체계적인 일련의 규칙으로 축소될 수 없다는 확신과 관련이 있다. 가장 높은 가격이 체계적으로 최고 품질의 프로젝트나 가장 우수한 성과로 이어지지 않는다는 것을 인정하는 경우에 그렇다.

빅 할리우드, 특히 이 게임의 맨 위에서 활동하는 소수의 에이전트, 아티스트, 제작 전문가들 가운데 눈에 띄는 사람들은 프로젝트에 사업 파트너를 참여시키고 영화의 재정 투자를 받기 위해 이러한 그룹 내에서 연합체를 형성할 수 있는 위치에 있다. 따라서 에이전트의 주된 관심사는 고객의 예술적 열망과 경험을 충족시키는 것이며, 이를 대형 에이전시의 선임 에이전트는 '기쁨'이라고 표현했다.

에이전트 업무 기술은 거래 성사가 아니죠. 거래를 할 수 있게 무언가를 충분히 가치 있게 만드는 일이죠. 우리가 거래할 만한 가치가 있다고 여기면, 협상을 해요. 작은 도시에서 프로젝트에 참여하는 데 충분히 행복을 느끼는 아티스트를 찾는다면, [거래는] 거의 손해를 보지 않는 거죠. 그러나 저의 세계에서는 그렇지 않아요. 빌어먹게도 무언가를 사랑하는 아티스트를 만나서 그들에게 좋은 가격을 제시해 줄 수 없다면, 저는 그들에게 돈 때문이 아니라 다른 이유를 들어 그것을 하도록 설득하죠. 바로 그 다른 이유가 기쁨이죠! 그것은 기쁨, 사랑, 경험, 만들어나가는 과정에 관한 것이죠(2013년 4월).

높은 가격에 대한 타당성은 결국 탤런트가 항상 성과를 이뤄내기 때문에 '돈이 당신을 찾아온다'라는 일반적 믿음에 의해 정당화되며, 그러한 이유로 성공은 돈을 의미한다고도 볼 수 있다.[29] 이 분야에서 성공에 이르는 모든 길은 이른바 독립 영화와 같은 독립 세계에서조차 경제 자본의 축적과 관련되어 있으며 그 비율이 매우 다양하다는 것을 부인할 수 없다.

그러나 이것은 '사업상의 이익'을 구현해야 하는 사람들의 시각에서조차도 게임에 대한 일차적인 의미와 정당성을 부여하는 것이 아니다. 할리우드를 다른 어떤 시장처럼 취급하는 명분이 되는 엄격한 상업 목록이 있지만, 이런 목록은 에이전트, 제작자를 비롯한 참여자들이 품질, 독창성, 아티스트들의 '주장과 그들의 태도', 작품에 대한 사적 소유 표시, 영화와 같은 집단 프로젝트의 존재에 관한 중심성을 언급하면 변경되거나 심지어 조작된다. 이것은 아티스트들이 '더 큰 성공을 이룰 만한' 많은 이유들이다.

앞에서 거론한 에이전트는 "영화가 잘 만들어졌다는 사실을 알았고" 작품이 흥행할 것이라고 예측했기 때문에, 당시의 시세와 비교할 경우 배우의 급여가 수백만 달러나 인상되고 영화 수익의 상당한 지분을 요구할 자격이 있다고 느꼈다. 그 에이전트는 게임의 실재적 본성에 관해 솔직했으며 순진하지도 않았다. 사실 그가 표현한 것은 참여자의 핵심 신념과 직업적 이상인데, 그것은 우리가 이전에 확인한 직업적 관행에 대해 존재감을 부여한다.30) 품질과 재능에 대한 인식과 경제적 가치에 대한 인식이 불가분의 관계로 얽혀 있기 때문에 우리는 여기서 이 정신적인 틀에 **경제적 차원**이 포함되어 있음을 관찰할 수 있다.

에이전트에게 이 직업적 **이상**ideal은 당연히 특정한 협상이나 거래 과정의 경험에서 나오는 것이 아니다. 특정 상황에서 서로 다른 범주에 있는 사람들과 프로젝트에 대해 가격을 매기는 접근 방식은 더 규정하기 어려워지고 있으며 변화하고 있다. 이미 설정된 품질과 가격의 위계 구조를 따르지는 않고 항상 부수적으로 다양성을 수반할 것이다.

이와는 반대로 에이전트는 아주 엉망인 정도는 아니지만 흐릿한 그림을 그린다. 가격 책정을 통일해야 할 합리적인 이유가 없기 때문에 영화 프로젝트의 각 구성 요소에 대한 가치 평가는 상황에 따라 매우 달라지고 특정 구매자, 투자자, 탤런트, 다른 가능한 사업 파트너와의 상호 작용, 그리고 프로젝트 중심에 있는 재료들의 특수성과 결부된다.

아티스트들에 대해 가격을 매기는 데는 어떤 '비인간적인' 가치 척도도 실제 적용되지 않기 때문에 시세는 부정확한 것이다. 여러 인터뷰 대상자들은 자신들이 대행하는 스타 가운데 한 명을 예로 든다. 그 고객은 대형 스튜디오 제작사에서 연기를 하면서 2000만 달러(약 224억 원) 이상을 받거나 1억 달러(약 1122억 원)짜리 영화를 감독할 위치에 있지만, 동시에 1000만 달러(약 112억 원)짜리의 '작은' 독립 영화에서 거의 돈을 받지 않고 연기나 감독을 할 수 있다. 이 탤런트는 다음과 같은 결론을 종합적으로 제시한다. "시세는 무엇을 뜻하나요? 아무것도 뜻하지 않습니다. 그것은 단지 당신의 경력 파일을 정당화하기 위한 것이죠. …… 아티스트들은 '시세보다 적은 돈을 받고 일하지 않겠다'고 말하지 않으며, 제작자와 같은 구매자들도 '예산이 충분지 않아 시세만큼 지불하지 못하겠어요 ……'라고 말하지 않아요. 그렇게 말하는 사람은 없어요. 그런 대화는 단지 영화를 실제 제작하는 고아한 세계에서는 잡담에 불과합니다."

에이전트가 연기, 감독, 제작과 같이 아티스트가 맡을 수 있는 역할의 부침, 프로젝트 유형과 예산의 편차, 각 프로젝트의 협상을 위해 형성된 직업 구성의 특수성을 잘 알고 설명할 때, 이 모든 것들은 영화제작 과정에서 근본적으로 맥락적인 특성을 나타낸다. 앞의 탤런트 에이전트는 계속해서 다음과 같이 말했다.

> 그것은 할리우드의 아름다움이자 저주(curse)죠. 비밀리에 전수되는 일시적인 어중간한 영역과 거의 모든 가치 체계의 흐릿함 말이에요. 우리가 평가할 수 있는 가치에는 아티스트의 가치, 시간의 가치, 야외 촬영지의 가치, 직원들의 가치, 단역 배우들의 가치, 의상의 세부 사항에 관한 가치, 원고를 다시 고쳐 쓰는 작가들의 가치, 1000만 달러(약 112억 원)의 자본이 들어간 영화를 만드는 감독의 가치, 이와는 반대로 훌륭한 젊은 감독의 가치가 있죠.
>
> 이 **가치**는 모두 다르게 평가되죠. 다른 사업 같은 경우에는 유리, 철광석, 목재, **노동**이 각각 가치가 있잖아요. 쇼 비즈니스에서 가치란 딱히 뭐라고 꼬집어 말할 수 없고, 유동적이죠. …… 그런 고객과 프로젝트의 가치, 그들이 접촉하는 방식과 같은 현실은 그 프로젝트와 고객이 그때까지 시간을 쏟아부은 결과이지 어떤 시세나 공식에 의한 것이 아니에요. 바로 지금 이 순간까지요(2013년 12월,

대형 에이전시 소속, 볼드체는 면담자 강조).

각 사례가 독특하고 협상은 순전히 상황에 따라 달라지며, 거래가 성사되는 관행은 즉흥적인 기술이라는 인식에도 불구하고 확인이 가능하고, 가격의 차이는 이해할 수 있으며, 표준 가격이 특정한 범주에 속한 스타 아티스트의 측정 불가한 실력을 보상하려는 목적으로 등장할 수도 있다. 다시 말해 이런 활동은 군중들로 둘러싸인 무대 위에서 공연하는 오케스트라가 아닌 힘 있는 거물이나 국제 영화배우에 의해서 체계적으로 **조율된다**.

이러한 의미에서 가격은 '**임의적**'이지 않다. 즉 전적으로 예측 불가능한 것이 아니라[31] 구체적인 행동 규범을 참조해 이해하고 설명할 수 있는 것이다. 에이전트들이 **경제적 인간**homo economicus의 합리적인 스타일이나 시장경제에서 교섭자처럼 행동하지 않으면[32] 그들의 행동은 지금부터 내가 추적해 찾아내듯이 특정한 패턴을 **형성한다**.

경제적 서사 기술하기

첫째, 가치가 정의되고 사람이나 프로젝트가 각 특정 프로젝트에서 부분적으로 배치되더라도 가격으로 매겨지는 상호작용 시스템은 결코 완전히 재편되지 않는다. 대부분 그들은 이미 지인인 참가자들이 모인 제한된 그룹으로 구성되어 있다. 상황에 따라 다르고 우연에 기반을 둔 것("나는 단지 적절한 구매자, 적절한 타이밍, 적절한 스튜디오, 적절한 협업, 적절한 구체적인 프로젝트를 가졌다. 그래서 나는 계약할 수 있었다"[33])으로 보이는 것은 참가자들이 오랫동안 속해 있고, 소수의 시장 행위자들이 서로 반복적으로 거래하는 특정한 평가공동체의 한계 내에서 존재하기 때문이다.

평가공동체는 '**기회**chance'가 생겨나는 직업 영역을 묘사한다. 평가공동체에서 사업 파트너와 이미 형성한 친숙도와 과거 상호작용의 경험은 파트너들과의 **'적절한'** 조합과 거래에 근접하는 **'적절한'** 순간을 만든다. 이것은 에이전트가 '시장을 체감하고, 일의 진행 속도를 느끼고, 경쟁을 이해하는' 상황을 상기시키며,[34] 유동적이고 혼란스러운 세계에서 전략적으로 행동할 수 있게 해준다.

따라서 협상과 가격 결정의 메커니즘은 프로젝트에 관한 창의적 정의와 관련해 이미 설명한 것과 비슷한 방식으로 구성된다. 다른 사람들의 위치, 동기, 의제, 기대, 예상에 대한 참가자 평가의 상호작용은 평가공동체 내에서 프로젝트에 관해 특정 집단의 행동을 해석하는 데 재차 중요한 요소들이다.

이러한 맥락에서 협상 게임은 흔히 인정되는 **경제적 서사**를 생성·유통시키는 **작업**을 기반으로 하는데. 이것은 앞에서 분석한 프로젝트의 창의성과 관련되어 있다. 에이전트의 위치는 협상 게임에서 다음 두 그룹의 대표자들 사이의 분할에 근거를 둔 서사 구조에 따라 규정된다. 협상에 참여하는 하나의 그룹은 대행자 측과 이와 관계된 탤런트의 연합에 의해 형성되는데, 에이전트와 해당 에이전시가 이에 속한다. 어쩌면 다른 에이전트들, 매니저, 변호사, 관련된 고객, 창의적이고 재정 부분을 담당하는 파트너도 해당될 수 있다. 나머지 다른 그룹에는 **구매자들**과 함께 있는 것으로 보이는 사람들, 즉 스튜디오, 앞서가는 제작사, 관련된 투자, 제작, 배급, 마케팅, 홍보 주체들이 포함된다.

이러한 의식적 구분은 에이전트의 견해에서 **'최선의 거래'**best deal의 규정과 충돌하는 이해관계('우리' 대 '그들')를 구축한다. 그러나 이것은 어느 정도 사실이다. 에이전트는 고객과의 관계**와** 구매자와의 관계 **모두**에서 자신의 힘을 이끌어내기 때문에 '협상에 난관을 겪는' 에이전트라 할지라도 적대감 유발 전략들antagonazing strategies과 초토화 정책scorched-earth policy은 일반적으로 택하지 않는다. 반대로 협상이란 에이전트가 동시에 서로 의존하는 반대 측의 입장들을 연결하는 행위이다. 그러한 상호 의존 게임에서 에이전트는 무엇이 하기 좋은 협상인지, 좋은 거래인지를 결정한다. 즉 무엇보다 게임을 더 즐길 가능성을 유지하는 것이다.

다음에 인용된 주요 에이전시 소속의 최고 에이전트는 협상 가치가 규정되거나 때로는 수정되는 **집합적 과정**collective process에 대해 설명했다. 이 경우 스튜디오는 값비싼 영화 프로젝트와 관련해 이전에 스타와 맺은 계약을 재협상하려고 했다.[35] 따라서 이 상황은 다소 논쟁의 여지가 있다. 그러나 좀 더 일반적 차원에서 보면, 거래가 확실해지면 관계는 잠재적으로 불안정해지면서 이해의 상충이 구체적으로 표출된다.

이야기를 전달하는 방식은 다음과 같죠. 스튜디오는 불행하게도 이해하기 어려운 말을 해요. 그들이 만든 거래를 처리하는 데 어려움을 겪고 있다고 말이죠. 그것은 스튜디오들의 이야기이고요. 우리 이야기를 하자면, 우리는 거래를 하지만 슬쩍 서로 윙크를 주고받죠. 우리가 함께 공존하며 편안함을 찾기 위해 우리는 우리 자신을 상대로 협상할 필요가 없는 방법을 모색할 수 있을까요? 이것은 우리의 이야기죠. 제가 [저의 에이전시 수장에게], [스타 고객에게] 말해야 하거나, 고객이 [에이전시의 수장에게] 말하거나 [고객의 변호사들 가운데 한 사람에게] 전달되죠. 또는 [다른 고객의 변호사에게] 이야기하거나 [고객의 공동 집필자와 창의적인 파트너에게] 말하거나 [그가] [고객에게] 말하는 이야기죠.

이 모든 일들은 일어나고 있어요. 우리의 소박한 이야기는 개인으로서 우리 각자가 갖고 있는 신념 체계와 그 신념을 현실로 표현하는 방법에 대한 해석에 근거하고 있어요. 그래서 우리는 그 이야기를 **우리가 보는 대로** 해석하고 말하기 시작하고, 우리의 서사가 희망적으로 **모두에 의해 수용되기** 시작하죠. 그렇죠?! 그런 일이 일어날 때 일치된 전선이 있고 바로 그 안에 지렛대가 있어서 당신은 그러한 서사를 통해 협상에서 이기기를 바라죠. 당신은 계약상의 법적 강제력이 아닌 설득의 힘으로 협상해 나가죠.

"당신은 [스튜디오 수장과] 무슨 문제가 있나요? 당신은 [스타와] 문제가 있네요. 당신은 [스타와] 무슨 문제가 있나요? 당신은 [그의 변호사들과] 문제가 있네요. 당신은 [그들과] 문제가 있나요? 당신은 [스튜디오 수장과] 문제가 있네요. 당신은 [그와] 문제가 있나요? 당신은 [저와] 문제가 있네요. 당신은 [저와] 문제가 있나요? 당신은 [에이전시의 수장과] 문제가 있네요." 그렇게 당신은 사례를 만들고 있네요! 당신은 법정 다툼을 통해서가 아니라, 역설적으로 할리우드 전화 게임(phone game)을 이용하고 있는 거죠(2013년 12월, 볼드체는 면담자 강조).

협상 과정은 상호 간에 영향력이 생기고 지속적인 변화가 일어나며, 인식과 기대를 최종적으로 통합하는 과정 가운데 하나이다. 그것은 먼저 에이전트와 고객을 연결하고, 자신의 목표와 관점으로 거래에 참여하는 고객의 다른 대행인들과 파트너를 에이전트와 연결하는 세계 내에서 일어난다. 우리의 인터뷰에 응한 사람은 기술적 접근이나 직접 대면을 하지 않고 에이전트와 파트너가 대부분 전화로 비유적인 말로 설득을 하면서 입장들을 정리해 나가는 것을 '**스토리를 말하는 법**'을 찾는 것이라고 규정했다.

그러나 이 집단적인 경제적 서사는 스튜디오 수장과 그의 동료들이 여기에 참여할 때까지 완성되지 않고, 적어도 잠시 동안은 안정화되며, 공통된 내일의 목표를 보호하자고 정의되는 어느 정도 공유된 틀shared frame이다. 지금 중요한 것은 고객이 거래에서 결국 얻을 돈의 양, 에이전시가 받게 될 커미션commission, 에이전트가 취할 보너스bonus, 이 경제적 과정을 통해 얻게 된 다양한 재정적 차원의 것들과 같은 단순한 거래의 경제적 결과가 아니다. 오히려 같은 평가공동체의 참가자들 간에 발생하는 분쟁으로 동요하는 관계 게임에서의 균형을 되돌려 놓은 것이 중요하다. 그리고 이 게임은 정확히 이런 경제적 활동들을 보강하고 있다.

협상은 또한 조직들을 이 과정에 참여시키고 특정 방향으로 움직이도록 조직의 힘을 사용하는 일이기도 하다. 제작 파트너에게 에이전트와 문제가 있는 사람은 크고 강력한 에이전시의 매니저와도 문제가 있고, 최상위 엔터테인먼트 전문 로펌과도 문제가 있는 사람이라고 믿게 만드는 것은 당면한 협상에서 협력의 동기를 제공한다. 협상은 같은 에이전시와 같은 주요 스튜디오 간에, 그리고 어쩌면 다른 아티스트들과 에이전트들, 임원들, 변호사들, 그리고 **같은 평가공동체 시스템 내에 있는** 관련된 다른 프로젝트 간에 현존하거나 잠재하는 모든 거래 상황에 대한 공통 지식을 바탕으로 한다.

조직 자원들의 비중과 평가공동체 역학 사이의 상호작용은 여기서 다시 나타난다. 협상과 가격 책정이 분절된 직업 관계에 너무 깊게 개입해 있기 때문에 특히 잠재적인 구매자들 사이에서 '적을 만들지 않는' 기술은 핵심 요소가 된다. "에이전트가 재료를 파는 것과 관련해 제 규칙 가운데 하나는 많은 수익을 내며, 재료를 팔기는 쉬울지 몰라도, 적을 만들지 않으면서 파는 것은 어렵다는 것입니다. 적을 만들지 않는 것은 더 고급 자료를 대행할 사업 기회를 얻을 열쇠죠."[36]

평가공동체에서 대면 작업(Goffman, 1955)은 다른 사람들에게 체면을 세울 수 있게 해주고, 상대방이 당황스러움이나 패배감을 느껴 협상 테이블을 떠나지 않도록 해준다. 에이전시의 전직 매니저가 설명했듯이, 에이전트는 '모든 사람이 회의실을 행복한 마음으로 떠날 수 있게' 할 필요가 있다.[37] 마찬가지로 영화 패키징과 재정 분야가 전문인 전직 에이전트는 인터뷰에서 '너무 좋은' 스튜디오 계약을 따내는 것이 가진 역효과의 성격에 대해 주장했다.

이 역효과의 원인은 영화 자체에 따라붙은 경제적인 이유(만약 스튜디오가 영화가 만들어내는 전체 수익에서 보다 높은 비율을 얻기를 바란다면, 그것은 보다 일을 더 열심히 하도록 하는 인센티브가 될 것이기에 마케팅에 더 투자를 하고, 더 좋은 개봉 일자를 제시할 것이다) 때문이 아니라 이런 제작 파트너들과의 형성된 관계를 '틀어지게 하지 않는' 바로 그 정신 때문이다. 좀 더 일반적인 차원에서 최고의 탤런트 에이전트는 평가공동체의 논리가 특정 거래의 이해보다 더 크다며, 그것의 체계적인 이유를 공개 표명했다. "우리 모두는 사방에서 빤히 보이는 투명한 어항 같은 곳에 함께 있습니다. 우리는 모두 100만 건의 거래를 했어요. 우리는 앞으로도 더 많은 거래를 할 거예요. 우리에게는 많은 아티스트가 있습니다. 어떤 아티스트가 있다고 쳐보죠. 우리 모두는 치열하게 경쟁하지만 이 평가공동체에서 친구로 남고 싶지 않을까요? 우리는 이런 특별한 상황을 고려하면 이 영화가 향후 우리가 함께 할 사업에 영향을 미치지 **않도록** 하고 싶지 않을까요?"[38]

에이전트는 프로젝트가 보여주는 각각의 '**카드로 지은 집**house of cards(위태로운 계획)의 취약성을 간파하고 프로젝트 자체보다 관계에 투자하는 경향이 있다. 비록 이 두 가지가 밀접하게 상호 연결되어 있는 데도 그러하다. 프로젝트에서 단기간에 시장 지배적 지위를 이용하는 것과 미래를 위해 나쁜 감정이 생기지 않도록 평가공동체에서 오래도록 관계를 유지할 사업 파트너를 관대하게 다루는 것 사이에서 미묘한 균형을 유지할 수 없다면 어떻게 될까. 그렇게 되면 저울은 일반적으로 이후 어떤 특정한 프로젝트에서 거래가 이뤄질 가능성이 있다는 것을 조건으로 하는 두 번째 선택 사항 쪽으로 기울게 된다.

할리우드에서 확인되듯이 똑같은 논리는 심각한 재정적 파급력을 갖기에 잠재적으로 매우 상충되는 상황이 많았어도 법적 소송은 상대적으로 적었다는 것을 잘 설명해 주고 있다. 엔터테인먼트 분야의 변호사들은 평가공동체의 핵심을 이룬다. 따라서 변호사들은 업계에서 자신들의 기능 유지에도 관심이 있으며, 종종 에이전트들의 표현대로 '**법적인 일에 연루되지 않기를**', 또는 적어도 어려운 협상에 놓인 상대방을 법정으로 끌고 가는 위험을 하지 않기를 선호한다.

에이전트들은 자신들이 수행하는 관계 업무에서 법적인 장면을 떼내려고 적극적으로 작업한다. 그들의 특별한 형태의 권력은 정확히 **비공식적인 것의 힘**에 있다. 이것은 그런 의미에서 법적 기술성legal technicality에 반대해 만들어진 적법성의 한 형태이다. 따라서 재판에 회부되거나 그렇게 한다고 위협하는 것이 그들에게 위협의 강도 면에서 대립을 공식화하는, 바람직하지는 않지만 최강의 무기이자 바로 최후의 해결책이란 것은 그리 놀랄 만한 일이 아니다.

소송 제기는 종종 '**스캔들 전략**'을 의미하며 언론의 초점이 될 경우 더 많은 의미를 갖게 된다. 위기는 해결에 실패할 경우 평가공동체라는 선택된 세계의 밖으로 드러난다. 대조적으로 평가공동체의 동력은 서류들을 통해 공식화된 체계라기보다는 오가는 말에 근거를 두고 있는 비공식적 유대, 공통 역사, 공개 위협이 아닌 암시된 위험과 내포된 결과, 밀고 당기기와 주고받기, 구두 거래와 조정이다. 에이전트가 준수하는 '**규칙들**'은 법적 시스템이란 공식 구조에서 나온 것이 아니며, 메모, 편지, 계약서 등 계약에 대한 법적 집행 가능성도 참가자에게는 항상 계약서에 적힌 강도로 해석되지 않는다.

바꿔 말하면 계약은 법적으로 구속력이 있지만 강제적인 성격과는 무관하게 실질적으로 재협상이 가능하기 때문에 참여자들은 구두 거래나 부드러운 수단 같은 유연한 영역에 머물기를 선호한다.[39] 그런 의미에서 빅 할리우드의 평가공동체가 일상적 거래를 통해 구축하고 유지하는 것은 '**무법의 명령**order without law'(Ellickson, 1991)'이다.[40] 이와 대조적으로 가격 협상이 거의 없이 좀 더 공식적이고 표준화된 거래를 하는 것은 리틀 할리우드 에이전트의 일상적인 실제 모습이다.

평가공동체의 가격 설정 메커니즘 구축이 공식 규칙에 의해 규율되지 않는다 하더라도 그 패턴은 관찰할 수 있다. 새로운 참여자들이 에이전트 업무에 익숙해질 때 배우는 공유된 직업지식의 형태는 그들 대부분이 알고 표현할 수 있는 '**행동의 격언**maxims of action'을 규정한다. 평가공동체 내에서 장기적인 사업 파트너와 반복된 경험을 하는 것은 이 그룹 내에서 참여자들의 능력을 강화할 수 있다. 그런 능력은 '**무언가**'나 '**누군가**'가 '**진짜**'이며 '**좋고**', '**참신하다**'고 보낸 신호cues를 읽는 것을 말한다.

아울러 반복된 경험은 **평가공동체 참여자들을 특정 범주의 거래와 연계시키는** 능력, 잠재적으로 관심 있는 구매자를 식별하는 능력, 그리고 그것이 얼마나 가치 있을지를 '**추정**'하는 능력을 강화한다. 평가공동체 내에서 이뤄진 거래의 기억은 참조해야 할 점들을 제공한다. 인용된 말들의 **실질적 의미**와 다른 유형의 협상에서 그런 말들을 '**좋게 사용**'하는 것은 이 맥락에서 반복적으로 대화를 하는 동안 참가자들에 의해 만들어진다.

이 장의 이전 부문에서 탐색했던 프로젝트가 규정되고, 결합되고, 완성되는 길에 놓인, 그리고 에이전트가 적극 참여하는 그 과정은, 프로젝트는 물론 프로젝트를 특징짓는 핵심 요소의 **가치를 정의하는 과정**의 첫 단계이기도 하다. 여기에서 핵심 요소란 스튜디오, 책임을 맡은 임원들, 주요 제작자들, 패키징 에이전트, 에이전시, 변호사들, 매니저들뿐만 아니라 주연배우, 가장 중요한 조연 배우, 감독, 작가 등을 말한다.

이러한 가치 정의의 과정은 평가공동체의 관련 분야에 있는 참가자들의 전체 시스템에 영향을 미칠 뿐만 아니라 이 참가자들을 한데 묶어주는 관계의 가치를 인식하는 것을 포함한다. 따라서 이렇게 뒤엉켜 있는 가치 귀속 메커니즘value attribution machanism은 에이전트가 노동 시장에서 판매하는 아티스트들의 연기 능력에 가격을 매기는 엄중한 문제들보다 우위에 있게 된다.

가격의 변화와 표준의 출현

스타나 프로젝트에 귀속된 가치와 그 결과의 산물로 관련된 거래의 양
이 갑자기 증감하는 경우가 두드러진다. 빅 할리우드에서 떠오르거나 확
실히 자리를 잡은 스타와 우호적인 유대를 만들기 위해 구매자들 사이에
경쟁하거나 **유망한** 재료의 소유권을 사기 위해 경쟁하다 보면 참가자들이
'**입찰 전쟁**bidding war'이라 부르는 일이 초래될 수 있다.

주로 스튜디오인 구매자들은 그들 가운데 한 명이 '**낙찰될 때까지**' 서로
더 비싼 값을 부르는데, 이것은 보통 프로젝트와 아티스트에게 상당한 투
자가 이뤄졌다는 것을 의미한다. 스튜디오는 투자가 나타내는 가능성에
비해 과도한 보수를 주지 않기를 희망하며 '**재능의 장래성**'과 '**창의적인 콘
텐츠의 미래 가치**'를 산다.

가격이 집단적으로 붙여지는 프로젝트와 관계의 역학은 금융 시장에
서 현장조사를 하는 민속지학자들이 중개인과 다른 금융업자에 대해 묘
사한 것과 유사하다(Boussard and Dujarier, 2014; Godechot, 2001). 또한 정교한
직업 문화는 태도를 규정하고 배우가 누구인지, 그리고 게임을 하는 올바
른 방법은 무엇인지 지시하는 '**대본**'을 규정한다(Abolafia, 1996).

이 연구는 금융시장 전문가의 활동에서 경제적 이익이나 개인적 이익
의 추구보다 더 중요한 문제가 없다는 것을 넘어 참여자들이 지킬 규칙들
이 사회 관계와 폭 넓은 문화 메커니즘과 밀착되어 있다는 사실과, 이른바
'**세계 금융 시장**'에 나타난 고도의 지역 역학이 무엇인지를 상세히 밝혀주
고 있다(Knorr Cetina and Bruegger, 2002).

할리우드에서도 사고파는 과정에서 배우와 기존의 것이나 곧 개봉 예

정인 영화의 현재 가격을 산정하지 않는다. 그런 가치는 거래 시점부터 몇 달이나, 몇 년이라는 거리가 있을 것이라고 추정할 수 있다. 스튜디오가 최근에 한 번의 큰 성공을 거둔 데다 곧 개봉될 다른 영화에 출연한 떠오르는 스타(기획자나 감독)와 영화 프로젝트 개발 계약을 맺었다고 가정해 보자. 이 스타는 이 프로젝트에 다른 A급 탤런트를 동원할 수 있는 것으로 보인다. 프로젝트의 장르와 주요 스토리 라인이 스튜디오가 잘 판매할 아이디어처럼 충분히 친숙해 보이기 때문이다.

스튜디오는 자기 판단으로 이 프로젝트에 아마도 5000만 달러(약 564억 원)나 8000만 달러(약 902억 원) 같은 거액을 투자했다. 그러나 여기에서 중요한 것은 스튜디오가 스타의 잠재성을 간파하고 아티스트와의 **관계**에 투자한 것인 동시에 이 특정 거래에 관여된 에이전트와 에이전시, 변호사, 매니저와 함께 일하는 경험에 투자한 것이란 점이다. **그런 일이 일어날 때** 모든 그런 요소들은 함께 거래의 **가치를 창출**한다. 그리고 그들은 특정 유형의 프로젝트에 관해서는 특정 시점에서 **아티스트의 가치**를 창출한다.

그러나 관련된 평가공동체의 참가자들은 모두 '**상황**'을 규정하는 변수들이 계산과 기대에도 불구하고 통제할 수 없는 결합된 방식으로 변화한다는 것을 알고 있다. 이러한 거래가 이뤄지는 프로젝트의 초기 단계에서 주인공은 완제품이 개봉될 때 일어날 일을 아는 문제와 **시간적 거리** temporal distance**를 둔다.** 앞서 나는 에이전트들에게 탤런트 에이전시가 소비자 접점consumer-facing의 조직이 아니라 했듯이, 구매자는 결코 관객이 될 수 없다는 점을 제시했다.

결과적으로 에이전트는 평가와 가격 책정 업무를 잠재적인 관객이 무엇을 소비하기를 원하는지에 대한 문제로 생각하지 않는다. 이것이 에이전트가 '**비즈니스는 산출물**outcome**만 보고 하는 게 아니다**'라고 말하는 이유다.[41] 여기에서 산출물이라는 것은 **결국에는** 프로젝트가 환영을 받으며 상업적 성공을 이루거나, 또는 그 반대로 실패로 끝나는 것을 말한다.

에이전트들은 비즈니스의 '**결과를 통제할 수는 없지만**' 독립변수 independent variable로 취급할 **수** 있다. 왜냐하면 이것은 그들이 영화제작 과정에 개입하는 특정 시간에 무엇을 하느냐에 **직접적으로** 영향을 받지 않기 때문이다. 준비한 영화가 마침내 세상에 나올 때쯤이면 다른 많은 대화, 거래, 협상 과정이 관련된 평가공동체에서 일어날 것이고, 그에 따라 주인공들 간의 지분이나 이해관계가 바뀌었을 것이다.

앞에서 언급한 값비싼 거래에 대한 이야기로 돌아가서 다음에 일어날 일에 대해 상상해 보자. 지금 거래가 끝난 지 2년이 지났다. 거래의 중심에 있던 아티스트가 주연한 그 영화는 개봉이 되자마자 상업적으로 실패했다. 이 프로젝트는 예상되는 공동 주연배우를 캐스팅하지 못했으며 예상대로 원활하게 발전시키지 못했다. 기대는 상호 연관된 방식으로 변화했다. 모든 주인공의 눈에는 스타의 '**가치**', 현재 진행 중인 프로젝트의 '**가치**', 예상대로 성공하지 못한 이전 영화의 '**가치**', 모든 관련된 관계의 '가치'가 바뀐 것이다.

이번 계약을 끝낸 스튜디오 경영진은, 스튜디오 수장과 상사들이 스튜디오와 직무에 매겨지는 임원진의 '**가치**'를 위태롭게 할 수 있다는 점에 대해 우려하고 있다. 아티스트는 매니지먼트 회사와 초기 거래에 관여된 법률 회사뿐만 아니라 에이전시의 관점에서 현재 덜 중요한 고객일 수 있다. 위에 언급된 모든 가치에 대한 **감가상각**depreciation, 減價償却은 경제적 형태로 구체화될 수 있고, 거래 형태를 재협상하거나 아티스트와 관련된 후일의 거래에만 영향을 미치는지 여부와 무관하게 이미 발생한 상징적인 **평가절하**devaluation, 平價切下와 불가분의 관계이다.

이런 견해에 동의함으로써 에이전트는, 고객의 가치가 지나치게 부풀려졌다는 일반적인 인식과 같다는 것을 확인시켜주고, 따라서 새로운 맥락에서 가치 해석의 집단적 일치성을 복원하는 데 참여한다. 이것은 또한 모든 에이전트에게 절대적으로 핵심이 되는 것을 얻게 해준다. 즉, 특히 제작 파트너와 시간을 두고 구축된 **그들의 고유한 관계**가 평가절하되지 않도록 유지한다.

그러나 상업적인 면에서 프로젝트가 상대적으로 실패했다는 것은 특히 기계적으로 에이전트가 감가 상각되었다는 것을 뜻하지 않는다. 즉, 영화의 '**성공**'이나 '**실패**'는 구성 요소의 조합에 따라 고객과 마찬가지로 에이전트에게 영향을 미치거나 미치지 **않을 수 있다**. 하나의 대형 블록버스터 영화가 스튜디오에 수백만 달러의 손실을 가져다준다면 그 영화에 출연한 스타의 돈 버는 능력에도 영향을 미치고, 에이전트가 이 스타의 이름으로 일을 성사시킬 수 있는 능력에 영향을 미칠 것이다. 만약 이것이 에이전트들이 대행하는 그 핵심적인 A급 탤런트의 경우에는 해당 에이전트의 경력과 에이전시에 영향을 미칠 수 있다. 또는 반대로 별개의 동떨어진 사건으로 남는 경우 에이전트에 대한 신뢰도, 직업 경로, 업무수행 능력에 큰 영향을 미치지 않을 수 있다.

특정 영화와 공연의 미실행과 아티스트의 업무 붕괴는 WME나 CAA와 같이 더 많은 스타와 최신 아티스트를 대행하는 거대 조직의 기능을 방해하지 않을 뿐만 아니라, 이 조직이 영위하는 탤런트 대행 사업 외의 다른 부문에 참여해도 전혀 영향을 미치지 않는다. 게다가 기존 영화와 다른 기대치를 창출하는 더 작은 독립 영화인 경우, 그 영화로부터 돈을 벌지 않는 것이 관련 스튜디오가 이름 있는 탤런트와의 관계를 유지하기 위해 기꺼이 지불할 대가일 수 있다. 이러한 일은 종종 발생한다. '소비자 시장'에서 일어나는 일이 에이전트에게 미치는 영향은 특정 프로젝트의 성공이나 실패에서 파생되기보다는 평가공동체의 관계 역학을 통해 항상 걸러진다.

조금 전의 사례에서 아티스트와 프로젝트에 관한 2개의 **상상한 가치** imagined values와 모든 관련 요소들, 즉 최초 거래 당시의 가치와 2년 후 집단적으로 규정된 가치는 결국 불협화음처럼 일치하지 않아 참여자들이 새로운 기대에 따라 창의적이고 경제적인 방식을 조정을 한다. 이것은 할리우드에서 가치가 창출되는 일반적인 방식을 나타낸다.

즉 **평가공동체 내에서 무언가 또는 누군가가**(창의적인 분야나 금전적인 분야 모두) **상상한 가치는 연속적이고 상호 의존적인 조정에 의해** 결정된다. 이 상상한 가치가 특정 유형의 프로젝트(영화 포맷, 하위 장르, 예산 범위)에 참여한 전체 아티스트의 범주로 확장되어 일정 기간 안정적으로 유지되면 **표준**은 결코 형식화되거나 영구적이지는 않음에도 불구하고 형성된다.

1990년대 중반 코미디 영화 세계의 한 부문에서 일어난 일은 이런 점을 잘 보여준다. 짐 캐리Jim Carrey는 그 당시 제작 예산이 3800만 달러(약 428억 원)에서 4000만 달러(약 451억 원)에 이르는 영화 〈케이블 가이The Cable Guy〉에 출연하면서 선불로(전 세계 박스오피스에서 1달러당 15%에 대해) 도합 2000만 달러(약 225억 원)를 받은 1순위 코미디 배우였고, 소니는 UTA의 짐 캐리 에이전트와 이 계약을 체결한 스튜디오였다.

이것은 즉각 할리우드에서 '**대성공**'으로 인식되었다. 그 금액은 실제 짐 캐리가 이전 영화 〈덤 앤 더머Dumb and Dumber〉에서 받았던 700만 달러(약 79억 원)와 비교했을 때 상당한 수준의 출연료 인상 폭이었다. 그리고 그보다 1년 전 그가 영화 〈에이스 벤츄라Ace Ventura: Pet Detective〉를 찍었을 때의 몸값인 45만 달러(약 5억 원)와 비교해도 인상 폭은 더 엄청난 것이었다.

번성기 경제 상황에서 스튜디오 수장들이 스타들에게 거액을 거는 것은 그들의 시각에서는 생각하지 못할 것도 아니었기에 주요 영화의 연속적인 흥행 성공은[42] 가능성의 영역에 대한 인식을 바꿔놓기 시작했다. 제작 전문가는 탤런트 대행인과 아티스트처럼 이러한 막대한 영화 흥행 수익이 과거의 연속적인 성공(짐 캐리의 이름과 코미디 환경과 관련된 코미디 유형에 관한 것을 지칭한다)에서 읽혀졌던 추세와 병행해 계속 발생하거나 증가할 것이라고 예상할 수 있었다. 이러한 상황의 해석은 참여자에게는 '좋은 결정'으로 보였고 소니 픽처스의 회장인 마크 캔턴Mark Canton에게는 뜻밖의 횡재로 인식된 전례 없는 연봉과 총수익gross이란 합작품을 만들어냈다.

그러나 이러한 변화를 초래한 평가공동체의 특정 부문 밖에 있는 다른 할리우드 전문가에게는 결코 명백한 것이 아니었다. 가령 오리온 프로덕션Orion production의 전 제작 책임자였던 마이크 메다보이Mike Medavoy는 이 거래가 '아주 위태롭고 위험한 선례'를 남길 것이라는 두려움을 나타냈고, 〈에이스 벤츄라〉를 만든 모건 크릭 프로덕션스Morgan Creek Productions의 소유주인 제임스 로빈슨James G. Robinson은 거래의 양과 구조(예상 총수익에서 차지하는 높은 비율)에 직면한 곤욕스러움을 언급하면서 "사업적으로 이해할 수 없는 것"이라고 말했다(Natale, 1995).

할리우드의 전반적인 경제 상황이 이러한 가치 창출을 가능하게 하는 외생적 조건들exogenous conditions을 제공했는데도 가치의 구체화를 이끈 내생적 과정endogenous process이 가장 중요한 역할을 했다. 그것은 그 상황에 대한 미래의 전망을 공유하는 지인 관계인 특정 평가공동체의 구성원들과 관계가 있다.

이 상호 관계로 맺어진 그룹에는 독특한 장르의 유망 아티스트들이 모여 있다. 가령 빠르게 성장하는 에이전시인 UTA의 경우 그 내부에 강력한 직업적 위상을 구축한 탤런트 부서와 에이전트가 있으며, 소니 스튜디오에는 수익성이 좋은 스타 중심 코미디 장르의 새로운 포맷을 관측하면서, 동등한 수준에서 소수의 최고 구매자와 경쟁하고 '시대를 앞서가며' 일하는 임원이 있다.

참여자들끼리 서로 반복적으로 거래하는 상호작용과 상호 의존 세계의 안정성은 또한 짐 캐리의 가치평가가 특별한 영화의 맥락에서 동떨어진 엉뚱한 '사건'으로 남지 않았다는 것을 보여주는 이유이자 방식이다. 이 평가공동체의 구성원들이 서로 비교할 수 있는 프로젝트를 놓고 견주며 계속 거래했기 때문에 이러한 상호작용은 처음에 같은 참여자 사이에서 동일한 가격 결정 논리(1500만~2000만 달러에 15~20% 백엔드)를 반복 사용하는 데도 도움이 되었다. 그리고 곧 이 모델은 다른 곳의 에이전트와 스튜디오 임원들에게 계속 전파되었고, 그들은 과거에 일어난 가격 설정 메커니즘을 따라가기 어렵다고 느꼈다.

자기강화 과정self-reinforcing process이 형성되어 최상의 코미디 고객에게 이런 거래를 요구하는 것이 목표가 되었으며, 에이전트와 다른 탤런트 대행인들에게는 기준이 되었다. 일련의 프로젝트에서 이런 과정을 인정하는 것은 스튜디오 전체 임원진에게 있어 피할 수 없는 부분이 되었으며, 관련된 아티스트에게는 자신의 중요성과 가치의 척도로 자리 잡았다. 초기에는 두려움을 나타냈지만 결국 선례로 확립되었다. 언론도 잠재적으로 계속 변화하고 있는 일을 주목하며 인식을 조율하는 데 참여했다.

결국 〈케이블 가이〉는 이전 작품들이 도달했던 박스 오피스의 정점에 도달하지 못했고[43] 작품 비평도 실망스러웠다. 그러나 바로 다음 작품인 〈라이어 라이어Liar Liar〉의 성공은 참여자들에게 자신들도 그런 성공한 부류가 될 수 있다고 느끼게 해줌으로써 대세에 대한 일반적 인식을 확고히 했다.

최상의 코미디 탤런트에 대한 상상 가치는 유지되고 전염병처럼 확장되었다. 그래서 더 많은 '2000만 달러(약 225억 원)의 스타들'이 평가공동체의 좁은 범위 내에서 만들어졌다. **표준**이 나타났다. 표준은 오직 가격 결정 메커니즘과 경제적 가치의 관행에만 관심이 있는 것이 아니었으며, 하위 장르의 윤곽도 그려주고 스타의 범주도 성별^{性別}해 주었다.

그런 2000만 달러짜리 거래가 특히 업계 전문지를 통해 빅 할리우드의 밖으로 공개되면 마법과 같은 숫자가 등장하거나 순수한 시장 메커니즘의 결과인 것처럼 보일 수 있다. 왜냐하면 거래를 만들어내는 실제적인 상호 의존 역학은 평가공동체의 외부자들에게는 가장 잘 보이지 않는 부분으로 남아 있기 때문이다. 이 세계 내의 에이전트는 자신들이 대행하는 아티스트가 보유한 독특한 자질과 관련된 것들을 관리하고, 특이성에 도전하는 가격 책정의 경향성을 숙달해야 한다.

한편 평가공동체의 에이전트와 사업 파트너는 재능, 천재성, 천부적 자질이라는 개념에서 유래한 품질 자체를 측정할 수 없다고 믿는데, 이것은 2명의 배우가 비슷한 유형과 양의 노동을 놓고 근본적으로 다른 금액을 받는다는 것을 정당화한다.⁴⁴⁾ 사실 그들은 **아티스트들의 불가측성을 만들어내는 사람이자 지킴이**이다.

아티스트들의 이러한 '**독특성**'은 찬사를 받는 반면, 에이전트들은 방금 설명한 것처럼 본질적으로 측정, 비교, 주문을 유도하는 평가 업무에 참여할 때는 보다 신중한 태도를 취한다. 실제로 거기에는 모순은 없으나 연속체와 결합체의 균형commensuration 구조와 독특성의 선언이 좀 더 많이 있다.

그러나 표준의 출현과 안정화는 공식적인 수단이나 조직적인 메커니즘에서 객관적으로 밝혀지지 않기 때문에 언제나 불안정하다. 똑같은 역동성은 경제적으로 역방향에서 작동할 수 있으며 몇 년 후에 나타났다. 2000년대 중반 세계 금융시장이 어려움을 겪으면서 거대 기업인 스튜디오에 영향을 미쳤다. 특히 작가들은 2007년부터 2008년까지 총파업에 나섰다. 바로 이 시기에 새로운 정신적 틀이 형성되었고 그것이 널리 퍼졌다.

새롭게 공유된 비전은 '2000만 달러 거래 시대는 끝났으며', 연관된 조정 메커니즘은 가격 인하 추세에 영향을 미쳤다는 확신의 연장선상에 있었다.[45] 이것은 단순히 외생적 요인인 '**시장 변화**' 때문이 아니다. 좀 더 깊은 의미에서 시장이 허용하는 것은 항상 조정되는 것이며, 평가공동체에서 인식의 통합을 통해 형성된다는 점이다. 중요한 변화는 동일한 평가공동체에 있는 파트너에게 **직접적으로** 영향을 미친다는 점이다. 할리우드에서 가격을 결정하는 역사적·관계적·부문별 역학은 평가공동체의 활동을 통해 구성된다.

특화된 경제 협약과 가치 창출

좀 더 일반적으로 말하면 평가공동체는 경제협약이 특정한 형태를 취하고, 반복적으로 유통·강화되고, 새로 진입한 사람들에 의해 습득되며, 일반적으로 눈에 띄지 않지만 변형되어 지속적으로 재구성되는 틀이다. 미술시장 전문가 올라프 벨투이스(Velthuis, 2003)는 현대 미술시장에서 예술품 딜러의 활동을 좌우하는 2개의 '**가격 결정 기준**'을 지적했는데, 이는 주류 경제 이론으로 이해할 수 있는 가격 메커니즘의 변칙들이다.

그가 말한 첫 번째 기준은 항상 가격 하락을 피하는 것이다. 두 번째 기준은 같은 아티스트가 같은 크기의 두 작품이 있다면 (딜러가 어떤 예술품이 다른 예술품보다 더 쉽게 팔린다는 것을 알고 있어도) 서로 가격을 차별화해 파는 것을 피하는 것이다. 할리우드의 가격 협약이 이와 유사한 규범을 지니고 있다면 그것은 일차적으로 **특화된 협약**이라 할 수 있다. 즉, 에이전트는 자신이 대행하는 고객(아티스트)의 몸값을 계속 올리길 원하고, 작품 제작 예산의 규모가 작품에 참여하는 아티스트들의 다양한 활동에 대한 가격 범위를 부분적으로 결정한다는 조건에서 그렇다.

빅 할리우드에서 이뤄지는 가치 평가의 과정은 **특정 가격의 범위에 의**

해 규정되는 **프로젝트의 유형을** 다른 가치의 차원과 연관시킨다. 그리고 에이전트들은 그런 요소들의 결합에 영향을 미침으로써 전체적인 **가치를** 형성하기 위한 직업적 전략을 확정한다.

이것이 정확히 무엇을 뜻하는지 탐색해 보자. 에이전트가 가치를 창출하는 협약 시스템은 이중적이다. 한편으로 할리우드와 고객, 에이전트 모두를 위한 에이전트 업무에서 성공은 영화 흥행 여부, 인기도 점수, 완성된 작품의 평가와 비평가 및 관객의 반응에 결부된 성별 시스템에서 파생되는 다른 요소만큼이나 **가격 상승에 의해 측정된다.**

가격은 또한 영화제작 단계에서 아티스트의 성공을 **조기에** 측정하는 수단이다. 가격은 기대가 덧붙여져 다른 '**가치의 경합**tournament of value'보다 앞서 나타나고(Appadurai, 1986), 다른 성공의 약속을 담고 있으며, 평가공동체에 부여된 **위대함의 징표**이다. 이런 이유로 항상 '**유명 탤런트**'가 사전 참여 및 총참여의 측면에서 최고 임금을 받는 일자리를 창출하는 대규모 예산의 스튜디오 영화를 제작하는 것은 경제적 노력과 기회 이상을 의미한다.

여기서 **가격은 지위**status**와** 직업적 중요도를 **상징하며**, 또한 스타, 에이전트, 제작자와 같은 '**대형**' 참여자를 만든다. 높은 가격은 단지 경제적인 것만을 의미하는 것이 아니기 때문에 유명 아티스트가 비슷한 유형의 블록버스터 작품을 제작하면서 받은 이전 '**시세**'와 비교해 스튜디오 영화를 제작할 때 받을 수 있는 금액을 줄이는 것은 금전적 손실 이상의 의미를 갖는다.

인터뷰한 최고의 에이전트가 진술한 대로 가격은 '**그와, 그의 생애와, 그의 예술에 관한**' 것이다. 그는 자신의 상징적인 가치symbolic value가 본질적으로 이 맥락에서 얻을 수 있는 가격, 즉 금융 가치finacial value의 엄격한 문제를 넘어서는 업계에서의 그의 가치를 의미하고 실제로 **구성하는** 생산 형태에 본질적으로 내재되어 있기 때문에 평가 절하된다고 느낀다.

반면 할리우드에서는 **적은 가격에도 특별한 가치**가 있다. 방금 언급한 큰 제작 거래를 할 수 있게 해준다는 의미에서 '대형 스타'인 대다수 아티스트는 적절한 예산으로 만드는 **'예술적인'** 독립 영화에 참여하는 것을 염원한다. 이 경우 **적은 가격은 품질을 상징한다.** 사실 **'독립 영화'**에 탤런트가 참여하는 경우 그들은 아티스트의 성과에 대해 가격을 제대로 책정하는 고예산 프로젝트에서보다 항상 훨씬 낮은 수준의 보상을 받는다. 영화배우들은 스튜디오 영화의 수입과 비교할 경우 상대적으로 적은 금액으로 **'예술'** 영화에 참여하는 것으로 유명하다.

이러한 맥락에서 적은 가격이 무엇인지에 대한 정의는 현재 우리가 검토하고 있는 빅 할리우드에서 이루는 성공의 이중 구조와 관련이 있다. 수백만 개의 이런 독립 영화는 리틀 할리우드나 그보다 더 작은 규모의 할리우드 모두에서 전혀 자금을 들이지 않고, 어떤 고난이든 함께하면서 만드는 준 아마추어의 영화가 아니다. 그러나 여기서 다시 중요한 점은 경제적 중요성을 넘어서 가격과 시세가 비경제적 가치를 나타내는 단서가 된다는 것이다.

빅 할리우드에서의 아티스트의 가치는 항상 가치를 평가하는 이러한 두 가지 방식의 조합을 통해 생성된다. 상관적으로 에이전트의 가치도 이와 결부되어 있다. 물론 빅 할리우드에 영화와 엔터테인먼트 작품을 분류하고 평가하는 좀 더 복잡한 기준은 존재한다. 그러나 아티스트의 프로필과 경력 단계, 평가공동체에서 에이전트의 위치 등에 따라 달라지는 가치 산정 비율과 방식을 고려할 때 경제적 가치와 비경제적(예술적) 가치라는 두 가지 가치 목록의 요소를 균형 잡는 것은 빅 할리우드에서 에이전트의 핵심 업무이다.

'하나는 우리를 위한 것, 다른 하나는 그들을 위한 것'이라는 공식은 에이전트들이 반복적으로 일깨우는 것이다. 이 말은 아티스트가 자기만족을 위해 하나의 영화에 참여하고, 스튜디오를 기쁘게 하기 위해 또 다른 하나의 영화에 참여한다는 것을 의미한다. 에이전트는 고객이 이 전략을 받아들이고 점진적 재배치 측면에서 경력의 발전을 생각하도록 설득해야 한다고 설명한다. '둘은 그들을 위한 것, 하나는 우리를 위한 것'에서 '하나는 그들을 위한 것, 둘은 우리를 위한 것'으로 이상적으로 재배치하고 싶은 것이다.[46]

'하나는 우리를 위한 것'은 아티스트의 마음에 소중한 작은 가격과 품질 가치의 프로젝트이다. 에이전트의 말로 하면 작은 것은 '우리'를 위한 것이다. 고객의 가치는 그를 담당하고 있는 에이전트의 위대함과 불가분의 관계이다. 이러한 평행적 위계 구조는 가격에 의해 **표시된다**. 가치는 단순히 경제적 균형의 메커니즘의 결과가 아니라 예술적 가치가 내재된 징표이기 때문에 이 조합에서 나온다. 경제적·예술적 유형의 자본은 우리가 분석적으로 차별화하려고 해도 생산 및 축적되는 과정에서 분리할 수 없다.

스튜디오는 더 작은 '예술' 영화를 제작해 배급하는 경우가 많아서 가장 채산성이 있는 프로젝트를 제작할 때 가장 바람직한 아티스트와 사업을 할 수 있다. 유형이 다른 각각의 프로젝트는 다른 프로젝트의 존재에 영향을 준다. 그리고 가치에 대해 상호 보완적인 점수를 줌으로써 공동으로 가치를 표시한다. 이 결합된 표시 시스템은 이 직업적 공간을 구조화하는 위계 구조에 대해 알려준다.

에이전트는 평가공동체에서 사업 파트너와 마찬가지로, 다양한 범주와 가격 범위를 가치에 대한 다양한 접근과 연계시키는 규범을 알아야만 했다. 에이전트 업무에 대한 실용적 규칙을 배우는 것은 제루바벨 (Zerubavel, 1997)의 표현에 따르면 **기호적 사회화**semiotic socialization'의 메커니즘을 나타낸다. 빅 할리우드에서 성공한 에이전트는 가치의 신호signs of value를 조작하는 데 능수능란한 전문가이다. 가치의 신호 조작이라는 고객을 알아차리고 고객을 위한 전략을 펼칠 때 금전적 차원과 경제 외적인 차원 사이의 관련성을 동원하는 것을 의미한다.

이러한 협약에 의해 형성된 논쟁적인 관행(팔고 설득시키고 조언하는 것)은 인지적 프레임에 의존하는데, 에이전트는 항상 평가공동체의 중요성에 뿌리를 내린 활동을 통해 '말로 가치를 만든다.' 따라서 그들의 거래는 평가공동체의 경제적·창조적 가치 창출에 중심적인 역할을 한다. 아울러 이런 거래는 예술품의 상징적 가치를 만들어내는 요소에 대한 부르디외의 분석과 같이 오직 비평가, 언론인, 전문 분야 권위자, 관객이 성별하는 과정의 후반부 단계에서만 이루어지지 않는다.[47]

결과적으로 평가공동체에 있는 전문가들 사이의 관계를 통해 경제적·예술적 가치를 창출하는 메커니즘은 할리우드에서는 불가분의 관계이다. 거래를 협상하고 계약의 핵심 내용을 규정하는 것이 에이전트 특유의 직업 지식이라 해도, 탤런트를 명명, 측정, 분류하고 탤런트에 가격을 매기는 것과 관련이 있는 관계와 거래는 같은 움직임 속에서 경제적·창의적 가치를 창출한다. 가격과 품질의 형태는 단순히 서로 연결되지 않는다.

가격과 품질은 평가공동체 참여자들이 동화된 일치된 시스템을 따르면서 **서로에게 의미를 주게 하며**, 일상적 관행을 구체화하고 실행하게 하며, 가격과 품질의 상호 작용은 시간이 지남에 따라 집단적으로, 눈에 띄지 않게 영향을 미친다. 분명한 물질적 결과물을 제외한다 해도 가격 책정은 평가공동체의 상호 관계로 가능해진 **상징적 작용**이다. 상호 관계에 의한 상징적 작용은 품질과 경제적 가치를 **모두** 전달함으로써 아티스트와 나머지 평가공동체 회원들에게 가치를 부여한다. 따라서 평가공동체가 형성한 직업 시스템의 일상 활동에서 경제적인 차원과 창조적인 차원은 **공동으로 구성된다.**

내가 그렇게 강력하게 표현해야 한다면, 그 이유는 이 두 가지 측면이 분석적으로 구별되는 두 가지 원칙인 데다 이 세계의 행동을 설명하는 데 모순되거나 반대되는 메커니즘으로 정의되기 때문이다. 가령 부르디외식 접근법은 문화 분야를 통계적으로 구성할 때 시각화된 아이디어를 바탕으로 했다.

'**예술을 위한 예술**'의 극점과 상업적 극점 간의 긴장은 영화 영역(무엇이든지 모든 문화의 생산 영역)을 구성하기 때문에 그 분야에서 무엇이 의미가 있고, 가능하며, 성공하게 하는가에 대해 설명한다. 이런 관점에서 할리우드의 세계는 문화 생산의 엄격한 상업적 극점에 서 있는 패러다임으로 보인다. 그러나 이 대행이라는 업무는 보기와 달리 기만적이다.

반대로 할리우드의 사례연구에서 볼 수 있듯이 에이전트의 세계는 경력과 작품이 만들어지는 과정에서 **상충하는 역학의 구축이 없이** 창조적인 것과 상업적인 것이 밀접하게 통합된 직업 세계이다. 따라서 우리가 관찰한 것은 경제활동에 부가된 문화적 결과물에 대한 개략적인 언급을 뛰어넘는 것이다.

그것은 경제적·예술적 차원과 별도로 다루거나 이러한 활동을 독특한 사회 영역에 속하는 것으로 나누는 분석과는 대조된다. 그것은 또한 '**순수한**' 예술 활동에 대한 경제적 제약의 영향을 지적하고 종종 비난하는 접근법에 의문을 제기한다. 이때 나타나는 상업적 힘은 예술적 영역의 외부에서 작용하며 그것을 '**오염시킨다**'.

에이전트들이 직업의 사회화를 통해 얻은 '**좋은 취향**'과 '**탤런트 감각**'은 평가공동체에서 축적되고 실행되며, 상업과 예술을 평가하는 교차점에서도 작용한다. 취향을 형성하고 취향을 만들어나가는 것은 집단적 과정에서 상호 연결된 양면이다. 무엇을 누구와 함께 만들어야 하는지를 고려한 모든 결정은 즉시 프로젝트와 연관된 사람들의 창의력과 상업성을 평가하는 판단이다. 아이템 회의pitch meeting(비즈니스 상대에게 작품이나 제품 기획 방향과 콘셉트를 설명하는 회의)에 참여한 전문가들은 경제적으로 실행 가능한지(실행 가능성)와 바람직한 지(합당성)에 대해 **불가분**의 관계인 '**창의성**'이라는 관점에서 사람이나 재료를 평가한다.

그런 전문가들이 지칭하는 '**창의성**'은 예술이 되거나 예술[대본 작성, 쇼(공연) 하기, 배역 맡기, 구매자가 원하는 방식으로 영화를 감독하는 것]을 할 예상 능력을 말한다. 바로 거기에 사업이 있다는 신호이며, 경제적 실행 가능성과 합당성에 대한 합법적인 표시이다. 반대로 어떤 것이 '**창의적으로 유망하지 않다, 참신하지 않다, 밀접하지 않다, 흥미진진하지 않다**'는 판단은 '**거래가 안 된다**'는 뜻이다. 같은 이유로 품질에 대한 인식 부족은 이 직업 세계에서는 경제적인 장애 요인으로 이해된다.

예를 들어 현실 세계에서 예술적 정당성이나 명성이 거의 없는 배우를 대행하는 에이전트는 그 배우를 아티스트와 진짜 탤런트로 분류하고, 그들을 그런 존재로 인정을 받으려고 노력하는 것도 이 때문이다. 이것은 또한 케이블 TV가 '**양질의 편성**quality programming'을 제공하고, 미디어 전체의 사회적 가치를 높여주는 것과 관련해 영화와 경쟁할 수 있다는 생각을 일반적으로 하는 것도 이 때문이다. 평가공동체에서 에이전트와 그들의 사업자가 관련 활동을 분류하는 것은 거의 항상 이런 종류의 양날과 같은 이중적 의미를 전달한다. 그들은 창의성이란 언어로 판매 가능성을 표현하고, 경제적 범주로 예술적 가치를 나타낸다.

상업적인 것과는 별도로 예술을 만드는 사회적 판단과 활동은 대부분 프로젝트의 구상 시기와 프로젝트의 초기 결합 단계와 관련해 귀납적으로posteriori 영향을 미친다. 이 시기는 에이전트 업무가 생겨나는 기간이다. 그 기간은 비평가, 언론인, 모든 종류의 평론가, 다른 전문 분야 권위자들이 설전에 가담해 완성작에 대한 의견을 경쟁적으로 제시하는 순간과 대부분 일치한다. **이후의 단계에서** 뭔가가 **'좋은 예술'**(주어진 사회와 시간을 고려할 때)로 분류되고 신봉되는 범주인 예술적 정당성의 과정과 원칙은 부분적으로 구체적인 작품의 사회적 수용 순간과 참여자들의 독특한 시스템에 국한된다.

예술 작품의 공식 (무)자격과 예술 작품의 창조자로서 연관된 (탈)정당성을 얻는 이런 단계 이전에, 프로젝트가 무엇인지 파악하고 프로젝트의 기여자를 평가하는 데 쓰이는 범주는 상당히 다르다. 그것들은 **할리우드의 직업 구성에 대한 특유한** 인식과 실제적인 준비를 의미하며, 다른 사회 영역을 구성하는 인식과 행동의 틀을 크게 간섭하지 않는다.

나는 할리우드와 다른 사회 영역에서 통용되는 평가와 가치목록 사이에 유통과 교환이 없다고 하지는 않았다. 그러나 외부의 판단과 활동은 할리우드 전문가와 관련이 있으며, 우선순위, 특히 품질과 가치를 측정하는 방법의 이해 범주, 할리우드의 환경 설정과 직결된 부서와 위계 구조로 전환한 후에만 그들의 행동에 영향을 미친다.

영화제작 과정의 후기(후반부) 단계에서 이뤄지는 영화 비평가나 평론가의 업무와 개입은 심지어 엔터테인먼트 활동의 영역 내에서도 이뤄진다. 이들의 업무와 개입은 특정 평가공동체의 일거나 이해에 연관된 경우에만 에이전트와 그들의 사업 파트너에게 의미가 있다. 이것이 에이전트가 에이전트 업무는 **'산출물**outcome**에 관한 것이 아니라고'** 말할 수 있는 이유이다. 즉, 에이전트 업무는 예술 작품의 완성과 이후의 운명에 관한 것이다.

▶ 옮긴이의 도움말

페이 오어 플레이 pay-or-play
영화제작을 할 때 배우, 감독 등의 참여자가 제작의 실행 여부와 관계없이 미리 합의해 계약한 대가(계약금, 출연료 등)를 보상한다는 계약 용어로 스튜디오들이 핵심 인재를 영입하기 위해 썩 내키지는 않지만 계약 내용의 일부로 수용하고 있다. 이에 비해 '페이 투 플레이(pay to play)'는 회합, 경기, 게임 등 특정 활동에 참여하는 특권을 누리기 위해 미리 돈을 지불해야 하는 계약 조건을 말한다. 페이오어플레이(pay-or-play)라는 용어는 카지노나 경기에서 그런 계약을 하고 시합에 참가해 실패하여 손실을 입었다면 그 손실분을 참가자에게 돈을 대준 후원자(backer)에게 지불해야 한다는 뜻으로 사용되고 있다. 아울러 미국 보험제도에서는 고용주들이 보험에 가입하지 않은 임직원들에게 건강보험을 제공하거나 정부가 부담하는 비용을 상쇄하기 위해 벌금을 내야 한다는 의무 조항을 지칭한다.

서사 narratives
일반적으로 서사(敍事)는 어떤 사실을 있는 그대로 기록하는 글의 양식을 지칭한다. 구체적으로 사건이 진행되어 가는 과정이나 인물의 행동이 변화되어 가는 과정을 시간의 흐름에 따라 차례로 이야기하는 서술 방법이다. 문학적으로 접근하면 인간 행위와 관련되는 일련의 사건들에 대해 언어적으로 재현하는 양식이라고 할 수 있다.

비상 대안 backup plan, 非常代案
위급한 상황에서 중요한 자원의 가용성과 프로젝트의 지속성을 보장하기 위해 마련한 비상 전략을 말한다. 위기관리 매뉴얼에서 가장 기본이 되는 전략 요소 중 하나이다.

포컬 포인트 focal points
물리학, 전파학 등에서 사용되는 용어로 광축에 평행으로 입사(入射)한 광선이 광축과 교차되는 지점, 또는 빛이나 소리의 파동이 앞으로 이동하는 지점으로, 모든 사람들이 바라보거나 흥미 있어 하는 대상을 비유한다.

항적 번호 tracking numbers, 航跡番號
항공 운항, 해운 등 운송과 무역 분야에서 상품이나 화물에 매겨 운송·배송·유통 과정을 추적하는 고유 번호를 말한다. 항적 번호를 활용하는 목적은 화물의 운송과 유통 경로를 확인하거나 화물의 소실이나 망실을 예방하는 것이다.

준거집단 reference groups, 準據集團

주로 사회학, 심리학, 교육학 등에서 사용되는 용어로 자신의 신념·태도·가치·행동 방향을 결정하는 데 기준이 되는 사회집단을 말한다. 주로 놀이를 중심으로 비슷한 나이의 구성원들이 형성되어 개인의 행동과 사회화에 영향을 미치는 집단을 '또래집단(peer group)'이라 한다.

사후 확률 posteriori

통계에서 데이터를 확인한 이후의 가설 확률인 '사후 확률'을 뜻하며, 어원에 기초해 비유적으로 경험을 통해 알 수 있는 후험적(後驗的) 지식을 나타내기도 한다.

크레디트 credit

영화나 텔레비전 프로그램 제작 등에 참여한 사람들의 이름을 작품의 자막으로 올린 것으로 작품의 기획, 투자, 제작(연출), 배급 과정에서 핵심 역할을 한 소수의 사람들을 작품 서두에 표기하는 '오프닝 크레디트(opening credit)'와 수십 명에서 수백 명을 초과(클라우드 펀딩에 의해 제작한 영화의 경우 수만 명에 이르기도 함)하는 모든 과정의 참여자를 항목별로 표기하는 '엔딩 크레디트(ending credit)'가 있다. 영어 단어 'credit'는 '신용거래', '신용도', '융자(金)', '학점', '잔고', '입금', '칭찬', '자랑스러운 것(사람)', '이름 언급' 등의 의미가 있는데, 이 경우에는 '이름 언급'이라는 뜻으로 사용된다.

프리액트 PreAct

미국 유나이티드 탤런트 에이전시(United Talent Agency)와 엔터테인먼트 데이터 분석 회사인 렌트랙이 선보인 SNS 마케팅 활동 분석 데이터 서비스다. 영화 개봉 1년 전부터 SNS 마케팅 활동을 면밀하게 모니터해 서비스를 신청한 스튜디오에 영화 마케팅과 홍보 활동에 대한 고객의 반응을 통계 자료를 통해 상세히 받아볼 수 있게 한다. 이 서비스는 영화의 제작 단계부터 관객 반응을 미리 탐색해 마케팅 전략을 수정 및 보완함으로써 흥행의 성공 가능성을 높이는 데 활용된다. 국내에서는 상영 업체인 CGV가 순수추천고객지수, 즉 'NPS(Net Promoter Score)'를 개발해 활용하고 있다. 이는 특정 관객을 대상으로 조사해 추천 고객 수를 계량화(%)한 것으로 숫자가 클수록 흥행 가능성이 높다는 뜻이다. 일종의 계량화한 '입소문 지수'로 그간 최상위 흥행 영화들이 대체로 NPS가 60% 이상을 나타냈다.

백엔드 back end

사업, 전자상거래, 인터넷 서비스 등에서 사용하는 용어로 고객과 만나는 접점을 '프론트 엔드(front end)', 뒤에서 그것을 위해 준비하는 부분을 '백엔드'라고 한다. 이 용어는 최종 사용자의 수용도(end user acceptance)를 나타낼 때 주로 사용되는데, 수용도는 이용자가 사업, 서비스, 상거래 모델에 대해 받아들이는 척도를 나타낸다. 엔드 유저(end user)는 특히 전자

상거래나 인터넷 서비스에서 최종 사용자를 지칭하는 말이다.

하우스 오브 카드 house of cards
'카드로 만든 집', '위태로운 계획'을 뜻한다. 놀이용 카드를 삼각형 모양으로 세워 탑처럼 쌓아 올리는 구조물에서 유래한 말로 매우 위태로운 상황이나 불안정한 계획 등을 비유할 때 쓰는 용어다. 카드의 두께가 매우 얇아 카드 탑(cards tower)을 쌓아 올리기 위해서는 고도의 집중력을 발휘해 작업을 해야 하지만, 카드 탑은 가운데가 비어 있는 엉성한 구조라서 와르르 무너지기 쉽다. 〈하우스 오브 카드〉는 칼럼니스트 출신으로 영국 보수당 참모장을 지낸 마이클 돕스(Michael Dobbs)의 동명 소설을 원작으로 1990년에 제작·방송한 영국 BBC의 정치 스릴러 드라마와 이후 시즌제 후속작으로 이어진 넷플릭스의 드라마(2018년 말 현재 '시즌 6'까지 방송) 이름이자 1992년에 미카엘 레삭(Michael Lessac) 감독이 만든 미국 영화 이름이기도 하다.

예술을 위한 예술 art for art's sake
'예술지상주의(藝術至上主義)'를 뜻하는 것으로, 예술 자체를 최고의 목적으로 여기는 태도이다. 예술의 유일한 목적은 예술 그 자체와 아름다움의 추구에 있으며 도덕적·사회적 또는 그 밖의 모든 효용성을 배제해야 한다고 주장함으로써 예술의 자율성과 무상성(無償性)을 강조했다. 예술지상주의는 1830년대 프랑스 시인 테오필 고티에(Théophile Gautier)가 주창한 예술 이론인데, 동시대의 프랑스 철학자 빅토르 쿠쟁(Victor Cousin)이 이렇게 이름을 붙였다. 이른바 인생 탐구와 당면한 현실의 문제 해결 등에 집중하는 인생파 철학자들의 '인생을 위한 예술(art for life's sake)'과는 상반된 입장이다.

7장

변화하는 에이전트들

새로운 평가공동체의 형성

마지막 7장은 한 단계 더 나아가 이 세계를 어떻게 형성하고 변화시킬 것인지 의문을 제기함으로써 커뮤니티 평가에 대한 고찰을 한다. 새로운 평가공동체의 형성은 에이전트의 직업적 전문화 및 새로운 대행 역할의 출현과 불가분하게 연계되어 있다. 이것은 좀 더 일반적 수준에서는 이 책의 2장에서 설명한 것처럼 빅 할리우드에 거주하는 매우 큰 조직들이 벌이는 활동의 **다각화**diversification에 기여한다.

1980년대 후반과 1990년대 태동한 '**독립 영화 에이전트들**indie film agents' 은 바로 영화제작 과정의 착수에서부터 독립 영화의 제작에 필요한 재정, 창의적 요소까지 아우르는 조정 전문가로서, 새로운 시장을 상상하고 참여한 새로운 평가공동체들이 구현한 역학들을 설명해 준다(Roussel, 2006).

디지털 에이전트와 디지털 바이어

제7장에서는 일반적인 교훈을 여기에서 끌어내기 위해 전형적인 사례 연구에 초점을 두었다. 다른 공개 사례연구는 진행 중인 연구에 초점을 둔 것으로서 할리우드와 특별히 할리우드의 비즈니스 분야와 부분적으로 관련된 측면에서 '디지털 세계'의 구성이 될 것이다. 디지털 세계는 2000년 중반부터 나타나 전문화된 평가공동체가 적극적으로 출현하는 과정에서 새롭게 창조된 '**디지털 에이전트들**', 제한된 범주에서는 '**디지털 바이어들**'로 점차 확인된 '**디지털 탤런트들**', '**디지털 작품들**', '**디지털 포맷들**', '**디지털 전략 들**' 등과 같은 디지털 에이전트의 사업 파트너들과 하나로 결합되고 있다.

에이전시 세계에서 생겨난 새로운 전문 지식은 1980년대 후반과 1990

년대 초반에는 전조를 보인 데 불과했으나 2000년대에는 점차 강화되었다. 드물게 몇몇 외국인 스타 감독이나 배우들을 대행했던 새로운 소수의 에이전트들은 **영화 펀딩**의 주체들과 만나는 유럽과 호주의 사업 파트너들과의 유대를 진전시키면서 외국과의 공동 제작과 유통 기회의 포착에 초점을 두기 시작했다.

이렇게 독립 영화의 **패키징**과 투자의 전문성이란 새로운 세계를 구축한 주체들은 우리와 인터뷰를 하는 동안 새로운 시장의 출현을 예견할 수 있는 능력에 관해 이야기했다. 실제로 그들이 발명한 관행은 일반적으로 유통 단계에서만 혼합된 해외 판매 에이전트들의 전통적인 작업을 뛰어넘었다.

내가 되짚어 볼 독립 영화 에이전트들의 탄생은 어떻게 평가 커뮤니티가 나타났고 어떻게 시장이 형성되었는지를 보여준다.

1980년대 후반까지 할리우드의 **메이저 스튜디오들**은 콘텐츠를 제작하고 유통해 세계시장의 관객이나 시청자들에게 **직접적으로** 전달하는 힘과 구조를 가진 유일한 기업이었다. 소규모 제작사들은 국내 유통만 가능했기에 세계 도처에 있는 독립적이고 지역적인 유통업자들을 물색하기 위해 해외 판매 에이전트를 거쳐야만 했다. 이런 과정은 아티스트들에게는 다소 불안할 뿐만이 아니라 분명 불확실하게 보였을 것이다.

이런 불안과 불확실한 느낌을 가진 이유는 아티스트들이 글로벌 체제가 될 경우 **아티스트 직업조합**에 의해 국내 권리를 보호받던 체제를 따라가지 않아야 하기 때문에, 그들이 보호받을 노동 조건과 대가가 어느 정도나 될지 도무지 알 수 없기 때문이다. 에이전시 업계에서 전통적인 탤런트 에이전시는, 심지어 소수의 외국 감독이나 스타를 대행하는 에이전시도 더 이상 외국의 투자자들, 법률, 기관들과 친숙하지 않다.

그 대신 이들은 아주 위험한 것만 아니라면 매우 도전적인 것으로 보이는 것들에 과감하게 뛰어들고 있다. 따라서 '**독립적인 루트**'는 대부분의 탤런트 대행업이 시장 개척 능력은 물론 클라이언트에 대한 독립적 환경을 설명할 능력이 극도로 결여되어 있었을 때 스튜디오가 후원을 하지 않거나 규모가 너무 작은 프로젝트의 최후 수단과 같은 해결책으로 간주되었다.[1]

1990년대로 돌아가 살펴보면 케이블 TV와 홈 비디오는 국내 시장은 물론 해외 시장에서 **박스 오피스** 수익을 초과하는 새로운 잠재적 수익을 창출했다. 당시 가정용 비디오VHS(video home system)는 물론 디지털 비디오디스크DVD(digital video disc)가 이런 수익의 중심이었고, 나중에는 주문형 비디오VOD(video on demand)가 핵심을 차지했다. 이런 사회·기술적 변화는 특히 영어로 제작된 독립 영화를 유통하기 위해 영화의 보조적 활용에 대한 전문가들에 의해 기회의 창으로 해석되었다.

그러나 이런 유통 창구의 개발은 독립 영화 패키징의 확장을 기계적으로 설명할 수 없다. 중요한 것은 그런 영화에 대한 잠재 수요를 예측 및 간파하는 '**통찰력**'이다. 즉 주변적이거나 제한된 방식 외에 콘텐츠 유통 초기 단계에 존재하지 않았던 거래에 대한 '**가상 시장**'을 혁신적으로 구축하는 것을 말한다. 이런 통찰력은 몇몇 에이전트를 포함한 소수의 선구자들을 '독립된 세계에 위험을 무릅쓰고 과감하게 뛰어들게 하고',[2] 성공적인 것으로 판명된 독립 영화 프로젝트들을 실험함으로써, 그들 자신의 예측을 자기 충족적인 예언으로 바꾸도록 이끌고 있다.

이런 과정들은 영화 투자와 제작 분야에서 모두 특출한 기술을 습득하고, 에이전시 사업에서 새로운 사업 영역과 동시에 소외된 지리적 영역(처음에는 지리적으로 간과했던 프랑스, 독일, 아일랜드와 같은 유럽과 호주 지역)으로 침투해 들어간 개인 사업가들에 의해 시작되었다. 이들이 한 일들은 국제 필름 페스티벌이나 마켓에 고객들과 함께 참석한 것에 그치지 않았다. 이들은 그와 같은 축제에서 지역 활동가들과 친해지기 위해 일상적인 관계 작업을 수행했다.

이들은 관련된 외국 바이어들의 존재를 인식한 데 이어 지역의 영화 투자자나 투자 기관과 신뢰를 재구축하는 단서를 파악했으며, 지역의 탤런트 매니지먼트 대행사의 목록을 만들었다. 아울러 이런 종류의 거래에 관심이 있는 판매 에이전시나 변호사들과 사업적 협력 관계를 구축했다. 이러한 특별한 관계의 구축 작업은, 각국의 독립적인 에이전시들과 어울리지 않고 국내에서만 아티스트 주변을 맴돌면서 서비스를 해온 미국 에이전시 무리들과 차별화되는 것으로서, 미국 에이전시들이 각국의 독립 에이전시를 매우 중요하고 전문 지식을 갖춘 사업 파트너로 인식하게 했다는 점을 암시한다.

국제적 에이전트에 의한 국제 거래 활성화

미국의 에이전시들은 할리우드와는 전혀 다른 지역 파트너들의 화법, 소통, 거래 등 직업적 문화에 맞춰 스타일을 조정해야만 했다. 아울러 현지 영화산업을 구성하고 있는 공식, 비공식 법규에 관한 독특한 지식을 개발하고 정부, 직업단체, 지역조합 등 영화 진흥과 규제를 담당하고 있는 외국의 당국자들과 유대를 맺는 것이 필요했다. 이런 구체적 배경은 '**국제적 에이전트**'라는 소수의 선구자들로 하여금 국제적 거래를 재빠르게 선점하고 흥미를 찾도록 했다.

할리우드 WMAWilliam Morris Agency(현재 이름은 'William Morris Endeavor Entertainment')의 에이전트인 존 탁John Ptak은 특별한 고백을 했다.[3] 2015년 8월, 그는 1990년대의 전환기에 〈영주권Green Card〉이라는 영화를 만들기

위한 노력이 기록된 이른바 '그린카드 이야기'라는 친필 노트를 나와 공유했다.

이 노트는 무소속인 독립 에이전트들(이들은 핵심적인 에이전시 시스템의 내부에서 일을 한다)의 전략이 에이전트 업무의 새로운 분야를 형성하는 데 점진적으로 기여하는 과정을 보여주고 있으며, 이런 전략들이 범국가적 규모에서 다른 범주의 영화 전문가들의 활동과 결부될 때 새로운 평가 커뮤니티가 형성되는 과정을 이해하는 단서를 제공한다.

저는 호주 출신의 영화감독인 피터 린제이 위어(Peter Lindsay Weir)가 1981년 영화 〈갈리폴리(Gallipoli)〉 제작을 시작할 때부터 , 뒤이어 〈위험하게 산 해(The Year of Living Dangerously)〉(1982)와 〈목격자(Witness)〉(1985)를 찍을 때 그를 대행했죠. 피터 감독의 가치는 치솟고 있었고 많은 스튜디오로부터 제안을 받았어요. 어느 날 그는 저한테 직접 쓴 스토리를 건네줬어요. 이 이야기는 미국 서던캘리포니아에서 일어난 일로 미국 여인과 미국에 살며 직업을 얻으려고 영주권 획득에 혼신을 다하고 있는 영국 친구와의 사랑 이야기였죠. 피터의 말에 따르면 이것은 한마디로 '멋진 수플레(souffle)'를 뜻했어요.

이 작품은 스튜디오 시스템에서 하기에는 너무 작았어요. 호주인인 피터는 호주인이 규정하는 방식대로 각 제작 단계의 투자 가치를 매겼죠. 그 가치는 국내 노동을 장려하도록 하는 정부의 촉진제도와 결부된 것으로 호주 시장에 판단 기준을 둔 그의 개요였어요. 그러나 저는 영국은 창의적으로나 재정적으로나 공급이 충분하지 않을 것이라는 점을 직감했어요. 피터는 그 뒤 자신이 만든 영화를 호주 지역에 홍보해 준 프랑스 출신 배우 제라르 드파르디외(Gerard Depardieu)를 만났어요. 피터는 제라르가 그 영화의 주연으로 완벽할 것이라고 생각했어요. 제라르는 프랑스에서 확실한 스타였죠. 저는 이런 점을 고려한 뒤 호주와 프랑스의 공동 제작 가능성을 탐색했죠. 저는 언제나 프랑코필(Francophile: 프랑스를 매우 좋아하는 사람)이었고 동부 오스트레일리아는 나의 남부 캘리포니아를 떠올리게 해서 그런지 집처럼 편안한 느낌이 들었어요!

그러나 제라르는 즉시 캐스팅해 쓸 수 없었고, 디즈니는 피터와 영화 프로젝트에 대해 계속 논의를 했어요. 그가 매우 좋아했기 때문이죠. 영화 〈영주권(Green Card)〉은 제작이 추진되었고 피터는 〈죽은 시인의 사회(Dead Poet Society)〉(1989)를 먼저 만들었죠. 이 영화의 엄청난 성공은 특히 프랑스에서 이뤄졌는데, 제가 〈영주권〉이라는 영화의 공동 제작 전략을 확신하게 하도록 이끌었죠. 우리는 이 영화에 적합한 로케이션 장소가 뉴욕이라고 결정했어요.

저는 피터에게 영화 시나리오를 쓰도록 독려했으며 그 영화의 호주 제작자가 되었죠. 그는 영화의 판권 소유자가 되었는데, 특별히 호주 지역 권리를 갖게 되었어요. 우리는 프랑스 제작자를 확보하고 실제적인 제작 과정을 관리하기 위해 애드 펠더먼(Ed Feldman)이라는 실제 라인 프로듀서를 고용했어요. 피터는 펠더먼과 영화 〈목격자〉를 함께 작업했고, 그들은 친구가 되었어요.

저는 제작자를 대신해 어떤 불화도 피하기 위해 그들의 대리인을 참여시키는 방법을 적용해 다양한 파트너들과 관계하면서 모든 개인적 서비스를 제공했죠. 저는 공식적으로 호주와 프랑스의 공동 제작 과정에 들어가기 위해 개인적으로 프랑스의 국립영화센터(CNC: Cinema National Center), 호주의 영화투자공사(AFFC: Australian Film Finance Corporation)라는 정부 기구와 접촉했죠. 저는 호주 판권 300만 달러(약 34억 원)는 물론이고, 프랑스 판권을 인수해 350만 달러(약 39억 원)를 추가로 확보했어요. 결과적으로 두 나라에서 거둔 이익만으로도 저는 1300만 달러(약 147억 원)에 이르는 제작비 가운데 50%(750만 달러)를 조달하게 되었죠.

그런 과정이 교착 상태에 빠지면 저는 디즈니의 제작 총책임자인 제프 가젠버그(Jeff Katzenberg)를 만났어요. 디즈니가 전 세계의 미디어를 통해 영화 배급을 처리할 수 있도록 유통 계약을 매듭짓기 위해서죠. 이때까지 〈목격자〉와

〈죽은 시인의 사회〉의 대박으로 피터와 제프가 서로 좋아하고 신뢰했죠. 그래서 제가 한 유일한 일은 전화를 거는 거였어요. ……

피터와 라인 프로듀서 펠더먼은 바로 함께 일할 제작 스태프들을 꾸렸어요. 영화에 대한 투자는 호주, 프랑스, 디즈니가 네덜란드 은행(Dutch bank), 피어슨(Pierson), 헬더링 앤드 피어슨(Heldring & Pierson)와 배급 계약을 맺고, 완제품 영화 도달 즉시 융자금을 갚고 청산하는(payable upon delivery of the completed film) 금융 보증을 이용하는 방식으로 제작비를 빌림으로써 완료되었죠. 피터는 그가 선택한 스태프들을 전체적으로 관리했어요. 영화는 디즈니에 '**네거티브 픽업**(negative pickup)' 방식으로 완제품이 배급되었죠. 이는 이런 배급이 있기까지는 필름에 대한 행정적 통제는 피터의 손에 남아 있다는 뜻이죠. 그는 후속되는 일련의 마케팅 캠페인에 관해 계속 강력한 권한을 가졌죠. 디즈니와 계약한 부분에서는 시장에서 연속성을 유지하기 위해 프랑스와 호주 시장에서는 그들이 만든 마케팅 자료를 우리가 이용하도록 했어요.

그 결과 제작비로 1300만 달러(약 147억 원)를 확보해 전 세계 박스 오피스에서 1억 달러(약 1128억 원) 이상을 모으고 바로 오늘날까지 매년 수익을 창출하고 있죠. 이는 프랑스 배우 제라르에게는 결과적으로 영어로 만든 영화의 커리어(필모그래피)를 만들어줬고, 연이어 그가 출연한 프랑스 영화의 수출 가치를 높여주었어요. 〈영주권〉이라는 이 영화는 80건 이상의 투자 끝에 호주영화투자공사(AFFC)에게 수익을 안겨다 준 완전한 호주 국적의 첫 번째 공동 제작 영화였어요. …… 게다가 저는 제작자, 감독, 시나리오 작가였던 피터의 여러 가지 역할을 대행하고 제라르와 펠더먼의 일까지 대행해 대행 수수료를 받았죠. 그리고 윌리엄 모리스 에이전시(WMA)로부터 부가 서비스인 영화 자체를 대행한 대가로 영화의 크레디트에 '**특별히 감사드릴 분**(Special Appreciation)'으로 표시되는 기분 좋은 단독 카드를 받은 데 이어 약간의 자문료와 참여 수익을 받았어요. 또 그 영화 크레디트에 '제작 책임자'로 이름이 올라갔는데, 저는 그런 호칭이 부적절하다고 느꼈어요.

에이전트가 그런 독립 영화의 가이드를 책임지는 역할을 수행한 것은 처음이었어요. 그런 허드렛일은 업계에서 점차 제작자나 책임 제작자가 해야 할 일로 인식되었으나, 저 스스로는 그런 일들을 제가 가진 탤런트 에이전트로서의 가치를 파악하고 좀 더 강화하기 위한 호기심의 발로인 동시에 저의 탤런트 대행의 결과에 따라 제공된 서비스로 인식했죠. ……

저는 또 수익의 2.5%를 받는 것 외에 담보가 설정된 영화제작비의 1%에 맞먹는 금액을 보장받는 것을 시작으로 서비스 제공 대가로 에이전시 수익 구조를 창출할 수 있었죠. 이 구조는 다른 에이전시들이 곧바로 받아들였으며 업계에서 오늘날까지 적용되고 있죠. 저는 외국의 몇몇 국립영화제작자와 재빠르게 사인하고 특히 호주나 프랑스에서 온 다른 독립 제작자들을 대행했죠. 탤런트 에이전트로서 저는 독립 제작은 일류급 탤런트에게 마지막 수단이 아니라 초기 선택권이 될 수 있다고 말할 수 있는 상황에서는 혼자였어요.

이런 형태의 에이전트 업무는 다른 형태의 영화제작 과정 참여자들의 전략들과 융합된다. 왜냐하면 에이전트는 이러한 인식의 연합을 식별했기 때문에 점차 국제적인 독립 영화 공동 제작 조직에게 투자를 늘리면서 이 상호 조정의 세계를 강화했다.

이런 활동들이 발전함에 따라 독립 영화제작 프로젝트의 '**판매자**'와 '**구매자**'란 상호 조직화된 그룹들의 관계는 일상화된다. 신뢰할 수 있는 외국 지역이나 지역 사업 파트너들도 잘 알려지게 되었다. 이 분야의 할리우드 에이전트들은 외국의 최상위급 탤런트들을 주목하는 데 초점을 둠으로써 좀 더 동질적인 고객 명부를 구축했다. 이후에 인식적으로나 전략적으로 상호 의존적인 행위자들로 구성된 집단은 **새롭고 다국적 체제인 평가공동체**의 지형 윤곽을 다음과 같이 묘사하고 있다.

세계 도처의 현지 배급업자들은 독립 콘텐츠에 대한 영역, 지역의 권리와 미디어 유통권 등 해당 지역의 영업권을 보장받기 위해 **완본 영화의 도착**(payable upon film's delivery)을 기준으로 지급하는 사전 교섭된 재정적 보증을 기꺼이 제공하죠. 세계시장에서 해당 영화를 어필하기 위해 배달 요소에 관한 서비스를 창출하고 극장, TV, 케이블 TV, 홈 비디오 용도 등 후속적으로 나타나는 영화의 이용을 추적하기 위해 독립적인 해외 판매사들이 만들어졌어요. 주요 은행들은 영화를 담보물로 삼아 제작사들에게 자금을 융자해 주기 위해 영화 투자 담당 부서를 신설했죠. 독립 영화의 선택권이 대부분 재정적으로 보증된 제작사들에 의해 주도되면서 영화 시장에서 꽃을 피우고 있죠. 이들 제작사들은 창의적이고 재정적인 요소들을 결합하고 영화의 유통과 이용을 관리하는 데 필요한 연줄과 경험을 갖고 있어요(대형 에이전시의 전 독립 영화 에이전트, 2015년 2월).

에이전트 업무 초기의 이런 새로운 방식들은 위험한 '**쿠데타**coup'처럼 보였다. 이런 업무의 개시자들이 에이전트 업무 가운데 주변적인 차원의 일들에 관여했기 때문이다. 이들은 좀 더 전통적인 선택권을 차지하고 있던 그들의 동료들로부터 회의론과 저항에 직면했다. 그들은 스튜디오가 지탱하고 있는 프로젝트만이 오직 '진짜'라고 여기고, 자신의 고객들이 불확실한 독립적이고 국제적인 시도들로 보았던 것들에 참여하지 못하게 하는 경향이 있었기 때문이다.

그러나 영화 〈영주권Green Card〉(1990), 〈늑대와 춤을Dances with Wolves〉(1990), 〈가면의 정사Shatterd〉(1991), 〈세상의 끝까지Until the End of the World〉(1991) 등 몇 편의 영화가 성공하면서 에이전시 세계의 인식은 급변했다. 그 결과, 경쟁자들보다 한 걸음 더 앞서 나아가는 것이 핵심인 사업에서는, '국제적인 에이전트들'이 급격히 중요한 존재로 인식되고 이들의 새로운 역할이 최대 에이전시에서 점차적으로 뿌리를 내리면서 조직화되었다.

저는 많은 사람들과 계약을 하고 많은 영화를 패키징했죠. 그러고 나서 저는 어느 정도 시간이 지난 다음, 우리가 전혀 고객의 매니지먼트를 대행하지 않았던 몇몇 영화의 대리 업무를 끝냈죠. 그리고 그게 중요해졌기 때문이지요. 당신도 알다시피 정말 웃긴 것은 에이전트는 어리석지도 않고 그들의 기본적인 촉수(antenna)는 항상 그들이 알고 해야 될 일들에 집중되어 있고, 또는 그들보다 앞서 있다는 거죠. 당신도 알다시피 에이전트의 일이란 바로 일 중심적이고 앞서가야 하는 것이죠. 그래서 저는 6개월에서 1년 이내에 모든 에이전시는 국제적인 능력을 갖춘 인재를 고용해야 할 것이라고 말할 수 있었죠(대형 에이전시의 전 탤런트이자 현 독립 영화 에이전트, 2013년 9월).

영화 업계에서 이렇게 예측이 전환된 것은 연속적인 '**실험**'처럼 기능했던 국제적인 공동 제작이 반복적으로 성공을 거둔 것을 계속 관찰해 온 데서 비롯되었다. 대다수 업계 전문가들은 초기에는 이러한 패키징 활동으로 인해 큰 성공을 거두리라고 예상하지 않았지만(그들에게 큰 성공을 기대하지 않았고, 실질적인 측면에서는 어떻게 달성할지 알지 못했다), 그들은 점차 에이전트 업무의 새로운 영역이 무엇인지 그 윤곽을 이해하기 시작했다.

대형 에이전시의 매니저들과 리더들은 자신들이 개척한 특별한 위치를 안정화시키고 곧바로 국제적 패키징과 투자 활동을 하기 위한 모든 조직을 확립함으로써 새로운 영역의 전문성을 구축하는 데 핵심적 역할을 했다. CAACreative Artists Agency(미국 4대 엔터테인먼트 매니지먼트사 가운데 하나)는 1991년 WMA의 선구자인 존 탁을 스카우트해 그런 사업 영역을 구축하고 톱 에이전시 수준의 전문성을 갖춘 팀을 만들어냈다.

경쟁사들도 바로 이런 모습을 뒤따르기 시작했다. 메이저 에이전시들 사이의 상호 의존성은, 어느 누구도 독립 제작의 가치에 대해 고객들과 대화할 수 있는 에이전트나 투자상담사의 서비스를 제공할 여력이 없었으

므로, '급성장하는 비즈니스'에서 나타나는 지배적인 특징처럼 보였다.[4]

몇 년간의 단계를 거치면서 독립 영화제작에 전념하는 모든 부서가 대형과 중형 에이전시 내에서 성장했다.[5] 오늘날 WME의 '글로벌 금융과 유통 그룹Global Finances and Distribution Group'과 UTA의 '독립 영화 그룹Independent Film Group'은 이런 과정을 잘 설명해 준다.

게다가 독립적인 **인디 필름**indie film에 대한 상담 전문가와 투자 조언가들은 몇 배로 늘어나 영화산업의 모든 직업을 형성하는 데 기여했다. 1세대 국제 패키징 전문가 가운데 많은 사람들이 국제 영화 투자 전문 에이전트로 전환했다. 시간이 흘러 지금은 현장을 주도하고 있는, 경력의 시작부터 이런 전문 분야를 꿰뚫고 있는 새로운 세대의 에이전트들이 에이전시의 업무 보조 및 우편물실 훈련생들의 대열에서 위로 올라왔다.

온갖 시행착오를 통해 사업 관행과 집단 거래 시스템을 구축하고 구체적인 능력과 독특한 정체성을 구축한 전임자들과 달리, 젊은 세대들은 그것을 사용하고 차용할 준비가 되어 있음을 알았다. 심지어 에이전트가 오늘날 중국 같은 새로운 국가를 시장으로 개발하는 데 참여하길 원할지라도 국제 금융과 패키징에 관한 필수적인 노하우는 이미 안정되어 있다. 이와 관련해 영화시장에서 **재상표화**relabelling 과정이 일어났다.

에이전트 사업 초기에 **국제적인** 업무를 조정하거나 외국 투자자와 배급자와 거래를 성사시킨 것으로 정의된 이런 에이전트들의 역할이 독립 영화의 제작과 관련되어 점점 조직화되는 에이전트 업무의 부수적 분야로서 혁신적으로 재구성되었다. 이런 의미에서 '**독립 영화 에이전트들**'은 '**국제적 에이전트**'로 대체되었다고 할 수 있다.

앞에서 정리한 대로 방금 되짚은 '독립 영화'의 동력은 1980년대 후반에 시작되어 1990년대에 발전했는데, 그때는 스튜디오들이 스타들을 영입하는 데 많은 돈을 썼던 번영기였다. 이때 들어간 돈은 후한 급여와 여타의 지분이다. 따라서 그것은 처음에는 에이전시 고객들을 위한 스튜디오 선택권의 결여라는 불균형을 조정하는 메커니즘이 아니었다.

그러나 이 새로운 전문 분야가 안정될 수 있는 조건은 2000년대 동안에 **대형 독립** 영화제작 부문에서 거의 완전히 철수하려는 스튜디오의 전략에 의해 부여되고 강화되었다. 특히 2000년대 중반 스튜디오들은 점점 영화제작 프랜차이즈film franchises를 만들고 박스 오피스에서 이미 성공을 거둔 작품의 속편sequels 제작에 초점을 뒀으며, 일반적으로 새로운 프로젝트는 거의 개발하지 않았다. 따라서 새로운 '**해결책**'은 줄어드는 영화계의 일자리 제안과 상업적으로 성공한 아티스트들이 좀 더 예술적인 영화를 하려고 하는 욕구에 대응하는 것으로 나타났다. 중형 에이전시에서 독립 영화의 투자와 패키징 업무를 맡고 있는 에이전트는 스튜디오 부서와의 변화된 관계에 대해 다음과 같이 말했다.

우리는 스튜디오의 독립 부서와 함께 일할 수 있고, 유니버설의 포커스와 함께 할 수 있고, 폭스의 서치라이트와 함께 하거나 웨인스테인 컴퍼니(The Weinstein Company), 라이온스게이트(Lionsgate) 등 그 밖의 어떠한 것과도 함께 할 수 있었죠. 그러나 디즈니는 점점 독립 영화를 많이 구매하지 않았어요. 워너 브라더스도 마찬가지죠. 이것이 옳은 일인가요? 이런 회사들은 당신도 알다시피, 만약 그들이 영화를 400만 달러(약 45억 원)에 샀다면, 1000만 달러(약 113억 원)의 이익을 내려 한다는 점에서 심지어 엄청난 **간접비**(overheads: 영화제작 등 상품 생산 및 서비스와 직결되지 않은 기업 경영 시 발생되는 추가 비용)는 문제조차 되지 않는 거죠. 결론은 그들이 시간 낭비를 원치 않는다는 것이죠. …… 그들은 영화를 적게 생산해요. 그러나 그것은 변해왔다는데, 사실인가요? 1970년대, 1980년대, 1990년대의 스튜디오들은 이제 모두 변했죠. 이제 할리우드의 모든 스튜디오들은 재벌들이 소유하고 있어요. 모두 주가 때문이죠. 따라서 그들은 작품 제작에 대한 관심보다 주가를 상승시키는 일들을 해야 했던 것이죠. 새로운 영화를 제작하는 데 필요한 자금 조달은 주가를 움직이는 데 불필요한 것이죠 (2013년 4월).

에이전시 구조와 스튜디오 정책의 상호 의존적인 변화로 인해, 처음에는 최후의 수단으로 여겨졌던 새로운 스튜디오의 포맷에 맞지 않는 일회성 영화one-off movies들이 새로운 스튜디오의 포맷에 맞지 않는다는 식의 뉴 노멀new normal의 길로 이끄는 **상징적 전환**symbolic turnaround이 완료되었다. 이런 진화는 투자, 제작, 배급을 국제적으로 조합하는 주체로서 독립 영화사들의 역할을 강화시켰으며, 패키징의 주체로서 에이전트들은 이런 유형의 프로젝트를 조정하는 데 점점 중추적인 역할을 하게 되었다. 대형 에이전시 출신의 전문화된 에이전트 그룹이 결정적인 조정 역할을 한다는 사실은 어떻게 (대규모의) 독립 영화가 만들어지는지뿐만 아니라 독립 영화가 무엇이고 그것이 어떻게 유통되는지에도 직접적인 영향을 미친다.

시류적인 상업영화와 독립적인 예술영화로 재규정

새로운 평가공동체를 형성한 동일한 과정은 기존 영화를 시류에 상응하는 영화 장르와 예술적 범주로 재규정했다. 독립 영화란 무엇인가 그리고 어떻게 만들어질 수 있는가 하는 것은, 미학적으로 '**전위적 프로젝트**vanguard project'와 돈 없이 만들어지는 영화를 언급하는 것 이상으로 심지어 상당한 거리를 두고 부분적으로 재창조되어 왔다. 이런 변화는 결과적으로 탤런트, 특히 배우, 감독들이 국제적으로 유통되도록 그 길을 넓게 열어주었다. 이에 따라 아티스트는 일반적으로 예술적 선택과 경력에 대한 새로운 선택을 확고히 하게 되었다.

상관적으로, 그러한 협의들을 전문으로 하는 에이전트의 대형 에이전시 내에서의 상대적 중요성, 특히 독립 영화 에이전트가 어느 정도 이름을 가지고 있고 독립제작을 주도하는 세력(또는 일부)이 되기를 열망하는 아티스트들을 다루는 탤런트 에이전트와 맺는 관계도 또한 변한다.

이런 탤런트 에이전트는 인터뷰를 통해 대형 에이전시 수준에서 변화된 지위와 역할을 설명했다. 그녀는 에이전트로서 자신의 위상이 지금 '**할리우드 독립 영화계**Hollywood indies'에서 중심적인 조정 역할을 하고 있는 독립 영화 투자 부서의 동료들과 더 이상 팀을 이루지 않고서는 일을 할 수 없게 되었다고 말했다. 탤런트 에이전트의 직업적 위상과 중요성이 점점 '**독립 영화 에이전트**'와의 협업 체제에 종속되고 있는 것이다.

> 어떤 에이전시든 독립 투자 그룹은 당신이 영화를 패키징하는 것을 얘기할 때는 가장 중요하죠. 그것은 그들이 하는 일이고 그들은 비즈니스에서 패키지 상품으로서 그런 패키지를 조합해 팔기 때문이죠. 그래요, 네, 독립 그룹과 탤런트 에이전트와의 협업은 확실히 실제로 매우 중요해요. …… 탤런트 에이전트의 관점에서 비롯된 좀 더 흥미로운 에이전트 업무의 버전은, 만약 고객이 생각이 있다면 당신에게 다가와 "나는 이 작품을 시작하고 싶다"고 말할 것이라는 것이죠. 그리고 나서 당신은 여기 대형 에이전시의 독립 투자 부서에 가서 "클라이언트 X(Client X)가 이 영화에서 스타가 되길 원하는데 우리가 투자비를 댈 수 있을까요?"라고 말할 것입니다. 그리고 그다음 그 사람들이 다른 투자자에게 가서 그들 모두가 주어진 배우들의 가치를 점검하고 누군가 희망차게 "예, 제가 이 영화에 투자할게요"라고 말할 거예요. 그리고 거기에서 캐스팅 절차가 시작되죠. 그 고객은 제작자이고, 이어 당신은 일종의 감독자가 될 것입니다(2014년 11월, 볼드체는 면담자 강조).

개인 고객의 업무를 대행하는 탤런트 에이전트와는 달리, 그런 독립 투자와 패키징 분야의 전문가들은 영화와 연관된 아티스트들뿐만 아니라 영화 전체를 대행하는 전문적 능력이 있다는 점에 기초해서 독특한 정당성을 주장할 것이다.[6] 〈영주권〉이라는 영화 이야기에서 언급한 존 탁처럼, 에이전트들은 자신들의 서비스의 예외적인 성격을 강조하기 위해 다른 에이전시에 있는 동료들과 달리 컨설팅 수수료를 받는 보수에 대한 구체적인 구조를 지적한다.

그런 에이전트들의 특별한 역할은 '**예술과 상업을 결합**'[7]할 때 발휘되는 '**독특한 기술**'에 대한 가치 부여와 은행가나 투자자처럼 영화 투자 업계와의 친숙성과 인정의 노출에 의존한다. 몇몇 전문화된 에이전트들은 에이전시에 들어가기 전에 금융 분야에서 일했었다.

이런 배경을 가진 에이전트를 고용하는 에이전시는 기술적 전문 지식의 수준과 잠재적 영화 투자 주체와의 이미 형성된 일련의 관계를 모두 찾는 동시에, 새로운 에이전트가 다른 에이전트들처럼 영화를 '**투자**'로서 접근하기를 기대한다.[8] 그러나 대부분의 경우에서 에이전트들이 자금 조달 업무를 하는 것은 에이전트들이 스스로 규정한 직무 차원에서는 널리 확산되지 않았다. 독립 영화를 만드는 과정에서 그들의 직업에 다양한 요소가 결합되면서 '**독립 영화 에이전트들**'은 전문지식과 창의적인 자율성을 둘 다 지녔다는 자긍심을 갖게 된 것이다.

사실상 그들은 복잡한 프로젝트를 수행할 때 다양한 나라에서 온 투자자, 제작자, 배급자에서부터 창작자와 에이전트, 직업조합, 매니저 등 그들의 대표자까지 다양한 참여자들과 협업한다. 그들은 이런 위치에서 자신들을 '**그 집단의 위에**' 올려놓는 상징적인 힘을 이끌어낸다.[9] 왜냐하면 그들은 모든 영화를 하나로 묶어야 할 책임이 있기 때문에, 이런 에이전트들은 패키지를 하면서 보통 이상의 성과를 달성할 것이라면서 관련 분야의 전문성을 촉진한다.

에이전트들의 대단히 중요한 위치는 그들을 전체 영화제작 과정을 통제할 수 없는 사전 제작 단계에 머무는 존재로 국한시키는 분절화로부터 보호해 주는 것이다. 반대로 이 전문가들을 감독이나 제작자란 위치에 더 가깝게 배치한다. 이것은 패키징은 아니지만, 내 생각으로는 단지 감독과 배우를 제작에 끌어들이는 것도 패키징이기 때문이다. 만약 당신도 모든 투자 업무를 맡게 된다면 당신은 패키징 이상으로 배급을 구조화하고 준비하게 될 것이다. 이것이 제작 책임자란 타이틀이 없이 제작을 책임지는 방법이다(독립 영화 에이전트, 대형 회사, 2013년 12월).

국제적으로 수행하는 독립적인 공동 제작 작업의 가치와 에이전트들에 대한 '독립'의 의미는 이런 자기 귀인적인 '제작자의' 힘과 매우 정교하게 연관되어 있다. 그 힘은 에이전트들을 창작자로 연상하게 하며 따라서 투자의 기술자나 순수한 세일즈맨의 이미지에서 분리시킨다. 이런 관찰은 독립 영화 전문가의 사례를 넘어선다. 그것은 할리우드에서 가치를 만들어내는 것이 무엇인지를 보여준다. 즉, 예술 작품의 존재를 결정하는 하나 또는 몇 개의 핵심적인 요소를 찾아서 테이블 위에 가져다가 놓는 것이다. 이것은 에이전트들을 그것의 경제적 결정뿐만 아니라 예술적인 결정을 통해 그리고 이 구별을 넘어선 많은 방법으로 콘텐츠 창작과 연결시켜 준다. "돈을 찾거나, 다른 아티스트를 찾거나, 대본을 찾거나, 대본을 개발하거나, 또는 그 밖에 무엇이든 간에 에이전트로서 우리가 하는 제작은, 단지 거래를 성사시키는 것뿐만이 아니라 뭔가 다른 것을 포함시키는데, 그것은 당신의 서비스 규모를 따져 사례(謝禮)를 제공하는 것이고, 또한 환자들에게 둘러싸인 임상의들로부터 완쾌된 말쑥한 사람들을 분리해 내는 것입니다"(탤런트 에이전트, 대형 회사, 2013년 4월).

결국 독립 영화 에이전트의 직업적 역할은 지금 잘 확립되어 있다. 가장 큰 에이전시와 그 회사의 전문화된 부서들이 독립 영화제작을 패키징을 할 때마다 이런 유형의 영화에 비해 중간이나 높은 수준의 예산이 들어간 영화에서 중심적 위치를 차지하고 있다.

비록 대형 에이전시의 영화 영역에서 스튜디오 제작이 우선순위로 남아 있고 스튜디오의 패키징이 주 초점으로 남아 있지만, 국제적인 독립 영화 게임의 최상위에 있는 것이 중요하다. 다른 부문들이 에이전시에게 더 많은 수익을 창출하여 주기 때문에 엄밀히 말하면 경제적 이유로는 아니지만, 이 프로젝트 분야는 핵심 고객들의 충성심을 유지하는 요소이기 때문에 중요하다.

이것은 할리우드에서 예술적인 분류가 어떻게 작용하는지를 설명해 줄 뿐만이 아니라 시장 세분화가 얼마나 실용적이고 상징적으로 이뤄졌는지 실증해 주고 있다. 이것은 홀로 그런 시장을 찾고 있다[10]고 느낀 소수의 할리우드 전문가들이 동등한 위치에서 국제화 전략을 추구하고, 새로운 시장을 찾는 외국의 사업 파트너들과 함께 구축하면서 실제로 **정의한** 것이다.

국제 비즈니스 평가공동체와 지구적 할리우드 재구축

이런 반복된 관계는, 점차 소수의 할리우드 에이전트들, 특별한 아티스트들, 특정 국제 또는 국내 배급업자들, 독립 영화제작자로 식별된 제작자들, 신뢰를 얻은 자산 및 금융 파트너들, 국제적인 세일즈 주체들 등과 같은 **새로운 형태의 평가공동체**를 형성했다. 그러나 독립 영화에 대한 이런 가상 시장은, 내가 이 절에서 묘사한 바와 같이 광범위한 인식 변화가 지배적인 기업들로 하여금 유망한 기업이 등장했다는 해석을 공유하고 이 시장이 요구하는 역할을 제도화하도록 이끌었을 때 비로소 완전히 존재하게 되었다. 특히 가상 시장은 조정 업무의 틀로서 어떤 행동, 파트너십, 도구, 등등과 연계되어 참여자들이 식별할 수 있는 사회적 효과를 발휘했다.

국내 시장 위축에 대한 인식에 따라 제작과 배급 과정에서 국제적인 파트너들과 관계를 강화함으로써 독립 영화 에이전트와 그들의 파트너들도 또한 자기 강화 과정에 참여한다. 독립 영화 팀들은 국제와 국내를 비교한 박스 오피스 수입 집계치에 대한 확인이 더욱 잘 이뤄짐에 따라 에이전시 사업에서 더욱 중요하게 되었다.

외국과 북미 간의 영화시장에서 집계된 수익의 비율 역전(각각 70%와 30%,11) 예전에는 그 반대였다)은 영화산업에서 예측과 전략 수립의 토대가 되었으며, 부분적으로 영화산업에서 내적인 직업 서열을 재배치하게 했다. 국제적인 분야의 집계치들과 계획된 외국 지역의 판매의 중요성이 점점 더 커짐에 따라 국제 시장에 대한 직접적인 지식을 가진 사람들의 독특한 기술은 가치를 얻는다.

국제적인 패키징 전문가들에게 그것은 그들이 성공 가능한 미래시장(캐나다, 호주, 서부 유럽에서 중국, 인도, 러시아)이 될 것으로 예상하는 것에 맞추어 관련 시장의 '영역'을 옮기는 것을 의미하며, 그런 예측된 시장을 만들고 **'국제적인 할리우드'**를 재구축하는 데 기여한다는 것을 의미한다.

할리우드 경계의 이런 확장은 에이전시 업무의 재배치나 부분 이전이란 의미로 해석되지 않는다.12) 심지어 이 영역에서 할리우드 평가공동체의 핵심은 주요 에이전시가 설립되었던 로스앤젤레스, 베벌리힐스, 센추리 시티Century City에 남아 있다.

독립 영화 사례연구는 영화산업의 이 특정 부문에서 나타나는 변화 이상을 설명해 준다. 이것은 쇼 비즈니스에서 일어나는 변화가 얼마나 큰

지, 최근의 변화가 얼마나 의미심장한 방법으로 일어나고 있는지를 예증해 주고 있다. 또 **할리우드라는 영역이 어떻게 확장되고 있는지** 보여주고 있다. 이것은 내가 이 책의 2장에서 지적한 바 있는데, 이해할 수 없거나 불규칙한 방식이 아닌, 기존의 직업적 배치 구조와 틀을 바꾸는 연속적인 변화를 통해 **구체적으로 일어나고 있다.**

2000년대 중반 '**디지털 미디어 에이전트들**'의 출현은 다른 많은 현상 가운데 단 하나에 불과하지만 그런 변화의 과정을 나타내는 다른 현저한 징후라 할 수 있다. 새로운 평가공동체의 설립은 2006년 닷컴 회사인 유티에이온라인UTAOnline에서 디지털 부서를 처음 만들고, 2014년에 설명한 대로 같은 에이전시에서 국제 유통 전략가란 새로운 일자리를 창출한 것처럼 에이전시에서 전문성을 가진 분야의 제도화와 함께 이뤄졌다. 이런 새로운 평가공동체의 활동은 '가상 시장'을 포함해 점차 '**엔터테인먼트 사업에서 인터넷이 의미하는 것**'이 무엇인지를 규정했다.13)

할리우드 직업의 배열을 재배치하는 동력은 항상 두 가지 모습을 나타냈다. 하나는 매일 에이전트 업무를 실행하는 사람들과 그들의 파트너에 의해 형성된 새로운 평가공동체의 구성이다. 다른 하나는 특히 에이전시들과 같은 조직의 변화를 통한 이러한 직업적 관계의 새로운 시스템의 제도화에 있다. 이 두 가지 차원은 긴밀하게 상호 의존한다. 주요 에이전시의 최고 관리자들이 최근에 추구해 온 조직과 재정에 관한 성장 전략은 기존의 평가공동체를 재배열하도록 유도했기에 그런 변화에 결정적으로 기여했다.

특히 WME는 2013년 스포츠 스타들을 대행해 온 거대 에이전시 IMGInternational Management Group를 인수 합병한 이후 스포츠계에서 두드러진 활동을 하고 있다. 또한 WME는 2016년 7월 혼성 무도武道 조직인 UFCUltimate Fighting Championship를 40억 달러(약 4조 5188억 원)에 인수한 것을 포함해 라이브 스포츠 이벤트를 전문으로 하는 회사에 대해서도 투자와 인수를 했다. 이것은 단지 사업 다각화business diversification 차원만을 의미하는 것은 아니다.

이런 인수 전략에 첨부된 새로운 회사 모델은, 기존의 핵심 사업인 영화와 TV 사업에 대한 **탈중심화**뿐만이 아니라14) 기존의 에이전트의 탤런트 대행 업무에 콘텐츠 창작과 유통 요소를 **부가**하는 전략을 통해15) 에이전시의 얼굴을 바꾸어놓았다. 이런 모습은 WME 에이전트들에게는 조직이 새로운 업무 영역을 추가하듯 할리우드의 전통적인 분야에 있던 기존 사업과 에이전시의 성장을 이끌 새로운 사업 영역을 연결하는 방법을 연구하라는 사명으로 다가왔다.

이렇게 새로 규정된 에이전트 업무와 쇼 비즈니스의 경계는 재정 전략들이 안내한 상명하달 과정의 결과물일 뿐만 아니라, 그런 경계의 존재와 안정화는 매일 일상적인 에이전트 업무를 하는 사람들이 경험하는 새로운 평가공동체의 형성에 의존한다.

그런 변화 과정은 시장 참여자의 전략적 행동과 의도적이지 않은 메커니즘에서 비롯된 것이다. 할리우드의 거물이나 대형 에이전시의 최고 경영자가 위세를 부릴지 모르지만 이곳의 이런 일터에서 나타나는 일반적인 변화의 메커니즘은 너무도 변화무쌍하기에 그 누구도 통제할 수 없다. 이런 일은 사업 모델을 만드는 사람들부터 그런 변화의 일상적 징후를 만드는 사람들까지 모든 수준에서 할리우드의 행위자들에 의해 집단적이고 상호 의존적인 모습으로 이뤄진다.16)

가장 큰 에이전시 가운데 하나에서 일하는 선임 에이전트는 인수합병을 통해 이뤄지는 성장 전략들에 대해 털어놓은 적이 있다. 이 에이전트는 에이전시의 리더들이 자신들의 계획을 현실로 만드는 미래에 대해 정확한 비전을 가지고 있는지 질문을 던지면서 그의 회사에 밀착해 그 리더들을 주시했다.

저는 그렇게 생각하지 않아요. 저는 에이전시의 리더들이 자신들이 목표로 하는 회사에 관한 한 정확한 비전을 갖고 있다고 생각해요. …… 그래서 당신은 그것에 집중하기 시작하고, 그런 생각을 배경으로 현실을 만들기 시작하고, 그다음 그런 거래를 겨냥해 사업을 구축하기 시작하고, 그다음 당신의 방식대로 느껴 그것을 실행하면 됩니다. 정확성이라는 것을 할리우드 비즈니스에서 가져와 그것을 그 세계에 접목시키고, 월드 스포츠, 방송, 라이프 엔터테인먼트 비즈니스에서 가져와 다시 할리우드에 발라주고, 그다음 계란을 깨서 휘젓듯이 섞어주면 됩니다!(대형 회사의 탤런트 에이전트, 2014년 1월).

결국 만약 상위의 참여자부터 보통의 리틀 할리우드 에이전트들까지 모든 참여자들이 할리우드에서 극적 변화의 시간에 직면한다면, 엔터테인먼트의 의미와 사람과 프로젝트의 상대적 가치의 변화는 평가공동체를 형성하고 재편하는 전문화 과정에서 비롯될 것이다. 또한 이런 변화는 관계적이고 범조직적인 시스템의 동시 진화뿐만 아니라 동시에 거물 참여자들의 **과점**oligopoly, 寡占 야기한 조직 성장과 집중화의 과정에서 비롯될 것이다. 그런 진화를 보여준 조직으로서는 WME가 가장 전형적이다.

이런 변화들은 에이전트가 어떤 사람이고 어떤 일을 해야 하는지에 관한 생각을 바꾸어놓는다. 이런 변화들은 제작과 탤런트 대행 업무의 경계를 모호하게 하고, 에이전시들을 점점 콘텐츠 창작과 유통 비즈니스 쪽으로 배치하고, 결과적으로 스튜디오와 대형 에이전시 간의 힘의 균형에 영향을 미친다. 또한 이런 변화들은, 불가분의 관계에서 탤런트가 무엇이고, 가치 있게 대행해야 할 아티스트가 누구이고, 경력 관리는 어떻게 예측해야 하고, 에이전트가 찾는 '**좋은 포맷**'과 '**유망한 장르**'가 무엇인지 다시 규정한다. 이것은 사람과 사업, 또는 목표하는 최적의 할리우드 구매자에 대해 어떻게 가격을 매겨야 하는지에 영향을 주고 있으며, 종합적으로 관객과 시장을 어떻게 구상하느냐의 문제, 즉 참여자들에 의해 어떻게 구축할 것인지에 영향을 주고 있다.

에이전트들은 비록 자신들이 세계시장의 수준에서 이런 변화들을 통제하지는 못하지만, 조직의 재구축 과정과 평가공동체가 작동하는 데 중심적 역할을 하고 있기 때문에 발전 과정에서도 중추적인 역할을 하고 있는 것이다. 에이전트들은 자신들의 고유한 업무들을 다시 규정하는 변화에서 촉매제 역할을 하고 있다.17) 그런 점에서 오늘날 에이전트 업무는 단지 탤런트를 파는 전통적 관념을 뛰어넘고 있다. 오늘날과 같은 멀티미디어 거대 기업의 시대에 빅 할리우드 에이전트들은 엔터테인먼트 사업의 변화를 이끄는 데 중심에 서 있다.

다각화 diversification

기업 위험의 부담을 분산시키고 경영 합리화를 도모해 기업의 안정, 성장, 수익을 촉진하기 위해 사업 내용과 영역을 여러 분야로 넓히는 것을 지칭한다. 일반적으로 특정 기업이 기존 사업과 다른 업종의 사업을 동시에 경영하는 것을 '경영다각화'라 하고, 가치사슬(일반 기업의 경우 '상품과 서비스 개발 → 생산 → 유통 → 소비', 엔터테인먼트 기업의 경우 콘텐츠 기획·투자 → 제작 → 배급 → 관람·시청·이용') 선상의 모든 업종을 모두 아우르는 것을 '수직적 다각화', 특정 가치사슬에 해당하는 동종 업종을 복수로 확대하는 것을 '수평적 다각화'라 한다. 경영 활동의 영역을 지역적으로 확대해 다양한 지역에서 사업을 하는 '지역적 다각화', 제품이나 서비스를 여러 종류로 하는 것을 '제품 다각화'라 한다.

메이저 스튜디오들 major studios

미국의 대형 영화제작사를 지칭한다. 20세기폭스, 워너브라더스픽처스, 콜롬비아픽처스, 파라마운트픽처스, 유니버설픽처스, 월트디즈니픽처스 등이 여기에 해당된다.

아티스트 직업조합 artist guilds

아티스트들이 출연과 노동 계약을 위해 방송사, 제작사, 에이전시 등과 협상을 하는 체제에서 자신들의 직업적 이익과 권익 보호 등을 위해 결성한 직능 조합으로 미국의 배우조합인 SAG(Screen Actors Guild), 영화감독조합인 DGA(the Directors Guild of America) 등이 여기에 해당한다.

존 탁 John Ptak

미국 샌디에이고 태생의 전설적인 엔터테인먼트 매니저로 캘리포니아 대학 졸업 후 1969년 미국 영화연구소(The American Film Institute)에 들어간 것을 계기로 엔터테인먼트 사업에 관심을 갖기 시작해 ICM의 전신인 International Famous Agency에 1971년 에이전트로 처음 입사해 일하다가 1976년 WMA, 1991년 CAA로 각각 옮겼으며, 2006년에는 영화 기획·투자와 배우 매니지먼트 사업을 영위하는 아스날(Arsenal)을 창업했다.

수플레 souffle

달걀노른자, 화이트소스, 생선살, 치즈 등을 넣고 달걀흰자의 거품을 내어 오븐에 구워낸 프랑스 과자나 요리를 말한다. 취향에 따라 초콜릿, 바닐라, 커피 등을 추가해 만들기도 한다. 'souffle'는 프랑스어로 '부풀다'라는 뜻이다.

네거티브 픽업 negative pickup

영화 배급사가 영화의 순제작비를 투자하지 않고 미리 배급비를 지불하고 현상 전 단계인 네거티브 필름(negative film) 상태에서 배급권을 갖고 영화를 완성한 후 배급 및 마케팅 (P&A: print and advertisement) 비용을 책임지는 배급 방식을 말한다. 완성 조건부 배급 대행 계약이라고도 하는데, 제작사의 최저 수입을 보장해 주는 이점이 있다. 영화 배급 방식 가운데 '블록 부킹(block booking)'은 영화사가 특정 기간에 제작하는 자사 영화 여러 개를 한데 묶어 독점 배급하는 방식이며, '프리 부킹(free booking)'은 영화사가 영화의 상품성과 배급 교섭력을 따져 자유롭게 배급사를 정하는 것을 지칭한다.

P&A print and advertisement 비용

영화제작을 할 때 배우 출연료, 카메라 등 장비 대여료, 세트 제작비, 감독과 스태프 인건비와 같이 순수하게 제작 과정에 들어가는 비용을 '순제작비'라 하고, 마케팅 비용과 마케팅 전문가들의 인건비, PR 및 광고비, 상영용 프린트의 현상비와 제작비 등과 같이 배급·홍보·마케팅에 소요되는 비용을 영화계에서 'P&A 비용'이라 한다. 통상 영화 '제작비(총제작비)'는 순제작비와 P&A 비용을 합한 것을 말한다. 부실 금융기관을 청산 및 정리하기 위해 이런 부실 금융기관의 자산과 부채를 우량 금융기관에 인수시키는 'P&A(Purchase and Assumption)'와는 의미가 다르다.

박스 오피스 box office

좁은 뜻으로 '영화관 매표소'를 지칭하며, 어의가 확대되어 통상적으로 '영화 한 편이 벌이들이는 총수익'을 뜻하기도 한다. '박스 오피스'라는 말은 영화산업의 초창기에 미국 영화관의 매표소 모양이 박스 모양처럼 생겨서 유래한 것이다.

통찰력 perception

사물이나 현상의 본질을 꿰뚫어 보는 능력으로, 타인과의 관계에서 공감하는 삶의 기술로 습득되며 전략적·융합적·창의적 사고의 바탕이 된다.

IMG International Management Group

미국 뉴욕에 본부를 둔 글로벌 스포츠 및 미디어 비즈니스 회사로 미국 변호사 마크 매코맥 (Mark McCormack)이 1960년 설립했으며, 2013년 윌리엄 모리스 엔데버(William Morris Endeavor)와 실버 레이크 파트너스(Silver Lake Partners)가 인수했다.

간접비 overhead, indirect cost

제품 생산 및 유통에 직접 투입되지 않은, 경영상 필요해 추가 소요된 비용 또는 제품을 생산하기 위해 투입된 원재료 가운데 간접 재료비, 간접 노무비, 간접 경비 등처럼 추적을 할 수 없는 원가를 지칭한다. '고정비(fixed cost)'는 건물·장비 임대비, 노동자 임금, 보유 자산에 대한 세금 등 생산량과 무관한 비용을 한다. '고정 간접비(fixed overhead)'는 제품 1개를 생산하든 수만 개를 생산하든 간에 고정적으로 소요되는 일정한 비용으로 최종 제품에서 추적이 어려운 제조 비용이며, '변동 간접비(variable overhead)'는 작업한 시간만큼 받는 노동자의 시급, 공장의 기계 가동용 전기료나 연료비처럼 제품의 생산량에 따라 변동하는 제조 비용을 말한다.

탈중심화 decentering, 脫中心化

자신과 타인의 관점에서 모든 가능한 측면에 주의를 배분해 대상에서 얻어진 정보를 통해 더 적절한 추론을 끌어내는 것을 말한다. 프랑스의 철학자 자크 데리다(Jacques Derrida)의 해체이론(Deconstruction)에서 강조하는 핵심 용어다. 데리다는 형이상학이 강조하는 중심과 근원은 흔적만 남아 있고 실재하지 않기 때문에, 사람들이 그것에 대한 환상과 착각에서 벗어나야 한다며 탈중심화를 주창했다. 반대로 어떤 상황의 한 면에만 주의를 집중해 다른 측면이 무시되어 비논리적 추리를 하게 되는 것을 '중심화(centration)'라 하고 중심화가 자신에게 향한 것을 '자기중심성'이라 한다.

집중화 concentration, 集中化

소수의 기업이 시장에서 해당 산업의 산출, 판매, 고용의 많은 부분을 점유하고 있는 상태를 말한다. 반대로 이런 요소들이 한곳에 집중되어 있는 경우, 한쪽으로 편중되지 않도록 비슷한 요소끼리 묶어 분산시키는 전략을 '탈집중화(deconcentration, 脫集中化)'라 한다. 참고로 '집중화 전략(focus strategy)'이란 주로 경쟁자와 전면 경쟁이 불리하거나 자원이나 역량이 부족한 기업이 특정 시장(특정 고객, 제품, 지역 등)을 공략 대상으로 삼아 기업의 보유 자원들을 집중 투입하는 전략을 말한다.

과점 oligopoly, 寡占

몇몇 소수, 즉 2개 이상의 거대기업이 시장의 대부분을 지배하는 상태를 말한다. 이런 기업을 '시장지배적 사업자'라 한다. 이 가운데 특히 상품이나 서비스가 2개의 기업에 의해서만 공급되는 경우를 '복점(duopoly, 複占)'이라고 한다. 과점이 발생하는 원인은 정부의 법제와 정책에 의한 경우, 규모의 경제 원리가 작동해 소수의 기업을 뺀 나머지 기업들이 시장 경쟁에서 탈락한 경우, 다수의 생산자가 담합해 카르텔(cartel)을 형성하는 경우 등이다.

시장지배적 사업자 market-dominating enterpriser

우리나라의 현행 '독점규제 및 공정거래에 관한 법률(공정거래법)'에 따르면 일정한 거래 분야의 공급자나 수요자로서 단독으로 또는 다른 사업자와 함께 상품이나 용역의 가격, 수량, 품질, 기타의 거래조건을 결정·유지 또는 변경할 수 있는 시장 지위를 가진 사업자를 말한다. 시장점유율, 진입 장벽의 존재 및 정도, 매출액 등 경쟁 사업자의 상대적 규모 등을 종합적으로 고려해 판정한다. 국내의 경우 시장지배적 사업자는 일정한 거래 분야에서 연간 매출액 또는 구매 금액이 40억 원 이상인 사업자로서 첫째, 1개 사업자의 시장점유율이 50% 이상인 경우, 둘째, 3개 이하의 사업자(시장점유율이 10% 미만인 사업자는 제외하고 산정)의 시장점유율의 합계가 75% 이상인 경우로 규정한다.

맺음말

    나는 이 책을 집필하면서 미국의 할리우드 에이전트들의 활동이 문화상품과 예술적 경력을 만드는 데 얼마나 미약한 영향을 미치고 있는지를 이해시키는 것이 집필 포부였다. 이 책은 근본적으로 뚜렷한 차이가 있지만, 결합 양상을 나타내고 있는 전통적이고 국지적인 할리우드 시장을 나타내는 '리틀 할리우드'와 세계시장으로 확장된 규모를 의미하는 '빅 할리우드' 수준에서 문화적 생산과정을 형성하는 직업적 배열의 복잡한 역학을 잘 조명해 줄 것이라고 생각한다.

할리우드에서 에이전트와 평가공동체가 갖는 의미

    우리가 에이전트들이 배우고 수행하는 관계 형성 작업의 중요성을 규명하려 실증적인 조사를 하는 동안, 평가공동체라는 개념이 에이전트와 그들의 사업 파트너들이 할리우드의 명성과 경력 경로를 형성하는 데 어떠한 영향을 주고, 나아가 그런 무대의 뒤에서 직업적인 영향력과 시장에서의 힘의 균형을 어떻게 만들어내는지, 또 엔터테인먼트 프로젝트와 상품에 대한 집합적 정의를 내리는 데 어떻게 영향을 주는지를 이해할 수 있었다.

에이전트들은 자신들이 특별한 평가공동체에 포함되는 것을 통해 적어도 영화, TV 쇼, 그리고 연관된 아티스트와 관련된 스타 등 할리우드가 만드는 것과 만드는 주체에 대해서뿐만이 아니라, '탤런트'라는 새로운 직업 부류와 공들여 혁신된 '창의적인 콘텐츠'를 뜻하는 프로젝트의 새로운 포맷을 만들어내는 데 중요한 영향을 미친다. 이는 디지털 시대를 맞아 일어난 사례처럼 최근에 목격되는 것이다.

문화산업에서 에이전트를 포함한, 특별한 참여자들의 관계 형성 작업이 성공적으로 이뤄지면 이것이 '마법' 같은 작용을 한다. 평가공동체의 안정적인 활동들은 할리우드 참여자들에게 상품 가치와 품질 면에서 신뢰를 조성하는 것처럼 가치를 창출한다. 그와 같이 결합된 활동은 또 전체적으로 우리 사회의 예술과 아티스트들에 대해 신뢰를 형성하는 데 기여한다. 다시 말해 그런 결합된 활동들은 이 직업 세계의 외부에 있는 사람인 우리가 '할리우드 매직Hollywood magic'이라는 인식을 형성하는 데 일조한다.

할리우드의 창조 활동은 마법이 아닌 구조적 노동의 결과물

이 책은 창작 과정이 '마치 마법에 의한 것'이거나 단지 몇몇 개인이 지닌 뛰어난 재능 덕분에 일어나는 것이 아니라 구조적으로 결정된 노동 형태를 통해 이뤄지고 있다는 점을 보여주면서, 대중문화를 만들어내는 보이지 않는 많은 분들의 활동에 찬사를 보내고 있다. 이 분들은 단순히 숨겨져 있는 **것이 아니라** 그렇게 보이지 않게 남아 **있기 때문에** 아티스트들과 엔터테인먼트 상품의 운명에 결정적인 영향을 준다. 비유하면 무대 뒤에 있는 인형 조종자들의 불가시성이 쇼를 마법으로 만드는 것이다.

그러나 에이전트 업무에 대한 연구의 성패는 단지 대중문화를 생산하는 과정에서 일하는 보이지 않는 참여자들을 그런 '**그림자 역할**'에서 끌어내는 것 이상에 달려 있다. 다른 형태의 활동들과 사회, 무엇보다도 다른 예술이나 엔터테인먼트 산업의 이해에 대한 이런 사례연구에는 우리가 배워야 할 교훈들이 많다.

이 연구는 할리우드가 세계의 다른 지역에서 유통되고 이용되는 데 어떤 행위와 조직 모델이 적합한지에 관한 사례이기 때문이며, 부분적으로는 할리우드 확장 전략의 결과라 할 수 있다. 새로운 대륙에 사무소를 개설하는 것과 유사한 에이전시들의 글로벌 전략은 직업 모델과 역할의 전환에 기여한다. 동시에 유럽 문화 산업의 내부 동력도 점차 전문화 및 제도화되는 시스템 내에서 중간 상인들의 출현과 성장을 이끌어왔다. 할리우드 에이전트들의 사례는 따라서 그것과 비교하거나 때때로 대조하면서 조명할 수 있다.

'**탤런트 에이전트 업무**'를 연구하는 것은 이런 단 하나의 창의적 세계를 넘어, 고도로 전문화되고 차별화된 사회에 존재하는 '**중재**intermediation'나 '**중개**brokerage'라는 중차대한 역할을 조명해 주기 때문에 분석적인 면에서 중요한 영향을 미친다. 우리 사회에서 직업적 특징의 분화가 활발할수록 '**중재자들**', '**보조자들**', '**중간 상인들**', '**중개인들**'은 모두, 자신들의 활동이 그 직업 시스템에 결정적 영향을 주는 보이지 않는 행위자들invisible actors인 것이다.

그들은 그들이 속한 직업 세계의 결속체cement이다. 그들은 그들이 참여한 네트워크들 사이에서 중개자들go-betweens 또는 연결자들connectors, 그리고 오랫동안 존재하는 참여자players로서 어떤 직업 집단에서 그 직업의 용어들과 이해관계들을 다른 사람들의 언어로 **바꿔주고** 외견상 참여자들이 한목소리를 내도록 만들어주는 역할을 한다.

반면 다른 사람들을 **대행하기** 위해 타인의 이름과 이해에 따라 말하고 행동하는 위임자에서 유래된 직업들은 이런 관점에서 탤런트 에이전트라는 직업에 필적할 만하며, 마찬가지로 시장에서 '**위치 권력**position power'과 '**관계 권력**relational power'의 상호작용이라는 문제를 제기한다.

예를 들어 에이전트-아티스트 관계에서와 같이 변호사나 정치적 대표자의 전문 기술과 합법성은 '**대행 관계**'의 관리와 관련이 있다. 그런 대행 관계는 그나 그녀의 위임된 권력의 근원에 대한 대행 의존성과 그나 그녀가 특수한 게임에 참여했기에 나타나는 대행인의 실재적인 힘 사이를 오간다.

마지막으로 좀 더 구조적인 차원에서 이 책이 밝히는 할리우드에 대한 것들은 그동안 내내 고도로 제도화되고 조직적으로 구조화된 공간에서 작동된 관계로서, 참여자들이 경험한 다른 사회 세계의 권력과 행동을 독자들이 고찰하는 데 유용할 것이다. 예를 들어 분명한 차이가 있음에도 그런 관점에서 금융계나 정치계와 비교할 수 있는 선들이 그려질 수 있다.

그런 세계에서, 안정적인 직업 세계 내의 비공식 관계들은 제도화 과정에 결정적인 역할을 하고 영향을 미치기 때문에, 시장 참여자들에 의해 수행되는 관계 형성 작업의 구체적 형태는 무엇인지, 그들이 형성한 직업 공동체의 형태는 무엇인지, 그리고 이것이 신뢰나 그런 신뢰 결여의 인지와 명성, 직업적인 힘의 형성과 어떤 관계가 있는지 탐구할 가치가 있다.

감사의 글

저자로서 저는 모든 에이전트들과 산업 전문가들에게 대단히 감사하다는 말씀을 드립니다. 이들은 연구에 기꺼이 동참해 바쁜 스케줄에도 시간을 할애해 주시고, 종종 여러 차례의 길고 반복된 대화를 통해 대체 불가능한 통찰력을 저와 공유해 주셨습니다. 이 책은 그들이 없었다면 태어나지 못했을 것입니다.

그 밖에 저의 이 모험에서 한 차례 이상 특별하게 중요한 도움을 준 제프 버그Jeff Berg, 밥 북먼Bob Bookman, 크리스 데이Chris Day, 존 탁John Ptak, 글렌 리그버그Glenn Rigberg, 톰 로스먼Tom Rothman, 닉 스티븐스Nick Stevens, 모린 토스Maureen Toth, 해리 우플랜드Harry Ufland에게 특히 감사를 표합니다.

저는 또한 이 연구·집필 작업을 하는 여러 과정에서 도움을 준 동료들,

특히 앤 크리글러Ann Crigler, 마이클 커틴Micheal Curtin, 마이클 레노브Micheal Renov에게 특별히 진심 어린 감사를 보냅니다. 저는 이 프로젝트를 진행하는 내내 소중한 지원을 아끼지 않은 에마뉘엘 자고리아Emmanuelle Zagoria는 물론이고, 제가 일하는 연구 센터 'LabTop_CRESPPA'(http://www.cresppa.cnrs.fr/labtop/)의 학자들과 직원들, 파리 제8대학의 학과에 많은 신세를 졌습니다.

이 연구는 유럽위원회European Commission에서 경력 개발을 위한 마리 큐리 국제우호장학금IOF(Marie Curie International Outgoing Fellowships for Career Development)이라는 형태로 재정 지원을 받아 수행되었다는 점을 밝힙니다(제7차 프레임워크 프로그램인 프로젝트 FP7-PEOPLE- 2012-IOF).

주

머리말: **할리우드 현장의 에이전트**

1 '머리말'의 모든 인용문은 2014년 로스앤젤레스에서 인터뷰 당시 패러다임의 에이
전트였던 밥 북먼(Bob Bookman)의 인터뷰에서 따온 것이다. 그는 2017년 3월, 매
니저 겸 제작자가 되기 위해 에이전시를 떠났다.

2 이 책 6장 참조.

3 〈양들의 침묵〉은 그 책에 대한 속편으로 작가가 쓴 후속편이다. 북먼은 "스튜디오
에게 후속편을 만들 권리와 작가에게 수동적인 지불(Passive Payment or Passive
Income: 자신이 과거에 투자한 시간, 돈, 열정이 시간이 흘러서도 계속 수입을 창
출하게 하는 것)을 할 권리를 주는 것은 스튜디오의 후속편과는 반대된다"고 설명
한다. 저자(토머스 해리스)가 가진 '저자가 쓴 속편(author-written sequel)'의 판권
은 이 경우에 『한니발 렉터』 시리즈의 두 번째 소설을 기반으로 영화를 만들 수 있
게 해준다. 그러나 해리스의 권한은 〈맨헌터〉의 초기 제작 계약에 포함되어 있는
'우선협상 및 최종 거절권'과 결합되어 극단적으로 제한되었다.

4 고객의 이익과 에이전시의 이익 사이에 갈등이 있을 수 있다. 이는 추후 설명할 예정
이다.

5 포스터와 홉킨스는 각각 ICM의 조 푸니첼로(Joe Funicello)와 CAA의 밥 북먼의 동
료인 릭 니치타(Rick Nicita)가 대행했다.

6 이 규정은 실제로 데라우렌티스가 물려받은 초기 워너브라더스 계약에 실제로 포
함되어 있었다. 그것은 다른 스튜디오가 두 번째 소설을 영화로 만들고 싶어 하는
관심과 절충한 조항이며, 사실은 그러한 효과를 내기 위한 것이었다.

7 〈한니발(Hannibal)〉(2001)은 동명 소설을 영화로 만들었다. 디노와 마사 데라우렌
티스가 공동 제작했고, 리들리 스콧(Ridley Scott)이 감독했으며, 유니버설과 MGM

이 배급했다. 앤서니 홉킨스와 줄리안 무어(Julianne Moore)가 출연했다. 8700만 달러(약 989억 2000만 원)의 예산으로 만들어졌고, 국내외에서 3억 5169만 2268달러(약 4000억 원)의 흥행 수익을 올렸다. 1년 후, 시리즈의 첫 번째 책인 『레드 드래건』에서 또 다른 속편이 각색되었다. 이번에도 디노 데라우렌티스와 마사 데라우렌티스가 제작했고, 유니버설과 MGM이 배급했다. 브렛 래트너(Brett Ratner) 감독, 테드 텔리 각본, 그리고 또다시 앤서니 홉킨스가 출연했다. 예산은 7800만 달러(약 887억 원)였고, 총수입 2억 919만 6298달러(약 2379억 원)였다(출처: Box Officr Mojo). 2013년에 NBC에서 한니발 TV 시리즈가 방영되었다.

8   네트워크 결속력 복구에 관해서는 존스와 포스터(Jones and Foster, 2015)를 참조.

1장 할리우드 에이전트 탐구하기

1   2012년에 출판된 『할리우드 대행 안내 책자(Hollywood Representation Directory)』에 따르면 자격을 갖춘 에이전시가 약 600여 개 있다. 탤런트에이전트협회(이하 ATA)는 활동 중인 주요 에이전시들로 조직되어 있는데, 로스앤젤레스에서는 적어도 100개의 에이전시가 소속되어 있으며, 이는 뉴욕에 있는 ATA 자매 조직은 포함하지 않은 수이다. 그러나 모든 기관이 ATA에 소속되어 있지는 않다. 일부 기관은 아티스트 조합에 의해 직접 프랜차이즈를 구축하며, 이 조합들은 기업 목록 중 일부를 제공한다.

2   ATA는 그들의 고객에게 제공하는 에이전시 서비스에 대한 지불을 관리하는 규칙을 포함해 SAG와 계약을 맺었다. 이 노조 협약은 2002년에 만료되어 갱신되지는 않았지만, 이러한 규칙은 법적 효력보다 더 나은 영속성을 보증할 수 있는 할리우드의 다양한 시장 참여자들의 상호 의존 시스템이 마련되어 안정성을 유지했다.

3   1938년 9월 호 《포춘》의 67~73쪽에 수록된 '에이전트의 업적을 인정하자(Put Their Names in Lights)' 항목에 에이전트에 대한 총체적 인식의 변화가 잘 설명되어 있다(Kemper, 2015; 100).

4   영화와 TV 분야는 부분적으로 다른 금융 협정을 맺고 있다. TV와 달리 에이전시는 영화 패키징 자체에 별도의 수수료를 받지 못하고, 각 고객과의 계약에 따라 보수를 받는다. 그러나 영화 패키징은 1980년대부터 발전해 왔으며 이제는 빅 할리우드에서 중개업의 중심 영역으로 부상하고 있다.

5   유명 인사와 스타덤에 관한 학술 연구는 갬슨(Gamson, 1994), 래비드와 커리드할킷(Ravid and Currid-Halkett, 2013)을 예로 들 수 있다. 셀러브리티의 경제적 측면에 관한 연구로는 로젠(Rosen, 1981)과 드 배니(De Vany, 2004)가 있다.

6   존 톰슨은 디지털 시대 출판계를 변화시키는 근본적인 변화의 관점에서 에이전트

의 역할을 조사했다(Thompson, 2010: 59~100). 특정 관행과 역동성을 지닌 분야에 의해 출판 방식이 어떻게 (재)형성되는지를 보여주는 그의 접근 방식은 우리의 접근 방식과 유사하다. 호텐스 파우더메이커(Hortense Powdermaker)의 연구에서 에이전트들이 심지어 미미하게 언급되었지만, 이것은 그녀의 영화 제작자에 대한 선구적인 접근법[1950(2013)]에 해당한다.

7 언론인이 쓴 몇 권의 저서는 에이전트들에 대한 매우 구체적이고 초기 단계의 커리어(Rensin, 2003)와 특정 에이전시들(Rose, 1995; Singular, 1996; Miller, 2016)을 다루고 있어 에이전트에 대한 유용한 데이터를 제공한다. 몇몇 직업 안내서와 실무자 중심의 간행물들은 초보자 또는 단순히 '할리우드 드림'의 일부가 될 수 있는 방법을 모색하는 사람들(Hurtes, 2000; Martinez, 2012)에게 조언과 '거래(사업)'의 비결'을 전달하는 전직 또는 선임 에이전트의 자료를 담고 있다.

8 이 중심지들 가운데 일부는 중국과 같이 잠재적 소비자 시장의 관점에서 상승세를 타고 있다. 또는 프랑스와 같이 상징적 가치가 있다(Schwartz, 2007).

9 언론계와 노동조합도 이런 그룹에 속하나 그들은 에이전트와 더 잘 소통하기 때문에 이 토론에서는 덜 중요하다.

10 에이전트들은 다른 국가의 산업계에서 더 많은 주목을 받았다. 프랑스를 예로 들수 있는데, 리제·노디에르·뤼에프(Lizé, Naudier and Roueff, 2011) 참조.

11 문화상품 중개인의 개념에 대한 비판적인 토론은 헤스몬덜프(Hesmondhalgh, 2006)와 뤼셀(Roussel, 2014) 참조.

12 예를 들어 탤런트 에이전시에 대한 롱스트리트(Longstreet)의 『알선 업자(The Flesh Peddlers)』(1962) 또는 최근에 나온 매튜 스펙터(Matthew Specktor)의 『아메리칸 드림 머신(American Dream Machine)』(2013) 같은 소설과 인기 있는 책들은 에이전트에 대한 우리의 인식을 넓히는 데 기여한다.

13 〈벼랑 끝에 걸린 사나이(Swimming With Sharks)〉(1994)에서 스튜디오는 사회의 모든 곳에 널리 퍼져 있는 도덕적 규범이 통하지 않는 곳으로, 거기에 나오는 순진한 보조 작가는 할리우드에서 성공하기 위해 자신의 양심을 잃어야 한다는 것을 깨닫고, 결국 살인을 저지른다. 〈플레이어(The Player)〉(1992)에서 한 스튜디오 중역은 죽음의 위협을 주고 있다고 생각하는 야심 찬 시나리오 작가를 살해했다.

14 할리우드 거물하면 MCA의 류 와서만부터 CAA의 마이클 오비츠, ICM의 제프 버그, WME의 아리 이매뉴얼을 떠올릴 수 있다. 와서만에 관해서는 1998년 데니스 맥두걸(Dennis Mcdougal)이 쓴 『마지막 거물: 류 와서만, MCA와 할리우드의 숨겨진 역사(The Last Mogul: Lew Wasserman, MCA and the Hidden History of Hollywood)』와 2004년 코니 브럭(Connie Bruck)의 『할리우드에 왕이 있었을 때: 탤런트를 힘과 영향력으로 활용한 류 와서만의 통치(When Hollywood Had a King: The Reign of Lew Wasserman, Who Leveraged Talent Into Power and

Influence)』가 있다.

오비츠에 관해서는 스티븐 싱굴라(Stephen Singular)의 1996년 작『불타오르는 권력: 마이클 오비츠와 쇼 비즈니스의 새로운 비즈니스(Power to Burn: Michael Ovitz and the New Business of Show Business)』과 로버트 슬레이터(Robert Slater)의 1997년 작『오비츠 : 할리우드에서 가장 논란이 되고 있는 파워 브로커의 내부 이야기(Ovitz: The Inside Story of Hollywood's Most Controversial Power Broker)』를 통해 살펴볼 수 있다. 스튜디오 또는 매니지먼트와 관련해서는 디즈니의 제프리 카젠버그(Jeffrey Katzenberg)나 데이비드 게펀(David Geffen)의 이름이 떠오른다.

15 심지어 영화의 모든 관점이 에이전트의 출현에 대한 비범한 이야기를 말하는 경우도 있다. 〈제리 맥과이어(Jerry Maguire)〉(1996)의 톰 크루즈(Tom Cruise)를 예로 들 수 있다.

16 "그것은 힘들고 많은 방면에서 무의미합니다. 그래서 사람들은 변호사와 에이전트, 그리고 그와 같은 것들에 대해 농담을 한다는 것을 보여주죠. …… 그들은 대담한 성격을 갖고 있어요. 〈브로드웨이의 대니 로즈(Broadway Danny Rose)〉의 내용, 마틴 쇼트(Martin Short)가 연기한 에이전트의 모습이 그랬고, 바로 이것이 영화에서 에이전트를 묘사하는 방식입니다"(대형 에이전시 소속의 탤런트 에이전트, 2010년 10월). 〈할리우드의 출세기(The Big Picture)〉(1989)에서 마틴 쇼트는 네일 서스만(Neil Sussman)을 연기하는데, 그 캐릭터는 얄팍하고, 거짓된 배려심을 보이며, 사실은 교활하고, 전반적으로 다소 우스운 성격을 보이는 괴상한 할리우드 에이전트이다.

17 2010년 10월 업계에서 역할과 비중이 낮은(BTL) 부티크 에이전시의 소유자가 되었다.

18 비교 가능한 직업 구성과 관행 분야에 관한 가설은 이 책의 결론 참조.

19 나는 포크너(Faulkner, 1983)로부터 이 개념을 빌려왔다. 이 책 2장의「빅 할리우드와 리틀 할리우드의 에이전트 업무 비교」를 보면 잘 나와 있다.

2장 할리우드의 비즈니스 지형도 읽기

1 할리우드는 프랑스 사회학자 피에르 부르디외의 관점에서 보자면 사회적 영역으로 개념화될 수 있지만, 내가 여기서 주장하는 것은 이 세계에서 상호 작용과 상호 의존을 구조화하는 직업 역학이다.

2 미국영화협회(Motion Picture Association of America, 2013: 22)의 통계에 따르면, 2004년에는 주요 스튜디오와 그 자회사에서 제작한 179편(36.6%)의 영화를 비롯해 미국과 캐나다의 영화관에서 489편의 영화가 개봉되었다. 반면 2013년에는 659개의 개봉 영화 가운데 114개(17.2 %)만이 스튜디오 영화였다. 글로벌 제작의 증가

는 대형 스튜디오 영화의 비율 감소와 연관된다. 같은 자료는 제작 비용에 대한 데이터를 제공한다. 2011년에 제작을 시작한 장편 영화의 경우 미국 제작 회사에서 영어로 제작했다. 총 818편의 영화가 제작되었고, 100편은 스튜디오 영화, 399편은 100만 달러 이상의 예산을 가진 비스튜디오 영화(단 14%만이 1500만 달러가 넘는 제작 예산을 보유하고 있다), 319편은 예산이 100만 달러 미만의 영화였다. 여기에는 학생들이 촬영한 영화, 다큐멘터리 및 비디오 필름용으로 제작된 영화는 포함되지 않았다.

3 "2013년의 세계 박스 오피스 수익의 거의 절반이 올해의 상위 50개 영화에서 비롯되었다. 2013년에 개봉된 622편의 영화 가운데 160개 미만의 영화제작 예산이 100만 달러(11억 4000만 원)를 초과했으며 100개 미만의 예산이 1500만 달러(170억 6000만 원)를 초과했다. 간단히 말해 2013년 대다수의 박스오피스 수익을 차지하는 영화는 상대적으로 적은 편이다. …… 메이저와 미니 메이저에 의해 개봉된 108편의 영화의 제작 예산은 125만~225만 달러(14억 2000만~25억 6000만 원)로 알려져 있다. 평균 제작 예산은 7100만 달러(807억 3000만 원)였다(Film L.A. Research, 2014: 6).

4 2012년에 인터뷰에 참여한 한 리틀 할리우드의 전직 에이전트는 함께 일하는 배우를 돕기 위해 그가 가르치던 과정에서 사용한 데이터를 우리와 공유했다. LA에는 TV, 영화, 연극, 광고, 산업재 및 인쇄 작업 분야에서 매일 새롭고 독특한 역할이 약 500개 정도 생긴다. 배우 채용 사이트 '액터즈 액세스(Actors Access)'와 로스앤젤레스 지역의 캐스팅을 담당하는 〈캐스팅 빌보드(Casting Billboard)〉와 같이 공개적으로 의견을 개진해 볼 수 있는 창구도 이에 포함된다. 상업적 특성이 강한 곳에서는 오디션이 더 많기도 하고 연극적 특성이 강한 곳에는 적은 오디션이 열리기도 하지만, 모든 분야에서 한 역할당 하루 평균 40개의 오디션이 있다. 따라서 하루에 2만여 개의 오디션이 열린다.

로스앤젤레스에는 거의 12만 명의 배우를 대행하는 약 400개의 에이전시가 있다. 또한 로스앤젤레스에는 대행되지 않은 배우가 약 8만 명 정도가 있다. 그들을 다 포함해 보니 로스앤젤레스 지역에는 20만 명의 배우가 존재한다. 통계적으로 모든 것이 평등하고 모든 사람이 현장에 뛰어들고 있다면, 배우가 매일 오디션을 받을 확률은 10%이고, 매일 연기할 기회를 얻을 수 있는 비율은 0.025%이다. 이 통계대로라면 배우는 평균적으로 1년에 36개의 오디션에 참여할 수 있고 그중 단 한 번만 직업이라 할 수 있는 역할을 따낸다. 그러나 우리는 특정 범주, 기량과 외모가 더 많은 영향을 끼치기 때문에 에이전트의 질적 수준이 오디션에 참여하고 배역을 맡는데 도움이 되는 것이 아니라는 것을 알고 있다.

5 브레이크다운 서비스는 정확한 캐스팅 정보를 탤런트 에이전시에 제공해 에이전트가 자신이 대행하는 배우의 이력서, 사진 및 비디오를 등록된 캐스팅 디렉터에게

제출할 수 있게 해주는 온라인 회사이다. 이 책 5장 참조.

6   전체를 패키징하는 것 또는 순전히 캐스팅하는 것, 이 두 가지 대조되는 단계 사이에서, 중간 위치는 최고 에이전시의 중급 에이전트와 때로는 중급 규모 핵심 에이전시의 최고 에이전트와 같은 서비스 수준을 보이는 것을 특징으로 한다. 그들의 고객들은 자신의 이름만으로도 정당하게 투자를 얻어내기에 충분할 만큼 '돈벌이가 되는' 신분이 아니라면 공식적인 캐스팅 절차 착수 전 제작자와 스튜디오의 눈에 띄는 데 충분한 성공을 거두고 있다.

7   각각 WME, CAA, UTA, ICM의 전임 또는 전 CEO, 감독, 회장이다.

8   패러다임 탤런트 에이전시는 2015년 초에 150명이 넘는 에이전트가 소속된 음악 회사로 확대되었지만, 여전히 중견 에이전시이다. 거시 에이전시는 약 60명의 에이전트와 그 2배의 직원이 근무하고 있다.

9   빅 할리우드, 2013년 4월.

10 인터뷰에서 스튜디오 책임자와 경영진은 회삿돈을 많이 잃은 데 대해 책임을 지고 '의사결정권자'가 해고되는 흥행 실패 사례를 언급했다. 2014년 1월 인터뷰한 스튜디오 회장의 사례를 보면 한 번의 불행을 근거로 주요 탤런트와의 관계가 단절될 위험은 더욱 현실적이라고 판단된다. "실패는 끔찍해요. 정말 끔찍하죠. 그래서 저는 실패를 싫어합니다. …… 만약 당신이 스튜디오를 운영한다면, 당신은 실패보다 훨씬 더 많이 성공해야 해요. …… 그러나 각각의 관계에서 기본적으로 실패는 용인할 수 없죠. 만약 당신이 유명한 탤런트를 데리고서도 실패하면 그들은 당신을 비난할 것이고, 당신은 그들과 더는 관계를 맺지 못할 겁니다."

11 첫 번째 계약은 스타 배우, 감독, 제작자와의 우호적인 관계를 유지하기 위해 특정 회사의 간접비를 지불하고 그 대가로 권유받은 자산에 투자하고 유통하는 데 우선권을 얻는 스튜디오에 제공한다. 실제로 유명한 배우들은 자신이 창의적으로 관심을 갖고 있는 영화제작을 위해 스튜디오와의 파트너십에서 우월한 위치를 차지하기 위해 종종 제작사를 설립한다. 스튜디오는 때로로 '허황된 계약'에 서명해 영화 배우와의 더 긴밀한 관계 및 스타가 영화로 제작하길 원하는 각본을 '선점'하는 대가로 스타의 회사에 사무실과 돈을 제공한다. 이러한 회사들은 전통적 개념에서의 제작 업체라기보다는 스타가 통제하고 있는 자료의 제공자이다. 그들은 스타가 기꺼이 직접 행동하고 참여하고 공동으로 기획하는 프로젝트를 맡는다. 이런 방식으로 스타 아티스트들은 더 예술적인 독립 영화 스타일의 영화를 만들려는 열망을 실현하기 위해 조직적인 수단을 강구한다.

12 예를 들어 2013년에 발표된 영화 가운데 〈아이언맨 3(Iron Man 3)〉은 20억 달러(2조 2740억 원, 디즈니), 〈호빗: 스마우그의 폐허(The Hobbit: The Desolation of Smaug)〉가 2억 1700만 달러(2467억 3000만 원, 워너브라더스), 〈월드 워 Z(World War Z)〉이 1억 9000만 달러(2160억 3000만 원, 파라마운트)를 투자했다.

13 미국 동부작가연합(WGAE)과 미국 서부작가연합(WGAW) 소속의 모든 시나리오 작가와 방송 작가들 1만 2000명은 2007년 11월에 시작해 2008년 2월까지 100일간 이어진 파업에 참여했다. 작가들은 대형 스튜디오의 이익과 비교하여 더 많은 기금을 요구했다. 파업의 결과물로 그들은 디지털 유통에 대한 배급사의 총수익에서 새로운 비율에 해당하는 몫을 받게 되었다.

14 파업은 일어날 수밖에 없었던 중대한 갈등으로 업계 전문지에 신속히 발표되었고, 결국 TV의 2008~2009년 전체 시즌을 위협했다. 다양한 업계 종사자들의 폭로, 내부자의 과장된 온라인 논평은 최고 수준의 기자들이 양측의 논쟁에 대해 지배적인 프레임을 만드는 데 핵심 역할을 하게 했을 뿐만 아니라 갈등을 중재할 수 있는 위치에 그들을 가져다 놓았다. 이는 영화제작은 내부 자료에 기반을 두어야 한다는 생각과 관련해 스튜디오 제작의 전환점이 되었다는 인식의 확산을 이끌었다. TV 분야에서 리얼리티 프로그램은 대본이 있는 쇼가 불확실하게 제작되는 경우가 많은 것과 비교했을 때 실행 가능하고 비용이 적게 드는 선택이었다.

15 스튜디오는 해외 관객에게 인기 있는 스타와 코미디처럼 해외에서 잘 판매되는 영화 장르에 관심을 집중한다.

16 물론 이것은 대상 제작자, 스튜디오 및 미국영화방송제작가연합(AMPTP: Alliance of Motion Picture and Television Producers) 회원이 이 상황을 어떻게 처리할 것인지 합의하지 않았다는 의미는 아니다.

17 이러한 변화는 아마 에이미 파스칼(Amy Pascal)이 재임 중 제작한 여러 영화가 수상 후보로 지명되고, 〈디 인터뷰(The Interview)〉에 대한 2014년 11월부터 12월까지 이어진 해킹 공격을 둘러싼 위기에도 그녀가 굴복하지 않을 것이라고 산업 내부의 일부 인사들이 예측했음에도 2015년 2월 소니 픽처스의 대표 자리에서 물러난 이유 중 하나일 것이다.

18 스튜디오에 대한 기업의 관심이 새로운 현상이 아닐지라도, 최근의 변화는 그들에게 현재 형태의 더 큰 미디어 재벌의 구성 요소를 제공했다. 1985년 루퍼트 머독(Rupert Murdoch)이 20세기폭스를 인수한 이후 파라마운트, 워너, 콜롬비아, 유니버설은 모두 일련의 구매와 합병으로 1989년과 1994년 사이에 소유권이 변경되었다. 그 후에는 유니버설만이 소유주가 바뀌었는데, 2000년에는 비벤디(Vivendi), 2011년에는 컴캐스트(Comcast)에서 차례로 인수했다.

19 "그렇다고 해서 톰 크루즈나 잭 블랙이 아니면 에이전트 일을 하면서 생계를 유지해 나갈 수 없다는 것을 의미하지는 않아요. 그들은 인기 절정의 배우들이에요. 그 자리를 지금은 누가 채울 수 있을까요? 여배우의 이름을 대볼까요?" [침묵] "이것이 정말 문제예요. 프랜차이즈 영화가 진행될 수 있는 코미디 배우를 대볼까요? …… 영화배우는 더 이상 만능 티켓이 아니에요. 재방영되는 텔레비전 쇼는 더 이상 만능 티켓이 아니죠"(대형 에이전시 소속의 탤런트 에이전트, 2010년 3월)

20 이 글을 쓰는 현재, 영화 구매자들은 소니나 콜롬비아, 20세기폭스, 파라마운트, 유
    니버설, 워너브라더스와 같은 6개의 주요 스튜디오와 소수의 미니 메이저로 줄어들
    었다. 반면, 텔레비전 프로그램 구매자들은 크게 증가했다. 미국의 4대 텔레비전 네
    트워크인 ABC, CBS, NBC, Fox와 그들의 제휴사들 외에 케이블 네트워크가 과도하
    게 늘어났고, '텔레비전'이 취하는 행태들을 확장시킨 훌루(Hulu), 넷플릭스
    (Netflix), 아마존(Amazon)과 같은 디지털 플랫폼이 기존 텔레비전 구매자들에게
    추가로 제공되고 있다.

21 대형 에이전시 소속의 대본이 있는 TV 에이전트, 2014년 11월.

22 론 메이어(Ron Meyer), 윌리엄 하버(William Haber), 마이클 로젠펠드
    (Michael Rosenfeld), 롤런드 퍼킨스(Rowland Perkins)가 나머지 4명이다.

23 수 멩거스(Sue Mengers)와 같이 유명한 독자적 에이전트들이 이에 동참했다
    (Kemper, 2013).

24 이 과정과 독립 영화 에이전트의 부상에 대해서는 나의 2016년 저서와 이 책 제7장
    참조.

25 실리콘 밸리에 본사를 둔 기술 중심의 사모펀드 회사 실버 레이크(Silver Lake)는
    2012년 WME에 2억 달러(2274억 원)를 투자해 31%의 지분을 확보했다. 동시에 이
    에이전시는 디지털 신생 기업에도 투자했다. 사실 이 메커니즘의 두 가지 측면, 즉
    투자를 하고 지분을 얻는 과정은 분리할 수 없다.
    실버 레이크는 2013년 말에 WME의 IMG(International Management Group) 인수
    를 지지하며 합병된 그룹에 5억 달러(5685억 원)를 추가로 투자해 51%의 지분을
    확보했다. 이후 WME/IMG와 지분 파트너는 2015년에 로데오라고 불리는 황소 타
    기 프로선수협회(Professional Bull Riders)와 미스유니버스조직위(Miss Universe
    Organization), 2016년에는 종합격투기 챔피언십(Ultimate Fighting Champion-
    ship) 등에서 자산을 인수해 에이전시 활동의 범위를 대폭 다양화했다.
    CAA는 35%의 소수 지분을 2010년 TPG캐피털(TPG Capital)에 1억 6500만 달러
    (1876억 원)에 판매했으며, 추가로 2억 2500만 달러(2558억 2500만 원)를 지불하면
    서 TPG가 2014년에 53%의 지분을 갖게 되었다. TPG는 또한 CAA를 일련의 인수
    를 통해 후원했다. 마찬가지로 2015년 여름에 헤지 펀드 매니저 제프리 우벤
    (Jeffrey Ubben)에게 소수 지분을 매각한 후, UTA는 94명의 에이전트가 음악 아티
    스트들을 대행하던 에이전시 그룹(Agency Group)을 인수했다. 2010년부터 2015
    년 사이에 월스트리트의 투자자들은 2개의 대규모 에이전시인 WME와 CAA에 10
    억 달러(1조 1370억 원) 이상을 투입해 아티스트들을 대행하는 전통적인 비즈니스
    보다 다른 분야로의 확장을 가능하게 했다(Rottenberg, 2015).

26 "스포츠도 이제는 텔레비전 범주 안에 들어왔어요. 우리는 텔레비전 사업에 종사하
    고 있죠. 이제는 운동선수와 모델도 아티스트로 봐요. 우리는 아티스트의 대행 비

즈니스에 종사하고 있습니다. …… 어느 쪽이든 옹호하죠. 어느 쪽이든, 대행 비즈니스라는 점들을 연결합니다. 어느 쪽이든 판매 가능합니다. 어느 쪽이든 그것은 재능이죠. 어느 쪽이든 그것은 콘텐츠를 갖고 있어요"(빅 할리우드 에이전트, 2014년 1월).

27 "[에이전시들이 추구하는 다른 사업들을] 추진하는 데 도움을 주는 것은 탤런트들과 저의 관계죠. 왜냐하면 그것은 여전히 매력적이고 낭만적이기 때문이에요. 그러나 내가 어떻게 다른 사업들을 만들기 위해 외부의 돈을 사용할까요? 탤런트와의 관계를 활용하는 거죠. CAA와 WME의 경우에도 그들이 자본을 가지고 하는 일이 그거예요. 그들은 경제가 바뀌고 있다는 것을 알고 있기 때문에 돈을 버는 거죠"(대형 에이전시의 전 독립 영화 에이전트이자 제작자, 2012년 11월).

28 대형 에이전시의 탤런트 에이전트는 그녀가 지금까지 목격한 것 가운데 "가장 중요한 변화(the most important change)"라고 말했다. "에이전트들은 실제로 브랜드화, 라이선싱, 의류 라인, 판촉 캠페인 및 제품 승인과 같은 캠페인에 더 많이 참여하면서 다른 수익원을 찾아내려고 노력했다. 이는 이전에는 전혀 관여하지 않았던 부분이다. 당신은 당신의 고객이 수익을 창출하는 다양한 방법을 찾고 있다. …… 단지 배우로 일하는 순수한 배우가 돈을 버는 일이 점점 더 어려워졌기 때문이다. 그래서 당신은 그들이 당신을 위해 더 돈을 지불할 수 있도록 할 방법을 찾고 있다"(2014년 11월).

3장 탤런트 에이전시에서 전문가 만들기

1 본문에서 사용된 데이터는 이 연구를 위해 수행한 122회의 인터뷰에서 비롯되었으며, 할리우드 대행 안내서의 자료, 에이전시 파트너와 최고의 매니저에 관한 온라인 데이터, 영화 예술 과학 아카데미(Academy of Motion Picture Arts and Sciences)의 마거릿 헤릭 라이브러리(Margaret Herrick Library)에 있는 보관된 작업물을 포함한 다양한 보조 자료를 활용했다. 에이전트의 배경과 경력에 대해 정량적 연구를 수행하는 데는 현재 수적인 면에서 더 큰 중요성을 지닌 체계적인 데이터의 접근이 불가능하기 때문에, 에이전트들의 프로필을 분석하고 비현실적인 통계적 방법으로 그들의 성향을 확인하려는 작업을 하는 것이다.

2 백인이 아닌 에이전트는 소수에 불과하다. 그들은 내 인터뷰 대상자의 13%에 해당한다. 그들은 거의 리틀 할리우드에서 발견되며, 상징적으로 지배적인 위치를 점하고 있는 사람들 사이에 존재한다. 즉, 그들은 비중과 역할이 적은 탤런트, 리얼리티 TV의 유명인사, '디지털 네이티브(digital native: 태어나면서부터 디지털 환경에서 자란 사람들)' 탤런트와 같이 재능의 상징적·경제적 계층에서 과소평가된 아티스트

를 대행하거나 또는 아티스트를 직접 대표하는 핵심 활동 외의 활동을 한다.

3   데이비드 렌신(David Rensin)의 책『메일룸: 바닥에서 정상까지의 할리우드 역사 (The Mailroom: Hollywood history from the bottom up)』(2003) 209쪽에서는 그녀의 경험을 이야기한다. 성공적인 여성 에이전트들의 사례는 그 당시 완전히 알려지지 않았지만, 희소한 상태로 남아 있다. 바브라 스트라이샌드(Barbra Streisand), 캔디스 버건(Candice Bergen), 페이 더너웨이(Faye Dunaway), 진 해크먼, 버트 레이놀즈(Burt Reynolds)와 같은 스타들을 대행하며 1970년대와 1980년대를 휩쓴 수 멩거스의 화려한 경력은 독보적으로 눈에 들어왔다.

4   2012년『할리우드 대행 안내서』최신판에 따르면, CAA의 353명 에이전트, 임원 및 에이전시 매니저 가운데 25.5%가 여성(즉, 90명)인 반면, WME는 31.5%(298명 가운데 94명), ICM은 35.4%(158명 가운데 56명), UTA는 33명(115명 가운데 38명)으로 나타났다. 2013년 10월, ICM 파트너스(ICM Partners)에서 38명의 파트너 가운데 11명이 여성이었다. 나의 연구 모집단에서는 인터뷰 대상자 가운데 4분의 1이 여성이다.

5   금융권이나 일부 변호사가 에이전트로 업종을 전환하는 경우가 1990년대부터 2000년대까지도 나타났다. 예를 들어 영화 분야의 금융 전문가들은 대형 에이전시에 고용되어 국제 자금이나 패키징 부서를 이끌었다. 주로 2000년대 이후로 일어났다. 그러나 이런 방식으로 에이전트로서의 자신의 다른 모습을 보여준 사람들은 이미 시작된 새로운 경력을 방해하는 위험을 감수하면서 그들의 이전 직장에서 억압받았던 '창의적 자아'를 표현하려는 강한 욕망을 가지고 할리우드로 온다. 결과적으로 그런 궤도가 반드시 '사업 중심(business-oriented)'으로 에이전트 업무에 접근하는 것을 의미하지는 않는다.

6   할리우드가 어떻게 창조되었는가에 대한 유명한 역사 서술 가운데 하나는 균등한 배경을 가진 유대인 기업가의 여정을 포함한다. 닐 게이블러(Neal Gabler)의 용어를 빌려 말하자면 그는 로스앤젤레스로 와서 '그들만의 제국(an empire of their own)'(1989)을 만들었다. 업계의 비즈니스 측면에서 과거와 현재의 거물들은 이 서사의 화신이 되었다.

예를 들어, 전직 CAA 공동 창업자인 론 메이어는 스튜디오 책임자로 성공적으로 변신했다. 론 메이어는 현재 NBC 유니버설의 최고 경영자 가운데 1명으로 캘리포니아 출신으로 나치 독일을 탈출한 유대인 이민자 부모에게서 태어났으며 힘들었던 어린 시절을 극복하고 할리우드에서 가장 강력한 남성 중 한 사람이 되었다(Rensin, 2003: 101~107). 그러나 엔터테인먼트 세계의 최상위를 통치하는 그룹이 종교적 관계에 묶여 있다고 말하는 것보다 더 잘못된 것은 없으며, 그것은 할리우드 권력에 적용되는 음모론에 불과하다.

7   즉, 종교적인 계획과 규범, 성공 모델, 상호교류와 사회성을 위한 일들이 직업적으

로 관련이 있고 에이전트 업무로 해석되는 정신적 틀을 어떻게 형성하느냐(혹은 하지 않느냐)

8   그러한 '정체성들'의 의미와 식별 과정이 어떻게 나타나는지는 밝히지 않는다(Brubaker and Cooper, 2000 참조).

9   대형 에이전시 소속의 탤런트 에이전트, 2011년 4월.

10 부티크 회사에서 에이전트와 파트너가 되기 전에 대형 에이전시 가운데 한 곳에서 훈련받은 전직 배우, 2010년 9월.

11 메이저 에이전시의 한 에이전트는 처음에 이 업무에 끌리지 않았음에도 그가 어떻게 이 직업을 수용했는지와 이 직업적인 역할이 그를 위해 완벽한 역할을 한다는 것을 어떻게 발견했는지 설명했다. "저는 에이전트가 되고 싶다는 생각을 해보지 않았어요. 저는 다른 에이전트들과 그들이 종종 대행한 것을 정말로 사랑하지 않았거든요. 그런데 어느 한 사람이 제게 현명한 조언을 하면서 '그래서 당신이 에이전트가 되어야 한다'라고 말했어요. 그래서 그렇게 된 거죠. 저는 그렇게 하기로 결정했어요. 믿을 수 없을 정도로 운이 따랐죠. …… 그래서 저는 지금 이 일을 정말로 오랫동안 사랑하게 되었어요. 정말로 지금 하고 있는 일을 하게 된 것을 감사히 여깁니다"(2010년 10월).

12 영화 및 TV 제작에 관한 대학 프로그램은 때때로 '할리우드 비즈니스'에 관한 수업이 포함되지만 '탤런트 대행(talent representation)' 자체에 대한 내용은 강의에 종종 덜 포함되어 있다. 이런 것은 매우 미미한 문제다. 아주 최근에서야 우리는 '예술 비즈니스, 예술 매니지먼트'에 초점을 맞춘 강의 프로그램을 개발하는 것을 보았는데, 반갑게도 그 교육 과정에는 탤런트 매니지먼트, 에이전트 업무에 관한 연구가 통합되어 있었다.

13 주로 이것은 에이전트 업무를 하는 4개의 거물 CAA, WME, UTA, ICM에서 그러하고, 이 문제에서 그들을 모방하는 가장 중요한 중소 에이전시인 거시, 패러다임 등은 그 정도가 덜하다.

14 책은 이러한 경험들을 바탕으로 하고 있다(Rensin, 2003; Roussel, 2015a 참조).

15 코디네이터는 대개 비공식적으로 신참 에이전트가 하는 일의 일부를 담당한다. 예를 들어 그들은 에이전시 고객에게 좀 더 직접적인 서비스를 제공하고 미래의 개인 고객을 위한 비공식적인 스카우트 업무를 맡는다. 그들은 또한 현재 스튜디오와 주요 제작 단체가 개발 중인 프로젝트를 나열하는 '사업 표준안(grids)'을 작성하는 역할을 담당할 수 있다. 이는 에이전트가 사용하는 핵심 도구이다.

16 그러한 단계가 존재하는 순서와 위치가 표시되는 방식은 에이전시에 따라 조금씩 다를 수 있지만 일반적인 과정은 비슷하다.

17 잠재적으로 어떤 에이전트든 멘토가 될 수 있다. 에이전트의 전문적 사회화는 종종 자신들을 사명의 필수적인 부분으로 생각하게 만든다. 그러나 대기업의 최고 에이

전시 매니저와는 달리 에이전시 내의 조직적 위계 구조에서 충분히 높고 매일 에이전트 역할을 수행할 수 있는 위치에 있는 사람은 장차 에이전트를 꿈꾸는 이들의 목표가 될 가능성이 크다. 따라서 멘토링은 그들의 업무에서 더욱 중요한 차원이 된다.

18 "저는 회사에서 성공한 사람들뿐만 아니라 [에이전트를] 볼 때, 대다수는 적어도 한 명의 유력한 스승이 있어요. 한 명의 스승은 필요하죠. 왜냐하면 제 생각에는 그가 자신의 품으로 당신을 데리고 가서 당신에게 조언하고 당신을 올바른 방향으로 이끌어줄 사람이기 때문이죠. 그리고 멘토는 결국 당신을 승진시킬 수 있다는 측면에서 당신을 챔피언으로 만들 수 있고 앞으로 나아가게 해주는 사람입니다"(대형 에이전시 소속의 TV 에이전트, 2014년 11월).

19 대형 에이전시 소속의 탤런트 에이전트, 2012년 11월.

20 에이전트는 '10%의 수수료를 받는 사람들(tenpercenters)'로 '패키지(package)'와 '설득(pitch)' 과정에 참여한다. 그들은 '구매자들'과 '방' 안에서 협상을 한다. 참가자들은 고객들을 '역할과 비중이 높은 그룹(above the line)'과 '역할과 비중이 낮은 그룹(below the line)'으로 구분한다. '탤런트 에이전트들'은 '대본 에이전트들'과 다르다. 이렇듯 공유되는 표현들은 직업적 의미와 관행의 공동체를 정의한다. 또한 적절한 스타일과 커뮤니케이션의 어조에 관한 규범이 있다. 예를 들어 끊임없이 열렬한 열정과 열망을 표현해야 한다. 또한 에이전트 업무에는 다른 전문 분야에 상응하는 전문적인 언어의 세부적인 유형도 공존한다.

21 그런 의미에서 필수적으로 거느리며, 마음대로 부리는 조수(보조원)들은 귀족 계층의 하인이 한때 가지고 있던 지위와 비슷한 존재이다. 또한 그들은 눈에 띄지 않는 침묵의 증인이라는 지위에 있다. 둘의 주요 차이점은 조수(보조원)는 승진을 기대할 수 있다는 것이다. 그들은 조용히 관찰하는 사람이 되기 위해 착착 나아가고 있다고 간주된다.

22 인터뷰한 에이전트는 대개의 경우 이 차이를 분명히 나타낸다. '개인적 취향'은 에이전시에 취업하기 전에 가지고 있던 판단 시스템으로, 이런 관심사가 이런 전문 분야에 참여하도록 유도했다. 그리고 개인적 취향은 습득한 '직업적 취향과 평행선을 달리며 지속된다. 개인적 취향과는 다른 직업적 취향의 형성은 사회적 영역의 분화와 그 사회적 영역의 특징이 뚜렷한 내부 평가 시스템의 공존에 미치는 영향을 분명하게 나타낸다.

23 "당신은 대본을 읽는 방법을 실제로 터득하기 전에 10만 개의 대본을 읽어야 합니다. 제가 아직 그만큼 읽었다고 생각하지 않지만, 5년 전과는 달리 제가 특별한 것을 발견할 때 100% 더 나아졌다는 사실을 알고 있어요. 특별한 것을 발견하는 데 100% 더 능숙하다는 사실을 알고 있어요. 저는 1쪽에서 120쪽까지 대본을 읽고, 그 다음에 60쪽을 더 읽어야만 했죠. 이제는 30쪽 또는 10쪽까지 읽고서 대본에 특별

한 것이 있는지를 알 수 있습니다. 때로는 대본을 끝까지 읽어야 알 수 있는 경우도 있지만, 글을 쓰는 사람의 입장에서 보면 10쪽까지 나가도 뭔가 좋은 내용이 없으면, 좋은 작가가 아니라고 판단할 수 있게 되었다. 물론 그렇지 않을 때도 있어요. 5년 전 저는 그것을 전혀 할 수 없었어요. 알지 못했던 거죠."

24 5대 에이전시는 ① WMA, ② Endeavor, ③ CAA, ④ UTA, ⑤ ICM를 가리킨다. 2009년에 WMA와 엔데버가 합병하면서 WME가 새로 만들어졌다.

25 우리 인터뷰에 참여한 신참 대본 에이전트는 자신이 주요 에이전시 가운데 한 곳에서 에이전트가 된 지 2년 후에도 그의 업무 관련 약속을 공식화하는 계약에 서명하지 않았다고 말한다. 이와 마찬가지로 역할과 비중이 낮은 에이전트는 그가 부티크 에이전시에서 대화하는 법을 배워나가면서 어떻게 일을 시작했는지 설명했다. "[에이전시 수장이] 나를 그녀가 고용한 새로운 조수(보조원)에게 소개했어요. 수장이 '이 사람은 [○○]입니다. 그는 우리의 신참 에이전트입니다'라고 소개했습니다. 누군가가 내 직책이 무엇인지 말한 첫 순간이었어요"(리틀 할리우드, 2012년 11월).

26 인터뷰를 하는 동안, 이 에이전트는 소규모 부티크에서 일을 해오다가 주요 에이전시 가운데 한 곳으로 이직하게 된 특이한 상황과 이 새로운 환경에 받아들여지기 위해 한 노력을 설명했다. "리틀 할리우드의 사람들이 빅 할리우드로 이동하려는 경우는 없어요. …… 많은 [큰] 회사들이 사람들을 내부에서 키우기를 좋아하고, 실제로 당신을 진지하게 생각하지 않기 때문이죠. 대형 에이전시에서 소규모 에이전시로 이직한다면 당신을 진지하게 여길 거예요. 그러나 더 작은 에이전시에서 큰 에이전시로 이직한다면, 그들은 근본적으로 당신이 운이 좋아서 여기에 있다고 느끼죠. 그들은 당신이 하고 있는 일을 완전히 알지 못하고 당신이 잘 훈련되지 않았다고 가정하기 때문에, 당신은 훨씬 더 자신(능력)을 증명해야 해요. 그들은 아마 당신이 그러한 기회를 얻지 못할 것이라고 가정하므로 당신은 그러한 것들이 사실이 아님을 증명해야 합니다. …… 그러나 진실은 당신이 이 더 큰 에이전시에서 더 큰 고객들과 사인할 수 있다는 점이에요. 그래서 저는 매우 짧은 기간 내에 내가 일하던 에이전시에 합당한 리스트에 있는 인물들과 서명할 수 있었어요. 그러고 나서 지금 일하고 있는 에이전시에서 인정을 받았죠"(빅 할리우드의 탤런트 에이전트, 2014년 11월).

27 "당신이 일을 하면서 만난 모든 사람을 알기 시작할 때가 중요합니다. 당신은 그들과 함께 성장하죠. 그래서 당신이 에이전트가 되었을 때 다른 조수(보조원)들도 스튜디오 임원으로 성장해요. 이렇게 모든 사람이 함께 성장하는데, 그것을 세대라 지칭합니다. 그리고 그렇게 해서 당신은 모든 신입 에이전트들을 밑에 두고 있으며, 또 다른 상황에서는 모두 선임자가 되는 것입니다. 당신이 거물 에이전트가 되었을 때, 당신 친구들은 스튜디오를 운영합니다. 즉, 그런 관계를 유지함으로써 새로운

사람들을 만나는 것입니다"(대형 에이전시의 전 탤런트 에이전트, 2013년 2월).

28   이는 주로 매우 구체적인 프로파일과 제한된 수의 에이전트에 관한 것이다. 독립
      영화의 재정(예산)을 담당하는 그들 중에는 이전에 영화 재정 업계의 전문가였던
      사람들도 종종 있다. "나는 더 빠른 궤도에 올라 있어요. 제게는 그런 사람들과 어
      울리거나 하는 개인적 관계가 없다는 것이 차이점이죠. 저는 그런 관계를 맺지 않
      죠. 심지어 상당히 유명해진 오늘날에도, 저는 여전히 아웃사이더입니다"(대형 에
      이전시의 영화 재정을 담당하는 에이전트, 2013년 3월).

29   여러 연구는 프로젝트를 기반으로 하는 조직적 구조의 결과로서 창의적 산업을 특
      징짓는 특정 직업 모델(Peiperl et al., 2002)의 존재를 강조했고, 때로는 새로운 '경
      계 없는(boundary-less)' 직업이라고 지적했다(Arthur and Rousseau, 1996). 그러
      나 탤런트를 대행하는 일을 탐색해 보면 더 복잡한 현실을 알 수 있다. 직업 궤도와
      자기 인식에서 프로젝트의 중심은 직업 시스템인 할리우드에서 차지하는 지위에
      따라 다르다. 아티스트, 제작자(특히 독립 제작자) 및 제작도 담당하는 매니저들은
      이와 같은 인식을 공유 할 수 있다. 오히려 일반적으로 제작 업무를 맡지 않는 변호
      사와 매니저, 그리고 스튜디오 직원 가운데 특정 범주(대기업 기업 구조에 포함시
      킴으로써)은 이 책에서 설명한 에이전트의 경험과 더 관련이 있다. 프로젝트에 기
      반을 둔 노동시장으로서의 할리우드에 대한 자료는 포크너와 앤더슨(Faulkner and
      Anderson, 1987), 존스(Jones, 1996), 비엘비와 비엘비(D. Bielby and C. Bielby,
      1999) 참조.

30   대형 에이전시 소속의 탤런트 에이전트, 2013년 3월.

4장 관계 업무로서의 에이전트 비즈니스

1   이러한 접근법의 선구 자료는 포크너(Faulkner, 1983), 비엘비와 비엘비(D. Bielby
      and C. Bielby, 1999)이며, 최근의 연구는 로스먼과 보나치치(Rossman and
      Bonacich, 2010)이고, 좀 더 자세한 비평적 토론은 루셀(Roussel, 2015a)이 있다.

2   "궁극적으로 당신은 고객에게 일자리를 가져다주기를 원하지만, 당신이 또한 원하
      는 것은 비즈니스의 일부로서 고객을 감독과 같은 방에 있게 하는 거죠. 당신의 직
      무는 고객들이 에이전트가 그들에게 기회를 주는 것처럼 느끼게 만드는 거예요. 그
      렇게 했는데도 만약 그들이 출연 계약을 따내지 못하면, 그것은 부분적으로 그들
      잘못이죠. 그러나 만약 그들이 방 안으로 들어가지도 못했다면, 그것은 당신의 잘
      못이에요. [감독이] 당신의 고객을 보고 싶어 하지 않을 수도 있지만, 그것 역시 당
      신의 잘못이죠. 그들이 당신을 고용한 것은 그들이 방에 들어가는 방법을 알려고
      하는 거잖아요"(대형 에이전시 소속의 탤런트 에이전트, 2014년 11월).

3 "아티스트처럼 진정한 네가 돼라. ······ 당신은 창의적인 것들을 발견해야 합니다. ······ 당신은 영화를 만들고 싶었고, 제작자가 되어 작품을 만들고 싶었기 때문에 할리우드에 들어갔죠. 그리고 결국 그것과는 동떨어진 에이전트가 되었죠. 그렇다면 당신이 되고 싶어 하던 감독이나 작가 또는 아티스트였다면 당신이 발휘했을 예술적 능력, 창의력, 기발함, 유머 감각, 감성, 판매 기술, 매력, 카리스마를 당신은 어떻게 직업에 투영시킬 건가요? 그것은 다음 물음에서 시작됩니다: 당신은 외모, 말투, 그리고 누구와 어울리려고 하는지에 대해 스스로에게 정말 진실합니까?"(빅 할리우드 에이전트, 2013년 4월).

4 이것은 평판 만들기와 관련된 전문적 지식을 전달하는 과정과 약간 유사하다 (Candace Jones, 2002).

5 대형 에이전시 소속의 전직 독립 영화 에이전트, 2015년 2월.

6 대형 에이전시에서는 특히 성공적인 고객들에게 다양한 에이전트의 '개성'을 제공해 그들이 가장 밀접한 관계를 맺을 대상을 찾을 수 있도록 한다.

7 "그것은 비즈니스 모델에 관한 것입니다. 만약 당신이 브랜드라면 당신의 브랜드는 무엇을 대행하나요? 우리 브랜드는 고품질 대행을 제공하는데, 구체적으로는 고객이 문제를 해결하도록 도와주고 그에 대해 보상을 받고 선전되며, 그들의 커리어를 증진시킬 수 있는 방법으로 그들을 홍보하죠. ······ 이것은 나에 관한 것이 아니에요. 이것은 나를 보여주려는 것이 아니죠. 이것은 고객을 대행하는 에이전시에 관한 것입니다. 마찬가지로 에이전트의 평판은 고객을 앞세워 얻죠. 당신이 보는 것은 당신이 얻는 것이죠. 그녀는 쇼맨이 아니죠. 당신도 알잖아요. 그녀는 반짝이는 옷을 입지 않고 촬영장에 가서 명함을 나눠주며 자신이 멋지다는 것을 모두에게 납득시키려 합니다"(역할과 비중이 작은 에이전트, 2011년 4월).

8 또 다른 예는 다음과 같다. "나는 윌리엄 모리스를 기업이라고 생각해요. 윌리엄 모리스는 기업 문화를 가지고 있죠. ······ 월스트리트는 에이전시에 대해 뭔가 느낌을 가지고 있어요. 그것은 월스트리트의 문화이고 여전히 창조적인 내용이 있기 때문에 참 흥미롭죠. ······ 이 두 가지가 결합되어 있지만, 그 중심에는 직장에서의 기업 문화가 있다. ······ 저는 CAA가 그 버전이라고 생각하지만, 그곳에는 군사적 감각이 있고 그것으로 미루어볼 때 나는 일체성이 있다고 생각합니다. 그것이 그들이 모든 것을 할 수 있고 그들을 그렇게 강력하게 만드는 이유죠.」

그들 모두 어떻게 행동하고 소통하는지, 하는 일이 무엇인지가 매우 명확한 구조이며, 이는 매우 강력한 것이에요. 그리고 저는 UTA가 공통의 목표를 가진 개인 문화를 가지고 있다고 생각합니다. 그들은 아티스트의 비전을 가능한 한 가장 똑똑한 방법으로 수익을 만들죠. ······ 이들은 매우 다른 3개의 세계입니다. 당신은 에이전시마다 다른 에이전트들과 이야기하고 있으므로, 기업마다 정말 다른 느낌일 것입니다"(대형 에이전시 소속의 탤런트 에이전트, 2014년 11월).

이 마지막 말은 빅 할리우드 에이전트가 지니고 있는, 그러한 독특한 '문화'(기업문화)의 중요성과 명확성을 보여준다. 그러나 그러한 작은 차이의 중요성은 전에 에이전트로 일했던 매니저 또는 제작자를 포함한 다른 업계 전문가들의 눈에는 들어오지 않는다. "사람들이 여러 에이전시를 구획화한 상자에 넣고 '그것들은 이러한 에이전시고 저것들은 저러한 에이전시다'라고 말하는 것은 매우 쉽습니다. 그러나 매니지먼트 측면에서 보았을 때 그들은여러 면에서 모두 유사하면서 또한 매우 다르다고 생각했죠. …… 그것은 저를 눈뜨게 해주었어요. 저는 그들의 인식이나 판단보다 훨씬 더 비슷하다고 생각합니다"(탤런트 에이전트였던 대형 에이전시 소속의 매니저, 2013년 3월).

9   대형 에이전시 소속의 탤런트 에이전트, 2012년 9월.

10 빅 할리우드 에이전트의 전 제작자, 2014년 2월.

11 대형 에이전시의 대본 에이전트, 2014년 6월. 조직 내에서의 직위 측면에서 보면, 그는 텔레비전 부서에서 세계적으로 거둔 수익은 적었지만, 권위 있는 분야인 영화 부문까지 승진할 수 있게 되었다.

12 그러한 관찰은 개인의 정체성의 관계 형성을 밝혀주는 다른 사회학적 연구를 반영한다(White, 2008 참조).

13 우리는 휴즈가 이미 지적한 윤리 원칙의 실용적 태도를 여기서 관찰한다(Hughes, 1971; 1984).

14 에이전트이자 역할과 비중이 작은 부티크 에이전시의 오너, 2010년 10월, 볼드체는 저자 강조.

15 "전 파라마운트의 회장 브레드 그레이는 〈더 래리 샌더스 쇼(The Larry Sanders Show)〉의 게리 샌드링(Garry Shandling)과 문제가 있었습니다. 그가 게리 샌드링으로부터의 커미션을, 중역 제작자로부터의 수수료를 받아왔기 때문이죠. 저는 그가 심지어 제작 회사로부터도 수수료를 받아왔을 거라 생각해요. 그는 '잠깐 기다려, 이것은 나의 쇼야!'라고 말하면서 '세 군데에서 돈을 챙겨왔어. …… 만약 당신이 폭로하면, 당신에게 문제가 생길거야. 합법적이냐고? 합법적이지. 당신도 알다시피, 그러지 말라는 법이 없기 때문이지. 그러면 당신과 나 사이에 관계가 형성되느냐고? 아니'"(대형 에이전시의 전직 에이전트, 2010년 3월, 저자 강조).

16 대형 에이전시 소속의 디지털 미디어 에이전트, 2012년 4월.

17 "그 많은 것이 관계들이죠. 제가 수년간 관계해 온 사업체 경영자들이 있어요. 그리고 저는 협상을 위해 전화 통화를 할 수 있죠. 그래서 정말 빠르게 일을 처리할 수 있습니다. 왜냐하면 우리는 서로 신뢰하고 있고 '이게 정말로 필요합니다'라든가 '거래를 매듭지을 수 없다'라고 말할 때, 그들은 제가 거짓말을 하고 있지 않다는 것과 한 푼도 남김없이 긁어모으려고 하는 것이 아니라는 것을 잘 알고 있기 때문이죠. 또는 그들이 '이게 내가 가진 전부다, 더는 꼼짝할 수 없다'고 말할 때 저는 그들

이 실제로 그렇다는 것을 압니다. 그런 상황들은 훨씬 더 많이 관계로 돌파합니다. …… 협상을 할 때 우리는 논쟁에서 서로 다른 쪽에 있죠. 저는 이것을 주장하고 그들은 저것을 주장합니다.

저는 전적으로 이해합니다. 누군가가 그들이 제가 하는 주장을 이해하고 있다는 것을 인정하기를 늘 원하죠. '이것이 내가 하고 있는 일이다'라고 이미 결정을 내리고 당신이 무슨 말을 하든 중요치 않을 때보다 좌절하게 하는 것은 없어요. 그것은 마치 벽에다 대고 이야기하는 것과 같죠. 당신이 나를 인정하고 나에게 '나는 당신이 무슨 생각을 하고 있는지 이해한다. 그게 이치에 맞다. 당신은 자격이 있다. 불행히도 이게 우리의 처지야'라는 말을 한다면, 적어도 누군가가 제 말을 듣고 있다고 느낄 겁니다"(대형 에이전시의 텔레비전 에이전트, 2014년 11월).

18 루만(Luhman, 1979)이 말하기를, '신뢰'는 미래에 대한 기대와 전망의 필요성이 매우 높아진 차별화된 사회에서 사회적 복잡성을 줄이기 위한 수단으로 작용한다. 여기서 우리는 실제로 신뢰와 시간과의 관계를 관찰했다. 틸리는 다른 관점에서 장기간의 강력한 유대 관계를 고찰해 어떻게 개인 간의 신뢰 네트워크가 형성되었는지 연구했다(Tilly, 2007).

19 신뢰라는 개념의 사용에 대한 비판적 접근 방법은 베레진(Berezin, 2005)와 반델(Bandelj, 2009)를 참조. 영화 세계가 불투명하고 불확실한 시장을 구성한다는 생각은 문화 제작에 관한 많은 연구의 전제이다(Faulkner, 1983; Caves, 2000; Zafirau, 2008 참조).

20 대형 에이전시 소속의 탤런트 에이전트, 2013년 2월.

21 예를 들어 협상할 때 고객이 마지막으로 받은 급여가 노출되어 부정적 결과에 고통받을 위험이 예상되는 경우, 그것에 대해 '거짓말하지 않는 것(not to lie)'은 도덕적 행동이며 자기만족적이고 오히려 합리적인 것으로 간주된다. 아네트 바이어(Annette Baier, 1986)와 같은 도덕 철학자들은 이미 바이어의 관점에서 신뢰는 선의를 전제로 하고 있기 때문에 배신당할 수 있음에도 불구하고, 사리 추구와 양립할 수 있다는 점과 신뢰하는 사람이 자신과 갈등을 일으킬 동기가 있다고 의심할 이유가 없다면 '합리적 신뢰(rational trust)'가 존재한다고 이야기했다.

22 "[스튜디오 중역은] 당신의 취향이 무엇인지와 당신이 비즈니스를 수행하는 방식을 신뢰하는 법을 배우죠. 즉, 당신이 누군가와 좋은 관계를 맺고 있는지와 상관없이 당신은 끊임없이 그들에게 전화를 걸어, 결코 직업을 얻지 못할 사람들, 또는 그 자리에 어울리지 않는 사람을 추천할 수 있어요. 아니면 그들은 당신이 언제나 대단한 취향을 지녔다는 것을 알지도 모른다. 당신이 그들에게 들여다보라고 설득시키는 과정은 누군가의 시간 낭비 여부와 상관없이 큰 문제죠. 만약 당신이 사람들에게 '이것은 좋은 대본이다'라고 끊임없이 말하지만 그 밖의 모든 사람들이 그렇지 않다고 생각한다면. …… 진짜 옳고 그름이 없기 때문에 이것은 매우 주관적인 사

업이지만 사람들은 전반적으로 '아, 이 사람은 그들이 말하고 있는 바를 알고 있구나. 그들이 나에게 전화를 할 때마다 이 사람은 내가 시간을 낭비하지 않게 해. 나는 내가 좋아하는 흥미로운 사람들과 앉아 있어'라고 생각할 수 있죠"(빅 할리우드의 전직 탤런트 에이전트, 2011년 4월).

23 대형 에이전시의 전 탤런트 에이전트, 2013년 3월.

24 에이전시 건물들은 또한 에이전시의 리더가 전달하려는 '문화'를 구체적으로 나타낸다. 베벌리힐스의 중심부에 있는 WME의 넓고 깨끗한 사무실은 기업의 현대성과 성공을, 센추리 시티의 거대한 CAA 사무실의 중금속과 대리석 구조물은 견줄 수 없는 권력을, 부르주아의 가정집처럼 보이는 패러다임의 사무실은 '좋은 취향(good taste)'이 보다 친밀하고 전통적인 면에서 구체적으로 표현되었다는 것을 의미한다.

25 예를 들어 '오아시스(Oasis)'와 '인엔터테인먼트(inEntertainment)'는 탤런트 에이전시와 매니지먼트 회사에서 일반적으로 사용하고 있는 소프트웨어 및 데이터베이스 프로그램이다.

26 이것이 바로 전 에이전트가 얘기한 것처럼 에이전트 업무가 "사람들의 머릿속으로 들어가는 것(getting into people's head)"과 관련 있다고 하는 이유다. "당신은 고객과 구매자를 알기 위해 노력하죠. 무엇이 그들을 움직이게 하고, 그들이 찾는 것은 무엇일까? …… 당신이 그들과 대화를 한다면 당신은 그들의 머릿속으로 들어갈 수 있습니다. '당신의 취향이 뭔가요? 당신은 하키를 좋아하나요, 아니면 카드놀이를 좋아하시나요?' 내가 말하려는 것은 그들이 좋아하는 것이 무엇이든지 간에 당신은 그들을 알아야 하고, 일단 당신이 그들을 알게 되면, 이제 당신은 그들의 눈으로 세상을 보게 될 것이라는 점이에요. 만약 제가 당신을 잘 알고 있다면, '내가 당신이 좋아할 만한 것을 가져왔어요'라며 대화를 당신과 나눌 필요가 없죠. 당신이 그러한 종류의 관계를 맺는다는 것은 환상적인 일이죠"(빅 할리우드, 2014년 4월).

27 대면(對面) 미팅은 '상대방 시험하기'뿐만이 아니라 '자신에 대한 테스트'도 한다. 이것은 기술적 자질을 뛰어넘으며, '사람들을 잘 판단하는 거장(巨匠)'의 경지를 필요로 한다. 이때 명인이 보여주는 '기교'는 실제로 그것을 만든 사회 기술 네트워크와 떼놓을 수 없다(Dodier, 1995) 참조.

28 할리우드의 지형도에 관해서는 스콧(Scott, 2004) 참조.

29 프랑스의 브루노 쿠쟁(Bruno Cousin)과 세바스티앙 쇼뱅(Sébastien Chauvin)은 다른 경험적 근거를 대며 물려받지 않은 집단적 사회자본의 형태를 획득하는 것이 중요하다는 점을 지적한다(2014). 미국의 콜맨(Coleman, 1988)이나 퍼트넘(Putnam, 1995)은 사회적 자본에 대해 다른 접근 방식을 제시하는데, 그들은 사회적 자본의 전문화와 전문적 맥락에서의 사회적 자본의 축적에 적합한 메커니즘을 강조하지 않았다.

30   스튜디오 수장과 함께 한 인터뷰, 2014년 3월.

31   "소규모 에이전시에서 일하든, 대형 에이전시에서 일하든 간에, 인터넷과 전자메일 (e-mail)을 사용하는 모든 사람들은 거의 동일한 정보에 접근할 수 있습니다. 그러나 사실 그것은 정말로 정보에 대한 접근을 말하는 것이 아니에요. 비교적 작은 에이전시는 실제로 많은 미팅과 오디션을 성사하는 것을 활동 목표로 삼죠. 그러나 그것은 정말로 누군가의 경력에 차이를 만드는 것이 아니에요. 누군가의 경력에서 차이를 만드는 것은 딱 맞는 오디션을 보고 그런 직업으로 전환될 기회를 얻는 것이죠. 그것은 전환에 관한 것이지, 기회나 양에 관한 것이 아닙니다"(대형 에이전시 소속의 탤런트에이전트, 2012년 9월, 저자 강조).

5장 에이전트와 아티스트: 마법 같은 유대와 권력관계

1   "저는 창조적인 영감을 받을 경우, 그 아티스트를 붙잡고 제 영역에서 그들이 희망과 꿈을 실현할 수 있게 노력합니다. 그들이 태도가 싸늘해졌거나 제가 틀렸다 해도 저는 여전히 그들과 함께하고 그들을 떠나지 않았으며 대행 업무를 결코 멈추지 않았습니다"(빅 할리우드의 탤런트 에이전트, 2010년 9월).

2   빅 할리우드의 전직 탤런트 에이전트, 2014년 4월.

3   "그것을 우정이라고 부르며 많은 사람들이 그렇게 행동하고 있습니다. 항상 '아침 7시부터 밤 11시까지는 제가 당신과 함께 하지만, 퇴근하고 나서 가족과 함께할 때는 다음 날을 위한 충분한 휴식을 원하기 때문에 방해받고 싶지 않다'며 그것을 경계해 왔죠. 그러나 핸드폰이 생긴 지금은 '24/7', 즉 하루 24시간 1주 7일 동안(1년 내내 연중무휴로) 일하게 되었어요. 그것도 상관없지만, 저는 '월요일에 합시다'라고 말하는 것을 두려워하지 않아요. 월요일 아침에는 반드시 쉬고 난 상태이길 원하기 때문이죠. 그러나 비상사태가 발생하면 그것을 처리할 수 있음을 너에게 약속할 수 있다. 그리고 저는 사교적인 사람이라서 고객과 저녁, 점심, 그리고 아침까지 같이 먹을 수 있고, 파티에 동행하기도 합니다. 그러나 많은 이들이 고객의 휴가에까지 동참하죠. 그것이 잘못됐다고 말하는 것은 아니에요. 그러나 저는 항상 분리된 삶을 원했고, 그래서 균형을 유지할 수 있었습니다. 나는 가능한 한 내 직무에 많은 경험을 투영할 수 있기를 원했어요"(빅 할리우드의 전 탤런트 에이전트, 2014년 4월).

4   "[고객들은] 좋은 에이전트가 되기 위해 정말로 무엇이 필요한지 이해 못 해요. 정말로 좋은 에이전트가 된다는 것은 일주일간 7일 내내 일해야 하고, 내내 업계 최고여야만 한다는 겁니다. 당신은 사람들의 인생, 경력, 미래를 다루죠. 그리고 이것은 사람이 할 수 있는 일이 아닙니다. 알다시피, 있다가도 사라지는 것들이죠. 좋은 에이

전트는 이 모든 것들을 항상 할 수 있어야 합니다, 좋은 에이전트가 되기 위해. ……
정확히 제가 그만둔 날, 나는 좋은 삶을 살았지만, 비상 대기 중인 의사와 같다는 느
낌을 받았어요. 제 고객들에게 하루 24시간, 일주일 내내 언제든 이용 가능한 사람
이었죠. 당신을 가장 사랑하는 사람들은 가장 많이 이해해야 하는 사람입니다. 고
객에게 중요한 사정이 있다면 여러 방식으로 그 고객은 최우선하여 대우합니다"(대
형 에이전시의 전 관리자, 2015년 5월).

5   이런 감정노동의 차원은 제도적으로 실현된다. 예를 들어 에이전시들이 고객들에
    게 맞춤 선물을 살 때, 선물의 경제적인 가치가 고객들의 가치에 의해 달라진다.
6   그것은 또한, 거래에 관련된 엄격하게 기술적인 능력은 에이전트들의 경쟁의 유형
    에서 중요한 것이 아님을 보여준다. 따라서 다른 직업 그룹에서 관찰했듯이 에이전
    트가 가지고 있는 힘의 종류는 프레이드슨의 말처럼 '기술적인 숙련'에서 나오는 것
    이 아니다(Freidson, 1962). 반면에, 그것은 밀번(Milburn, 2002)이 만든 '관계 경쟁'
    의 개념과 다소 유사하다. 니나 반델(Nina Bandelj)은 관계 작업의 감정적인 차원
    을 신중하게 다루는 것의 중요성을 주장했다. 더 상세한 논의는 루셀(Roussel,
    2015b) 참조.
7   빅 할리우드의 탤런트 에이전트, 2012년 9월.
8   빅 할리우드의 전직 탤런트 에이전트, 2014년 4월.
9   빅 할리우드의 전직 탤런트 에이전트, 2014년 4월.
10 이는 개인 탤런트를 직접 대행하는 모든 에이전트에게 해당되는 반면, 프로젝트 또
    는 회사를 대행하는 에이전트는 감정노동을 동일한 정도로 수행할 필요는 없다.
11 여기에서 우리는 위니콧(Winnicott, 1980)이 정의한 거짓된 자아의 개념을 자유롭
    게 사용한다.
12 혹실드(Hochschild)가 연구한 비행 승무원들은 순전히 상황에 따라 승객들을 안심
    시키는 역할을 했는데, 그들은 자신의 개인적인 경험에서 분리된 채, 다른 상황에
    서 자아를 표현하는 방식으로 직업적인 자아를 표출했다. 따라서 감정노동이란 '이
    중거래(double-dealing)'에서 이중적인 역할을 할 수 있는 능력을 말한다. 그러나
    에이전트 세계에서 수정을 거치지 않고 그런 관점을 적용하는 것은 오해를 불러올
    것이다. 그것이 오랫동안 유지된다면, 곧 감정적인 참여는 순전히 겉모습로만 남아
    있지 않을 수 있다. 의심할 여지없이 우리는 업무 상황에서 수행되는 '역할들
    (roles)'이 '자아(self)'를 형성하는 측면들 속에 각인되는 것을 보게 된다.
13 "저는 제 고객과 매우 직업적인 관계를 맺고 있습니다. 당신이 그러한 관계를 맺으
    려면 15년 또는 20년이 걸릴 수도 있습니다. 20년 동안 그들과 관계를 맺으며 자녀
    가 태어나고 가족 구성원들이 세상을 떠났기 때문에 그들과 친밀하다고 느끼지 않
    기는 어렵죠. 당신은 사람들과 관계를 형성하고 그들과 연결되어 있으며, 독특하고
    흥미로운 유대감이 있어요. 그러나 저는 제 고객이 나를 그들의 가장 친한 친구가

아닌 대행인으로 바라보고 싶어 한다고 생각합니다. 그렇기 때문에 무엇보다 먼저, 저는 그들이 나를 대행인으로 생각하기를 바랍니다. 그러고 나면 우리 사이에 독특한 관계가 형성되죠. 당신도 알다시피, 우리는 가장 친한 친구가 아니며 그들은 저를 가장 친한 친구로 생각하지 않습니다. 그들은 확실히 나를 아주 가까운 조언자로 생각하죠. 이때 조언자는 삶의 개인적 측면에 자주 개입할 수 있어요. 그것은 의문의 여지는 없죠. 당신이 고객과 장기적인 관계를 맺을 때 바로 이러한 일이 발생합니다"(빅 할리우드의 탤런트 에이전트, 2010년 3월).

14 네트워크 이론에서 아티스트는 종종 불확실하고 이해하기 어려운 시장에 직면하는 고립된 개체로 묘사된다. 문화시장이 불투명하고 불안정하다는 가정은 흔히 명시적으로 논의된 것보다 더 자주 암시될 정도로 공통적인 특징이다. 네트워크와 같은 시장의 가장 정교한 접근법 가운데 하나는 버트(Burt, 2005)의 네트워크 중개에 대한 연구에서 찾을 수 있다. 버트의 사회자본은 서로 다른 특성이 있어서 분리된 사람들의 중개에 기인한다. 그리고 그것은 네트워크에 구조적 결함이 있는 곳에서 관계를 형성한다. 중개는 서로 연결되어 있기 때문에 구조적 단절의 '해법'이 된다. 그러나 할리우드의 사례연구에서 우리의 조사는 이 네트워크 이론에 의해 설명된 이미지가 인위적 구조가 될 가능성이 있음을 시사한다. 실제로 네트워크가 일반적으로 구축되는 방식은 수집되는 데이터와 코딩 유형을 바탕으로 하고, 특히 대부분의 엔터테인먼트 산업의 경우 아티스트 중심이며 프로젝트 지향적이다. 또한 특정 직업 그룹 내의 유대 관계는 거의 통합되지 않는다(Foster and Jones, 2011). 이는 단절의 시각적 표현을 만들어내고 구조적 공백으로 해석된다. 결국 이것은 중개 역할의 기능적 해석을 촉진한다. 네트워크 분석가들이 말하기를 중개인은 인공적인 단절 문제에 대한 해결책이 된다. 반대로 민족지학은 할리우드 전문가의 경험에 따르면, 리틀 또는 빅 할리우드의 '작은 세상(small world)'과 그들이 운영하는 전문 분야가 상대적으로 참가자들에게 투명하다는 것을 보여준다. 중요한 사업 파트너들은 잘 알려져 있으며, 그들의 '능력(competence)'과 '가치(worth)' 역시 잘 알려져 있다. 프로젝트에 관한 정보 역시 접근하기 어렵지 않다. 이미 알고 있고 이미 익숙하고 친숙하기에 그런 세계의 한계를 넘어 계속 가교 역할을 하는 것이 별로 없다.

15 마르크스(Marx)는 『루이 보나파르트의 브뤼메르 18일(The Eighteenth Brumaire of Louis Bonaparte)』에서 지배하는 사람들은 그들 자신의 지배에 의해 지배된다고 언급한다. 이 책은 마르크스가 1851년 뉴욕에서 발간되는 ≪혁명≫에 발표한 글로 '프랑스의 계급투쟁', '프랑스 내전'과 함께 마르크스의 '프랑스 혁명사 3부작' 가운데 하나다.

16 요즘에 1980년대 초반에 정점을 찍었던 아티스트의 대행을 둘러싼 '에이전트'와 '매니저' 간의 격한 경쟁은 진정을 되찾고 있다. 그들의 사법 투쟁은 일상적 노동시장

으로부터 탤런트 대행 비즈니스에서 사업 영역을 공유하는 것으로 바뀌었다. 그러나 대부분의 고객이 변호사와 홍보 담당자 외에도 에이전트 팀과 매니저 또는 매니지먼트 팀을 보유하고 있는 빅 할리우드에서 아티스트들과 그들의 공존은 프로젝트가 형성되거나 어려운 선택이 이루어지는 상황에서, 매니저가 때로는 고객과, 때로는 에이전트와 함께 하기 때문에 에이전트-탤런트 관계를 정의하는 데 영향을 미친다.

17 대형 에이전시 소속의 탤런트 에이전트, 2010년 10월.

18 빅 할리우드의 탤런트 에이전트, 2015년 5월.

19 초기 단계에서 주어진 프로젝트나 직무에 대해 고객과 논의가 있기 전에, 에이전트는 고객을 대신해 프로젝트와 잠재적인 일자리들 가운데서 좀 더 합당한 것을 사전에 선택한다. 이것은 리틀 할리우드에서 배우를 제안할 직업을 선택하는 것, 또는 빅 할리우드의 유명 아티스트에게 묵살되거나 제시될 역할과 프로젝트에 대한 수많은 권유 가운데 어떤 것을 선택한다는 의미이다. 대행자가 위임받아 초기에 선택하는 직무는 에이전트 업무 관계에서 행해질 수 있는 것이기 때문에 의심의 여지가 없다.

20 빅 할리우드의 탤런트 에이전트, 2013년 3월.

21 카리스마에 관해서는 콜로발드(Collovald, 1999) 참조.

22 카리스마 안정화에 관해 수렴되는 결론은 '기적을 만드는 사람(miracle workers)'이다. 이에 대해서는 보스와 파리기(Vos and Parigi, 2014) 참조.

23 베버는 사회관계에서 개인이 다른 사람들의 저항에 맞서서 자신의 의지를 관철시킬 수 있는 것으로 정의되는 '권력(power)'을 특정 명령이 특정 집단의 사람들에게 복종될 때 존재하는 '지배(domination)'와 대비시킨다. 따라서 베버의 관점에서 권력은 최소한의 자발적인 순응, 즉 복종에 대한 관심을 불러일으킨다. '권위(authority)'는 합법적인, 즉 받아들여지고 순종하고 도전받지 않는 지배의 형태를 나타낸다. 베버는 이를 전통적인 것, 카리스마가 있는 것, 합법적인 것, 이 세 가지 주요 형태로 구분했다.

24 그것은 유사하게 현대의 차별화된 사회를 지배하는 사람들과 맞서는 전통적인 지배 방식에 대한 부르디외의 분석에 도전한다(Bourdieu, 1976). 고객에 대한 에이전트의 권력 형태는 사실 부르디외가 전통 사회에 관해 설명한 '지배의 유연한 형태(soft forms of domination)'와 비교할 만하다. 부르디외의 경우 권력관계가 제도화되고 개인화된 메커니즘에 의해 안정화되고 보증되는 것이 아니라 대인관계를 통해 수립되고 유지되는 사회에서 지배는 다른 사람을 종속시킬 수 있는 도덕적·물질적인 은혜에서 비롯되었을 뿐만 아니라 다른 사람에게 중요성이나 위대함을 믿게 하는 능력에서 비롯되었다고 본다.

그러나 권력의 지위를 유지하기 위해 지배자는 대인관계, 대면관계를 통해 자신의 존재를 끊임없이 재확립해야 한다. 부르디외와 오늘날의 미국 엔터테인먼트 산업이 관측한 대로 모두 할리우드와 전통적 사회 사이에 명백한 차이가 있음에도, 할리우드에서는 그러한 '전통적 지배방식(traditional modes of domination)'의 요소가 관찰된다. 실제 사례연구에서 밝혀진 사실은 전통 사회와 국가 사회를 대조하는 부르디외의 분석을 넘어서 현대의 제도 사회에서 지배 체제의 복잡성과 복합성에 좀 더 잘 접근할 필요가 있다는 것이다.

25 그들은 그것을 창조적 과정의 초기 단계에서 이미 확실히 자리 잡은 아티스트들과 그들이 형성한 세계 내의 제작 전문가들과 공유했고, 이후에는 홍보 전문가, 비평가, 언론인 및 예술적 판단을 내릴 수 있는 다른 권위자들과 공유했다.

26 "리비도(Libido)는 내가 착각(illusio) 또는 투자(investment)라고 불렀던 것을 지칭하는 용도로는 매우 적합하다. …… 각각 영역은 암묵적인 입장료를 부과한다. '기하학자가 아닌 사람은 여기에 들어올 수 없다.' 다시 말하면 정리(定理)를 위해 죽을 준비가 되어 있지 않는 사람은 들어올 수 없다. …… 사회학 과제 가운데 하나는 사회 세계가 특정한 사회 리비도로서 생물학적 리비도, 즉 분명한 충동을 구성하는 방법을 결정하는 것이다. 사실상 많은 종류의 리비도가 존재하는 영역만큼 있다"(Bourdieu, 1994; Bourdieu, 1998: 77~78).

27 '평범한 재능(ordinary talent)'의 발명과 재능 자체의 정의에 대한 의미는 그라인드스태프와 마이어(Grindstaff and Mayer, 2015)에 의해 분석되었다.

28 대형 에이전시의 탤런트 에이전트, 2012년 9월.

29 대형 에이전시의 탤런트 에이전트, 2013년 4월.

30 이것은 코미디, 장르, 저명한 아티스트의 소규모 환경에서 되풀이되는 직업적 협력이 특징인 전문 분야에서 특히 두드러지게 나타난다. 그들 가운데 몇 사람을 대행해 명성을 쌓은 한 에이전트는 다음과 같이 설명했다. "이것은 가족이며 바로 이것이 코미디를 굴러가게 하는 힘입니다! 거기에는 연결성(connectivity)이 있으므로, 당신은 그 연결성을 계속해서 활용할 수 있어요. 이번 영화에서도 활용하고 그다음 영화에도, 그다음다음 영화에도 계속 활용할 수 있죠. 이것이 우리가 할 수 있는 모든 것입니다"(빅 할리우드, 2013년 4월).

31 나는 여기서 주커먼(Zuckerman) 등에 의해 결론이 내려진 것과는 거리를 두려 한다.

32 이것은 다른 연구에서 언급되어 있다. 특히 포크너(Faulkner, 1983)와 드베르달(Deverdalle, 2014)를 참조.

33 빅 할리우드의 전직 탤런트 에이전트, 2014년 4월.

34 요즘은 스타 배우들이 거의 없지만, 위대한 영화배우의 이미지는 가장 먼저 언급되고 가장 높은 수준의 보수를 받는다.

35 또한 에이전시를 내부적으로 조직하는 체계에서, 제작 과정의 '상류(upstream)' 위치는 예를 들면 자료들을 다루는 대본 에이전트, 스타 배우들을 다루는 탤런트 에

이전트, 자금 조달과 패키징을 하는 '독립 영화 에이전트들'이 프로젝트 초기 조율
에 참여할 수 있도록 한다. 이는 '하류(downstream)'의 위치, 즉 패키징에 관여하지
않는 세일즈 에이전트, 캐스팅이 시작되면 중급 스타들만을 밀어주는 탤런트 에이
전트들보다 가치가 있다.

36 "영화에서 일하는 데 익숙한 사람을 TV에서 일하게 하는 것은 늘 어려운 대화 주제
예요. 점점 더 많은 사람들이 TV가 얼마나 멋지고 환상적인지 이해하기 시작했어
요. 그러나 그것은 아주 오랫동안 항상 어려운 대화 주제였고, 당신은 그들이 당신
에게 고함을 치고 화를 내며 울부짖을 거라는 것을 알고 있었기 때문에 그들에게
제안조차 하기 어렵겠죠"(대형 에이전시의 전직 탤런트 에이전트인 매니저, 2013년
3월).

37 "제가 우리 부서에서 라인 프로듀서, 촬영 기사, 프로덕션 디자이너, 의상 디자이너,
편집자, 몇몇 시각 효과 전문가를 대행하는 동안 우리는 100개가 넘는 오스카상 후
보에 올랐습니다. 매해 5~10개 부문에 후보로 지명되었죠. 마침내 우리는 작년에 3
개 분야에서 수상을 했습니다"(빅 할리우드, 2010년 10월).

38 리틀 할리우드의 에이전트, 2010년 10월.

39 브라이언 로드와 케빈 휴베인은 CAA의 거물이며, 에드 리마토(Ed Limato)는 WMA
의 거물로 2010년에 작고했다.

6장 평판의 품질과 가격 설정 메커니즘

1 나는 미셸 라몽(Michèle Lamont, 2012)에서 이 개념을 자유롭게 빌린다. 여기서부터
는 이중의 의미가 함축적이라는 이해하에 (e)valuation에서 괄호 '(e)'를 빼려 한다.

2 대형 에이전시의 전직 에이전트이자 현 매니저, 2014년 4월.

3 아티스트가 제작 전문가와 직접적인 관계를 형성한다는 것은 평가공동체의 평범하
고 일상적인 기능의 일부이다. 이와 같은 직접적인 관계는 이 제작 전문가들과 스
타의 대행인들 사이의 관계를 덜 중요하게 만든다는 점을 고려할 때, 이를 내가 쓴
2013년의 책에서 '중개 실패(brokerage failure)'라고 부른 것의 표시로 오해해서는
안 된다.

4 베네치아에 있는 저명한 캐스팅 회사.

5 빅 할리우드의 탤런트 에이전트, 2014년 11월.

6 빅 할리우드의 전 에이전트이자 현 에이전시 매니저, 2014년 4월.

7 다른 영역에서 가치와 취향을 만들어내는 중개인의 역할에 관해서는 베시와 쇼뱅
(Bessy and Chauvin, 2013)와 미어스(Mears, 2011)를 참조.

8 이 경험 많은 대본 에이전트는 막대한 예산 영화에 관한 한 거대한 기업형 스튜디

오의 승인위원회 역할이 증가했다는 사실과 여전히 최종 승인은 스튜디오 수장에게 있음을 지적했다. "제작 예산이 많으면 많을수록, 스튜디오는 더 많은 통제를 받습니다. 심지어 요즘은 당신도 알다시피 승인위원회도 존재해요. 이 위원회는 아니라고 말할 권리가 있습니다. 대부분의 정의에 따르면 이 위원회는 가장 지루하고, 쉽고, 덜 날카로운 선택의 관점에서 중간 지점으로 회귀하죠. 만약 누군가가 정말로 뭔가를 위해 싸우기 위해 거기에 있다면 그것을 끝낼 수도 있지만, 당신은 옹호자가 필요하기 때문에 그것은 항상 [이러한 방식을] 취해왔어요. …… 예산이 높으면 높을수록 그것은 더 형식적인 형태를 띨 거예요. 그것은 '나는 그것을 하고 싶어요'라고 말하는 사람에게 달려 있다. 만약 그 말을 한 사람이 스튜디오의 이사회 의장이라면 프로젝트는 진행될 거예요. 그러나 만약 그 말을 한 사람이 마케팅 수장이라면, 아마도 순조롭게 진행되지는 않을 거예요. 그렇지 않을까요?"(빅 할리우드, 2014년 7월).

이 스튜디오 수장은 같은 맥락에서 다음과 같이 설명했다. "다른 분야에 있는 사람들마다 다른 의견이 있을 수 있고 그로 인해 다른 상황이 펼쳐집니다. 왜냐하면 저는 궁극적으로 생각하건데, 모든 스튜디오에서 진짜 진실은 누구든지 간에, 그리고 나서 다른 사람들이 줄을 서든지 말든지 간에 그들은 조언을 듣고, 그 의사 결정권자가 누구인지 알기 쉽기 때문이죠"(2014년 3월).

9 물론 우리는 이 이야기가 시작되는 상황이 다양할 수 있음을 알고 있다. 다른 유형의 자료는 처음에 에이전트 또는 매니저의 손에 달려 있을 수 있으며, 그런 과정들의 근간이 되는 부분에 다른 범주의 아티스트를 배치할 수 있다. 이 때 변호사가 개입할 수도 있다. 또한 스튜디오 경영진이 회사가 소유한 자료를 재발견할 수도 있다.

10 "몇몇의 경우에 …… 그들은 이 영화를 제작하기로 결정하며 '좋아, 우리는 이 가격에 이 영화를 제작할 거야'라고 말을 하고 캐스팅을 시작합니다. …… 캐스팅이 모든 것을 좌지우지하는 다른 경우들도 있습니다. 그들은 '당신이 먼저 캐스팅을 시작하면, 우리가 영화를 만들 거야. 그러니까 우리에게 먼저 캐스팅 명단을 갖고 와'라고 말할 거예요. '당신이 먼저 캐스팅을 시작하면'의 의미는, 당신이 우리에게 인센티브를 줄 수 있는 사람 즉 우리가 캐스팅 명단을 보여주었을 때 그 영화가 팔릴 수 있게 하는 사람을 캐스팅하는 과정을 말하는 거죠"(대형 에이전시의 탤런트 에이전트, 2014년 11월).

11 빅 할리우드, 2014년 7월.

12 "저는 마법을 설득하는 게 가장 중요한 부분이라고 생각해요. …… 그것은 유혹이며 앞으로 있을 일에 대한 약속이죠. 어느 시점에 가면 작가는 뒤로 물러서서, 제작자가 이야기의 창작자로 자신을 투영하게 해야 하죠. 당신이 그를 위해 이 이야기 전체를 만들었다고 생각하도록 하면서 그가 필요로 하는 것을 기획하게 하세요"(오스카 수상 작가, 감독, 제작자)(Elsbach and Kramer, 2003: 296).

13 중견 에이전시의 전직 영화 대본 에이전트, 2013년 3월.

14 TV에도 동일한 방식이 얼마간 적용된다. 많은 파일럿 프로그램들(pilot program: 정식으로 편성되기 전에 시험적으로 제작된 텔레비전 프로그램이나 에피소드들)이 만들어지지만 구매자인 네트워크가 선택하지 않는다면, 이미 많이 만들어놨음에도 몇 편의 에피소드만 방영하고 난 이후에 쇼는 취소된다.

15 엘스바흐와 크래머(Elsbach and Kramer, 2003)가 지적한 바와 같다.

16 여기에서의 '품질(quality)'은 미학, 개념적 독창성, 기술적 기교, 연기 면에서의 잠재력 등과 같은 여러 단계의 평가 기준을 참조해 평가공동체 구성원이 내린 판단을 나타낸다.

17 대형 에이전시의 TV 에이전트, 2014년 11월.

18 "저는 종종 사람들이 코미디를 〈미드나잇 런(Midnight Run)〉과 비교한다고 들었어요. 그 이유를 모르겠지만 그 영화는 끊임없이 참조 대상이었죠. 모든 사람들이 그 영화를 알고 있기 때문에 종종 그것은 오래된 고전물로 참고하죠. 그 영화 이름을 대는 것은 성공을 입증시켜 줄 수 있는 수단이었고, 그렇게 영화 관계자들과 함께 성장해 왔죠. 그래서 당신은 그 영화 이름을 대는 것은 성공을 입증시켜 줄 수 있는 수단이었고, 그렇게 영화 관계자들과 함께 성장하고, 즐긴 거죠. 그래서 당신은 '그런 종류의 여행 요소가 가미된 액션 코미디 같은 것, 아시죠?'라고 물으며 즉시 알 수 있었죠"(대형 에이전시의 대본 에이전트, 2013년 12월).

19 그러나 우리의 경우, 허구적 구성과 실제 상황에 대한 전략적 구성이 밀접하게 얽혀 있다. 고프먼(Goffman, 1974)을 참조.

20 평가공동체의 특정한 맥락에서, 에이전트의 서사 역량과 관행에 대한 이러한 분석은 '스토리텔링의 사회학' 측면에서의 여러 접근 방식을 반영한다(Polletta 외, 2011).

21 시세는 급여와 영화 수익의 일부를 포함한 가격이다. 전체 수익 또는 판매 가격의 일부를 말하는 '포인트 온 더 백엔드(points on the back end)'는 15~20%까지 받을 수 있다. 급여와 백엔드 포인트는 영화의 유형과 관련 예산, 아티스트의 지위 및 전반적인 상황에 따라 다양한 방식으로 결합된다. 아티스트의 급여 외에도 거래 협상은 주어진 프로젝트에서 고객의 모든 작업 조건과 기타 물질적·기호적 방식(사례: 영화 포스터에 이름이 어떻게 지정되는지)을 정의한다.

22 온라인 엔터테인먼트 〈트래킹 보드(tracking boards)〉는 일자리 공고, 임금률, 계약, 직원 공고, 대본에 대한 연락처, 예산 정보, 시사회와 같은 정보를 회원에게 제공하는 선별된 네트워킹 그룹이다.

23 프리액트는 영화가 출시되기 몇 개월 전에 소셜 미디어 대화에서 매일 수집한 데이터에 따라 스튜디오에게 마케팅 캠페인을 조정할 수 있는 잠재력을 제공하는 계기관이다. 수집된 데이터들은 예고편이 어떤 반응을 얻었는지, 그 영화에 출연한 배

우가 얼마나 많은 관심을 받고 있는지 등을 알려준다. 많은 배급 회사에 판매된 이 계측기는 생산 및 배급 전문가들이 유일하게 사용할 수 있는 데이터 소스가 아니다. 예를 들어 '피지올로지(Fizziology)'는 스튜디오에게 온라인 토론을 통해 얻은 보고서를 제공하는 또 다른 소셜 미디어 연구 조사 기관이다. '무비파일롯 (Moviepilot)'은 소셜 데이터를 분석하고 디지털 마케팅 캠페인을 운영하며, '리슨 퍼스트 미디어(ListenFirst Media)'는 특히 TV에서 디지털의 참여를 연구한다.

24 영화가 개봉하기 전에 온라인상에 구축된 '입소문'이 개봉 첫 주에 극장에서 성공을 거둘 수 있게는 하겠지만, 개봉 후에 평판을 얻는 과정에서는 묵살된다. 또한 영화의 국제적인 이력은 더 복잡하고 또한 더 오랜 시간 동안 펼쳐진다.

25 이것은 또한 중견기업(에이전시)에서 일반적으로 회사 이름이 아닌 고객을 대행하는 에이전트의 경험이 되는 경향이 있으며, 심지어 대기업에서도 그러하다.

26 대형 에이전시 소속의 텔런트 에이전트, 2013년 12월.

27 카픽(Karpik)의 말에 따르면 특이성들은 유익한 것이고, 영화나 고급 와인, 그림, 책뿐만 아니라 변호사나 의사의 서비스처럼 독특하고 비경제적인 서비스이다. 카픽은 말하기를 그런 시장에서 고객이 느끼는 제품에 대한 매력은 가격보다 품질에 근거한다. 다시 말해 불확실한 가치라는 맥락에서 품질 경쟁은 가격 경쟁이 하는 것보다 그런 시장을 구조화한다. 이것은 주류 경제이론이 설득력 있게 설명하는 것의 범위를 벗어난 특이성 시장에 거점을 두고 있다. 품질은 사람의 취향에 의해 평가된다. 취향은 카픽이 판단 장치(dispositifs)라고 부르는 것을 사용함으로써 스스로 형성된다. 판단 장치는 개인적이거나 비인간적인 형태를 취하고 5개의 범주로 나뉜다. 그것은 바로 네트워크, 브랜드, 이름, 비평가, 순위, 융합이다.

이것은 서로 다른 특이성 시장을 구성하는 7개 조정체제의 정의와 결합된다. 이와 같은 정의들은 개인적인 인맥에 기반을 두거나, 혹은 [적절한 상품(작품)을 찾는 일이 대인관계의 활발한 작동을 수반하지 않을 경우에는] 비개인적이다. 영화에 관한 한, 개인적인 것이 개입되지 않은 두개의 조정 체제가 평가와 선택을 구성한다.

비판과 미학의 가치에 뿌리를 두고 있는 '진정성 체제(authenticity regime: 생존을 부끄러움으로 여기는 순수한 감수성이 널리 통용되는 체제나 시대)'는 독립된 작은 제작사에 대해 판단한다. 반면에 대형 블록버스터 영화들은 카픽이 '거대체제 (mega regime)'라고 부르는 것과 관련 있다. 그것은 미학 및 수익성에 대한 언급과 소비자들이 활발하긴 하지만 마케팅과 판매 수단의 대상이 된다는 점을 결합시켜 준다.

우리의 분석은 카픽의 연구를 보완하지만, 또한 몇 가지는 그의 결론에 도전한다. 우리는 소비자, 즉 관객에게 제품을 제공하기 전에 구매자와 판매자 사이의 거래에서 가치를 만드는 데 대해 설명한다. 이 교환 시스템은 카픽이 연구하는 대규모의 소비자들을 위한 시장에 내재된 극도로 개인화된 소규모의 '시장'(노동을 위한 것이지만, 독점적인 것은 아님)으로 특징지을 수 있다. 이러한 내장된 다단계 시장에서의 가치 창출은 수요와 공급 메커니즘에 대한 전통적인 신고전주의의 개념에 포함될 수 없다. 그러나 우리가 탐구하는 단계에서 평가 과정이 발생하는 방식(에이전트와 그들의 사업 파트너들과의 관계를 통해)과 평가, 공표된 순위 등 보다 가시적인 수단과 개입을 통해 나중에 발생하는 가치의 할당 사이에 연관성이 있다는 가설이 타당하다.

다시 말해 우리가 조사하는 그 게임은 가치에 대한 미래의 정의와 제품의 품질에 대한 미래의 투쟁을 위한 조건을 설정하는데, 그것이 평가된 상품 자체의 존재에 영향을 미친다는 사실에서 출발한다. 어떤 면에서 우리의 접근법은 에이전트가 관계의 개인화된 시스템에서 사용하는 특정한 '판단 장치(judgement devices)'를 검토한다. 그러나 또한 그것들이 어떻게 생겨났는지와 어떻게 보급되었는지도 검토한다. 할리우드 전문가들은 단순히 이용 가능한 판단 장치 중에서 고르고 선택하지 않는다. 그들의 장치는 그들이 속해 있는 직업 구성의 구조에 의해 부여된다. 행동 논리는 (비록 전략적으로 행동할 수 있음에도 불구하고) 그 주인공들의 관점에서 받아들여진 것이다.

28   사회적 과정으로서의 공감대에 관해서는 에스펠런드와 스티븐스(Espeland and Stevens, 1998)를 참조.

29   "저는 당신이 이 사업에서 올바른 결정을 내리면 돈이 당신을 찾아낼 것이라고 항상 생각합니다. 그죠, 돈이 당신을 찾아낼 거예요. 당신이 옳은 일을 한다면 당신은 행운을 얻을 겁니다. 돈을 벌지 못하는 쇼 비즈니스에서는 누구도 성공하지 못해요. 누군가가 성공했다는 것은 돈을 벌었다는 의미입니다"(제작자이자 전직 대형 에이전시의 매니저, 2013년 11월, 그의 주안점).

30   착각에 관해서는 5장의 '탤런트를 통제한다고요?' 참조.

31   작품의 성공에 대한 예측 불가능성 문제는 다른 것이다. 심지어 스타 파워로도 항상 흥행을 보장할 수 없다는 게 특징인 영화산업의 근본적인 불확실성에 대한 생각(De Vany, 2003)은 그 기반을 제공하는 데이터만큼 견고하다. 그것은 잘 알려진 파트너와 적들로 채워진 작은 세계에서 그들의 태도를 간파하고, 전략을 세우고, 예상할 수 있는 참가자들의 행동에 대한 인식과 논리의 문제를 명쾌하게 밝혀주지는 못한다.

32   우리가 이미 설명했듯이, 시장경제는 품질과 가격에 대한 '알려진 무지(known ignorance)'가 높아서 '시장 주인들(bazaaris)'이 정보검색에 시간과 열정을 쏟아붓는 반면, 할리우드는 참가자 모두가 모든 것과 모든 사람을 안다고 느낀다. 그러나 공통적인 특성은 거츠(Geertz)가 협상 관행의 구조화를 위해 '고객화(clientelization)'라고 칭한 파트너들과의 반복된 변화의 중요성이다(Geertz, 1978).

33   대형 에이전시 소속의 탤런트 에이전트, 2013년 4월.

34   대형 에이전시 소속의 탤런트 에이전트, 2012년 9월.

35   계약을 재협상하는 것은 대개 고객과 에이전시의 관점에서 '가격 인상 요구'로 발생한다. TV 쇼가 갑자기 히트를 치면 에이전트가 주연배우의 연봉 인상을 요구하는 경우가 일반적이다. 그러나 때때로 재협상이 '가격 인하 제시'로 발생하기도 한다. 예를 들어 프로젝트 개발을 위해 좋은 프로파일을 가진 탤런트를 선호하는 거래에서 제작자 측이 아티스트의 지위나 프로젝트가 어떻게 발전해 왔는지 고려해 볼 때 너무 많은 금액을 약속했다고 느낄 때 그러한 일이 발생한다.

36   중견 에이전시 소속의 대본 에이전트, 2014년 7월.

37   대형 에이전시, 2015년 5월.

38   대형 에이전시 소속의 탤런트 에이전트, 2013년 11월.

39   바넷(Barnett, 2015)은 사인되지 않은 계약 메모, 계약 초안, 이메일 같은 확실하지 않은 법적 강제성을 가진 '약식 계약'의 유행에 대해 관찰해 왔다. 우리가 여기서 볼 수 있는 것은 바넷이 말했듯이, 이런 유연한 도구의 사용을 선호하는 것이 불확실성의 맥락에서 합리적 행동으로부터 비롯된 것은 아니라는 것이다. 그것은 어떻게 직업 구성의 구조가 참가자들의 인식과 업무를 이끄는지를 더 극명하게 보여준다.

40   로버트 엘릭슨(Robert Ellickson)은 캘리포니아의 샤스타 카운티(Shasta County) 주민들 사이에서 분쟁을 연구하면서(1991), 비공식적인 상호 작용이 자발적으로 복잡한 제도를 만들 수 있다는 점을 지적했다. 게다가 분쟁 해결을 위한 법을 배우고 사용하는 데 드는 비용은 사회적 행위자가 법적인 도구와 공식 절차를 피하고 비공식적인 기준에 따라 교섭해 문제를 해결함으로써 미래의 협력 가능성을 지닐 수 있게 이끈다는 사실도 지적했다.

41   "우리의 사업은 결과가 아닙니다. 우리의 사업은 고객의 창조적인 희망과 꿈을 실현하는 것이죠. 고객이 알든 말든, 우리의 임무는 그들이 무엇을 잘하고 그들이 어떻게 프로젝트에서 관객에게 전달될 수 있었는지를 파악하고 파헤치는 것이에요. 관객이 돈을 지불하기를 바라고, 날씨가 좋기를 바라고, 사람들이 휴대전화만 하지 않기를 바라고, 월드 시리즈 게임이 없기를 바라고, 망토를 두른 남자가 나오는 영화와 경쟁하지 않기를 바라고, 어딘가에서 터질 빌어먹을 폭탄(악재)이 없기를 바라죠. 저는 걱정이 안 되어요, 그것은! …… 우리는 그것을 통제할 수 없죠. 그렇다면 우리는 무엇을 통제할 수 있을까요? 우리는 우리가 선택한 영화를 통제할 수 있어요. 그렇기 때문에 나는 결코 결과에 초점을 맞추지 않습니다. 그래서 저는 제 경력에서 위험을 감수하죠. 그래서 나는 그것들을 다른 [종류의 작고 큰 프로젝트에 넣어두었다"(대형 에이전시 소속의 탤런트 에이전트, 2013년 4월).

42   세계적으로 보면 〈마스크(The Mask)〉는 1994년 여름에 3억 3500만 달러(3809억 원)를 벌어들였고, 〈에이스 벤츄라〉(1994)는 1억 7000만 달러(1933억 원)를, 〈덤앤 더머(Dumb and Dumber)〉(1994)는 2억 4700만 달러(2808억 4000만 원)를 벌어

들였다[IMDb.com, Inc.가 운영하는 미국 영화산업 통계와 정보 사이트인 박스 오 피스 모조(Mojo)는 브랜든 그레이가 만들어 1998년 8월 오픈했으며, 방문자 수는 매월 100만 명 이상이다(https://www.boxofficemojo.com).

43　영화 〈케이블 가이〉(1996)는 전 세계적으로 1억 2000만 달러(1364억 4000만 원)의 총수익을 올렸다(박스 오피스 모조, https://www.boxofficemojo.com).

44　그것이 업계 내외에서 논쟁의 대상이 되는 경우는 거의 없다. 예외 사항은 아쿠나 (Acuna, 2014)를 참조.

45　2015년 3월 ≪할리우드 리포터(Hollywood Reporter)≫가 발표한 리스트에 있는 A 급 배우들 예를 들어 레오나르도 디카프리오, 샌드라 블럭, 맷 데이먼, 로버트 다우 니 주니어, 덴젤 워싱턴, 안젤리나 졸리 등은 여전히 1500만 달러(171억 원)의 급여 를 받을 수 있었지만(Galloway, 2015), 그들은 선배들이 그랬던 것처럼 영화 개봉 후 첫 달러 수입 총액의 상당한 비율(몫)을 받지 못했다. 오늘날에는 스튜디오에서 비용을 회수한 후에만 백엔드 거래가 시작된다.

46　"저는 제 모든 고객에게 항상 초과 지불되었거나 돈을 덜 받았다고 말했어요. 결코 정확하게 지불되었다고 말하지 않았습니다. 그들을 항상 너무 적게 또는 너무 많은 돈을 얻을 거예요. …… '그들이 아주 적은 액수의 돈을 주는 작은 영화를 먼저 한 다음, 그리고 나서 많은 돈을 주는 대작 영화를 해라. 그렇게 해야 이 문제를 해결 할 수 있다'가 바로 제가 말하는 요점이다. 바로 이것이 하나는 우리를 위한 것이고, 다른 하나는 그들을 위한 것이죠"(전직 대형 에이전시 매니저이자 에이전트, 2013 년 10월).

47　올라프 벨투이스(Olav Velthuis)는 현대 예술 시장에 대한 그의 연구에서 "정화 과 정뿐만 아니라 바로 그 교환 과정도 예술의 가치에 대한 믿음의 생산에 기여한다" 라며 같은 방향을 지적했다(Velthuis, 2013: 184).

7장　변화하는 에이전트들: 새로운 평가공동체의 형성

1　대형 에이전시의 전직 독립 영화 에이전트, 2015년 2월.

2　같은 인터뷰.

3　존 탁이 UCLA의 영화 학교에서 받은 대학 교육과 이전의 직업적 경험을 토대로 창 의적인 대화를 나눌 수 있었다. 대화 내용은 감독과 영화에 관한 것은 물론이고, 영 화사업에 대한 이해에 관한 것도 있었다.

4　대형 에이전시의 전 독립 영화 에이전트, 2015년 2월.

5　중견기업은 더 많은 스타 고객을 보유한 대기업과 '공동 패키징'을 수행한다.

6　"에이전트의 기본 업무는 고객이 일을 할 수 있게끔 하는 겁니다. 이것이 바로 하나

의 목표를 지닌 거래라고 할 수 있죠. …… 하지만 영화를 대행하는 것은 완전히 다릅니다"(대형 에이전시의 전직 독립 영화 에이전트, 2013년 9월).

7 대형 에이전시 소속의 독립 영화 에이전트, 2013년 11월.

8 "영화에 투자하는 것뿐만 아니라 우리가 하는 일들은 많아요. …… 우리는 사실 이후에나 북미 지역에서 나올 수 있는 다른 영화들에 투자할 것입니다. 따라서 그것은 내가 영화를 패키징하는 것과 아무런 관련이 없어요. 오히려 그것은 '좋아, 나는 저것을 **투자 대상**으로 좋아해. 내 사람 중 한 명이 투자를 원하면 내가 좀 봐야겠어'라고 말하는 것과 관련이 있어요. 우리는 모든 재무 분석을 실시해 그들을 영화의 제작자로 지정하죠"(중견 에이전시 소속의 인디영화 에이전트, 2014년 3월, 저자 강조).

9 그들은 동시에 이 역할을 도전이라고 묘사한다. 그들은 먼저 다른 지위를 유지하고 종종 모순된 이해관계가 있는 다른 에이전트들이 고객에게 가장 안전한 일자리를 선택해 주기 위해 서로를 꺼리는 것을 극복해야 한다. 내부적으로 그들이 처음으로 전투를 치르는 장소는 바로 에이전시의 세계와 종종 그들의 회사 내에서이다. 이 에이전트는 이러한 복합 시스템의 불안정한 측면을 서술한다.
"모든 에이전트는 그들이 인정하든 안 하든, 고객을 위한 계획이 있습니다. 따라서 영화가 제작된다는 것은 100명의 다른 에이전트들이 어떻게든 동시에 동일한 계획을 가지고 참여한다는 것을 의미합니다. 저는 이 남자 배우, 이 여자 배우, 이 감독, 이 작가, 이 프로듀서, 이 라인 프로듀서, 이 DP, 이 편집자가 필요하며, 그 후에야 투자자의 에이전트와 매니저 등등이 필요한 거죠. 가장 어려운 일은 모든 사람을 같은 페이지에 동시에 올려놓으려고 하는 것이죠. …… 그래서 모든 에이전시들은 탤런트에게 영화에 참여하도록 설득시키고, 팀에게는 적절한 가격으로 영화를 제작해야 한다고 설득시키고, 투자자에게는 이 작품에 투자를 해야 한다고 설득합니다. 그것은 한 가지에 동의하는 많은 다른 사람들을 얻는 과정이죠. 모든 다른 부분과 계획을 조정하고 나서 적절한 투자자를 찾아야 합니다. 그런 다음 '저기, 그거 알아? 난 그렇게 하고 있어'라고 말할 것이다"(중견 에이전시 소속의 독립 영화 에이전트, 2013년 4월).

10 대형 에이전시의 전직 독립 영화 에이전트, 2015년 2월.

11 미국영화협회(MPAA: Motion Picture Association of America)의 〈2013년 극장시장통계(Theatrical Market Statistics 2013)〉, 4.

12 CAA는 유럽뿐만 아니라 중국 베이징과 인도 뭄바이에도 사무실을 열었지만, WME는 영국 런던과 호주 시드니(2016)에 자리 잡았다. 그러나 그들의 주요 활동은 미국 내에서 또는 미국으로부터 운영된다. 유사하게 미국에서 처음 개봉될 예정이지만 할리우드 또는 다른 나라에서 촬영이 이루어지는 영화 또는 TV 프로그램을 지칭하는 런어웨이 프로덕션은 에이전트의 직무를 크게 변형시키지 않는다.

13 대형 에이전시의 전직 디지털 에이전트, 2013년 3월.

14 WME/IMG는 또한 2015년에 황소 타기 프로선수협회와 미스유니버스조직위를 인수했다.

15 UFC가 인수 전에 WME의 고객 중 하나였다는 데 주목해야 한다. 이러한 운영은 대행 업무를 콘텐츠와 배급 사업으로 전환하기 위한 하나의 방법이었다.

16 주로 장기간의 대인 관계에 기반을 둔 고도로 전문화된 서비스 비즈니스에서 인수 합병을 통한 성장은, 이렇듯 금융 거래를 운영하는 회사 소유자가 그들이 만든 조직의 전문 직원에게 의존한다는 것을 의미한다. 선임 에이전트가 지적했듯이, 에이전시에 대한 아티스트의 충성도를 결정하는 고객과의 친밀한 관계 때문에 "에이전트는 자산 소유자죠. 만약에 당신이 에이전시를 사서 고객을 확보하고 난 후 에이전트를 버리면 신은 고객을 잃게 됩니다!"(대형 에이전시 소속의 탤런트 에이전트, 2014년 1월)라고 한다. 그렇기 때문에 일반 에이전트들이 구현하는 직업 관계와 문화는 여전히 매우 중요하며, 에이전트들의 점진적인 변화는 직업적 전환이 가야 할 길이여야 한다.

17 화학에서 자가 촉매 반응은 관련 제품들 가운데 하나가 반응하는 현상이다. 그것은 반응 자체를 변형시키는 메커니즘을 유발하며, 반응이 다른 것들보다 특정한 효과를 갖도록 만든다. 자동 촉매제는 변성을 활성화해 변형을 일으키기도 한다. 존 F. 파젯(John F. Padgett)과 월터 W. 파웰(Walter W. Powell)은 자기촉매 반응이라는 개념을 사회 과정에 적용했다(2012). 그들은 자신들의 책에서 초기 자본주의 및 국가 형성기부터 동시대 기술 기반 자본주의의 변형에 이르기까지 광범위한 경우에 걸쳐 새로운 조직과 시장의 출현에 관해 다루고 있다. 그런 의미에서 에이전트의 활동은 할리우드와 엔터테인먼트를 변형시키는 자체 어촉매 과정의 일부로 설명될 수 있다. 브로커와 중개인은 변화의 촉매제가 되는 이들로, 구조적으로 유리한 입장에 있는 것처럼 보인다.

참고문헌

Abbott, Andrew. 1988. *The System of Professions: An Essay on the Division of Expert Labor*. Chicago: University of Chicago Press.

Abolafia, Mitchel. 1996. *Making Markets: Opportunism and Restraint on Wall Street*. Cambridge, MA: Harvard University Press.

Acuna, Kirsten. 2014. "Jim Carrey Was Paid 140 Times More Than Jeff Daniels for Original 'Dumb and Dumber.'" *Business Insider*, November 12. http://www.businessinsider.com/dumb-and-dumber-jim-carrey-jeff-daniels-paycheck-2014-11.

Alexander, Jeffrey C., and Paul B. Colomy. 1990. *Differentiation The- ory and Social Change: Comparative and Historical Perspectives*. New York: Columbia University Press.

Appadurai, Arjun. 1986. *The Social Life of Things: Commodities in Cultural Perspective*. Cambridge: Cambridge University Press.

Arthur, Michael B., and Denise. M. Rousseau(eds.). 1996. *The Boundaryless Career: A New Employment Principle for a New Organizational Era*. New York: Oxford University Press.

Austin, John L. 1962. *How to Do Things with Words*. Oxford: Urmson, 1962.

Baier, Annette. 1986. "Trust and Antitrust." *Ethics*, 96, pp.231~260.

Bandelj, Nina. 2009. "Emotions in Economic Action and Interaction." *Theory and Society*, 38, pp.347~366.

Barnett, Jonathan M. 2015. "Hollywood Deals: Soft Contracts for Hard Markets." *Duke Law Journal*, 64(4), pp.605~667.

Baumann, Shyon. 2007. *Hollywood Highbrow: From Entertainment to Art*. Princeton, NJ: Princeton University Press.

Becker, Howard S. 1982. *Art Worlds*. Berkeley: University of Caliornia Press.

Berezin, Mabel. 2005. "Emotions and the Economy." in Neil J. Smelser and Richard Swedberg(eds.). *The Handbook of Economic Sociology*, pp.109~129. 2nd ed.

Princeton, NJ: Princeton University Press; New York: Russell Sage Foundation.

Bessy, Christian, and Pierre-Marie Chauvin. 2013. "The Power of Market Intermediaries: From Information to Valuation Processes." *Valuation Studies*, 1(1), pp.83~117.

Bielby, Denise, and C. Lee Harrington. 2008. *Global TV: Exporting Television and Culture in the World Market*. New York: New York University Press.

Bielby, William T., and Denise D. Bielby. 1994. "'All Hits Are Flukes': Institutionalized Decision-Making and the Rhetoric of Network Prime-Time Television Program Development." *American Journal of Sociology*, 99(5), pp.1287~1313.

―――. 1999. "Organizational Mediation of Project-Based Labor Markets: Talent Agencies and the Careers of Screenwriters." *American Sociological Review* 64(1), pp.64~85.

Boltanski, Luc, and Laurent Thévenot. 2006. *On Justification: Economies of Worth*. Princeton, NJ: Princeton University Press.

Bourdieu, Pierre. 1976. "Les modes de domination." *Actes de la recherche en sciences sociales*, 2, pp.122~132.

―――. 1984. "La jeunesse n'est qu'un mot." In *Questions de sociologie*, by Bourdieu, pp.143~154. Paris: Minuit.

―――. 1986. "The Forms of Capital." in John G. Richardson(ed.). *Handbook of Theory and Research for the Sociology of Education*, pp.241~258. New York: Greenwood.

―――. 1998[1994]. *Practical Reason: On the Theory of Action*. Stanford, CA: Stan ford University Press.

―――. 1996. *The Rules of Art: Genesis and Structure of the Literary Field*. Stanford, CA: Stanford University Press.

Bourdieu, Pierre, and Richard Nice. 1980. "The Production of Belief: Contribution to an Economy of Symbolic Goods" *Media Culture Society*, 2, pp.261~293.

Boussard, Valérie, and Marie-Anne Dujarier. 2014. "Les représentations professionnelles en question: Le cas des intermédiaires dans les fusions-acquisitions." *Sociologie du Travail*, 56(2), pp.182~203.

Brubaker, Rogers, and Frederick Cooper. 2000. "Beyond 'Identity.'" *Theory and Society*, 29, pp.1~47.

Bruck, Connie. 2004. *When Hollywood Had a King: The Reign of Lew Wasserman, Who Leveraged Talent into Power and Influence*. New York: Random House.

Burt, Ronald S. 2005. *Brokerage and Closure: An Introduction to Social Capital*. New York: Oxford University Press.

Caldwell, John T. 2008. *Production Culture: Industrial Reflexivity and Critical Practice in Film and Television*. Durham, NC: Duke University Press.

Caves, Richard E. 2000. *Creative Industries: Contracts between Art and Commerce*. Cambridge: Harvard University Press.

Coleman, James. 1988. "Social Capital in the Creation of Human Capital." *American*

Journal of Sociology, 94, supplement S95–S120.

Collovald, Annie. 1999. *Jacques Chirac et le gaullisme: Biographie d'un héritier à histoires.* Paris: Belin.

Cousin, Bruno and Sébastien Chauvin. 2014. "Globalizing Forms of Elite Sociability: Varieties of Cosmopolitanism in Paris Social Clubs." *Ethnic and Racial Studies,* 37(12), pp.2209~2225.

Crane, Diana. 1992. *The Production of Culture and the Urban Arts.* Newbury Park: Sage.

Curtin, Michael. 2010. "Comparing Media Capitals." *Global Media and Communication,* 6(3), pp.263~270.

Curtin, Michael, and Kevin Sanson(eds.). 2016. *Precarious Creativity: Global Media, Local Labor.* Oakland: University of California Press.

De Vany, Arthur. 2004. *Hollywood Economics: How Extreme Uncertainty Shapes the Film Industry.* New York: Routledge.

De Verdalle, Laure. 2014. "Le double travail du producteur cinématographique." in Laurent Jeanpierre and Olivier Roueff(eds.). *De nouveaux créateurs? Intermédiaires des arts, des industries culturelles et des contenus numériques,* pp.63~70. Paris: Editions des Archives Contemporaines.

De Verdalle, Laure and Gwenaële Rot(eds.). 2013. *Le cinéma: Travail et organisation.* Paris: La Dispute.

Dodier, Nicolas. 1995. *Les hommes et les machines: La conscience collective dans les sociétés technicisées.* Paris: Métailié.

Du Gay, Paul(ed.). 1997. *Production of Culture, Cultures of Production.* London: Sage.

Eliasoph, Nina and Paul Lichterman. 2003. "Culture in Interaction." *American Journal of Sociology,* 108, pp.735~794.

Ellickson, Robert C. 1991. *Order without Law: How Neighbors Settle Disputes.* Cambridge, MA: Harvard University Press.

Elsbach, Kimberly D. and Roderick M. Kramer. 2003. "Assessing Creativity in Hollywood Pitch Meetings: Evidence for a Dual-Process Model of Creativity Judgments." *Academy of Management Journal,* 46(3), pp.283~301.

Espeland, Wendy Nelson and Mitchell L. Stevens. 1998. "Commensuration as a Social Process." *Annual Review of Sociology,* 24, pp.313~343.

Faulkner, Robert R. 1983. *Music on Demand: Composers and Careers in the Hollywood Film Industry.* New Brunswick, NJ: Transaction Books.

Faulkner, Robert R. and Andy B. Anderson. 1987. "Short-Term Projects and Emergent Careers: Evidence from Hollywood." *American Journal of Sociology,* 92(4), pp.879~909.

Film L.A. Research. 2014. *2013 Feature Film Production Report.* Los Angeles. https://www. hollywoodreporter.com/sites/default/files/custom/Embeds/2013%20Feature%20St udy%20Corrected%20no%20Watermark%5B2%5D.pdf

Fine, Gary Alan. 2012. *Sticky Reputations: The Politics of Collective Memory in Midcentury*

America. New York: Routledge.

Foster, Pacey, Stephen P. Borgatti and Candace Jones. 2011. "Gatekeeper Search and Selection Strategies: Relational and Network Governance in a Cultural Market." *Poetics*, 39(4), pp.247~265.

Freidson, Eliot. 1962. "Dilemmas in the Doctor-Patient Relationship." in Arnold M. Rose(ed.). *Human Behavior and Social Processes*, pp.207~224. London: Routledge and Kegan Paul.

Gabler, Neal. 1989. *An Empire of Their Own: How the Jews Invented Hollywood*. New York: Anchor.

Galloway, Stephen. 2015. "Leonardo DiCaprio Makes How Much Per Movie? Hollywood's A-List Salaries Revealed." *Hollywood Reporter*, April 10.

Gamson, Joshua. 1994. *Claims to Fame: Celebrity in Contemporary America*. Berkeley: University of California Press.

Geertz, Clifford. 1978. "The Bazaar Economy: Information and Search in Peasant Marketing." *American Economic Review*, 68, pp.28~32.

Godechot, Olivier. 2001. *Les traders: Essai de sociologie des marchés financiers*. Paris: La Découverte.

Goffman, Erving. 1955. "On Face-Work: An Analysis of Ritual Elements in Social Interaction." *Psychiatry: Interpersonal and Biological Processes*, 18(3), pp.213~231.

_____. 1959. *The Presentation of Self in Everyday Life*. Garden City, NY: Doubleday.

_____. 1963. *Stigma: Notes on the Management of Spoiled Identity*. Englewood Cliffs, NJ: Prentice-Hall.

_____. 1974. *Frame Analysis: An Essay on the Organization of Experience*. Cambridge, MA: Harvard University Press.

Granovetter, Mark S. 1983. "The Strength of Weak Ties: A Network Theory Revisited." *Sociological Theory*, 1, pp.201~233.

Grindstaff, Laura. 2002. *The Money Shot: Trash, Class, and the Making of TV TalkShows*. Chicago: University of Chicago Press.

Grindstaff, Laura and Vicki Mayer. 2015. "The Importance of Being Ordinary: Brokering Talent in the New TV Era." in Violaine Roussel and Denise Bielby(eds.). *Brokerage and Production in the American and French Entertainment Industries: Invisible Hands in Cultural Markets*, pp.131~152. Lanham, MD: Lexington Books.

Hesmondhalgh, David. 2006. "Bourdieu, the Media and Cultural Production." *Media, Culture & Society*, 28(2), pp.211~231.

Hochschild, Arlie R. 1983. *The Managed Heart: Commercialization of Human Feeling*. Berkeley: University of California Press.

_____. 2009. "Marchés, significations et émotions: 'Louez une maman' et autres services à la personne." in Isabelle Berrebi-Hoffmann(ed.). *Politiques de l'intime*, pp.203~222. Paris: La Découverte.

Hughes, Everett C. 1984[1971]. *The Sociological Eye: Selected Papers*. New Brunswick, NJ: Transaction Books.

Hunt, Darnell and Ana-Christina Ramón. 2015. "2015 Hollywood Diversity Report: Flipping the Script." Ralph J. Bunche Center for African-American Studies, UCLA. http://www.bunchecenter.ucla.edu/wp-content/uploads/2015/02/2015-ollywood-Diversity-Report-2-25-15.pdf

Hurtes, Hettie Lynne. 2000. *Agents on Actors: Over 60 Professionals Share Their Secrets on Finding Work on the Stage and Screen*. New York: Backstage & Garsington/ Windsor.

Jones, Candace. 1996. "Careers in Project Networks: The Case of the Film Industry." in Michael B. Arthur and Denise M. Rousseau(eds.). *The Boundaryless Career: A New Employment Principle for a New Organizational Era*, pp.58~75. Oxford: Oxford University Press.

_____. 2002. "Signaling Expertise: How Signals Shape Careers in Creative Industries." in Maury Peiperl, Michael Arthur, Rob Goffee and N. Anand(eds.). *Career Creativity: Explorations in the Remaking of Work*, pp.209~228. Oxford: Oxford University Press.

Jones, Candace and Pacey Foster. 2015. "Film Offices as Brokers: Cultivating and Connecting Local Talent to Hollywood." in Violaine Roussel and Denise Bielby(eds.). *Brokerage and Production in the American and French Entertainment Industries: Invisible Hands in Cultural Markets*, pp.171~188. Lanham, MD: Lexington Books.

Karpik, Lucien. 2010. *Valuing the Unique: The Economics of Singularities*. Princeton, NJ: Princeton University Press.

Kemper, Tom. 2010. *Hidden Talent: The Emergence of Hollywood Agents*. Berkeley: University of California Press.

_____. 2013. "Sue Mengers." in R. Daniel Wadhwani(ed.). *Immigrant Entrepreneurship: German-American Business Biographies, 1720 to the Present*, 5, German Historical Institute. Last modified October 10. http://immigrantentrepreneurship.org/entry. php?rec=151.

_____. 2015. "The Emergence of Hollywood Agents." in Violaine Roussel and Denise Bielby(eds.). *Brokerage and Production in the American and French Entertainment Industries: Invisible Hands in Cultural Markets*, pp.91~102. Lanham, MD: Lexington Books.

Knorr Cetina, Karin and Urs Bruegger. 2002. "Global Microstructures: The Virtual Societies of Financial Markets." *American Journal of Sociology*, 107(4), pp.905~950.

Lainer Vos, Dan and Paolo Parigi. 2014. "Miracle Making and the Preservation of Charisma." *Social Science History*, 38(3-4), pp.455~481.

Lamont, Michèle. 2000. *The Dignity of Working Men: Morality and the Boundaries of Race, Class, and Immigration*. Cambridge, MA: Russell Sage Foundation Books at

Harvard University Press.

_____. 2012. "Toward a Comparative Sociology of Valuation and Evaluation." *Annual Review of Sociology*, 38(1), pp.201~221.

Lamont, Michèle and Laurent Thévenot. 2000. *Rethinking Comparative Cultural Sociology: Repertoires of Evaluation in France and the United States*. Cambridge: Cambridge University Press.

Lizé, Wenceslas, Delphine Naudier and Olivier Roueff(eds.). 2011. *Intermédiaires du travail artistique: À la frontière de l'art et du commerce*. Paris: La Documentation Française.

Longstreet, Stephen. 1962. *The Flesh Peddlers*. New York: Simon & Schuster.

Luhmann, Niklas. 1979. *Trust and Power*. Chichester: Wiley.

_____. 1982. *The Differentiation of Society*. New York: Columbia University Press.

Mann, Denise. 2008. *Hollywood Independents: The Postwar Talent Takeover*. Minneapolis: Minnesota University Press.

Martinez, Tony. 2012. *An Agent Tells All*. Beverly Hills, CA: Hit Team Publishing.

Mayer, Vicki. 2011. *Below the Line: Producers and Production Studies in the New Television Economy*. Durham, NC: Duke University Press.

McDougal, Dennis. 1998. *The Last Mogul: Lew Wasserman, MCA and the Hidden History of Hollywood*. New York: Crown.

Mears, Ashley. 2011. "Pricing Looks: Circuits of Value in Fashion Modeling Markets." in Jens Beckert and Patrick Aspers(eds.). *The Worth of Goods: Valuation and Pricing in the Economy*, pp.155~177. Oxford: Oxford University Press.

Milburn, Philip. 2002. "La compétence relationnelle: Maîtrise de l'interaction et lé gitimité professionnelle. Avocats et médiateurs." *Revue française de sociologie*, 43(1), pp.47~72.

Miller, James Andrew. 2016. *Powerhouse: The Untold Story of Hollywood's Creative Artists Agency*. New York: HarperCollins.

Motion Picture Association of America. 2013. "Theatrical Market Statistics."

Natale, Richard. 1995. "Is Rich and Richer Dumb and Dumber? Movies: Jim Carrey's $20-Million Fee for 'The Cable Guy' Alarms Some in the Industry, while His Managers Call It a 'Genius' Move by Sony." *Los Angeles Times*, June 22.

Negus, Keith R. 2002. "The Work of Cultural Intermediaries and the Enduring Distance between Production and Consumption." *Cultural Studies*, 16(4), pp.501~515.

Nixon, Sean and Paul du Gay. 2002. "Who Needs Cultural Intermediaries?" *Cultural Studies*, 16(4), pp.495~500.

Obst, Lynda. 2013. *Sleepless in Hollywood: Tales from the New Abnormal in the Movie Business*. New York: Simon & Schuster.

Ohmann, Richard(ed.). 1996. *Making and Selling Culture*. Hanover, NH: Wesleyan University Press.

Ortner, Sherry B. 2010. "Access: Reflections on Studying Up in Hollywood."

Ethnography, 11, p.211.

_____. 2013. *Not Hollywood: Independent Film at the Twilight of the American Dream.* Durham, NC: Duke University Press.

Padgett, John F. and Walter W. Powell. 2012. *The Emergence of Organizations and Markets.* Princeton, NJ: Princeton University Press.

Peiperl, Maury, Michael Arthur, Rob Goffee and N. Anand(eds.). 2002. *Career Creativity: Explorations in the Remaking of Work.* Oxford: Oxford University Press. Perlow, Leslie A. 1999. "The Time Famine: Toward a Sociology of Work Time." *Administrative Science Quarterly*, 44(1), pp.57~81.

Peterson, Richard A. 2004. "The Production of Culture Perspective." *Annual Review of Sociology*, 30, pp.311~134.

Polletta, Francesca, Pang Ching Bobby Chen, Beth Gharrity Gardner and Alice Motes. 2011. "The Sociology of Storytelling." *Annual Review of Sociology*, 37, pp.109~130.

Powdermaker, Hortense. 2013[1950] . *Hollywood, the Dream Factory: An Anthropologist Looks at the Movie-Makers.* Eastford, CT: Martino Fine Books.

Putnam, Robert D. 1995. "Bowling Alone: America's Declining Social Capital." *Journal of Democracy*, 6(1), pp.65~78.

Ravid, Gilad and Elizabeth Currid-Halkett. 2013. "The Social Structure of Celebrity: An Empirical Network Analysis of an Elite Population." *Celebrity Studies*, 4(1), pp.182~201.

Rensin, David. 2003. *The Mailroom: Hollywood History from the Bottom Up.* New York: Ballantine Books.

Rose, Franck. 1995. *The Agency: WMA and the Hidden History of Show Business.* New York: HarperCollins.

Rosen, Sherwin. 1981. "The Economics of Superstars." *American Economic Review*, 71, pp.167~183.

Rossman, Gabriel, Nicole Esparza and Phillip Bonacich. 2010. "I'd Like to Thank the Academy, Team Spillovers, and Network Centrality." *American Sociological Review*, 75(1), pp.31~51.

Rothman, Tom. 2004. "A Chairman's View." in Jason Squire(ed.). *The Movie Business Book*, pp.148~159. New York: Fireside.

Rottenberg, Josh. 2015. "Wall Street Investors to Hollywood Talent Agencies: 'Show Us the Money.'" *Los Angeles Times*, July 10.

Roussel, Violaine. 2013. "Celebrities and Politics: Representation Struggles in Arenas of Public Intervention." in Barbara Wejnert(ed.). *Voices of Globalization*, pp.107~128. Research in Political Sociology, 21. Bingley, UK: Emerald Publishing Group.

_____. 2014. "Les agents artistiques américains: Des intermédiaires de marché?" in Laurent Jeanpierre and Olivier Roueff(eds.). *De nouveaux créateurs? Intermédiaires des arts, des industries culturelles et des contenus numériques*, pp.97~112. Paris: Editions des Archives Contemporaines.

_____. 2015a. "'It's Not the Network, It's the Relationship': The Relational Work of Hollywood Talent Agents." in Violaine Roussel and Denise Bielby(eds.). *Brokerage and Production in the American and French Entertainment Industries: Invisible Hands in Cultural Markets*, pp.103~122. Lanham, MD: Lexington Books.

_____. 2015b. "Une économie des émotions: Le travail de relation des agents artistiques à Hollywood." *La nouvelle revue du travail*, 6. https://nrt.revues.org/2117.

_____. 2016. "Talent Agenting in the Age of Conglomerates." in M. Curtin and K. Sanson(eds.). *Precarious Creativity*, pp.86~100. Oakland: University of California Press.

Roussel, Violaine and Denise Bielby(eds.). 2015. *Brokerage and Production in the American and French Entertainment Industries: Invisible Hands in Cultural Markets*. Lanham, MD: Lexington Books.

Russell, Rupert. 2013. "Dying of Encouragement: From Pitch to Production in Hollywood." Ph. D. diss., Department of Sociology, Harvard University.

Schatz, Thomas. 2010. *The Genius of the System: Hollywood Filmmaking in the Studio Era*. Minneapolis: University of Minnesota Press.

Schelling, Thomas C. 1960. *The Strategy of Conflict*. Cambridge, MA: Harvard University Press.

Schwartz, Vanessa. 2007. *It's So French! Hollywood, Paris, and the Making of Cosmopolitan Film Culture*. Chicago: University of Chicago Press.

Scott, Allen J. 2004. *On Hollywood: The Place, the Industry*. Princeton, NJ: Princeton University Press.

Silver, Allan. 1990. "Friendship in Commercial Society: Eighteenth-Century Social Theory and Modern Sociology." *American Journal of Sociology*, 95(6), pp. 1474~1504.

Singular, Stephen. 1996. *Power to Burn: Michael Ovitz and the New Business of Show Business*. New York: Carol Publishing Group.

Slater, Robert. 1997. *Ovitz: The Inside Story of Hollywood's Most Controversial Power Broker*. New York: McGraw-Hill.

Smith, Stacy, Marc Choueiti and Katherine Pieper, with Traci Gillig, Carmen Lee, and Dylan DeLuca. 2014. "Inequality in 700 Popular Films: Examining Portrayals of Gender, Race, & LGBT Status from 2007 to 2014." Report of the Media, Diversity, and Social Change Initiative. University of Southern California and the Harnisch Foundation. http://annenberg.usc.edu/pages/~/media/MDSCI/Inequality%20in%20700%20Popular%20Films%2081415.ashx

Specktor, Matthew. 2013. *American Dream Machine*. Portland, OR: Tin House Books.

Thompson, John. 2010. *Merchants of Culture: The Publishing Business in the Twenty-First Century*. Cambridge: Polity.

Tilly, Charles. 2007. "Trust Networks in Transnational Migration." *Sociological Forum*, 22(1), pp.3~24.

Velthuis, Olav. 2003. "Symbolic Meanings of Prices: Constructing the Value of Contemporary Art in Amsterdam and New York Galleries." *Theory and Society*, 32, pp.181~215.

Waxman, Sharon and Lucas Shaw. 2014. "Leaked! Inside Details of $2.45 Billion WME-IMG Financing and Why an IPO May Loom." *The Wrap*, April 13. http://www.thewrap.com/leaked-inside-details-2-45-billion-wme-img-financing-ipo-may-loom/.

Weber, Max. 2002[1905]. *The Protestant Ethic and the Spirit of Capitalism: And Other Writings*. London: Penguin.

_____. 1958. "Politics as a Vocation." *Essays in Sociology*. translated and edited by H. H. Gerth and C. Wright Mills, pp.77~157. New York: Oxford University Press.

_____. 1978. *Economy and Society: An Outline of Interpretive Sociology*. Berkeley: University of California Press.

Wei, Junhow. 2012. "Dealing with Reality: Market Demands, Artistic Integrity, and Identity Work in Reality Television Production." *Poetics: Journal of Empirical Research on Culture, the Media and the Arts*, 40(5), pp.444~466.

White, Harrison C. 2008. *Identity and Control: How Social Formations Emerge*. Princeton, NJ: Princeton University Press.

Winnicott, Donald W. 1980. "The Fear of Breakdown: A Clinical Example." *International Journal of Psychoanalysis*, 61(3), pp.351~357.

Zafirau, Stephen. 2008. "Reputation Work in Selling Film and Television: Life in the Hollywood Talent Industry." *Qualitative Sociology*, 31(2), pp.99~127.

Zelizer, Viviana. 2005. *The Purchase of Intimacy*. Princeton, NJ: Princeton University Press.

_____. 2012 "How I Became a Relational Economic Sociologist and What Does That Mean?" *Politics & Society*, 40(2), pp.145~174.

Zerubavel, Eviatar. 1997. *Social Mindscapes: An Invitation to Cognitive Sociology*. Cambridge, MA: Harvard University Press.

Zuckerman, Ezra W. Tai Young Kim, Kalinda Ukanwa and James von Rittmann. 2003. "Robust Identities or Nonentities? Typecasting in the Feature Film Labor Market." *American Journal of Sociology*, 108(5), pp.1018~1073.

찾아보기

지은이

비올렌 루셀(Violaine Roussel)은 현재 파리 제8대학(뱅센) 정치학과의 사회학 전공 교수이자 미국 서던캘리포니아 대학(USC)의 겸임교수로서 대중문화산업과 사회학의 통섭에 집중하고 있다. 파리 제10대학(낭테르)에서 「프랑스 정치 스캔들 속의 사법부」라는 논문으로 정치학 박사 학위를 받은 뒤 정치이론연구소(LabToP) 연구원을 지냈다. 캘리포니아 대학(로스앤젤레스, 산타바바라) 객원교수를 지냈고, 2009년부터는 USC의 협력교수로 활동하고 있다. 주로 엔터테인먼트 산업의 제작과 중개 업무, 예술과 정치와의 관계를 연구하고 있다.

『예술로 정치하는 법』, 『미국과 프랑스 엔터테인먼트 산업의 중개 및 생산: 문화시장의 보이지 않는 손』, 『시련의 정치적 용도』, 『예술 대 전쟁』 등을 출간했으며, 2013년 프랑스 '우수 과학상'을 수상했다. 이 책은 2013~2015년 USC 카르시울프 센터(Carsey-Wolf Center)와 공동 진행한 연구 '미국 영화산업의 탤런트 에이전트들'의 결과물을 모아 2017년 시카고 대학 출판부에서 출간한 것으로 격변하는 할리우드 시장 참여자들의 역할과 비즈니스 구조의 최신 동향을 한눈에 파악할 수 있게 해준다.
vroussel@univ-paris8.fr

옮긴이

김정섭은 현재 성신여자대학교 문화산업예술대학원 문화산업예술학과 교수(언론학 박사)로 미디어·엔터테인먼트 산업과 문화예술 정책, 아티스트(배우) 경영 분야 전문가다. 같은 대학 미디어영상연기학과 교수와 학과장, 방송영상저널리즘스쿨 원장을 지냈다. ≪경향신문≫ 문화·미디어·경제·정치·사회부 기자 출신으로 한국기자협회와 한국언론진흥재단이 공동 선정하는 '2008년 한국기자상'을 수상했으며, 1995년 LG그룹에서 공모한 'LG 글로벌 챌린저 1기'에 선정되었다. 현재 한국엔터테인먼트산업학회 이사를 맡고 있다.

『케이컬처 시대의 배우 경영학』(2015년 대한민국학술원 '우수학술도서' 선정), 『명품배우 만들기 스페셜 컨설팅』, 『한국 방송 엔터테인먼트 산업 리포트』, 『한국 대중문화 예술사』, 『우리는 왜 사랑에 빠지고 마는 걸까』 등의 저서와 「한국 역대 통합예술 교육 연구의 쟁점과 합치점 메타분석」, 「학제간 융합연구 기법을 적용한 배우 평가모델 개발」, 「뮤지컬 배우의 배역 투사 양태와 치유 시스템」, 「매니지먼트사와 외주제작사 간 상호겸영 실태와 문제점 및 개선 방안」, 「배우 정우성과 강동원의 이미지 재구축 시나리오 분석」, 「배우의 페르소나와 작품성과 간의 정합성 분석: 톱스타 손예진의 사례 연구」(2019년 한국엔터테인먼트산업학회 '우수논문상' 수상) 등의 논문을 집필했다.
lake@sungshin.ac.kr

할리우드 에이전트

엔터테인먼트 제국 막후 주역들의 비즈니스 구조와 지략

지은이 | 비올렌 루셀
옮긴이 | 김정섭
펴낸이 | 김종수
펴낸곳 | 한울엠플러스(주)
편집책임 | 박준혁·최진희

초판 1쇄 인쇄 | 2019년 7월 22일
초판 1쇄 발행 | 2019년 7월 31일

주소 | 10881 경기도 파주시 광인사길 153 한울시소빌딩 3층
전화 | 031-955-0655
팩스 | 031-955-0656
홈페이지 | www.hanulmplus.kr
등록 | 제406-2015-000143호

Printed in Korea.
ISBN 978-89-460-6662-5 93320 (양장)
      978-89-460-6663-2 93320 (무선)

* 책값은 겉표지에 표시되어 있습니다.
* 이 제작물의 일부 글자는 스웨거체와 아모레퍼시픽의 아리따체를 사용해
  디자인되었습니다.